国家职业教育金融专业教学资源库升级改进配套教材

高等职业教育在线开放课程新形态一体化教材

浙江省普通高校"十三五"第二批新形态教材

保险实务

（第二版）

主　编　马丽华　黄　素
副主编　李一鸣　谢汀芬

高等教育出版社·北京

内容提要

本书是"十二五"职业教育国家规划教材修订版,也是国家职业教育金融专业教学资源库升级改进项目配套教材。

本书根据高职教育的特点,以应用型人才培养为目标,以保险公司各业务环节的工作过程为载体确定课程的学习项目和模块,通过创设任务情景,将理论知识和实务操作紧密地联系在一起。本书的编写遵循"学习目标—案例导读—课程模块—工作任务—知识平台—模块练习"的思路,融理论和实践于一体,重视实务操作。全书共设置七个项目,以保险合同、保险产品、保险业务流程、互联网保险等为主要内容,较全面、系统地阐述了保险的基本概念、基本方法和基本技能。

全书内容新颖,结构独特,案例丰富,突出实用,可作为高等职业院校、中等职业院校、应用型本科院校"保险实务"课程的教材,亦可作为保险从业人员、教学科研工作者及其他人员的学习用书或参考读物。

本书使用者可通过访问"智慧职教"(http://www.icve.com.cn)平台,通过MOOC学院在线学习"保险实务"在线开放课程,通过金融专业教学资源库在线学习"保险实务"数字化标准课程,亦可通过扫描书中二维码观看相关视频、微课资源,具体获取方式请见书后"郑重声明"页的资源服务提示。

图书在版编目(CIP)数据

保险实务 / 马丽华,黄素主编. -- 2版. -- 北京:高等教育出版社,2021.8(2022.8重印)
ISBN 978-7-04-055672-8

Ⅰ.①保… Ⅱ.①马…②黄… Ⅲ.①保险业务-高等职业教育-教材 Ⅳ.①F840.4

中国版本图书馆CIP数据核字(2021)第030939号

保险实务(第二版)
BAOXIAN SHIWU

策划编辑	贾若曦	责任编辑	黄 茜	封面设计	张 志	版式设计	杜微言
插图绘制	李沛蓉	责任校对	张 薇	责任印制	高 峰		

出版发行	高等教育出版社	网 址	http://www.hep.edu.cn
社 址	北京市西城区德外大街4号		http://www.hep.com.cn
邮政编码	100120	网上订购	http://www.hepmall.com.cn
印 刷	天津文林印务有限公司		http://www.hepmall.com
开 本	787mm×1092mm 1/16		http://www.hepmall.cn
印 张	23.5	版 次	2014年8月第1版
字 数	430千字		2021年8月第2版
购书热线	010-58581118	印 次	2022年8月第3次印刷
咨询电话	400-810-0598	定 价	49.80元

本书如有缺页、倒页、脱页等质量问题,请到所购图书销售部门联系调换
版权所有 侵权必究
物 料 号 55672-A0

"智慧职教"服务指南

"智慧职教"是由高等教育出版社建设和运营的职业教育数字教学资源共建共享平台和在线课程教学服务平台，包括职业教育数字化学习中心平台（www.icve.com.cn）、职教云平台（zjy2.icve.com.cn）和云课堂智慧职教 App。用户在以下任一平台注册账号，均可登录并使用各个平台。

● 职业教育数字化学习中心平台（www.icve.com.cn）：为学习者提供本教材配套课程及资源的浏览服务。

登录中心平台，在首页搜索框中搜索"保险实务"，找到对应作者主持的课程，加入课程参加学习，即可浏览课程资源。

● 职教云（zjy2.icve.com.cn）：帮助任课教师对本教材配套课程进行引用、修改，再发布为个性化课程（SPOC）。

1. 登录职教云，在首页单击"申请教材配套课程服务"按钮，在弹出的申请页面填写相关真实信息，申请开通教材配套课程的调用权限。

2. 开通权限后，单击"新增课程"按钮，根据提示设置要构建的个性化课程的基本信息。

3. 进入个性化课程编辑页面，在"课程设计"中"导入"教材配套课程，并根据教学需要进行修改，再发布为个性化课程。

● 云课堂智慧职教 App：帮助任课教师和学生基于新构建的个性化课程开展线上线下混合式、智能化教与学。

1. 在安卓或苹果应用市场，搜索"云课堂智慧职教"App，下载安装。

2. 登录 App，任课教师指导学生加入个性化课程，并利用 App 提供的各类功能，开展课前、课中、课后的教学互动，构建智慧课堂。

"智慧职教"使用帮助及常见问题解答请访问 help.icve.com.cn。

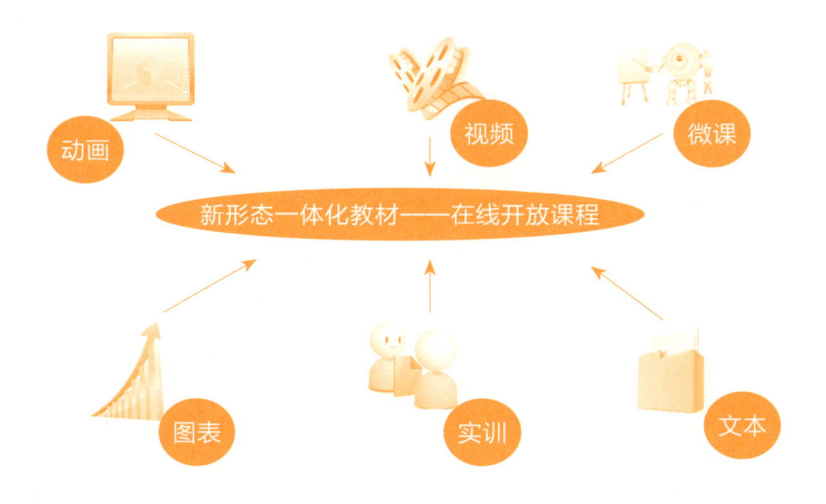

"保险实务"在线开放课程

课程负责人　黄　素

国家职业教育金融专业教学资源库示范课程（www.icve.com.cn）

智慧职教 MOOC 学院在线开放课程（mooc.icve.com.cn）

契合新金融时代发展要求的金融专业教学资源库升级改进项目建设之路

高等职业教育金融专业教学资源库项目自2008年开始筹建，于2011年9月获教育部正式立项（教职成函〔2011〕7号），2012年1月正式启动建设（教职成函〔2012〕1号）。建设之初即定位于"基于校企合作双元开发基础，融入以学生、职员、教师（培训师）、大众居民四方为主体的多元社会需求，通过教师教学改革实践平台、学生在线自主学习平台、职员业务素质提升平台、大众金融知识服务平台四大平台的整体设计，建设满足金融类高素质技能型专门人才培养需求，具有国内领先水平，体现现代金融业最新发展动态的优质教学资源库，并成为推动全国高职金融教育教学改革与建设的主要平台"。高等职业教育金融专业教学资源库项目按照《高等职业教育金融专业教学资源库项目任务书》的要求，项目建设团队根据广泛参与、共建共享的原则，历经6年筹备与建设期，超额实现项目建设目标，并于2014年顺利通过教育部验收。

伴随着互联网金融、普惠金融等新金融业态的兴起，数字化时代的到来，金融行业对金融从业人员的职业素质与能力提出了更高的要求，呼唤学校与行业、企业深度融合，利用现代信息技术和移动互联网技术，改变传统的学校主导教学资源开发的方式，合力开发优质数字化教学资源；打破静态、固化的传统教学资源应用方式，构建教学应用场景；行业、企业全方位介入专业人才培养过程，优化教学效果评价；需要进一步强化金融教育供给侧与金融产业需求侧的对接，搭建职业与教育之间的桥梁，提高学习者的互联网思维能力与金融职业素养，满足"人人皆学、处处能学、时时可学"的泛在学习需求，全面提升金融专业人才培养质量。

基于金融专业资源库前期项目建设与应用的良好基础条件，着力于新金融业态下金融专业教学资源的供给侧改革，实现优质教学资源的共建共享，该项目于2016年5月申请升级改进项目支持建设，并于2016年12月获教育部正式立项（教职成函〔2016〕15号）。

"互联网+"时代教育发展的趋势是"移动、开放、共享、协作"。随着技术推进教育的发展，慕课和翻转课堂的兴起与"智慧职教"平台的广泛应用，金融专业教学资源库升级改进项目按照经批复的《职业教育金融专业教学资源库升级改进项目建设方案》和《职业教育金融专业教学资源库升级改进项目任务书》要求，遵循"一体化设计、结构化课程、颗粒化资源"的逻辑，以满足用户使用需求为目标，根据金融专业特点，对知识结构、资源属性和运行平台功能等进行一体化整体设计，迁移建设新平台，重新梳理、更新原有资源。项目组会同主持院校浙江金融职业学院，以及广州番禺职业技术学院、北京财贸职业学院、辽宁金融职业学院、长春金融高等专科学校、保险职业学院、山西金融职业学院、山西省财政税务专科学校、宁夏财经职业技术学院等合作院校，在全国金融职业教育教学指导委员会、高等教育出版社以及金融行业合作企业的大力支持和指导下，历经 2 年时间，完成了金融专业教学资源库的升级改进项目建设任务。2018 年 7 月，《关于公布职业教育专业教学资源库 2018 年验收结果的通知》（教职成司函〔2018〕91 号）公布，国家职业教育金融专业教学资源库升级改进项目通过了教育部验收。

金融专业教学资源库升级改进项目在原有的 10 门核心课程"现代金融基础""商业银行综合柜台业务""银行会计实务""金融服务营销""金融服务礼仪""证券投资实务""保险实务""银行产品""银行授信业务""国际结算操作"建设基础上，新增加建设了"互联网金融"课程。"互联网金融"课程内容涵盖传统金融机构互联网方向业务以及新型互联网金融机构业务，体现"互联网+"背景下金融行业最新发展业态。

金融专业教学资源库升级改进项目基于"能学、辅教"的功能定位，针对教师用户、学生用户、企业用户和社会用户的需求，提供了专业园地、课程中心、微课中心、培训中心、素材中心、特色资源六大模块。

金融专业教学资源库升级改进项目的主要特色体现在以下三个方面：

1. 充分体现"一体化设计、结构化课程、颗粒化资源"的资源建设逻辑。金融专业教学资源库升级改进项目注重知识点和技能点的提炼，在原有课程建设框架基础上重新梳理知识点和技能点、设计课程知识树架构，按照素材、积件、模块、课程等层次结构组织资源、重构资源体系，进一步优化资源质量，增加高级别资源的比重，为搭建结构化课程提供有力支撑。每门课程以知识树为框架，以微课、教学动画、PPT、习题、图片、案例等颗粒化的资源为素材，构建若干知识点、技能点等积件，由积件按照一定的逻辑组合形成学习单元模块，再由若干单元模块构成课程完整的教学内容和教学活动，最终完成结构化课程的搭建。

2. 凸显"互联网+"背景下金融行业最新发展动态。在"互联网+"的冲击下，金融业态已发生了新的变化，互联网金融、科技金融的兴起正在改变着传统的金融业态和金融业务。根据"互联网+"背景下金融业发展对人才需求的变化情况，项目组新增了"金融科技"课程资源，开发建设互联网金融实训软件，建设互联网金融企业案例教学素材库，满足互联网时代金融新业态下教学资源供给需要，充分凸显了教学资源的时代性、发展性和优质性。

3. 资源平台使用便捷，实现了能学、辅教功能。根据金融专业教学资源库升级改进项目建设平台迁移的要求，项目组将更新升级后的资源从主持院校网络平台迁移到"智慧职教"平台，完成了六大模块搭建工作。新平台上的资源内容及呈现方式让用户使用更加便捷，实现了"能学、辅教"的功能。

"能学"体现在：建好的资源平台使用便捷，在校学生以及其他学习者可以通过计算机登录职教云平台，或用手机登录云课堂 App，利用平台上的数字化资源时时、处处开展学习。学生可以根据自己的薄弱点或兴趣点自主选择学习内容，进行系统化、个性化学习，在实现学习目标的同时也提高了学习的自主性。

"辅教"体现在：任课教师可以针对不同教学对象的需求在职教云平台利用颗粒化资源进行组课，对授课班级学生布置习题作业，进行测验考试，开展讨论、头脑风暴、课堂互动等。教师也可以利用资源库实施翻转课堂、线上线下混合式教学等多样化教学组织活动，辅助教学实施，更好地促进教学目标的实现。

与此同时，项目组组织各课程建设团队同步修订了金融专业教学资源库配套系列教材。新修订的教材修改完善了原有的知识体系架构，更新补充了金融业务的新知识、新内容、新制度、新规定，并依托于金融专业教学资源库升级改进项目丰富的数字化资源，以直接扫描二维码呈现与智慧职教平台展示相结合的方式为教材使用者提供各类学习资源。资源库项目升级改进建设与教材建设二者相辅相成，共同为优质的金融应用型人才培养起到积极的推进作用。

国家职业教育金融专业教学资源库建设项目组

2019 年 1 月

总序

　　金融是现代经济的核心，是社会和谐发展的稳定器，对现代经济社会发展具有非常重要的意义。自改革开放以来，我国金融业得到了快速发展，对金融业从业人员提出了更高的要求。如何进一步提高我国金融从业人员，尤其是基层业务一线人员的整体素质和水平，是摆在我国高等教育，尤其是高等职业教育面前一项非常重要的课题。

　　2006年，教育部、财政部开始启动"国家示范性高等职业院校建设计划"，旨在引导我国高等职业教育人才培养应面向各行业企业岗位需求，向培养高素质技能型人才方向发展。国家职业教育金融专业教学资源库建设项目从2008年开始启动，2011年正式获得教育部建设立项。该项目建设是教育部门为了满足金融业迅速发展对从业人员素质提高的要求，规范金融专业人才培养模式，共享优质教学资源而做的一项重要的、开创性的工作。几年来，国家职业教育金融专业教学资源库建设项目在原教育部高职高专经济类教学指导委员会的指导下，按照教育部提出的"由国家示范高职建设院校牵头组建开发团队，吸引行业企业参与，整合社会资源，在集成该专业全国优质课程建设成果的基础上，采用整体顶层设计、先进技术支撑、开放式管理、网络运行的方法进行建设"的建设方针，确定了浙江金融职业学院、广州番禺职业技术学院、山西省财政税务专科学校等10多所院校和中国农业银行浙江省分行、浙商银行等20余家金融企业作为联合建设单位，同时以课程和项目为单位吸收全国30余所高职院校的100余名骨干教师形成了一支学校、企业、行业紧密结合的建设团队。项目建设团队以金融产业转型升级的现实需求为起点，以"六业贯通"为主线，即办好"专业"，注重"学业"，关注"就业"，鼓励"创业"，强化"职业"，成就"事业"，以学生自主学习、教师教学交流、职员业务提升、社会大众金融知识普及四大平台为支撑，以10门课程与15个资源中心为主要建设内容，以现代教育信息技术为手段，实现优质金融教育资源人人、时时、处处的共建、共用、共享。

　　在上述工作基础上，项目组推出了国家职业教育金融专业教学资源库系列教材，包括《金融基础》《金融服务营销》《金融服务礼仪》《商业银行会计》《银行授信业务》《银行产品》《国际结算操作》《商业银行综合柜台业务》《证券投资实务》《保险实务》10本教材。本系列教材是"国家职业教育金融专业教学资源库"建设项目的重要成果之一，也是资源库课程开发成果的重要载体和资源整合应用的实践。2013年，本系列教材已成功立项为教育部"十二五"职业教育国家规划教材。

　　本系列教材装帧精美，采用四色或双色印刷，使教材的表现力更加生动、形象。另外，按照资源库建设的顶层设计要求，在本系列教材编写的同时，各门课程开发了涵盖课程大纲、教材、职业活动教学设计、电子课件、操作演示、虚拟实训、案例、动画、视频、音频、图片等在内的丰富的教学资源。这些教学资源的建设与教材编写同步进行，相携而成，是本系列教材最大的特色。同时，为了引导学习者充分使用资源，打造真正的"自主学习型"教材，本系列教材增加了辅学资源标注（具体见本书服务指南），即在教材中通过图标形象地告诉读者本处教学内容所配备的资源类型、内容和用途，从而将教材内容和教学资源有机整合起来，使之浑然一体。如果说资源库数以千计的教学资源是一颗颗散落的明珠，那么本系列教材就是将它们有序串接的珠链。

我们有理由相信，这套嵌合着数以千计的优质教学资源、凝结着数以百计的优秀教师心血的教材将成为高等职业教育金融专业教学上第一套真正意义的理实一体的数字化、自主学习型创新教材。衷心地希望国家职业教育金融专业教学资源库项目成果，能够为高等职业教育金融专业建设和人才培养起到积极重要的推动和引导作用。

国家职业教育金融专业教学资源库建设项目组
2013 年 10 月

第二版前言

教材是教学之本，是课程标准的具体化，是教学内容的支撑和依据。2019年国务院印发的《国家职业教育改革实施方案》提出了"三教"（教师、教材、教法）改革的任务。其中，教材改革是基础，是课程建设与教学内容改革的支撑，是人才培养的重要载体。因此，推进教材改革，对服务人才培养质量提升具有重要意义。

《保险实务》自2014年首版以来，得到了使用者的广泛认可。随着国内外保险业务的快速发展，保险监管从严、保险产品转型，尤其是互联网保险的经营模式正在快速发展并逐渐渗透到保险产业链的各个环节中，作为源于实践又指导实践的《保险实务》教材修订工作势在必行。

本次教材的修订旨在顺应市场需求和高等职业教育发展，结合近几年国内外保险业发展实际，针对高职金融类专业的教学特点和需要，采用项目—模块式编写理念，以项目任务为主线，以保险公司业务流程和相关工作岗位任务要求为依据，将保险理论知识有机地融于工作过程中，突出教材的应用性和可操作性。具体的修订内容主要体现在以下几个方面：

1. 对项目的结构和顺序进行调整。如设置保险经营原则项目，将原分散在各项目的四个经营原则合并；将银行保险的内容并入保险营销；将保险规划内容并入人身保险及其产品项目等。修订后教材框架体系更合理，内容更完整。

2. 紧跟保险行业发展，新增部分前沿内容。鉴于金融科技对保险公司经营的深远影响，新增互联网保险项目，使教材内容紧贴保险业务实际，具有更强的时代性。

3. 对教材中的案例、延伸阅读等材料、保险行业及业务数据等进行更新、替换，以反映保险行业的新变化、新发展。

本书由保险职业学院马丽华和黄素担任主编，李一鸣、谢汀芬担任副主编。各编写人员均是多年从事保险专业教学与行业培训的保险专任教师，具有扎实的理论功底和较丰富的实践经验。本书的内容选取、素材收集以及整体编纂，有幸得到肖举萍教授等业内专家的全程指导和帮助，在此表示由衷的感谢！

本书在修订与出版过程中，得到了高等教育出版社贾若曦、黄茜的鼎力相助。此外，我们还参考了不少专家学者的论文著作、各保险公司的实务资料、众多网络资讯等，谨在此一并表示诚挚的谢意！

因编写人员水平所限，疏漏与错误在所难免，恳请各位专家和读者予以批评指正。

编者
2021年6月于长沙

第一版前言

改革开放以来，我国保险业得到了前所未有的快速发展，保险业已和银行业、证券业并驾齐驱，成为现代金融体系的三大支柱之一。

高等职业教育人才培养目标是培养能与用人单位"零距离"对接的实用型人才。为实现这一目标，最基本的一项工作就是要有与企业实际相吻合的教材。"保险实务"是高等职业教育金融专业教学资源库建设项目立项建设的课程之一，属于金融管理与实务专业职业能力核心课程。本书依据一线保险职业岗位群对保险知识和技能的要求，从学生知识和技能培养的需要出发，以保险公司各业务环节的工作过程为载体确定课程的学习项目和模块，通过创设任务情景将理论知识和实务操作紧密地联系在一起。本书是"十二五"职业教育国家规划教材，也是国家职业教育金融专业教学资源库配套教材。

本书立足教学，面向应用，紧密结合学科与教学的需要，突出实用、新颖和可操作性强的特点。① 内容充实。本书以保险公司业务经营为研究对象，内容涉及保险基本理论知识、保险产品实务、保险企业经营环节、保险规划和银行保险实务。② 突出实务。本书以"理论够用、注重实践技能和应用能力的培养"为原则，以工作项目为中心，业务流程为主线，全面系统地介绍了保险从业人员需具备的保险基础知识，并通过"典型案例""项目活动"等栏目强化理论知识的实务运用。③ 紧密联系保险前沿。本书设置了"知识拓展""今日保险"等栏目，引述的有关保险理论知识和前沿动态多是最新资料，反映了当前保险的实际。

本书以阐明保险公司业务经营所需保险基本理论与方法为宗旨，以保险合同、保险产品、保险业务流程、保险规划等为主要内容，较为全面、系统地阐述了保险的基本概念、基本方法和基本技能。本书共设置七个项目，分别为认识风险与保险、保险合同业务处理、认识财产保险及产品、认识人身保险及产品、了解保险公司的业务流程、保险规划、熟悉银行保险实务。全书内容新颖，结构独特，案例丰富，通俗易懂，突出实用，可操作性强。

本书由保险职业学院肖举萍、黄素担任主编，马丽华、蒋菲担任副主编，教材编写的具体分工如下：项目一由杨柳明、付春红编写，项目二由马丽华编写，项目三由蒋菲、张劲松、李云、王艳蓉编写，项目四由黄素编写，项目五由常伟、蒋菲、黄素编写，项目六由郑霞、张曦编写，项目七由郑祎华、梁涛编写。全书由黄素和马丽华组织编写工作，并拟定大纲、审稿和统稿，由肖举萍教授审定。本书编写中还得到了湖南大众传媒职业技术学院、黎明职业大学、山西金融职业学院、广州番禺职业技术学院、辽宁金融职业学院等高职院校，以及中国人寿财产保险湖南分公司、吉祥人寿保险股份有限公司的积极参与和鼎力支持。

本书在内容选取、素材收集以及整体编著上，有幸得到中国人寿财产保险股份有限公司总部直属电销中心余三明总经理、吉祥人寿保险股份有限公司精算部于川泳副总经理、华泰人寿湖南分公司周以珂副总经理等业内专家的全程参与和指导帮助，在此特别表示感谢！还要感谢高等教育出版社相关编辑在本书编辑与出版过程中付出的辛勤劳动！此外，我们还参考了不少专家学者的著作论文、各保险公司的实务资料、众多网络资讯等，恕未能一一列出，谨在此一并表示诚挚的谢意！

由于作者水平有限，本书疏漏与错误之处难免，竭诚欢迎各位读者批评、指正。

编者

二〇一四年四月

目录

项目一　风险与保险　/ 001

模块一　认识风险　/ 003

模块二　风险管理　/ 009

模块三　认识保险　/ 014

项目二　保险合同业务处理　/ 037

模块一　认识保险合同　/ 039

模块二　保险合同的构成要素　/ 056

模块三　保险合同的订立、履行、变更与终止　/ 069

模块四　保险合同及其争议处理　/ 085

项目三　保险经营原则　/ 095

模块一　最大诚信原则及其运用　/ 097

模块二　保险利益原则及其运用　/ 106

模块三　近因原则及其运用　/ 116

模块四　损失补偿及其派生原则的运用　/ 122

项目四　财产保险及其产品　/ 143

模块一　认识财产保险　/ 145

模块二　火灾保险　/ 148

模块三　运输保险　/ 157

模块四　其他财产保险　/ 172

项目五　人身保险及其产品　/ 189

模块一　认识人身保险　/ 191

模块二　人身保险合同常见条款　/ 198

模块三　人寿保险　/ 205

模块四　健康保险　/ 214

模块五　人身意外伤害保险　/ 219

模块六　人身保险规划　/ 225

项目六　保险公司经营管理　/ 247

模块一　认识保险公司经营管理　/ 249

模块二　保险营销　/ 259

模块三　保险核保　/ 275

模块四　保险理赔　/ 286

模块五　保险客户服务　/ 300

模块六　保险资金运用　/ 309

项目七　互联网保险　/ 321

模块一　认识互联网保险　/ 323

模块二　互联网环境下保险公司的运营　/ 340

参考文献　/ 353

项目一　风险与保险

学习目标

【知识目标】

- 掌握风险的概念，熟悉风险的分类与特征
- 掌握风险的构成要素
- 了解风险管理的概念与程序
- 熟悉风险管理的技术
- 掌握保险的概念、特征与分类
- 熟悉可保风险、大数法则和分摊原理
- 熟悉保险的功能和作用
- 了解保险的历史、现状和未来的趋势

【技能目标】

- 能正确辨析风险的构成要素
- 能根据具体情况选择正确的风险管理技术
- 能对保险与相似制度进行比较

【素养目标】

- 通过对保险的原理、意义与功用的学习，使学生理解保险行业存在与发展的意义，增强学生的职业荣誉感

- 通过对我国保险业发展的学习，使学生感知保险业发展的巨大成就，激发学生的爱国主义情怀，树立学生的民族荣誉感，坚定"四个自信"

【知识结构】

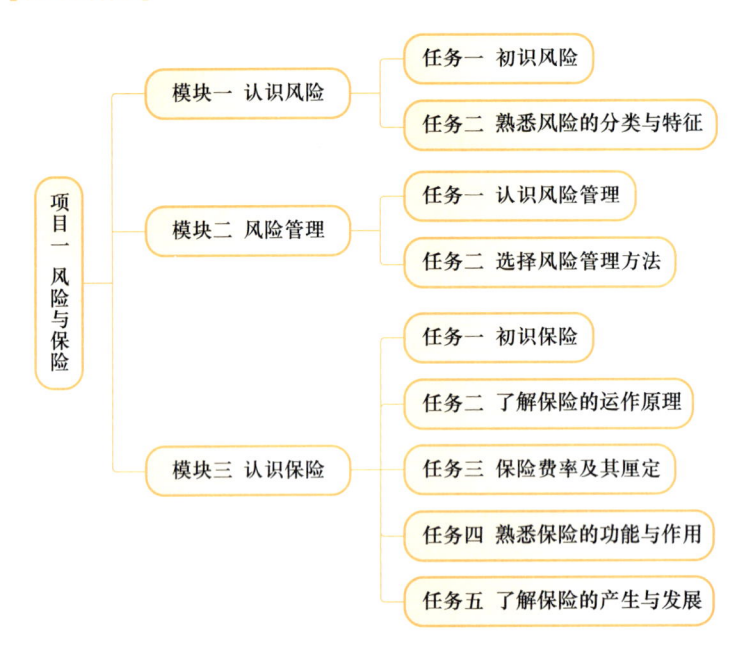

```
                    ┌─ 模块一 认识风险 ─┬─ 任务一 初识风险
                    │                   └─ 任务二 熟悉风险的分类与特征
                    │
项目一              ├─ 模块二 风险管理 ─┬─ 任务一 认识风险管理
风险与保险          │                   └─ 任务二 选择风险管理方法
                    │
                    └─ 模块三 认识保险 ─┬─ 任务一 初识保险
                                        ├─ 任务二 了解保险的运作原理
                                        ├─ 任务三 保险费率及其厘定
                                        ├─ 任务四 熟悉保险的功能与作用
                                        └─ 任务五 了解保险的产生与发展
```

案例导读　新型冠状病毒肺炎疫情肆虐全球

冠状病毒是一个大型病毒家族，已知可引起感冒以及中东呼吸综合征（MERS）和严重急性呼吸综合征（SARS）等较严重疾病。2019新型冠状病毒（2019-nCoV）是以前从未在人体中发现的冠状病毒新毒株，其主要传播途径是呼吸道飞沫传播和接触传播。人感染了新型冠状病毒后常见发热、咳嗽、气促、呼吸困难等症状。在较严重病例中，感染可导致肺炎、严重急性呼吸综合征、肾衰竭，甚至死亡。

截至2020年12月31日，全球累计确诊新冠肺炎病例83 720 315例，累计死亡病例1 823 584例；全球单日新增确诊病例739 283例，创最大增幅；新增死亡病例13 951例。中国以外新增确诊病例超73.9万例，累计确诊病例逾8 363万例，累计死亡病例逾181.8万例。

风险无处不在、无时不有，任何经济单位和个人都面临着来自自然、社会和市场风险的威胁。

资料来源：由网络相关资料编辑整理。

【项目概述】

保险是最典型的一种风险管理制度,是现代社会人们应对风险最常用的手段之一。保险从诞生之日起,就与风险密不可分。所以,学习保险首先要弄明白什么是风险、风险的主要特征及类型,在此基础上研究风险管理的过程,寻找出应对风险的方法。本项目从学习风险、风险管理着手,进而较全面地介绍保险的概念、要素、功能、作用及发展历史。

模块一　认识风险

任务一　初识风险

【任务情景】

2020年3月30日11时40分许,由济南开往广州的T179次客运列车正常行驶至京广铁路湖南郴州永兴县境内时发生脱轨,列车前部起火,9节车厢发生侧翻。列车实载800余人,事发后车上乘客全部疏散,事故造成1人死亡、4人重伤、120余人轻伤,京广线部分区段一度运行受阻。事后确定,因突发山体滑坡,导致列车撞上塌方体脱轨侧翻。

辨析风险的构成要素是认识风险的前提,请分析该案中风险的构成要素有哪些。

【知识平台】

风险的存在是保险产生的基础,如果没有风险也就不可能产生保险,因此,学习保险首先要从了解风险开始。

一、风险的概念

风险,是指偶然事件的发生引起损失的不确定性。此定义有三层含义:①风险是偶然发生的事件;②风险发生的结果是损失,即经济价值的非故意、非计划、非预期的减少;③事件的发生所引起的损失是不确定的。

二、风险的构成要素

风险由风险因素、风险事故和损失三个要素组成。

教学视频:
风险的概念
与构成要素

(一)风险因素

风险因素是指促使某一特定风险事故发生或增加其发生的可能性或扩大其损失程度的原因或条件。风险因素是风险事故发生的潜在原因,是造成损失的间接原因。风险因素一般分为三种:实质性风险因素、道德性风险因素和心理性风险因素。

(1)实质性风险因素。它是指引起或增加损失发生机会,或增加损失发生概率、扩大损失严重程度的客观物质条件。

(2)道德性风险因素。它是指由于个人或团体的不诚实或居心不良,故意促使风险事故发生或扩大风险事故损失程度的主观因素。

(3)心理性风险因素。它是指由于人们主观上的疏忽或过失,以致引起风险事故发生或增加风险事故的发生机会,或扩大损失程度的非故意因素。

道德性风险因素和心理性风险因素同属于主观风险因素。但前者是主观故意行为,而后者是主观无意即非故意行为,因而它们是有本质区别的。

(二)风险事故

风险事故是指可能引起人身伤亡或财产损失的偶然事件,是造成风险损失的直接原因,也是风险因素所诱发的直接结果。例如火灾、车祸、飞机失事、塌方、毒气泄漏、地震、疾病等,都是风险事故。

风险事故是风险因素在一定条件下导致的结果和过程,也是形成损失的一个时段。当这个过程结束后,人们会看到或感受到它的结果——损失。所以,风险事故并不是指损失本身。

(三)损失

损失作为风险管理和保险经营的一个重要概念,是指非故意的、非计划的和非预期的经济价值的减少。这一定义包含两个要素:一是"非故意的、非计划的、非预期的";二是"经济价值的减少"。二者缺一不可,否则不构成损失。例如,恶意行为、折旧、面对正在受损失的物资可以抢救而不抢救等造成的后果,因分别属于故意的、计划的和预期的,因此不能称为损失。再如记忆力的衰退,不是经济价值的减少,因而也不是损失。

(四)风险因素、风险事故与损失三者之间的关系

风险因素、风险事故与损失三者之间存在因果关系,即风险因素引起风险事故,而风险事故导致损失。风险由风险因素决定,通过风险事故来表现,以损失来度量。三者之间的关系如图1-1所示。

图1-1 风险的构成要素之间的关系

> **延伸阅读**

史无前例的澳大利亚丛林大火

2019年9月7日，澳大利亚东海岸两个州爆发丛林火灾，由于冬季干旱和降雨稀少，导致天气干燥，消防员的救火任务几乎无法缓解火势。11月，澳大利亚东部丛林大火肆虐，东南部新南威尔士州、维多利亚州、南澳大利亚州等多地发生严重山火，灾情进一步加剧。对于澳大利亚来说，每年或多或少都会有丛林大火的事件发生，但这场林火却比以前来得更加凶猛，连烧5个多月。据澳大利亚官方统计，截至2020年1月此次火灾烧毁了约1000万公顷森林和草地，烧毁6000多座建筑和大量农场、牧场、果园、菜地，数十人死亡，约13亿只鸟类和哺乳动物被烧死，多种动植物物种灭绝或濒临灭绝，损失之大史无前例。2020年1月中旬以来，山火地带陆续出现了强降雨、低温、无强风等有利天气，对于缓解火势起到了很大的作用，到2月底火势基本得到控制。

在澳大利亚，一些林火高发的州和地区展开了针对纵火者的专项行动。自2019年11月以来，新南威尔士州当局已就约200宗和林火相关的罪行，对183人提出了警告或检控。这些人有些是蓄意纵火，有些则是疏忽。其中有24人被控蓄意点燃林火，53人因未能遵守全面禁火令而被起诉或警告，还有47人是因为乱丢烟头。

澳大利亚总理斯科特·莫里森（Scott Morrison）承认在应对林火危机中存在失误。他表示，将向内阁提出一项提案，以建立一个皇家委员会来应对丛林大火灾难，还将讨论在灾难发生时联邦政府如何以更大的灵活性介入和协助各州应对问题。此外，由于此次林火给灾区民众带来了巨大的心理创伤，莫里森宣布将投入7600万澳元（约合3.5亿元人民币），为民众提供心理咨询和抚慰。

资料来源：根据网络新闻报道整理。

任务二 熟悉风险的分类与特征

【任务情景】

小张和小楠组建了一个幸福的两口之家，有一只可爱的宠物小狗。两人的月收入合计为1.5万元，每个月的基本生活开销要2500元左右，还需负担5000元左右的购房贷款。目前两人还没有孩子。家庭资产方面，目前手上有10万元存款，一辆价值20万元的小轿车，平时小张用于上班代步；自住的房

教学视频：
风险的分类
与特征

子价值约70万元，现在还有7万元的贷款未还清，除了拥有2万元的国债，暂时没有做其他方面的投资。

在我们的生活中会面临各种各样的风险，请你识别该家庭面临的风险，并对识别的风险进行分类，总结风险所具有的特征。

【知识平台】

一、风险的分类

依据不同标准，风险可分为不同类型。

（一）按风险的性质分类

按照风险的性质，可将风险分为纯粹风险和投机风险。

纯粹风险是指只有造成损失而无获利可能性的风险。即这类风险导致的结果只有两种：损失或无损失。例如火灾、地震、洪水、疾病等各种自然灾害，都属于纯粹风险。

投机风险是指既可能造成损失也可能产生收益的风险。其所致结果有三种可能：损失、无损失或者获利。例如股票买卖等投资行为、新产品的研制和生产、新技术的开发和应用等，都有可能发生损失，但也可能获得较高利润，这类风险就是投机风险。

（二）按风险的对象分类

按照风险的对象，可将风险分为财产风险、人身风险、责任风险和信用风险。

财产风险是指可能导致财产发生毁损、灭失和贬值的风险。

人身风险是指人们因生、老、病、死、伤残等原因而导致经济损失的风险。

责任风险是指因侵权或违约，依法对他人遭受的人身伤亡或财产损失应负赔偿责任的风险。

信用风险是指在经济交往中，因对方违约或不可抗力事件的发生，致使合同无法执行时所造成的经济损失的风险，即失信风险。

（三）按风险产生的原因分类

按照风险产生的原因，可将风险分为自然风险、社会风险、经济风险、政治风险和技术风险。

自然风险是指由于自然现象或物理现象所导致的风险。如洪水、地震、干旱、火山爆发等自然界的风险，或人体内在因素和外界影响所致疾病或伤害以及各种意外事故造成的财产、人身伤害。自然风险是保险人承保最多的风险。

社会风险是指由于个人行为的反常或不可预料的团体行为所致损失的风险，如偷窃、抢劫、罢工、动乱等。

经济风险是指在生产和销售等经济活动中由于受各种市场供求关系、经济贸易条件等因素变化的影响，或经营者决策失误，对前景预期出现偏差等，导致经济上遭受损失的风险。

政治风险是在对外投资和贸易过程中，因政治原因或订约双方所不能控制的原因，使债权人可能遭受损失的风险。

技术风险是指伴随着科学技术的发展、生产方式的改变而产生的风险。例如核辐射、空气污染、噪声等风险。

（四）按风险的环境分类

按照风险的环境，可将风险分为静态风险和动态风险。

静态风险是指自然力的不规则变动或人们行为的错误或失当所导致的风险。如由于雷电、风暴、火灾等自然界的不规则变化、意外事故或人的故意侵害（如盗窃、抢劫）或过失（如违章驾车）所导致的财产损失或人身伤亡的可能性。

动态风险是指由社会经济或政治的变动所导致的风险。比如，人口的增加、资本的成长、技术的进步、产业组织效率的提高、消费者爱好的转移、政治经济体制的改革等，都可能引起风险。

（五）按风险是否可以保险分类

按照风险是否可以保险，可将风险分为可保风险和不可保风险。

可保风险是保险人可接受承保的风险，或者说是指可以通过保险的方式加以管理的风险。除可保风险外的一切风险均可视为不可保风险。

可保风险和不可保风险的界限是相对的，是可以在一定条件下相互转化的。事实上，随着社会经济的发展和经营技术的提高，可保风险的范围正在不断扩大。

二、风险的特征

（一）客观性

风险是不以人的主观意志为转移的客观存在。随着科学技术的进步和经营管理的改进，认识、管理和控制风险的能力不断增强，人们在社会经济活动中所面临的自然灾害、意外事故、决策失误等风险可以部分地得到有效控制。但是，从总体上说，风险是不可能完全消除的。

（二）损害性

风险与人们的利益密切相关，损害是风险发生的后果，凡风险都会给人们带来利益损害。经济上的损害可以用货币进行衡量。人身损害虽然不能以货币衡量，但一般都表现为收入的减少或支出的增加，或两者兼而有之。

（三）不确定性

风险的不确定性表现在四个方面：一是发生与否不确定；二是空间上的不确定性；三是时间上的不确定性；四是损失程度的不确定性。

（四）可测性

风险的不确定性说明风险基本上是一种随机现象，是不可预知的，这是就个别风险单位而言的。就风险总体而言，根据统计原理，随机现象一定要服从于某种概率分布，是可以测定的。也就是说，对一定时期内特定风险发生的频率和损失率，是可以依据概率论原理加以正确测定的，即把不确定性化为确定性。

（五）发展性

人类在改造和创造物质文明世界的同时，也改造和发展了风险。随着经济的增长、社会生产力的提高、人类生活方式的变化、科技的飞速发展及广泛应用，许多新的风险因素在增加，导致更惊人的风险损失。风险的发展为保险的发展创造了空间。

模块练习

一、单选题

1. 风险的构成要素包括（　　）。
   ① 风险因素　② 风险事件　③ 损失
   A. ①②　　　　　　　　　　　B. ①③
   C. ②③　　　　　　　　　　　D. ①②③

2. 随着医疗水平的提高和卫生状况的改善，新生儿的死亡率明显下降，一些疾病的死亡威胁减小。这些现象表明了风险的（　　）特征。
   A. 可变性　　　　　　　　　　B. 可测性
   C. 偶然性　　　　　　　　　　D. 客观性

3. 下列关于纯粹风险的说法，正确的有（　　）。
   ① 纯粹风险是指只有损失或不损失两种可能的风险
   ② 只有纯粹风险才可能是可保风险
   ③ 纯粹风险是风险管理的主要对象
   ④ 纯粹风险导致的可能损失对个体而言是一种损失，但从整个社会角度来看，可以在很大程度上相互抵消，甚至完全抵消

A. ①② B. ①②③
C. ②③ D. ①②④

4. 风险的不确定性是指（　　）。
①发生与否不确定　②发生时间不确定　③发生空间不确定　④损失程度不确定

A. ①② B. ①②③
C. ①②③④ D. ①②④

5. 王某是某寿险公司重大疾病险的被保险人，在一次单位体检中几乎从不参加体检的王某也在体检队伍中，体检中发现其患有肝癌而且已到晚期。保险人在核赔中发现王某平时的生活方式非常糟糕：无节制地抽烟、酗酒，几乎每天在外暴饮暴食，起居极为不合理，才导致了如此严重的结果。就造成王某健康状况如此严重结果的风险因素类型而言，属于（　　）。

A. 道德风险因素 B. 物质风险因素
C. 心理风险因素 D. 投机风险因素

二、判断题

1. 风险的存在是保险产生的基础，没有风险就没有保险。（　　）
2. 各种风险的存在都是不以人的意志为转移的，这表明风险具有普遍性特征。（　　）
3. 风险可以部分受到有效控制，但从总体上说，风险是不可能完全排除的。（　　）
4. 下冰雹使得路滑而发生车祸，造成人员伤亡。此事件的风险因素是路滑。（　　）
5. 风险具有不可测性。（　　）

模块二　风险管理

任务一　认识风险管理

【任务情景】

张先生是一位民营企业家，近期感到很烦恼，其管理和经营的企业发生了一系列的风险，有安全事故，有产品质量问题等。这些风险事件给企业带来了潜在的经济损失，张先生急切地希望采取一定的措施来管理面临的风险，并

教学视频：
风险管理的认知

向保险公司咨询是否可以通过购买保险来转移其所有的风险。

什么是风险管理？风险管理与保险的关系如何？若你是一位风险管理人员，应如何解决该企业的困惑？

【知识平台】

一、风险管理的概念

风险管理（risk management）是经济单位透过对风险的认识、衡量和分析，以最小的成本取得最大安全保障的管理方法。

风险管理的主体是各经济单位，个人、家庭、企业以及其他法人团体都可以看作独立的经济单位。

二、风险管理的程序

风险管理的基本程序包括风险识别、风险估测、风险评价、风险管理技术选择和风险管理效果评估等环节。

（一）风险识别

风险识别是风险管理的第一步，是指经济单位和个人对所面临的以及潜在的风险加以判断、归类整理并对风险的性质进行鉴定的过程。

风险识别的方法主要有四种。一是财务报表分析法，是指根据经济单位的资产负债表、利润表等会计记录和财务报表，从财务的角度进行分析，以便发现经济单位可能存在的风险。二是保险风险调查法，是指经济单位利用保险专业人员以及有关咨询、研究机构、学术团体，对经济单位可能遭受的风险进行详细的调查与分析，编制风险调查表格，据此识别可能存在的风险。三是流程图分析法，是指经济单位将所有生产经营环节，按照其内在的联系绘制出流程图，用以发现生产经营过程中可能存在的风险。四是故障树分析法，是指根据故障与原因之间的因果关系分解，形成树状结构，进行定性分析和定量分析。

（二）风险估测

风险估测是指在风险识别的基础上，通过对所收集的大量的详细损失资料加以分析，运用概率论和数理统计，估计和预测风险发生的概率和损失程度。风险估测的方法主要有：简易估测法、概率分布估测法、盈亏平衡估测法等。

（三）风险评价

风险评价是指在风险识别和风险估测的基础上，将风险估测的结果与国家所规定的安全指标或公认的安全指标进行比较，以便确定风险是否需要处理和如何处理。

（四）风险管理技术选择

风险管理技术选择是在风险识别和风险估测的基础上，根据风险性质、风险频率、损失程度及自身的经济承受能力选择适当的风险处理方法的过程。

（五）风险管理效果评估

风险管理效果评估是分析、比较已实施的风险管理方法的结果与预期目标的契合程度，以此来评判管理方案的科学性、适应性和收益性。

三、风险管理与保险的关系

风险管理与保险有着密切的关系，两者相互影响，共同成为人类处置风险的强有力手段。

（一）风险是风险管理和保险的共同对象

风险的存在是保险得以产生、存在和发展的客观原因与条件，并成为保险经营的对象。但是，保险不是唯一的处置风险的方法，更不是所有的风险都可以保险。从这一点上看，风险管理所管理的风险要比保险的范围广泛得多，其处理风险的手段也较保险多。

微课：风险管理手段与保险的关系

（二）保险是完善风险管理的一个重要内容

风险管理在一定程度上可以防止风险发生或减轻损失的程度，但并不能完全消除风险损失，何况有许多风险是无法避免的。有了保险才能在风险损失一旦发生时，及时给予经济补偿，使风险损失的影响降到可能的最低限度，因此有了保险才使风险管理更加完善。

（三）加强风险管理是提高保险经济效益的重要手段

保险和风险管理都有相同的理论基础，其使用的原则和方法在许多方面是一致的。保险人要提高经济效益，也必须加强自身的风险管理。在保险业务经营中，经常运用风险管理方法。如运用风险回避的方法，拒绝接受或注销不良风险；运用风险自留的方法，避免承担过大的风险；运用风险转移的方法，安排再保险，以分散风险；运用风险控制的方法，引导保户做好防灾、施救等工作，以减少损失等。

任务二　选择风险管理方法

【任务情景】

新冠肺炎疫情肆虐，欧洲迅速发展成为重灾区。意大利、西班牙、德国、

教学视频：风险管理的方法

法国、英国等国家纷纷采取越来越严格的防疫举措，但新冠肺炎病例数目仍然在上升。在法国留学的小兮十分紧张也非常矛盾。究竟要不要回国？如果回国，途中的感染风险不可小觑。如果留在法国，又该如何应对如此严峻的疫情形势，保证自身的安全呢？

请根据所学知识，分析在新冠肺炎疫情中可以采取哪些措施对风险进行有效管理。

【知识平台】

风险管理的方法和技术有很多种，总体可分为控制型和财务型两大类，控制型包括避免、预防、抑制和分散风险，财务型包括自留和转移风险等。某类方法并不适合于所有的风险，在现实生活中如何选择风险管理技术，是风险管理中非常关键的问题。

一、控制型风险管理技术

控制型风险管理技术重点在于改变引起自然灾害、意外事故和扩大损失的各种条件。主要表现为：在事故发生前，降低事故发生的频率；在事故发生时，将损失降到最低程度。

（一）避免风险

避免风险是指设法回避损失发生的可能性，即从根本上消除特定的风险单位和中途放弃某些既存的风险单位。它是一种最彻底、最简单、最消极的方法。

（二）预防风险

预防风险是指在风险事故发生前，为了消除或减少可能引起损失的各种因素，而采取的处理风险的具体措施。预防风险通常在损失频率高且损失程度低时采用。预防风险措施可以分为：工程物理法，是指预防措施侧重于风险单位的物质因素的一种方法；人类行为法，是指损失预防侧重于人们行为教育的一种方法。

（三）抑制风险

抑制风险是指在损失发生时或损失发生之后为降低损失程度而采取的各项措施，是处理风险的有效技术。抑制风险的一种特殊形态是隔离，是指将风险单位隔离成许多独立的小单位而达到减轻损失程度的一种方法。抑制风险在损失程度高且风险又无法避免和转嫁的情况下采用。

（四）分散风险

分散风险是集合性质相同的多数单位来直接分担所遭受的损失，以提高每一单位承受风险的能力。

二、财务型风险管理技术

财务型风险管理技术是通过事故发生前的财务安排，来解除事故发生后给人们造成的经济困难和精神忧虑，为恢复企业生产、维持家庭正常生活等提供财务支持。

（一）自留风险

自留风险是指企业或单位自我承受风险损害后果的方法，是一种非常重要的财务型风险管理技术。通常在风险所致损失频率和程度低、损失在短期内可以预测以及最大损失不影响企业或单位财务稳定时适合采用自留风险的方法。

自留风险分为主动自留和被动自留。主动自留是指在风险的性质及后果已经得到确认，在分析了经济可行性之后，确定自留风险的最优性、筹划相应的财务准备。被动自留是指在未能识别和衡量风险及损失后果的情况下，被迫采取由自身承担的风险处置方式。

（二）转移风险

转移风险是指一些单位或个人为避免承担损失，而有意识地将损失或与损失有关的财务后果转嫁给另一些单位或个人去承担的一种风险管理方式。转移风险分为保险转移和非保险转移。

保险转移，是指单位或个人通过订立保险合同，将其面临的财产风险、人身风险和责任风险等转嫁给保险人的一种风险管理技术。

非保险转移，是指单位或个人通过经济合同，将损失或与损失有关的财务后果，转移给另一些单位或个人去承担的一种风险管理技术，如保证互助、基金制度等。

微课：风险管理手段的应用

模块练习

一、单选题

1. 风险管理的目的是（　　）。
   A. 消灭风险　　　　　　　B. 识别风险
   C. 转移风险　　　　　　　D. 以最小成本获得最大安全保障

2. （　　）是指经济单位和个人对所面临的以及潜在的风险加以判断、归类整理并对风险的性质进行鉴定的过程。
   A. 风险控制　　　　　　　B. 风险处理
   C. 风险识别　　　　　　　D. 风险管理效果评价

3. 对于损失频率高、损失程度大的风险宜采用（　　）的风险管理方法。
   A. 保险　　　　　　　　　B. 风险避免

  C. 抑制   D. 风险自留

  4. 对于损失概率低、损失程度大的风险应采用（ ）的风险管理方法。

  A. 保险   B. 风险避免

  C. 抑制   D. 风险自留

  5. 通常在风险所致损失频率和程度低、损失在短期内可以预测以及最大损失不影响企业或单位财务稳定时适合采用（ ）的方法。

  A. 保险   B. 风险避免

  C. 预防   D. 风险自留

二、判断题

1. 风险避免是处理风险的一种积极方法。（ ）
2. 运用控制型风险管理技术的目的是降低损失频率和损失程度。（ ）
3. 风险识别是风险管理最重要的一个环节。（ ）
4. 保险是一种控制型风险管理技术。（ ）
5. 风险估测是指估计和预测风险发生的概率和损失程度。（ ）

模块三　认 识 保 险

任务一　初 识 保 险

【任务情景】

  目前，在互联网平台上出现了很多类似于e互助、水滴筹等社交筹款平台。其通过平台发起社会捐赠，由网络平台来募集个人和家庭无法承担的大病费用。例如，水滴筹在2018年累计筹款金额超过100亿元，服务80多万名经济困难的大病患者。有人说这种社会筹款平台具有互助性，类似于保险。

  那么，保险是什么？与这些互助平台有何区别？

教学视频：保险的概念、特征与分类

【知识平台】

一、保险的概念

  《中华人民共和国保险法》（以下简称《保险法》）对保险的定义如下："本法所称保险，是指投保人依据合同约定，向保险人支付保险费，保险人对于合同约定的可能发生的事故因其发生所造成的财产损失承担赔偿保险金责任，或者当被保险人死亡、伤残、疾病或者达到合同约定的年龄、期限等条件时承担给付保险金责任的商业保险行为。"这里给保险做的定义是限于商业保险范围的，是狭义的保险，广义的保险应在此基础上加上政策性保险。

以下分别从不同视角加深对保险的理解。

（一）保险的经济学含义

从经济学角度来看，保险是一种意外事故损失的分摊方法。通过保险，以多数单位和个人缴纳的保费建立保险基金，少数不幸的被保险人的损失由包括受损者在内的所有被保险人分摊。

（二）保险的法律含义

从法律角度来看，保险是一种合同行为，即通过签订保险合同，明确双方当事人的权利与义务，被保险人以缴纳保费获取保险合同规定范围内的赔偿，保险人则有收取保费的权利和提供赔偿的义务。

（三）保险的风险管理学含义

从风险管理的角度来看，保险是通过风险转移来达到风险管理目标的一种管理机制。保险公司将众多的风险单位汇集，从而提高对风险的承受能力。

（四）保险的社会学定义

从宏观角度看，保险是社会经济保障制度的重要组成部分，是社会保障体系的有力补充，是社会生产和社会生活"精巧的稳定器"。

二、保险的特征

（一）互助性

保险机制的建立，使投保人之间可以方便地建立起风险共担的经济互助关系，实现"一人为众，众为一人"，为那些遭受损失和伤害的个人和家庭提供帮助。

（二）法律性

从法律角度看，保险是一种合同行为，是双方通过协商建立的一种法律关系，也为双方行使自身的权利和履行各自的义务提供了法律依据。

（三）经济性

通过缴纳较少的保费，投保人或者受益人可以得到较强的经济保障。当其遭受保险责任范围内的损失和伤害时，可以领取大大超过保费支出的保险金。

（四）科学性

保险为人们提供了一种风险管理的科学手段。保险费的厘定、保险金的赔付和保险准备金的提取都是以科学的数理理论为依据的。

三、保险的分类

（一）根据保险标的，可以分为财产保险与人身保险

财产保险是以财产及其有关的经济利益为保险标的的保险，包括财产损失保险、责任保险、信用保证保险等具体险种。财产损失保险又包括企业财产保险、家庭财产保险、运输工具保险、货物运输保险、工程保险和农业保险等。人身保险是以人的寿命和身体为保险标的的保险，包括人寿保险、健康保险、意外伤害保险等险种。

（二）根据实施方式，可以分为强制保险与自愿保险

强制保险又称法定保险，是由政府通过法律或行政手段强制实施的一种保险。如机动车交通事故责任强制保险。自愿保险是在自愿的原则下，投保人与保险人双方在平等协商的基础上，通过订立保险合同而建立的保险关系。

（三）根据经营目的，可以分为商业保险和政策保险

商业保险是以营利为目的的商业行为，由商业保险公司经营；政策保险是政府为维护社会秩序或促进特定部门发展而开办的不以营利为目的的保险，一般由政府设立专门的机构来经营，也可委托商业保险公司来辅助经营。

（四）根据风险转移方式，可以分为原保险与再保险、重复保险和共同保险

风险转移的方式有两种：一是风险的纵向转移；二是风险的横向转移。纵向转移时保险可以分为原保险和再保险。原保险是保险人与投保人之间直接签订保险合同而建立保险关系的一种保险。在原保险关系中，投保人将其风险转嫁给保险人，当保险标的遭受保险责任范围内的损失时，保险人承担赔偿责任。再保险也称分保，是保险人将其所承保的风险的一部分或全部转移给其他保险人的一种保险。通过再保险，原保险人将过高的承保风险分散出去，以维持自身的财务稳定性。横向转移时保险可以分为共同保险和重复保险。两者都是将风险横向分散转移给多个保险人，但保险金额与保险价值的关系有所不同。共同保险是指由几个保险人共同承保同一保险标的、同一风险、同一保险利益而且保险金额未超过保险价值的保险。重复保险是投保人就同一保险标的、同一保险利益、同一风险向不同的保险人投保，而且保险金额超过了保险标的实际价值的保险。

微课：中国的泰坦尼克号——原保险与再保险

任务二　了解保险的运作原理

【任务情景】

巨灾通常是指对一国生命财产造成特别巨大的破坏损失、对国家或区域经济社会产生严重影响的自然灾害事件和其他损害事件，主要包括大地震、海

啸、特大洪水、台风、核泄漏等。根据瑞士再保险公司统计，自1970年以来世界范围灾难发生的频率和损失逐渐增加，巨灾发生频次已由1970年的100次增长至2017年的301次。仅2018年全球灾害造成的总经济损失约为1 550亿美元，其中自然灾害损失1 460亿美元。

巨灾不仅给民众带来了巨大的伤痛，同时对灾后经济重建也构成了巨大的挑战，巨灾风险的存在已威胁到人类社会的可持续发展。

面对如此特殊的巨灾风险，保险公司可以承保吗？为什么？

【知识平台】

一、可保风险及其构成条件

可保风险是指符合保险人承保条件的特定风险，即符合保险人承保条件的风险。并非所有风险都可以通过保险转移方式转移给保险公司承担。保险人能够承保的风险具有哪些性质呢？它通常要符合以下几个条件。

微课：战争风险可保吗？

（一）可保风险是纯粹风险

可保风险必须是只有损失机会而无获利可能的风险，即纯粹风险。可保风险绝对不能是投机风险。

（二）风险的发生必须具有偶然性

偶然性包含两层意思：一是发生的可能性，不可能发生的风险是不存在的。二是发生的不确定性，即发生的对象、时间、地点、原因和损失程度等，都是不确定的。风险发生的偶然性是指对每一个具体标的而言，若已知某一具体标的肯定不可能遭受某种风险损失，则保险就没有必要；反之，则保险人一般不予承保，如自然损耗、折旧等一般属于不保风险。

（三）风险的发生是意外的

一是风险的发生或风险损害后果的扩展都不是投保人的故意行为；二是风险的发生是不可预知的。

（四）风险必须是大量标的均有遭受损失的可能性

这一条件是要满足保险经营的大数法则要求。也就是说，某一风险必须是大量标的均有遭受损失的可能性（不确定性），但实际出险的标的仅为少数（确定性）。如果某种风险只是少数几个个体所具有，就失去了保险的大数法则基础，这样的风险肯定是不可保的。

（五）风险的损失必须是可以用货币计量的

凡是不能用货币计量其损失的风险均是不可保的风险。

以上可保风险的五个条件是相互联系、相互制约的，确认可保风险时，必须将五个条件综合考虑、全面评估，以免发生承保失误。同时应当指出，可保风险是个相对的概念。在保险的发展史上，可保风险的范围并不是一成不变的。

二、分摊原理

分摊原理的实质是少数人的损失由所有参与者来共同承担，能够达到"一人为众，众为一人"的效果。以下通过一个例子来说明。

某个小镇约有1 000户居民面临相同的风险，并且一旦发生风险，会直接影响镇民们的生活。该镇的镇长考虑再三后，决定实行一个风险补偿计划，他要求每年每位镇民交100元钱，一旦镇民发生损失，则用这笔钱对镇民进行补偿。果然，当年有10位镇民发生了损失，镇长将筹集的资金拿出来处理损失。由于每年基金筹集了100×1 000=10（万元），则当年受损的居民每人分到了1万元的补偿金。在这种方式中，一个或几个人的损失由所有参与人员来共同承担，这正是现代保险中所采用的损失分摊原则。

从分摊的角度来看，保险的原理很简单，根据保险公司的损失经验，在一段时间内，可能发生一定的损失，但是具体发生在谁身上就无法确定，那么保险公司可采用向参与人收取保险费的方式筹集一定的资金，一旦损失发生，则运用该笔资金对这些损失进行赔偿。这好比所有参与这类保险的保户在共同帮助其中的少数人，这就是"人人为我，我为人人"。"人人为我"是指如果我一个人出保险事故了，大家都帮助我，也就是大家都在分摊这个损失；"我为人人"就是在全部保户中，基于公平合理的原则，我的钱有可能潜在地会帮助这一群体内的任何一个人。

三、大数法则

大数法则又称大数定律，是用来说明大量重复的随机现象往往呈现必然规律的一系列定理的统称，它是保险经营的重要数理基础。关于大数法则的验证就是典型的抛硬币实验，如表1-1所示。

表1-1 抛硬币实验

投掷次数（N）	正面朝上次数（k）	频率（k/N）
1	1	1
10	6	0.6
100	43	0.43
1 000	547	0.547
10 000	5 286	0.528 6
100 000	50 035	0.500 35

由表1-1可知，当事件次数达到足够大时，事件发生的概率越来越接近目标值。或者说是当有规律地重复一件事的次数越多，所得的预估发生率就会越接近真实的发生率。

大数法则对保险公司经营具有理论指导意义。即当保险人承保的同质风险数量越多，标的发生损失的概率越接近于真实发生率。于是保险公司可以据此制定出合理的保险费率，以使其经营具有持续性。大数法则与保险的比较如表1-2所示。

表1-2 大数法则与保险的比较

抛硬币	保险
一次抛掷	一个标的
抛掷次数	标的数目
理论出现概率	理论损失概率
实际出现概率	实际损失概率

任务三 保险费率及其厘定

【任务情景】

张先生和刘先生是同事，日常聊天谈起近日身边的风险事故后，两个人都有意购买人身保险。在咨询了某保险公司工作人员后，选择了同一款保险产品。但销售人员将保险计划书交给张先生和刘先生时，他们却发现两人的保费不同。

为何不同的人购买相同的保险产品保费不同？保险公司厘定费率的原则是什么？

微课：保障的代价——费率厘定

【知识平台】

一、保险费及其构成

保险费（保费）是投保人与保险人订立保险合同、为获得保险保障而支付给保险人的代价。保险费的一般计算公式为：保险费=保险金额×保险费率。保险人收取的保险费也称总保费或营业保费，它是由纯保费和附加保费构成的。纯保费是保险人用于赔偿或者给付给被保险人或受益人的保险金，附加保费是由保险人所支配的各种费用，主要用于保险业务的各项营业支出，包括代理手续费、企业管理费、工资及工资附加费、固定资产折旧和营业利润等。

影响保险费的因素有很多，其中主要包括保险金额、保险费率，以及保险期限。保险费的数额同保险金额的大小、保险费率的高低和保险期限的长短成正比，即保险金额越大、保险费率越高、保险期限越长，则保险费也就越多。

二、保险费率及其构成

保险费率又称保险价格，是被保险人为获得保险保障而由投保人向保险人所支付的价金，可以表示为保险费与保险金额的比率，是计算保险费的标准。通常可以用每千元或每万元保险金额应缴纳的保险费来表示保险费率。

保险费率一般由纯费率和附加费率两部分构成。纯费率也称净费率，是纯保费与保险金额的比率，用于保险事故发生后赔偿和给付保险金。财产保险纯费率的计算依据是损失概率，人寿保险纯费率的计算依据则是生命表和利率。附加费率是附加保费与保险金额的比率，提供保险人的业务费用、手续费及经营利润等，通常以占纯费率的一定比例表示。

延伸阅读

生 命 表

生命表又称"死亡表"，是反映一个国家或一个区域人口生存死亡规律的调查统计表，是对相当数量的人口（通常以10万人或100万人为基数）自出生开始，直至这些人口全部去世为止的生存与死亡记录。生命表上所记载的死亡率、生存率为经营人寿保险业务奠定了科学的数理基础。生命表主要用于计算长期寿险的保险费率。我们知道，长期寿险的保险费率由死亡率、预定利率、附加费用率组成。因此，生命表的数据决定了长期寿险费率的高低，这也就是为什么年龄越大缴费越贵的原因之一，因为年龄越大，死亡率就越高。此外，生命表还是计算寿险责任准备金、退保金的主要依据。

1693年，英国天文学家哈雷编制出了世界上第一张生命表《哈雷死亡表》，它奠定了近代人寿保险费计算的基础。在1929—1931年，金陵大学的肖富德编制了中国第一张生命表，被称为"农民生命表"。1982年第二次全国人口普查得到了完整的生命表资料，直到1995年年末才编制出了中国人寿保险业第一张经验生命表。

中国人寿保险业第二套生命表编制于2005年，采用了2000年至2003年之间的数据。十多年来，中国人口死亡率已经发生了明显的变化，预期寿命显著提高。此外，保险产品类型日益多元，原有的养老和非养老两张表也难以满足产品精细化定价的需要，因此要求对生命表进行重新编制，于是催生了第三套生命表。

2016年12月28日，中国保险监督管理委员会正式发布了第三套生命表"中国人身保险业经验生命表（2010—2013）"，并于2017年1月1日正式启用。该套生命表共收集3.4亿张保单、185万条赔案数据，覆盖了1.8亿人口。编制出的新生命表显示，被保险人群死亡率较第二套生命表有明显改善。其中男性和女性寿命分别为79.5岁和84.6岁，较第二套生命表数据分别提高2.8岁和3.7岁。

三、厘定保险费率

厘定保险费率就是给保险产品定价，由于保险产品不是实物商品，是保险人对于风险承担者在未来发生保险事故时进行赔偿或给付的一种承诺，定价需要遵循特殊的原则、采用特殊的方法。厘定保险费率的工作主要是由精算师来完成的。

延伸阅读：财产保险公司产品费率厘定指引

（一）厘定保险费率的基本原则

（1）充分性原则。充分性原则是指收取的保险费应足以支付保险金及公司的各项费用等，以此保证保险人有充足的偿付能力。

（2）公平合理原则。公平合理原则一方面是指保险客户所负担的保费应该与其获得的保险权利相一致，即权利与义务对等，同时高风险的客户应缴纳较多的保费，低风险的客户应缴纳较低的保费；另一方面是指保险费率应尽量合理，避免保险费率过高而使保险人获得超额利润。

（3）稳定灵活原则。保险费率应当在一定时期内保持稳定，同时也应随风险、保险责任、市场需求等的变化而进行调整。

（4）促进防灾防损原则。对防灾防损工作做得好的客户降低保险费率或实行优惠费率，反之则实行较高费率或在续保时加费。

（二）厘定保险费率的一般方法

（1）判断法。判断法又称观察法或个别法，是在具体的承保过程中，由核保人员根据每笔业务保险标的和以往的经验，直接判断风险频率和损失率，从而确定适合特定情况的个别费率。

（2）分类法。分类法是根据若干重要而明显的风险标志，将性质相同的风险予以归类，并在此基础上依据损失率厘定分类费率。依据该法确定的保险费率通常记载于保险手册中，所以又称手册法。

（3）修正法。修正法又称增减法，即在规定基本费率后，在具体的承保中，根据损失经验就个别风险加以衡量后，在基本费率基础上进行增减变动而确定下来的费率。

任务四 保险的功能与作用

【任务情景】

面对突如其来的新冠肺炎疫情，保险行业积极应对。银保监会人身险部2020年2月3日发布《关于做好新型冠状病毒感染肺炎疫情防控人身保险服务工作的通知》，要求各人身保险公司优化现有产品理赔标准，适当扩展保险责任。各保险公司第一时间做出反应，除了扩展责任范围、承担赔偿责任外，还为奋斗在一线的医护人员及其亲属提供保险保障。截至2020年3月10日，保险业抗击重大疫情捐款捐物总额达3.69亿元，保险行业抗疫专属理赔累计达到12.2万件，累计赔付金额1.8亿元，其中人身险公司新冠肺炎累计赔付金额1.13亿元，财产险公司赔付0.67亿元。

保险是社会稳定器。除了保障功能外，保险还具有哪些功能？请结合背景资料进行分析。

【知识平台】

一、保险的功能

（一）保障功能

保障功能指当保险事故发生时，保险人在约定的责任范围内，给予投保人或者受益人保险金，使其获得经济补偿和扶助。这是保险最基本的功能，是体现保险业的特色和核心竞争力的功能，也是保险的立业之基。

微课：你幸福吗？——保险的保障功能

（二）资金融通功能

资金融通功能是指保险公司通过销售保险产品等渠道吸引社会资金流向保险公司，并通过保险公司的资金运用流向货币市场和资本市场，能够调剂资金余缺、优化资金配置。这是保险金融属性的具体体现。

（三）社会管理功能

保险的社会管理功能是在保险业逐步发展成熟并在社会发展中的地位不断提高和增强以后的衍生功能，具有十分丰富的内涵。比如：保险是社会减震器，维护社会稳定；减少社会摩擦和经济纠纷，提高社会运行效率；消除不安定因素，通过积累大量的统计数据，为各类防灾防损部门进行风险管理提供丰富及可靠的依据；促进建立社会信用体系，实现社会信用资源的共享；可提供大量就业岗位，缓解社会就业压力等。

> **典型案例**
>
> 保险业全力应对"山竹"台风灾害理赔
>
> *案情介绍*
>
> 2018年9月16日下午5时左右，第22号台风"山竹"在广东江门川岛镇附近正面登陆。中央气象台数据显示，登陆时台风中心风力达14级，风速达45米/秒，"山竹"成为当年登陆我国的最强台风。受其影响，广东沿海各地狂风暴雨，陆地最大阵风12～13级，海面阵风13～15级，海水倒灌，部分街道水浸，各地财产损失均十分严重。
>
> *案情分析*
>
> 面对超强台风，保险业积极采取措施，全力应对灾害理赔。各家保险公司纷纷启动应急预案和灾前预警机制，要求各级公司一把手亲自抓灾害理赔，及时赔款，最大程度帮助客户渡过灾害难关。截至2018年年底，人保财险、太保产险、平安产险、国寿财险、大地保险、中华财险、阳光产险、华泰财险、阳光农业相互保险等公司共计支付赔款30.19亿元，其中非车险结案6.97万件，赔付12.58亿元，车险结案12.27万件，赔付17.61亿元。
>
> 资料来源：根据金融界网站报道编辑整理。

二、保险的作用

（一）微观作用

（1）帮助受灾经济主体及时恢复生产。当投保企业或个人遭受自然灾害和意外事故发生损失时，保险人在约定的责任范围内，给予其经济赔付，使其能够迅速恢复生产、发展经济。

（2）敦促经济主体加强风险管理。保险公司的承保、理赔工作有助于企业做好安全管理，建立健全防灾防损的制度和手段，消除灾害隐患。

（3）保障家庭生活安定。当家庭成员特别是家庭的经济支柱发生死亡、伤残等意外事故或患病时，保险金的给付可以帮助投保人或被保险人的家庭维持正常的生活，有利于其劳动能力的恢复和子女的健康成长。

（4）推动民事赔偿责任履行。企业和个人在社会活动中由于意外或疏忽可能导致侵权责任的发生，其承担责任的能力又可能不足。通过购买保险的方式可以将风险转嫁给保险公司，既减轻了侵权人的负担，也保障了被侵权人的权益。

(二)宏观作用

(1)保障社会再生产正常进行。保险的经济补偿不仅使发生保险事故而受损的企业受益,而且保障了其上下游企业生产经营的正常运行,对整个社会生产的正常运行起到了保障作用。

(2)推动商品的流通和消费。保险不仅提供物质损失的补偿,对信用风险和产品的质量风险也提供保障,使得交易双方能够克服信任方面的障碍,商品的流通和消费可以在更大、更广的范围内实现。

(3)强化金融市场的功能。保险资金的聚集和运用大大拓展了金融市场的广度和深度,优化了金融市场的结构,其资金的长期性也促进了金融市场的稳定运行。

(4)促进社会创新机制的建立。面临着极大风险的新技术、新产品的研发与推广不是一蹴而就的,往往会发生较大的损失,需要资金保障。通过损失补偿,保险可以带动其他资金对创新的投入,促进技术创新机制的建立,有助于缩短新技术、新产品从研发到市场化推广的周期,提升整个社会的技术水平。

> **延 伸阅读**
>
> 商业保险与社会保险
>
> 社会保险是国家通过立法对社会劳动者丧失劳动能力或因疾病、失业等带来收入减少时提供一定的物质帮助,以保障其基本生活的社会保障制度,主要包括养老保险、医疗保险、失业保险和工伤保险等。
>
> 商业保险与社会保险的比较主要体现在人身保险与社会保险的比较。两者都是以风险的存在为前提,以概率论和大数法则为制定保险费率的数理基础,以建立保险基金为提供经济保障物质基础的。其区别主要表现为:
>
> (1)实施方式不同。人身保险合同的订立贯彻平等互利、协商一致、自愿订立的原则;社会保险具有强制实施的特点。
>
> (2)经营主体不同。人身保险的经营主体是商业保险公司;社会保险可以由政府或其设立的机构办理,也可以委托金融经营机构代管。我国经办社会保险的机构是由人力资源和社会保障部授权的社会保障机构。
>
> (3)保障功能不同。人身保险的保障目标是在保险金额限度内对保险事故所致损害进行保险金的给付,可以满足生存、发展与享受的各个层次的需要;社会保险的保障目标是通过社会保险金的支付保障社会成员的基本生活需

微课:自制铁饭碗——商业保险和社会保险

要，即生存需要。

（4）适用的原则不同。人身保险是以合同体现双方当事人关系的，双方的权利和义务是对等的，多投多保，少投少保，不投不保；社会保险是以贯彻国家的劳动政策和社会政策为宗旨的，强调社会公平的原则，投保人的交费水平和保障水平的联系并不紧密。

（5）保费负担不同。人身保险中投保人承担全部保险费，而社会保险的保险费通常由个人、企业和政府三方共同负担。

任务五　了解保险的产生与发展

【任务情景】

你也许见过某栋教学楼叫"燕梳楼"，某个公众号叫"燕梳天下"。那么什么是燕梳呢？原来保险刚进入中国时，曾有个非常诗意的名称——"燕梳"，也就是保险（insure）的音译。1866年，《英华字典》在香港印刷第一版，它是英语对照广东话和北京话，包括发音也用这两种方言注明，所以"保险"（insure）也被译成"燕梳"或"烟苏"。有上海洋场竹枝词为证："保险洋行号燕梳，行中殷实有盈余。纷纷传派燕梳纸，岁底年年送历书。"

从原始的互助制度到被称为社会稳定器的现代保险业，其经历了一个漫长的发展过程。保险业的发展经历了哪些阶段？其对现代保险业有何影响？

【知识平台】

一、保险的起源与发展

（一）古代的保险思想

各个文明古国的文献中都记载了与保险有关的思想和原始组织形态。公元前4500年的古埃及有一种石匠的互助基金组织，用会员缴纳的会费来支付其死亡后的丧葬费用。在古希腊，一些宗教组织通过会员分摊聚集一笔公共基金，用于会员出现意外时的补偿。古罗马也出现过士兵互助团体，在士兵死亡时，从团体的会费中拨付给其继承人一定的抚恤金。公元前3000年，我国的一些商人在扬子江运输货物时，将每个人的货物分开在不同的船上，一条船上装载的是不同人的货物，一旦某一条船发生事故，损失被多人分摊，这也是一种很好的分散风险的办法。

微课：保险发展简史

(二)保险的萌芽和雏形

保险的萌芽是海上保险的共同海损分摊，而雏形是海上借贷和船舶抵押借款制度。共同海损分摊最早产生于公元前2000年的地中海地区，其含义是如果在海上遭遇风浪而不得不抛弃船上的货物，那么损失由全体受益人（包括船方和货方）分摊。海上借贷和船舶抵押贷款是在船舶航行急需用款时，船长以船舶和货物为抵押向商人贷款，如果船舶安全抵达，本利偿还，如发生损失，则不必偿还。这种贷款的利息很高，其超过正常利息的部分就相当于是海上保险费。

(三)现代保险的形成

1. 海上保险的诞生

海上保险直接衍生于无偿借贷制度。由于船舶和货物抵押借款的利息过高，被罗马教皇禁止，后来就出现了无偿借贷制度，即在航海之前，资本所有人以借款人的身份向贸易商借来一笔款项，如果船舶和货物安全抵达，资本所有人不必偿还借款（相当于收入了保险费），而若船货遭受损失，则资本所有人有偿债责任（相当于赔款）。目前公认的世界上最早的保险单出现于1347年的意大利热那亚。这份保单类似于借款，在订立合同时投保人将费用以定金的形式缴纳给保险人，保单上提到，若船舶安全抵达目的地后契约无效，若中途发生损失，由资本所有人（保险人）支付一定的款项补偿损失。但这份保单上没有列明风险的类别，到1393年在佛罗伦萨订立的保险单上列明了"海上灾害、天灾、火灾"等具体风险，形式上就具有了现代保险单的特点。

2. 火灾保险的产生

1666年，伦敦城内发生一场由面包炉引起的大火，过火面积很大，有13 000幢房屋和90所教堂被烧毁，导致20多万人无家可归，流离失所。这种惨景促使医生尼古拉斯·巴蓬于1667年开办了一家专门承保火险的营业所。最重要的是，该营业所在承保中实施差别费率，这种承保方法具有了现代保险的科学特质，所以，尼古拉斯·巴蓬也被称为"现代保险之父"。

3. 人寿保险的开端

人寿保险起源于欧洲中世纪的基尔特制度。基尔特制度是在行会组织内部建立的互助制度，行会成员共同出资，救助的范围包括死亡、疾病、伤残、沉船、监禁、诉讼等人身和财产损失事故。后来有些行会逐渐发展为专门以相互保险为目的的友爱社，对保险责任和缴费有更明确细致的规定。1693年英国的数学家和天文学家埃德蒙·哈雷根据德国布雷斯劳市1687—1691年按照市民年龄分类的死亡统计资料编制了第一张生命表，为现代人寿保险奠定了数理基础。1762年，英国人辛普逊和道森发起的人寿及遗属公平保险社，首次将生命表用于人寿保险单费率计算,这标志着现代人寿保险的开始。

4. 其他类别保险的出现

责任保险产生于1855年。这一年,英国铁路乘客保险公司提供承运人责任保险开启了责任保险的先河。进入20世纪后,责任保险发展迅速,大部分西方国家现在对很多种公共责任,用法律强制规定必须进行投保。信用保险产生于1702年,英国设立的雇主损失保险公司开创了忠诚保证保险,1840年又有了保证社的成立,美国在1876年也开发了此项保险业务。汽车保险1898年首先出现在美国。

(四)保险的发展

海上保险伴随着美洲新大陆发现后欧洲对外贸易规模的扩大而迅速发展。1435年,西班牙就颁布了关于海上保险的承保与赔偿的规则。1575年,英国在伦敦的皇家交易所内设立保险商会,制作标准的保险单。1601年,英国女王颁布的海上保险的法律中规定,在保险商会内设立仲裁法庭以解决保险纠纷。其他欧洲国家也先后颁布了海上保险的法规。17世纪资产阶级革命成功后,英国逐步成为世界贸易的中心,以劳合社为代表的保险组织也快速发展壮大起来。1756年至1778年,英国的首席法官曼斯菲尔德收集了大量的案例,编制了一部海上保险的法案。保险在英国得到了极大的发展并带动了整个欧洲国家保险的发展。美国的第一家海上保险组织出现于1721年。独立战争后保险业务发展迅速,1792年,美国成立了第一家股份保险公司——北美洲保险公司,业务范围逐步扩大。1882年,在纽约成立了由100多个成员组成的保险承保人合作组织,推动了美国保险市场的发展。此后,美国的保险业以其产品的不断创新引领全球保险业的发展。1979年推出万能保险,其以灵活性见长,很快传到世界各国,成为寿险市场的主要产品。近年来,新兴市场国家的保险市场也伴随着其经济的崛起而快速发展。

延伸阅读

传奇的劳合社

劳合社(Lloyd's)是英国最大的保险组织。它是个社团,更确切地说是一个保险市场,本身并不承保业务,与纽约证券交易所相似,但只向其成员提供交易场所和有关的服务,是世界上由个人承保保险业务的唯一组织。

劳合社是一个名叫爱德华·劳埃德(Edward Lloyd)的英国商人于1688年在泰晤士河畔塔街所开设的咖啡馆演变发展而来的。当时,英国伦敦的商人经常聚集在咖啡馆里,边喝咖啡边交换有关航运和贸易的消息。由于劳埃德咖啡馆临近一些与航海有关的机构，如海关、海军部和港务局，因此这家咖啡馆就成为经营航运的船东、商人、经纪人、船长及银行高利贷者经常会晤交换信息的地方。保险商也常聚集于此，与投保人接洽保险业务。后来这些商人们联合起来，当某船出海时，投保人就在一张纸即承保条上注明投保的船舶或货物，以及投保金额，每个承保人都在承保条上注明自己承保的份额，并签上自己的名字，直至该承保条的金额被100%承保。店主劳埃德先生为了招揽更多的客人到咖啡馆来，1696年开始出版小报《劳埃德新闻》，每周出版三次，共发行了76期，成为航运消息的传播中心。后来，咖啡馆的79名商人每人出资100英镑，于1774年租赁皇家交易所的房屋，在劳埃德咖啡馆原业务的基础上成立了劳合社。英国议会于1871年专门通过了一个法案，批准劳合社成为一个保险社团组织。

在1994年以前，劳合社的承保人都是自然人，或称个人会员（individual member）。1994年以后，劳合社允许公司资本进入该市场，出现了公司会员（corporate member）。此后，个人会员的数量连年递减，而公司会员的数量逐年递增。

劳合社由其社员选举产生的一个理事会来管理，下设理赔、出版、签单、会计、法律等部，并在100多个国家设有办事处。历史上，劳合社设计了第一张盗窃保险单，为第一辆汽车和第一架飞机出立保单，近年又是计算机、石油能源保险和卫星保险的先驱。劳合社设计的条款和报单格式在世界保险业中有广泛的影响，其制定的费率也是世界保险业的风向标。劳合社承保的业务包罗万象。劳合社对保险业的发展，特别是对海上保险和再保险作出的杰出贡献是世界公认的。

二、我国保险业的产生和发展

（一）旧中国的保险业

1835年，英国商人在香港开设了友宁保险公司，次年在广州增设了广东保险公司，专门承保船舶和货物运输保险。鸦片战争后，上海逐渐成为中国的外贸中心，英商在上海也设立多家保险机构。这些保险公司对中国船只的保险业务要么拒保要么刁难，阻碍了中国航运业的发展。1885年，由轮船招商局在上海创办了仁和、济和两家保险公司，承保招商局所有轮船、货栈和运输货物。这标志着我国民族保险业的开端。在此之前的1865年于上海成立的义和保险行是我国最早的一家民族保险企业，但只是一家保险代理机构。1912年华安合群保寿公司成立，这是一家实力较雄厚的人寿保险公司。在20世纪二三十年代，我国的民族保险业得到了一定程度的发展，有银行合股开办的保险公司，也有政府资本为后盾的保险公司。国民政府于1929年颁布了《保险法》，1935年又颁布了《保险业法》。中国保险学会也于1935年在上海成立，对保险理论研究和保险知识教育工作起到了积极的作用。抗战爆发后，保险行业受到严重的打击，仍有一些保险公司艰难经营，对遭受破坏的企业恢复生产等方面发挥了一定的作用。抗战结束后，保险业得到一定的恢复，但国民党政府行将覆灭，经济面临崩溃，恶性通货膨胀发生，保险公司仍处境困难，经营难以为继。

（二）新中国的保险业

1949年5月，上海解放后，官僚资本保险公司被接管并营业，私营保险公司也经过重新登记后营业。1949年10月20日，中国人民保险公司成立。此后，新中国的保险事业得到蓬勃的发展。从1949年到1958年，各种保费收入总计16亿元，共支付赔款3.8亿元，上缴国库5亿元，积累保险资金4亿元，拨付防灾费用2 300万元。这一时期国内各地普遍设立了保险机构，并与世界上许多国家建立了直接或间接的分包关系和货损、船损检验的代理关系。

1958年，在全国人民公社化的运动中，受"一大二公"思想的影响，在西安召开的全国财贸工作会议决定停办国内保险业务，只保留少量的对外保险业务，旅客的意外伤害保险分别交给铁路、民航和交通部门自保，保险事业进入收缩和停滞期。

1980年，国内财产保险业务开始恢复。1982年，寿险业务重新开始办理。1984年，中国人民保险公司从中国人民银行分离出来单独作为国务院直属的局级经济单位。1985年，国务院颁布了《保险企业管理暂行条例》，对保险业务的性质和业务活动做了详细规定，并提出建立一个多层次的保险体系。1986年，交通银行在上海开始办理保险业务，打破了保险市场独家经营的局面。1988年，我国第一家股份制保险企业——平安保险公司在深圳成立。此后，又有多家保险公司相继成立。1992年9月，美国友邦保险公司在上海开设分公司，我国的保险市场进入开放时代。1995年《中华人民共和国保险法》的颁布为规范我国的保险市场提供了法律依据，由此也开始了我国保险业务分业经营的时期。1998年，中国保险监督管理委员会成立，保险监管迈入专业化和规范化的道路。2001年12月，我国加入WTO，保险市场开放度逐步扩大。随着外资、合资保险企业不断增加，我国的保险业进入全面竞争的新时期，保险产品日益丰富，保险规模日益扩大。2019年，中国保险业总资产20.56亿元，同比增长12.18%，全年累计原保费收入4.26万亿元，同比增长12.17%，其中财产险行业原保费收入1.16万亿元，同比增长8.16%；人身险行业原保费收入3.1万亿元，同比增长13.76%。

延伸阅读

中国跃升世界第二大保险市场

自20世纪90年代起，中国保险行业进入了快速发展通道。一方面，国内的保险市场从寡头垄断型向全面竞争型发展，到2019年二季度末，中外资各类保险公司共计229家，市场主体进一步丰富。另一方面，中国保险市场的大门在2001年入世以后逐步加大开放程度，境外的保险公司在我国一共设立了近60家外资保险法人机构和131家代理机构。2019年10月15日，国务院发布修改后的《中华人民共和国外资保险公司管理条例》，进一步降低了外资金融机构特别是外资保险公司的准入门槛，将在外营业30年以及在国内设立代表处2年的规定取消，这也表明我国对外开放的步伐在加快，门越敞越大。

新中国成立70余年来，中国保险业的发展成就令人瞩目，尤其是改革开放40余年来得到了长足发展。从1980年到2018年，保险业规模从不足5亿元发展到2018年的3.8万亿元，全球排名从第68位跃升至第2位。在全球保险市场中的份额从不足0.1%到11%，为社会提供的风险保障从1408亿元提高到2018年的6897万亿元。保险深度由0.1%提高到4.22%，保险资产从10余亿元增加到18.33万亿元。这个增幅是全球少有的。

2018年全球共有29家保险公司达到百亿美元以上规模，其中美国有10家保险公司入围，保费规模达到4891亿美元；中国公司紧随其后，有中国平安、中国人寿、中国人保、中国太平洋、新华人寿5家公司入围，保费规模达到3038亿美元；英国有3家保险公司入围，保费规模达到892亿美元；法国有2家保险公司入围，保费规模却超过英国，高达1465亿美元。同时，在排名前十的公司当中，中国公司已经占了四家，显示出强大的实力，详见表1-3。

表1-3 2018年全球百亿美元以上保险公司排名之前十

排名	保险公司	国家	保费规模/亿美元
1	联合健康集团	美国	1 780.8
2	安联保险	德国	1 122.6
3	安盛保险	法国	1 081.8
4	中国平安	中国	987.4
5	忠利保险	意大利	810.0
6	中国人寿	中国	775.2
7	中国人保	中国	663.5

续表

排名	保险公司	国家	保费规模/亿美元
8	伯克希尔哈撒韦	美国	574.2
9	大都会人寿	美国	493.4
10	中国太平洋保险	中国	436.7

资料来源：根据中国养老金网、新浪财经网相关报道编辑整理。

三、保险未来发展的趋势

（一）保险服务电子商务化

电子信息技术和互联网的发展正在引导着保险业的变革。通过互联网平台，利用各种新型信息技术，销售保险产品，提供咨询、索赔、理赔等服务，可以大大降低保险经营的成本，为顾客提供极为广泛的选择和更便捷的服务。

（二）保障范围不断扩大化

经济的发展和科技的进步使得经济的集中度和关联度不断提高，交通、医疗、环境、高技术犯罪等问题比以往更为人们所重视，各类风险的发展变化节奏加快，人们对保险保障的需求也越来越高，保险公司创新的保险险种越来越多，综合性也越来越强。

（三）经营模式逐渐综合化

保险的经营模式经历了从产险、寿险兼业经营到产险、寿险分业经营，再到当前的混业经营、综合经营的过程，不仅是产寿险的相互融合，而且保险、银行、证券三大类金融业务被纳入统一的金融控股集团内，可以信息共享、相互补充，实现综合金融经营模式，风险管理进入更高级的阶段。

（四）保险市场日趋全球化

伴随着生产、贸易的全球化，保险业的全球化也不可避免。一国国内的保险市场会受到全球经济、政治、军事和气候灾害等因素的广泛影响，对巨灾保险的需求使得保险公司在更广的国际范围内寻求发展与合作。

模块练习

一、单选题

1. 保险是指投保人根据合同约定，向保险人支付保险费，保险人对于合同约定的事项承担（　　）保险金责任的商业保险行为。

　　A. 赔偿和给付　　　　　　　　B. 赔偿和分摊

C. 分散和给付　　　　　　D. 分摊和分散

2. 保险的（　　）职能，体现为将保险资金中闲置的部分重新投入到社会再生产过程中发挥的金融中介作用。

A. 防灾防损　　　　　　B. 经济补偿

C. 经济给付　　　　　　D. 资金融通

3. （　　）是一个国家的保费收入占该国家国内生产总值的比例，它反映了保险业对国内生产总值的贡献程度。

A. 保险深度　　　　　　B. 保险密度

C. 保险广度　　　　　　D. 保险宽度

4. 可保风险的条件之一：风险必须是大量标的均有遭受损失的可能性，这一条件所要满足的是（　　）。

A. 商业保险追求最大限度利润的目的

B. 保险经营的大数法则的要求

C. 保险的互助性基本特征

D. 保险的保障性基本特征

5. 可保风险必须是只有损失机会没有获利可能的风险，这说明保险人承保的风险是（　　）。

A. 投资风险　　　　　　B. 投机风险

C. 纯粹风险　　　　　　D. 自然风险

二、判断题

1. 保险是可以处理所有风险的。（　　）

2. 从经济角度来讲，保险是一种合同行为，体现的是一种民事法律关系。（　　）

3. 劳合社是以公司法人的资格、以正式保单方式进行承保的保险市场，是当前世界各国普遍采取的保险组织形式。（　　）

4. 当有规律地重复一件事情的次数越多，所得的预估发生率就会越接近真实发生率，这是在描述大数法则。（　　）

5. 风险可以部分受到有效控制，但从总体上说，风险是不可能完全排除的。（　　）

专业能力训练

◇ 思考讨论

1. 请举例说明控制型风险管理技术和财务型风险管理技术各自的特点，

并分别分析避免、预防、抑制、自留、转移等几种方法，更适合应对什么样的风险。

2. 请讨论保险公司可以采用什么方法来降低或防止客户的道德风险和逆选择。

3. 请结合一个保险理赔的实例，讨论保险的三大功能具体是如何体现的。

◆ **综合实训**

1. 实训项目：认识我国的保险深度和保险密度

实训资料：

保险深度和保险密度是衡量一个国家保险行业发展水平及保险市场发展潜力的两个重要指标。保险深度是指一国保费收入与该国国内生产总值（GDP）之比，反映了该国保险业在整个国民经济中的地位。保险密度是指按一国人口计算的人均保险费额，反映了该国的经济发展状况和人们保险意识的强弱。

实训要求：

（1）查找相关资料与数据，计算我国近三年的保险深度和保险密度分别是多少。

（2）查找世界各国保险深度与保险密度的数据，结合（1）的计算结果，分析我国保险行业的发展水平及保险市场的发展潜力。

2. 实训项目：保险市场调查

实训资料：

保险市场信息调查表中要求整理归纳出所调查公司的公司简介、业务范围、典型产品及特色，并分析该公司与其他保险公司的比较优势。如表1-4所示。

表1-4　保险市场信息调查表

项目	A保险公司
公司简介	
业务范围	

续表

项目	A保险公司
典型产品及特色	1. 2. 3.
与其他保险公司比较的优势	

项目	B保险公司
公司简介	
业务范围	
典型产品及特色	1. 2. 3.
与其他保险公司比较的优势	

项目	C保险公司
公司简介	
业务范围	
典型产品及特色	1. 2. 3.
与其他保险公司比较的优势	

实训要求：

通过各种渠道收集3家保险公司的信息，对信息进行整理分析，填写信息调查表格，并做出对比和总结，以此增强对我国保险市场和保险公司的感性认知。

项目二 保险合同业务处理

学习目标

【知识目标】
- 掌握保险合同的概念,理解保险合同的特征
- 掌握保险合同的构成要素,理解合同主体的权利和义务
- 掌握保险合同的订立,理解合同订立与生效的关系
- 掌握保险合同的变更和终止的情况,理解保险合同的履行
- 掌握保险合同的解释原则和争议解决的方式,理解解释原则的适用
- 熟悉保险合同的主要形式,理解其法律效力和适用情况
- 熟悉保险合同的内容,理解保险合同的客体

【技能目标】
- 能解释保险合同的基本条款
- 能填具投保单证
- 能办理保险合同的订立、变更、解除及终止等业务
- 能运用保险合同知识进行典型案例分析,解决实务中的合同纠纷

【素养目标】
- 通过保险合同的订立、履行、变更与终止等相关内容的学习,使学生理解保险合同业务处理中涉及的法律条款,培养学生的法律意识,增强学生的法律修养
- 通过保险合同单证缮制的训练,使学生理解保险合同的重要性,树立学生的职业契约精神
- 通过保险合同业务处理的训练,使学生感受各项业务处理中需遵守的职业标准、规范和操守,培养学生职业责任感和职业道德感

【知识结构】

```
项目二 保险合同业务处理
├── 模块一 认识保险合同
│   ├── 任务一 初识保险合同
│   └── 任务二 辨析保险合同的形式
├── 模块二 保险合同的构成要素
│   ├── 任务一 掌握保险合同的主体
│   └── 任务二 理解保险合同的客体和内容
├── 模块三 保险合同的订立、履行、变更与终止
│   ├── 任务一 保险合同的订立
│   ├── 任务二 保险合同的履行
│   ├── 任务三 保险合同的变更
│   └── 任务四 保险合同的中止和终止
└── 模块四 保险合同及其争议处理
    ├── 任务一 保险合同的解释
    └── 任务二 保险合同的争议处理
```

案例导读　投保家庭财产保险，为农户挽回损失

2018年4月，某乡政府为该乡农户向当地保险公司投保了家庭财产保险。保险费为每户27.5元，保额为每户5 000元，并且保险双方特别约定：保费分两次交付，11月交清。保险公司遂向乡政府签发了保单并加盖了公章。后来，保险公司曾多次向乡政府催讨保费未果。当年7月，一场历史罕见的特大洪灾冲垮了该乡的防洪大堤，淹没了全乡的农田和房屋，农户损失惨重。灾情发生后，乡政府迅速向保险公司索赔，而保险公司则以该乡未交保费为由予以拒赔。由于事关重大，乡政府上诉到法院，法院最终以保险公司支付赔款700万元，乡政府支付保险公司保费及利息3万元予以结案。

资料来源：经网络资料编辑整理。

【项目概述】

保险关系的建立是以保险合同的签订为基础的，保险合同的订立、成立、生效、履行、变更和解除等具体内容是保险活动得以顺利进行的法律基础。保险实务中的法律纠纷也与保险合同的相关条款有关。本项目将从保险合同的特征入手，详细讨论保险合同的种类、形式、构成要素、订立、履行、变更、终止等相关问题，进而阐述保险合同的争议处理问题。

模块一　认识保险合同

任务一　初识保险合同

【任务情景】

张某是某保险公司的代理人。在一次业务活动中，客户对保险公司的合同提出了异议：一般的合同可以由合同当事人双方进行协商，而保险合同只能采用由保险公司提供的格式条款，投保人既不能拟定保险单的内容，也不能对保险单所确定的内容进行修改，某些特别情形，如果需要变更保险单的内容，投保人也只能采用保险人事先拟定的附加条款或者附属保单。客户对此感到非常不理解，也觉得很难接受。

请分析：保险合同为何要采用格式条款？保险合同还具有哪些特殊性？与其他合同相比，保险合同有什么特征，对保险公司的经营会产生什么影响？保险合同的分类包括哪些？

教学视频：
保险合同的概念与特征

【知识平台】

保险学的研究对象是保险关系，而保险关系是通过保险合同来实现的。保险合同是确立保险关系双方权利、义务的法律形式，它将保险立法规定的基本原则和当事人所应享有的权利、承担的义务，具体地固定在各个保险法律关系之中，并通过双方的履约行为来实现保险的职能，达到调整保险市场的目的。经过保险市场的长期发展变化，保险合同已成为保险经营的必要组成部分。

一、保险合同的概念

保险合同又称保险契约，是合同的一种，是保险关系双方之间约定权利、义务关系的协议。根据当事人双方约定，一方支付保险费于对方，后者在保险标的发生约定的事故时，承担经济补偿责任，或者在约定的事件发生时，履行给付保险金义务。

二、保险合同的特征

保险合同属于合同的一种，具有一般合同的共性，如保险合同需涉及双方当事人，当事人的法律地位平等，当事人意思表示一致，且不得违反国家法律和政策规定，不得损害社会公共利益等。但与一般合同相比较，保险合同是一种有着特定的、具体的法律内容的合同，又有其自身的法律特征。

（一）射幸性

射幸合同是与交换合同相对应而言的。交换合同是指一方当事人的给付与所得利益相当。射幸合同则是指当事人义务履行取决于机会或不确定事件的发生或不发生。当事人一方的付出，可能得到大大超过所付代价的利益，也可能一无所获。

保险合同是一种典型的射幸合同。在保险合同订立时，投保人一方交付保险费后，保险人是否履行赔偿或给付保险金的义务，取决于约定的保险事故是否发生；在保险期间内如果保险标的发生损失，被保险人可以从保险人那里得到远远超出其所支付的保险费的赔偿；反之，如无保险事故发生，则投保人只付保险费而无任何收入。

需要指出的是，所谓保险合同的射幸性特点是就单个合同而言的。如果就保险人一定时期内全部承保的合同来看，保险费的收取与保险赔偿的关系以尽可能精确的数理计算为基础，理论上收入与支出保持平衡。因此，从承保的同类合同总体和长期看，保险合同不存在射幸性问题。

案例：保险合同的射幸性

（二）双务性

根据合同双方当事人相互是否都负有义务，分单务合同与双务合同。单务合同是指当事人一方享有权利，另一方仅负有义务的合同，即单方承担义务的合同，如赠与合同。双务合同是指当事人双方都享有权利和承担义务的合同。

保险合同是双务合同，合同一经成立，保险双方当事人就必须履行各自承担的义务。投保人履行了缴付保险费的义务后，义务就转化为按保险条款享有请求保险赔款的权利；保险人收取保险费后，权利就转化为履行承担保险责任的义务。当然，保险合同与一般双务合同有所不同。例如，在买卖合同中，买方支付价金之后，卖方应按合同规定给付标的物。但在保险合同中，投保人缴纳保险费之后，只有在约定的风险事故发生，并造成损失后，保险人才履行保险赔偿或给付义务。

（三）附合性

附合合同是与协商合同相对的。协商合同是双方当事人经过协商，在意愿一致的基础上订立的。附合合同又称格式合同，是指合同的条款事先由当事人的一方拟定，另一方只有接受或不接受该条款的选择，没有商议变更合同条款的余地。

保险合同是附合合同。保险人根据保险标的的性质和风险状况，对不同的险种分别拟定了不同的保险条款，供投保人选择。投保人只能依照保险条款，表示投保或不投保，一般无权修改某些通用的条款，如果确有必要修改或变更保单的某项内容，也只能够采用保险人事先准备的附加条款或附属保单，而不能完全依照投保人的意思自由地作出规定。

> **延 伸阅读**
>
> 保险合同的附合性使保险合同双方处于不平等地位，应如何保护投保人的利益？
>
> 保险合同的附合性显然是对合同自由的一种极大限制，它使得投保人处于极为不利的地位。在我国的保险实务中，通常从以下几个方面来保障投保人的利益。
>
> 1. 由保险监管部门对附合保险合同内容的合理与否进行事前审查，以确定是否有损害投保人一方的利益的内容。
>
> 2. 在保险合同的订立时，保险人需对格式条款尽明确说明义务，未尽说明义务的，保险合同条款不发生法律效力。
>
> 3. 在合同履行过程中，投保人有无限合同解除权，保险人只有在法定的情况下拥有合同解除权。
>
> 4. 当合同双方当事人对合同条款产生争议时，在适用保险合同的文义进行解释时，通常采取不利于保险人的解释原则。
>
> 此外，虽然保险合同的条款不能改变，但保险公司在处理个案的过程中，会视情况在合同中增加特别约定，尽可能体现合同的公平性。

（四）诺成性

诺成性合同与实践性合同相对而言。诺成性合同是指当事人一方意思表示一旦为对方所同意即能产生法律效果的合同，即"一诺即成"的合同。实践性合同是指除当事人双方意思表示一致外，还须交付标的物才能成立的合同。如寄存合同，寄存人必须将寄存的物品交付保管人，合同才能成立并生效。

微课：保险合同的诺成性

保险合同是诺成性合同。我国《保险法》第13条第1款规定："投保人提出保险要求，经保险人同意承保，保险合同成立。保险人应当及时向投保人签发保险单或者其他保险凭证。"依照该法律规定，保险合同成立与否，取决于双方当事人是否就合同条款达成一致意见，此外并无其他规定。由此可见，保险合同应是诺成性合同。

（五）最大诚信性

诚实信用是社会成员在市场经济活动中都应遵循的基本原则。任何合同的订立都要基于合同当事人的诚信。保险合同较一般合同对当事人的诚实信用有更严格的要求。保险合同是约定保险人对未来可能发生的保险事故进行损失补偿或保险金给付的合同。保险合同的订立，很大程度上依赖于投保人的诚实信用，它一方面要求投保人在订立合同时，对保险人的询问如实回答并将有关标的的情况如实告知保险人，在保险标的风险增加时通知保险人，并履行对保险标的过去情况、未来的事项与保险人约定保证；另一方面，它要求保险人在订立保险合同时，向投保人说明保险合同的内容，在约定的保险事故发生时，履行赔偿或给付保险金的义务。

案例：人寿保险合同的给付性

三、保险合同的分类

保险合同的种类很多，可以从不同的角度和标准进行分类。如表2-1所示。

表2-1 保险合同的种类

分类标准	种类	界定
保险标的	财产保险合同	财产保险合同是以财产及其有关利益为保险标的的合同。财产保险合同按照合同承保的保险标的和保险风险不同，又可以具体分为企业财产保险合同、家庭财产保险合同、运输保险合同、农业保险合同等
	人身保险合同	人身保险合同是以人的身体和生命为保险标的的合同。人身保险合同按照保障范围不同，又可以分为人寿保险合同、人身意外伤害保险合同和健康保险合同
保险人支付保险金的性质	补偿性保险合同	补偿性保险合同是指当保险合同约定的保险事故发生后，保险人根据保险标的因事故发生所造成的实际损失额，对被保险人进行经济补偿的合同。如果约定事故没有发生或者虽然发生但未给被保险人造成经济损失，则保险人也无须履行赔偿义务，所以这种赔偿只能是补偿性质的。一般情况下，财产保险合同都属于补偿性保险合同。另外，在实践中保险公司多约定医疗保险合同为补偿性保险合同，赔偿金额以被保险人的医药费用支出为限，以规避被保险人的道德风险和法律纠纷

续表

分类标准	种类	界定
保险人支付保险金的性质	给付性保险合同	给付性保险合同是指保险合同约定的特定事件发生或者保险期限届满，保险人就必须按照保险双方事先约定的保险金额支付保险金的合同，也称定额保险合同。这种合同的履行有时并不发生一般意义上的伤害事故，也不一定会带来损失，只是满足被保险人的某种需求。由于人的身体和生命的价值是无法用货币衡量的，因此保险金额只能根据被保险人的经济需求、缴费能力和保险人的承保意愿来确定。当人身保险合同约定的特定事件发生后，保险人就以保险金额作为给付金额，而并不以被保险人遭受损失为前提和给付限定。因此，大部分人身保险合同都属于给付性保险合同。虽然实践中大部分医疗保险合同都是补偿性保险合同，但是根据《健康保险管理办法》第4条的规定，医疗保险合同也可以是给付性保险合同
保险价值是否在保险合同中确立	定值保险合同	定值保险合同是指保险合同当事人对保险标的的保险价值进行事先约定，并在合同中载明作为保险金额的保险合同。无论保险标的的实际价值在发生保险事故时是多少，仅以保险合同约定的保险价值作为计算赔偿金的依据。定值保险合同多用于以字画、古玩、贵重皮毛或货物运输的标的物等为标的的财产保险中。因为这类财产的价格变动较大，如果事先确定了保险价值，在保险事故发生后就不用再对保险标的重新估价，从而简化了理赔手续，同时也减少了由于保险人和被保险人对保险标的的估值不同而产生的纠纷
	不定值保险合同	不定值保险合同是指保险合同当事人双方不事先确定保险标的的价值，只载明保险金额，在保险事故发生后再估算保险标的价值、确定损失的保险合同。财产保险多采用不定值保险合同。一般财产损失是以赔偿实际损失为原则，所以不定值保险合同以保险标的的实际价值作为确定损失额的依据，一般以保险事故发生时当地的市场价格来判定保险标的的实际价值
保险金额与保险价值的关系	足额保险合同	足额保险合同是指保险金额与保险价值相等的保险合同。在足额保险合同中，当保险事故的发生造成标的全部损失时，保险人需对被保险人进行全部赔偿；当保险标的只是部分损失时，保险人则按实际损失确定赔偿的保险金的数额
	不足额保险合同	不足额保险合同是指保险金额小于保险价值的保险合同。产生不足额保险的原因是投保人仅对保险标的的部分价值进行投保或是对保险标的价值估计不准确，或者是在签订保险合同后，保险标的的市场价格上涨。由于不足额保险合同中所规定的保险金额低于保险价值，即保险标的并不是全部投保，因此，被保险人在遭受保险责任范围内的损失后只能得到部分补偿

续表

分类标准	种类	界定
保险金额与保险价值的关系	超额保险合同	超额保险合同是指保险金额超过保险标的价值的保险合同。一般来说，产生超额保险的原因主要有：过高地估计了保险标的的价值；投保人希望在保险事故发生后获得多于实际损失的赔偿；经保险人允许，按照保险标的的重置成本投保；保险合同成立后，因保险标的的市场价格下降，导致保险事故发生时的保险金额超过保险标的的价值。法律一般规定，超额保险合同中保险金额超过保险价值的部分无效，在保险事故发生前，投保人可以请求保险人返还无效部分的保险费
保险当事人	原保险合同	原保险合同是指投保人与保险人签订的保险契约。原保险的保险标的包括财产、人身、责任、信用以及有关的利益。原保险合同有补偿性保险合同和给付性保险合同两种
保险当事人	再保险合同	再保险合同，是指一个保险人（再保险分出人）分出一定的保费给另一个保险人（再保险接受人），再保险接受人对再保险分出人由原保险合同所引起的赔付成本及其他相关费用进行补偿的保险合同。再保险合同均为补偿性保险合同
保险标的数量	单个保险合同	单个保险合同是指以一人或一物为保险标的的保险合同，如投保一辆汽车，为某个人购买保险
保险标的数量	团体保险合同	团体保险合同是指集合大多数性质相似的保险标的，而对每一个保险标的再各自订立保险金额的保险合同。例如，在财产保险中，被保险人为其多辆汽车投保，订立一个保险合同；在人寿保险中，以某一公司的全部员工为被保险人，保险人仅签发一张总保单
保险人所承保的风险状况	单一风险保险合同	单一风险保险合同是指保险人仅承保一种风险的保险合同
保险人所承保的风险状况	综合风险保险合同	综合风险保险合同是指承保多种风险的保险合同，如在家庭财产保险中，既承保火灾险，也承保盗窃险
保险人所承保的风险状况	一切险保险合同	一切险保险合同是指保险人承保除外责任以外的一切风险的保险合同。一切险保险合同一般不在保险条款中列明所承保的风险，而是以除外责任来确定不承保的风险，并以此界定承保风险的范围

延伸阅读

定值保险与不定值保险中保险价值的认定

根据保险价值认定的时间点差异，可以把财产保险合同进一步划分为定值保险合同与不定值保险合同，而不同的认定标准将直接影响着保险价值的计算方式。

（一）定值保险合同中保险价值认定

定值保险合同主要适用于海上保险合同，以及部分陆上保险合同，如一些价值难以估量或者是价值不稳定的特殊标的物（艺术藏品等）。其共同点在于保险合同签订之时，无法估算出市场价值，且在事故发生后，受限于鉴定成本与鉴定技术等外在条件约束，保险价值难以实现定量计算，使事后理赔环节困难重重。通过定值保险合同适用性特点分析，并结合《关于机动车辆保险条款相关问题的复函》文件中对定值保险合同相关问题的说明，对于定值保险合同的认定，首先要满足的是合同条款中进行约定并载明保险价值这一外在条件，并同时满足事故发生后价值鉴定困难、保险标的特殊属性等内在条件，两者缺一不可。

（二）不定值保险合同中保险价值认定

不定值保险合同是社会普遍认可和广泛接受的形式，在我国财产保险中占据着不可动摇的主导性地位。我国保险法规定了对不定值保险合同中保险价值的认定标准，即投保人事故发生时保险标的物的实际市场价值。以车险为例，投保人对投保方式的选择，具有两种可选方式：若选择实际价值投保方式，当投保车辆发生全损时，根据投保时的实际价值进行理赔；若选择自由约定投保方式，并在合同条款中载明的，当投保车辆发生全损时，根据约定的保险价值进行理赔；当出现不足额投保时，除合同条款另有约定，当事故发生时，根据保险金额与保险价值的比例关系进行理赔。随着我国车险新规定的提出，车辆投保时实际价值决定投保金额，使得业界诟病多年的"高保低赔"得以终结。可见，车险中的保险价值认定，取决于投保人保险合同签订时投保方式的选择。

资料来源：李海斌，刘庆龄.我国财产保险中保险价值确定问题研究.法制与社会，2018（9）.有改动.

任务二　辨析保险合同的形式

【任务情景】

2018年，赵先生以自己作为被保险人向保险公司投保了一份人身保险，当时申报的家庭地址是湖南省长沙市天心区阳光小区D4栋302室。2019年4月，赵先生购买了新住房，搬至湖南省长沙市雨花区新民小区F2栋403室，同时职业类型也发生了变化。由于有信息发生改变，赵先生想去保险公司进行变更，并希望保险公司能打印一份新的保险单。经咨询后得知，这种情况只需要打印一份批单即可。赵先生还有些不安，批单能具有法律效力吗？

在保险交易中会涉及哪些不同的保险合同形式？请辨识各种保险合同形式，并说明其适用的情况。

【知识平台】

保险合同的形式是指订立保险合同的书面证明，包括订立正式合同之前的预备文件。依照保险合同订立的程序，大致可以分为以下几种。

一、投保单

投保单又称投保书，是投保人向保险人申请订立保险合同的书面要约。一经保险人做出承诺，投保单即成为保险合同的组成部分。

投保单由保险人事先印制，通常没有统一的格式，投保人依照保险人所列项目逐一填写。投保人在投保单上需要填写的主要内容有：投保人、被保险人和受益人的有关情况；保险标的的名称及其存放地点；保险险别；保险责任的起讫；保险价值和保险金额等。在投保单中，投保人要向保险人如实告知投保风险的程度或状态等有关事项，这叫"声明"事项。"声明"事项通常是保险人核实情况、决定承保与否的依据，投保人必须如实填写。

投保单是保险合同的重要组成部分，投保人在投保单中所填写的内容会影响合同的效力。投保单上如有记载，保险单上即使有遗漏，其效力也与记载在保险单上是一样的；如果投保人在投保书中告知不实，在保险单上又没有修正，保险人即可以投保人未遵循合同的诚信原则为由，在规定的期限内宣布合同无效。投保单样例如表2-2所示。

案例：投保单是保险合同的要件

表2-2 投保单样本

_____保险公司人寿保险投保单

体检件□　　免体检件□

投保人	姓名：	男□ 女□	未婚□ 已婚□	行业（工种）	职业编码	□□□□□□
	出生日期：　年　月　日	身份证号码 □□□□□□□□□□□□□□□□□□			与被保险人关系	
	工作单位				电话	
	通信地址或收费地址：				邮政编码	□□□□□□
被保险人	姓名：	男□ 女□	未婚□ 已婚□	行业（工种）	职业编码	
	出生日期：　年　月　日	身份证号码□□□□□□□□□□□□□□□□□□（其他证件号码请顶格填写并注明证件名称）				
	工作单位				电话	
	通信地址：				邮政编码	□□□□□□

续表

受益人	受益顺序	姓名	性别	出生日期	与被保险人的关系	受益份额	证件名称	证件号码

投保事项

	险种名称	保障类别	保额或份数	费率或缴费标准	被保险人职业加费	暂收保险费
基本险						￥:
附加险						￥:
						￥:
						￥:

暂收保险费合计：（大写）　　万　　仟　　佰　　拾　　元　　角　　分　　￥：

缴费方式：　年缴□　　半年缴□　　季缴□　　月缴□

缴费期限：　趸缴□　　10年缴□　　15年缴□　　20年缴□　　30年缴□　　其他□

领取方式：　定期□　　一次性□　　月领□　　领取年龄：

领取形式：　自领□　　银行转账□　　账户姓名：

账号：□□□□□□□□□□□□□□□□□□□□

缴费形式	首期	集体缴费 个人缴费	现金□　支票□（支票号：　　　　　）委托银行转账□ 账户姓名： 账号：□□□□□□□□□□□□□□□□□□□□
	续期	集体缴费 个人缴费	现金□　支票□（支票号：　　　　　）委托银行转账□ 账户姓名： 账号：□□□□□□□□□□□□□□□□□□□□

被保险人是否投保过或正在申请其他人寿保险：　　是□　　否□

承保公司	险种名称	份数或保额	承保日期	保单现状	备注

其他声明

请填写或回答下列问题，并在所选项后的"□"中打"√"。选"是"者，请在"健康备注"中详细说明。

被保险人健康告知书	1. 目前是否接受任何药物治疗或外科手术 2. 目前是否使用成瘾药物、麻醉剂或接受戒毒治疗	1. 是□　　否□ 2. 是□　　否□
	3. 目前是否吸烟 若"是"，已吸烟＿＿＿＿年，每天＿＿＿＿支 若"否"，你（你们）是否曾经吸烟，若"是"曾经吸烟，何时因何种原因停止吸烟＿＿＿＿＿＿＿＿	3. 是□　　否□

续表

	4. 目前是否饮酒 若"是",已饮酒____年,每日饮_____(种类),_____(数量)	4. 是□	否□
	5. 是否接到过医生对你(你们)吸烟、饮酒的建议和警告	5. 是□	否□
	6. 被保险人或配偶是否曾经接受艾滋病毒(HIV)的检验(如有请提供检查结果)	6. 是□	否□
	7. 被保险人或配偶在过去六个月内是否持续超过一星期有下列病症:疲倦、体重下降、食欲不振、盗汗、腹泻、淋巴结肿大或不寻常之皮肤溃烂	7. 是□	否□
	8. 家属是否曾患小儿麻痹、肾病、心脏病、高血压、多种硬化症、肝硬化症、糖尿病、精神病、结核病、白血病、瘫痪、肌肉萎缩症、切除任何囊肿或增生物、患癌或曾被发现为乙型或非甲非乙型肝炎带菌者	8. 是□	否□
	9. 直系家庭成员中是否有早于60岁以前去世者	9. 是□	否□
被保险人健康告知书	被保险人是否曾治疗或被告知患有下列疾病: 10. 眼、耳、鼻、喉或口腔之疾病,或鼻腔出血	10. 是□	否□
	11. 晕眩、抽搐、瘫痪、多次晕倒、任何精神病、脑病或神经系统之疾病	11. 是□	否□
	12. 吐血、久咳、肺结核、哮喘、胸膜炎或任何呼吸器官或肺部之疾病	12. 是□	否□
	13. 经常消化不良、溃疡、疝气、结肠炎、呕血、尿血、便血或任何有关肝、胆、胃、大小肠、直肠或肛门之疾病	13. 是□	否□
	14. 肾结石或任何生殖泌尿系统之疾病	14. 是□	否□
	15. 糖尿病、甲状腺肿大或其他内分泌疾病	15. 是□	否□
	16. 风湿病、关节炎、痛风或任何脊椎、椎间盘突出、骨节、肌肉、肌肉组织、结缔组织皮肤等疾病	16. 是□	否□
	17. 癌、瘤、囊肿或任何增生物	17. 是□	否□
	18. 性传播疾病	18. 是□	否□
	在过去五年内你(你们)是否曾: 19. 被建议不宜献血	19. 是□	否□
	20. 做过X光、CT、心电图、活体检查、血液检验或其他(如有请提供诊断报告)	20. 是□	否□
	21. 患有以上未述之疾病或接受任何外科手术、诊疗或住院接受诊断或治疗	21. 是□	否□
	22. 有任何残疾、异常或健康不良	22. 是□	否□
	妇女适用: 23. 现在是否怀孕	23. 是□	否□

续表

被保险人健康告知书	若"是",已怀孕____月 24. 曾否有任何乳房或妇科病症或分娩前后期综合征 25. 曾否被建议做重复的宫颈涂片、乳房检查、乳房X光检查或乳房活体检查 26. 曾否因为月经不调、性传播疾病或其他女性生殖器官疾病而就诊 27. 家庭成员中,曾否有人患过乳癌	24. 是□ 25. 是□ 26. 是□ 27. 是□	否□ 否□ 否□ 否□
	28. 被保险人是否有危险嗜好或从事危险活动	28. 是□	否□
	29. 您配偶的寿险保额_____,投保公司为_____、 _____、_____。如果被保险人是两人,则寿险保额总计为_____		
	30. 身高_____厘米 体重_____公斤 最近一次体检时间_____年_____月_____ 体检医院_____,体检结论:_____如果被保险人是两人,则另一人情况请在后面重复_____。		
健康备注	上述问题如答"是"请注明编号并详细说明,如有诊治,请告知原因、日期、医院名称、详细诊断结果、诊治情况及目前状况。对本投保书及告知内容,本公司承担保密义务。		
声明	本人对保险条款已了解,对受益人的指定均认可,且在投保书中的所有陈述和告知均完整、真实,如有隐瞒或日后发现与事实不符,即使保险单签发,贵公司仍可依法解除本保险合同,不负给付责任。 投保人(签章): 年 月 日 被保险人(签章): 年 月 日		
声明与授权 1. 本人谨此代表本人及被保险人声明并同意:向贵公司投保上述保险,对保险条款的各项规定均已了解,所填投保单各项及告知事项均属事实并确无欺瞒。上述一切陈述及本声明将成为发出保单的依据,并作为保险合同的一部分。 2. 本人谨此授权凡知道或拥有任何有关本人或被保险人健康及其他情况的任何医生、保险公司、其他机构或人士,均可将所需的有关资料提供给中国人寿保险公司。此授权书的影印本也同样有效。 被保险人(签名) 投保人(签名) 投保申请日期 年 月 日			
业务员 代码 营业部 经理			
公司批注专用 年 月 日			

随着互联网技术的不断发展,各家保险企业、管理机构都在积极、稳步推进创新服务之路,开展线上展业投保系统,实现投保信息采集、电子签名、实时转账、实时核保、电子保单实时送达、电子回执、身份证等资料拍照上传,全程无纸化,同时,简化客户填写内容,对需要客户确认的内容和提交的证件资料按银保监会监管规定和反洗钱法要求设置。

二、暂保单

暂保单又称临时保单，是保险人或其代理人在正式保险单签发之前出立给投保人的临时保险凭证。暂保单的内容一般比较简单，仅标明被保险人的姓名、保险标的、保险金额、保险费率、保险责任范围等重要事项。凡未列明的，均以正式保险单的内容为准。

暂保单不是保险合同的凭证，也非订立保险合同的必经程序。而只是在正式保险单签发之前出具的临时保险凭证，通常在财产保险中使用。适用的情形主要有以下几种：

（1）保险代理人在争取到保险业务而尚未向保险人办理正式保险单时，向投保人出立暂保单。

（2）保险公司的分支机构在接受投保后，还未获得总公司批准，向投保人出立暂保单。

（3）保险人与投保人已就保险合同的主要条款达成协议，但还有一些具体问题尚未协商一致，保险人原则上先予以承保时，向投保人出立暂保单。

（4）正式保单需要由计算机统一处理，而投保人又急需保险凭证。在这种情况下，保险人在保单做成交付前先签发暂保单以作为保险合同的凭证。

（5）出口贸易结汇时，为了证明出口货物已办理保险，保险人可出具暂保单作为结汇凭证之一。

暂保单与正式保险单具有同等法律效力，但其有效期一般仅为30天。因此，如果在正式保险单签发之前发生保险事故，保险人应履行保险金给付义务。当正式保险单签发后，暂保单则自动失效。保险人亦可以在正式保单发出前终止暂保单效力，但必须提前通知保险人。

三、保险单

保险单简称保单，是保险合同成立后，保险人向投保人或被保险人签发的正式书面合同。保险单是根据投保人的申请，由保险人签发给投保人，保险单上完整地记载了合同双方当事人的权利和义务，一旦发生保险事故，保险单是被保险人向保险人索赔的主要凭证，也是保险人理赔的主要依据。如表2-3所示。

四、保险凭证

保险凭证又称小保单，是保险人向投保人签发的证明保险已经成立的书面凭证，是一种简化的保险单，与保险单有同等的效力，凡是保险凭证上没有

表 2-3　保险单样本

财产保险基本险保险单（正本）

保险单号码：_____

鉴于_____（以下称被保险人）已向本公司投保财产保险基本险以及附_____险，并按本保险条款约定交纳保险费，本公司特签发本保险单并同意依照财产保险基本险条款和附加险条款及其特别约定条件，承担被保险人下列财产的保险责任。

	投保标的项目	以何种价值投保	保险金额（元）	费率（#）	保险费（元）
基本险					
	特约保险标的				

总保险金额（大写）　　　　　　　　　　　（小写）

附加险					

总保险费（大写）　　　　　　　　　　　（小写）

特别声明：发生保险事故时，被保险人未按约定交付保险费，本公司不负赔偿责任。

保险责任期限自_____年_____月_____日零时起至_____年_____月_____日二十四时止

特别约定：
被保险人地址：_____　　保险人：_____保险有限公司
电话：_____　　　　　　（盖章）
邮政编码：_____　　　　地址：_____
行业：_____　　　　　　邮编：_____
所有制：_____　　　　　电话：_____
占用性质：_____　　　　传真：_____
财产坐落地址：_____　　　　_____年_____月_____日
共_____个地址：_____

经（副）理：_____　会计：_____　复核：_____　制单：_____

列明的，均以同类的保险单为准，如果正式保险单与保险凭证的内容有抵触或保险凭证另有特定条款，则以保险凭证为准。

为了便于双方履行合同，这种在保险单以外单独签发的保险凭证主要在以下几种情况下使用：

（1）团体（人身）保险单下，一般需要给每一个被保险人签发一张单独的保险凭证，以便于被保险人索赔；

（2）在货物运输保险订有流动保单或者预约保单的情况下，需要对每一笔货运签发单独的保险凭证，以便于其随着货物转让；

（3）为了便于交强险的被保险人随身携带以供有关部门检查，保险人出具的交强险便携式保险标志也是一种保险凭证；

（4）保险公司委托客运公司或者旅游景点向旅（游）客销售旅游意外伤害保险时，往往在车票或者景点门票背面印有内容简单的保险凭证，有时也单独出具，但内容仍然较保险单为简，便于被保险人携带，属于保险凭证。保险凭证样本如表2-4和表2-5所示。

表2-4 保险凭证样本1

国内水路、铁路货物运输保险凭证

运单NO.（　　　）

本公司依照国内水路、铁路货物运输保险条款，对下列货物名称、金额等承保运输险：

被保险人：　　　　　　　　　　　　投保人：

货票号码	货物名称	数量	保险金额	费率‰	保险费	目的地
本保险凭证承保基本险、综合险			运输方式			
备注			火车　船舶			
^			联运（火车、汽车、船舶、飞机）			

如遇出险，请凭本凭证及有关单证与当地保险公司联系。

注意：收到保险单后请核对。
如有错误应通知更正。

×××保险公司
年　　月　　日

表2-5　保险凭证样本2

国际货物运输保险凭证

中国人民保险公司

The People's Insurance Company of China

总公司设于北京

Head Office：BEIJING

Invoice No.		国际运输保险凭证 Insurance Certificate	No.	
被保险人： Assured's Name				

兹依照本公司正式运输保险单内所载全部条款及本承保凭证所特订之条款承保下列货运物资，但保险单之条款与特订条款如有抵触者应以特订条款为准。

We have this day noted a risk as hereunder mentioned in your favour, subject to all clauses and conditions of the Company's printed form of Policy and to the special terms outlined herein（which latter shall override the policy terms in so far as they may be inconsistent therewith）.

标　记 Marks & Nos.	包装及数量 Quantity	保险货物项目 Descriptions of Goods	保险金额 Amount Insured
总保险金额： Total Amount Insured：			

保　费 Premium	as arranged	费　率 Rate	as arranged	装载运输工具 Per Conveyance S.S.	
开航日期 Slg. on or abt.		自 From		至 To	

承保险别：
Conditions
&/or
Special Coverage

所保货物，如遇出险，本公司凭本凭证及有关证件给付赔款。
Claims, in any, payable to the Holder of the appertaining documents and on surrender of this Certificate.
所保货物，如发生损失事故，应立即通知本公司下述就近代理人查勘。
In the event of accident whereby loss or damage may result in a claim under this Certificate immediate notice must be given to the nearest Company's Agent as mentioned hereunder.

中国人民保险公司
THE PEOPLE'S INSURANCE CO. OF CHINA

赔款偿付地点 Claim payable at			
日期 DATE		北京 Bejing	

案例：批单
的法律效力

五、批单

批单，又称背书，是保险双方当事人协商修改和变更保险单内容的一种单证，是保险合同变更时最常用的书面单证。批单通常在以下情况下使用：一是对已经印制好的标准保险单作部分修正，如缩小或扩大保险责任范围；二是在保险合同订立后的有效期内更改和调整某些保险项目。投保人需要更改保险合同的内容时，要向保险人提出申请，保险人同意后出立批单。批单可以在原保险单或保险凭证上批注（背书），也可以另外出立一张变更合同内容的附贴便条。凡经过批改的内容，以批单为准；多次批改的，应以最后批改为准。批改单一经签发，就自动成为保险合同的重要组成部分。如表2-6所示。

表2-6 批单样本

财产保险综合险批单（正本）
被保险人：　　　　　　　　　保险险别
保险单号码
批单号码

批　单

批文：

保险公司（盖章）
年　月　日

经（副）理　　　　　　　复核　　　　　　　制单

六、其他形式的保险合同

除了以上形式的保险合同外，经投保人与保险人协商同意，保险合同也可采用保险单或其他保险凭证以外的书面形式，是上述保险合同的辅助形式。

模块练习

一、单选题

1. 当事人义务履行取决于机会或不确定事件的发生或不发生，当事人一方的付出，可能得到大大超过所付代价的利益，也可能一无所获。这是在描述保险合同特征当中的（　　）。

  A. 双务性　　　　　　　　B. 附合性
  C. 射幸性　　　　　　　　D. 诺成性

2. 合同的条款事先由当事人的一方拟订，另一方只有接受或不接受该条款的选择，没有商议变更合同条款的余地，这是在描述保险合同特征当中的（　　）。

  A. 双务性　　　　　　　　B. 附合性
  C. 射幸性　　　　　　　　D. 诺成性

3. 按保险价值是否在保险合同中确立来分，保险合同可分为（　　）。

  A. 补偿性保险合同和给付性保险合同
  B. 定值保险合同和不定值保险合同
  C. 财产保险合同和人身保险合同
  D. 原保险合同和再保险合同

4. 投保人与保险人之间订立保险合同的正式书面凭证为（　　）。

  A. 批单　　　　　　　　　B. 保险凭证
  C. 暂保单　　　　　　　　D. 保险单

5. 保险合同变更时最常用的书面单证是（　　）。

  A. 暂保单　　　　　　　　B. 批注
  C. 保险凭证　　　　　　　D. 批单

二、判断题

1. 就单个保险合同而言具有射幸性特点，但就总体来看，保险合同不存在射幸性问题。（　　）

2. 在保险实践中，定值保险合同多适用于以艺术品、古董等不易确定价值的财产为标的的财产保险。（　　）

3. 不足额保险合同是指保险价值小于保险金额的保险合同。（　　）

4. 保险人或其代理人在正式保险单签发之前出立给投保人的临时凭证是批单。（　　）

5. 如果正式保险单与保险凭证的内容有抵触或保险凭证另有特定条款，则以保险凭证为准。（　　）

模块二　保险合同的构成要素

任务一　掌握保险合同的主体

【任务情景】

秦女士和丈夫结婚5年了，有一女儿今年两岁。眼看着二人的结婚纪念日快到了，秦女士想给丈夫买一份保险作为礼物送给他。在购买保险时，投保单上的"投保人""被保险人""受益人"等，把秦女士弄晕了。听人说受益人可以指定为子女，可女儿今年才两岁，能作为受益人吗？

在保险合同订立和履行过程中要涉及多方合同主体，请明确保险合同的主体有哪些，并说明保险合同主体的法定资格。

【知识平台】

保险合同的主体是保险合同订立、履行过程中的参与者，也就是根据保险合同的约定，享有相关权利并承担相应义务的人。根据参与者在保险合同订立、履行过程中所发挥的作用不同，通常又将保险合同的主体分为当事人、关系人和辅助人三类。

教学视频：保险合同的当事人

一、保险合同当事人

保险合同当事人是指依法订立保险合同并享有相关权利和承担相应义务的利害关系人，包括保险人和投保人。

（一）保险人

保险人即承保人，是指按照保险合同的约定向投保人收取保险费，并于保险事故发生或者约定的期限届满时，承担赔偿或者给付保险金责任的组织或个人。我国《保险法》第10条第3款对保险人做出如下法律界定："保险人是指与投保人订立保险合同，并按照合同约定承担赔偿或者给付保险金责任的保险公司。"

为了使保险业健康发展，各国法律都对保险人的法定资格及条件做了严格的限制。在我国，要成为保险人，必须依照《中华人民共和国民法典》（简称《民法典》）、《中华人民共和国公司法》（简称《公司法》）和《保险法》等相关法律的规定，具备如下几个条件。

1. 保险人必须具有法定资格

《保险法》第6条规定："保险业务由依照本法设立的保险公司以及法律、行政法规规定的其他保险组织经营，其他单位和个人不得经营保险业务。"因此，在我国，有资格经营商业保险业务的只能是公司制的保险机构，而不能是自然人，也不能是其他法人组织。

实践中，我国还存在相互保险公司（如阳光农业相互保险公司）、相互保险社（如众惠财产相互保险社、汇友财产相互保险社、信美人寿相互保险社等）、保险合作社（如番禺农村保险合作社）等其他保险组织形式。

2. 保险人必须依照保险合同承担保险责任

保险人作为保险当事人一方，其最主要、最基本的义务就是在保险合同约定的保险事故发生后承担赔偿或给付保险金的义务。这是订立保险合同根本目的之所在。

> **延伸阅读**
>
> **相互保险公司与股份制保险公司的区别**
>
> 相互保险公司是所有参加保险的人为自己办理保险而合作成立的法人组织。它是保险业特有的公司组织形态，也是相互制保险组织中最主要的组织形式。相互保险公司没有股东，投保人根据公司章程的规定可作为法人的组成人员（会员），以向公司交纳保险费，公司根据合同约定进行赔付的形式，从事相互保险活动。也就是说，公司会员是保险人和被保险人的统一体。当保险合同终止时，会员与公司的保险关系随之消失。一般而言，相互保险公司主要由成员代表大会、董事会、监事会及经理层组成。
>
> 相互保险公司与股份制保险公司的区别主要包括以下几方面：
>
> （一）组织形式不同。相互保险公司没有股东，保单持有人兼具投保人与保险人双重身份，因而相互保险公司的最高权力机构为会员大会而不是股东大会。只要缴纳保费，投保人就可以成为公司会员，而保险合同一旦解除，会员资格随之消失。公司清算时，在偿付完其他债务后，剩余财产归全体投保人所有。
>
> （二）资金来源不同。相互保险公司没有资本金，也不能发行股票。风险基金来源于会员缴纳的保险费，营运资金由外部筹措。相互保险公司对公司债权人不直接承担义务，会员对公司的债务责任以缴纳的保费为限。
>
> （三）经营目标和分配机制不同。相互保险公司是不以营利为目的的法

人，在经营上对被保险人的利益较为重视。名义上公司不通过对外经营获得利润，而是在会员内部之间开展相互保险。保费收入在支付赔款和经营费用之后，盈余部分完全由会员共享。通常做法是，一部分盈余分配给保单持有人，另一部分作为公积金或准备金，转入下一会计年度的风险基金。

（四）股份制保险公司的股东不一定持有公司保单，股份作为所有权的标志可相互转让，股东与公司的关系只有在出售了公司的股份后才得以终止。相互保险公司保单持有人的权利不能转让，但公司可以通过终止保险合同来终止保单持有人的权益。

资料来源：根据网络资料编辑整理。

（二）投保人

投保人又称要保人，是指向保险人申请订立保险合同，并按照合同约定负担缴纳保险费义务的组织或个人。投保人是保险合同的一方当事人，可以是自然人，也可以是法人。根据我国《民法典》《保险法》等有关规定，投保人必须符合以下3个条件。

1. 投保人必须具有法律规定的行为能力

《中华人民共和国民法典》第143条规定："具备下列条件的民事法律行为有效：① 行为人具有相应的民事行为能力；② 意思表示真实；③ 不违反法律、行政法规的强制性规定，不违背公序良俗"；第144条规定："无民事行为能力人实施的民事法律行为无效"；第145条规定："限制民事行为能力人实施的纯获利益的民事法律行为或者与其年龄、智力、精神健康状况相适应的民事法律行为有效；实施的其他民事法律行为经法定代理人同意或者追认后有效。"因此，结合《民法典》有关民事权利能力和民事行为能力的规定可知，没有取得或者已经丧失法定资格无民事权利能力的法人以及没有民事行为能力的未成年人、精神病患者作为投保人，同保险人订立的保险合同是无效合同，不受法律的保护。而且，限制民事行为能力的未成年人、精神病人作为投保人，同保险人订立的保险合同只有经过其法定代理人追认才能生效，否则该合同不能生效。不过，保险人赠与限制民事行为能力人的纯获利性保险合同，如以限制民事行为能力人为被保险人的生存保险合同应属于有效保险合同。

2. 投保人对保险标的必须具有保险利益

保险利益是指投保人或者被保险人对保险标的具有的法律上承认的利益。投保人必须对保险标的具有保险利益，否则保险合同无效。

3. 投保人必须具有缴纳保险费的能力

商业保险公司经营保险业务是一种商业逐利行为。一般情况下，投保人要想使保险人在未来能够按照保险合同的约定承担保险责任、向被保险人提供保险保障，就必须在同保险人订立保险合同后，按照合同约定向保险人支付一定的保险费作为代价。因此，投保人购买保险除了考虑被保险人的风险保障需求外，还要考虑到自身的缴费能力大小，量力而行。当然，如果是保险人赠与的保险合同就不存在这种要求。

二、保险合同关系人

保险合同关系人是指未参与保险合同的订立，但是享有合同约定利益并承担相应义务的人，包括被保险人和受益人。

（一）被保险人

被保险人是指其财产和人身受保险合同保障，享有保险金请求权的人。在不同的情况下，被保险人在保险合同中所处的法律地位有所不同：当投保人为自己的利益而订立保险合同时，投保人与被保险人是同一的，被保险人为保险合同的当事人；当投保人为第三人的利益而订立保险合同时，投保人与被保险人是分离的，这时被保险人则是保险合同关系人。但无论被保险人与投保人在保险合同中所处的地位如何、二者关系如何，被保险人都必须具备以下法律特征。

1. 必须是其财产或人身受保险合同保障的人

就保险的本质而言，保险合同就是为了使被保险人因合同所约定的保险事故发生而遭受财产、人身损失时，能够得到保险人所支付的赔偿金或保险金以弥补其经济损失，以此来实现对被保险人在财产或人身上所具有的保险利益的保障。因此，被保险人必须是其财产或人身受保险合同保障的人。

具体在财产保险中，被保险人是以其财产为保险标的的人，即受损财产的所有权人、使用权人、经营管理权人、抵押权人，可以是自然人，也可以是法人。

在人身保险中，被保险人则是以其生命或身体为保险标的的人，所以，人身保险合同中的被保险人只能是自然人。为保护无行为能力人的生命安全，各国保险法通常规定，禁止为未成年人及精神病人等无行为能力的人投保死亡保险。我国《保险法》规定：投保人不得为无民事行为能力人投保以死亡为给付保险金条件的人身保险，保险人也不得承保。父母为其未成年子女投保的人身保险，不受前款规定限制，但是死亡给付保险金总和不得超过保险监督管理机构规定的限额。以死亡为给付保险金条件的合同，未经被保险人同意并认可保险金额的，合同无效。

2. 必须享有保险金请求权

被保险人的保险金请求权是基于保险合同的订立、被保险人在保险合同中所处的地位以及保险事故的发生而产生的。因此，享有保险金请求权是被保险人成立的另一必要条件。

（二）受益人

受益人，又称保险金受领人。是指在保险事故发生后直接向保险人行使赔偿请求权的人。我国《保险法》第39条第1款规定："人身保险的受益人由被保险人或者投保人指定。"由此可见，受益人仅存在于人身保险合同中。

在人身保险合同中，受益人是由被保险人或者投保人指定的享有保险金请求权的人，可以是一人，也可以是数人。投保人、被保险人都可以为受益人。人身保险合同中的受益人应当具备以下条件。

1. 必须经被保险人或投保人指定

受益人是被保险人或投保人在人身保险合同中指定的人。由投保人指定受益人的，须经过被保险人同意，方才有效。我国法律对受益人资格并无限制，可以是自然人，也可以是法人。保险实务中，如果受益人不是被保险人、投保人，通常就是与其有利害关系的自然人。胎儿也可以成为受益人，但须以出生时存活为必要条件。

在团体寿险中，受益人的指定权仅归被保险人所有。投保人为与其有劳动关系的劳动者投保人身保险，不得指定被保险人及其近亲属以外的人为受益人。

2. 必须是享有保险金请求权的人

受益人享有的保险金请求权，是受益人根据保险合同享有的一项基本权利。保险金请求权是受益人实现自己保险金利益的一项必要权利。若无此权利，受益人就无法获得保险金，受益人也就没有意义了。人身保险合同中，指定的受益人是一人的，保险金请求权由该人行使，并获得全部保险金；受益人是数人的，保险金请求权由该数人行使，其受益顺序和受益份额由被保险人或投保人确定；未确定的，受益人按照相等份额享有受益权。

3. 受益权可以变更或丧失

为保护被保险人的合法权益，在保险合同生效后，投保人或被保险人可以中途撤销或变更受益人，无须征得保险人的同意，但须书面通知保险人。当出现以下情况时，受益权丧失：

（1）受益人故意造成被保险人死亡、伤残、疾病的；

（2）受益人先于被保险人死亡的；

（3）受益人依法丧失受益权的；

（4）受益人放弃受益权的。

延伸阅读

保险合同的受益人和遗产继承人的区别

虽然受益人和继承人都在他人死亡后受益，但是两者的性质是不同的。

受益人的保险金请求权来自人身保险合同的规定，受益权是原始取得，所以受益人获得的保险金不同于被保险人的遗产，既不纳入遗产分配，也不用于清偿被保险人生前债务。而继承人享有的是遗产的分割，是继承取得，在其继承遗产的范围内有为被继承人偿还债务的义务。

我国《保险法》第42条规定："被保险人死亡后，有下列情形之一的，保险金作为被保险人的遗产，由保险人依照《中华人民共和国继承法》的规定履行给付保险金的义务：（一）没有指定受益人，或者受益人指定不明无法确定的；（二）受益人先于被保险人死亡，没有其他受益人的；（三）受益人依法丧失受益权或者放弃受益权，没有其他受益人的。受益人与被保险人在同一事件中死亡，且不能确定死亡先后顺序的，推定受益人死亡在先。"

典型案例

未指定受益人，保险金将如何支付？

案情介绍

2017年10月30日，张小昆经公司投保获得一年期团体人身险，期满续签保险合同，该保单未指定受益人。2018年8月2日张小昆乘车因交通意外造成"脑挫裂伤，肝破裂"，抢救无效死亡。事后其公司即向保险公司报案。

2018年8月15日，其丈夫、母亲向保险公司申请给付保险金。责任认定：经审核，属于保险责任范围，应给付保险金共102 132元。

由于被保险人未指定受益人，故保险金按法定继承方式分配，即第一顺序继承人——配偶、子女、父母。被保险人未曾生育，其父已故，故其丈夫及母亲享有均等的即各1/2的继承权。然而在提交索赔申请资料的过程中，张小昆的母亲病逝于2018年12月4日。经与被保险人的丈夫协商，让其先领取1/2的保险金，另即通知被保险人母亲的合法继承人（两女、一子）办理申请领取保险金的手续，但由于被保险人母亲的合法继承人内部产生异议，致使保险金无法给付并交由法院判决。

一审法院根据被保险人母亲生前遗嘱（已公正）——个人全部财产（包括对该笔保险金的继承）作为对其两个女儿赡养的回报，各继承50%，判其两个女儿享有遗嘱继承人的资格，驳回其子要求分割1/3财产的请求。二审维持原判。

案情分析

此案例自事故发生以来，经过长达两年多的时间才最后完成保险金的给付，再次说明未指定受益人的严重后果。

对于短期团体险的理赔，应辨识其受益人的合法性。由于此类险种绝大部分为一年期需要每年续签，且每年的保险责任等内容都会有增减或者变动，因此，续保应视为新签合同。

还需要注意的是：除非在上一个保险合同中约定"某某保单号下的指定受益人再续签合同中仍有效"，否则，在续签合同中不能以上一个合同中的指定受益人代替续保合同中的受益人。

资料来源：根据网络资料编辑整理。

三、保险合同辅助人

保险合同的订立和履行通常比一般的民事合同更为复杂，其内容要涉及许多专门的知识。因此，除了保险合同当事人、关系人之外，还需要保险代理人、保险经纪人以及保险公估人等保险合同辅助人的协助和服务。

（一）保险代理人

保险代理人是保险人的代理人，根据与保险人签订的代理合同，在授权的范围内代表保险人办理保险业务，帮助保险人招揽客户，如签订保险合同、解决保险合同争议、代理理赔检验工作等，保险人则以手续费或佣金的形式给予保险代理人一定的劳务报酬。我国保险法规规定保险代理人包括个人代理人、兼业代理人和专业代理人三类。

（1）专业代理人，是依照《保险法》等有关法律、行政法规的规定，经中国银保监会批准设立的，根据保险人的委托，在保险人授权范围内办理保险业务的保险代理机构。其业务范围比较广泛，包括代理销售保险单、代理收取保险费、进行保险和风险管理咨询服务、代理保险人进行损失查勘和理赔等业务。

（2）兼业代理人，是指受保险人委托，在从事自身业务的同时，指定专人为保险人代办保险业务的单位。兼业代理人只能代理与本行业直接相关，且能为投保人提供便利的保险业务，其业务只限于代理销售保险单和代理收取保险费。

（3）个人代理人，是指根据保险人委托，向保险人收取代理手续费，并在保险人授权范围内代为办理保险业务的人，主要是指营销员。保险代理人应

案例：代理人的行为由谁负责

当具备保险监管部门规定的资格条件。个人代理人已经成为中国寿险发展业务的主力军。

保险代理人在授权范围内，以被代理人的名义，独立实施一切法律行为，其后果由被代理人即保险人承担。但代理人不得滥用代理权，不得超出代理人的权限范围。若因代理人的越权行为造成的损失后果，代理人应对保险人承担赔偿责任。

2015年，当时的保险监管机构——保监会发布的《关于保险中介从业人员管理有关问题的通知》明确要求，各地保险监管部门不得受理保险销售、保险代理、保险经纪从业人员资格核准审批事项。保险中介从业人员执业前，所属公司应当为其在保险监管机构保险中介监管信息系统进行执业登记，资格证书不作为执业登记管理的必要条件。

（二）保险经纪人

2018年5月1日起施行的《保险经纪人监管规定》中明确规定，保险经纪人是指基于投保人的利益，为投保人与保险公司订立保险合同提供中介服务，并依法收取佣金的机构，包括保险经纪公司及其分支机构。保险经纪从业人员是指在保险经纪人中，为投保人或者被保险人拟订投保方案、办理投保手续、协助索赔的人员，或者为委托人提供防灾防损、风险评估、风险管理咨询服务、从事再保险经纪等业务的人员。一般情况下，保险经纪人为客户提供投保服务时应该向保险人收取佣金，因为其为客户提供该项服务也就是为保险公司销售了保单。但需要注意的是，法律并没有禁止保险经纪人向投保人收取佣金。

根据保险从业资格规定，保险经纪从业人员，应当品行良好，具有从事保险代理业务或者保险经纪业务所需的专业能力。2015年修订的保险法去掉了取得保险监督管理机构颁发的资格证书这一项，意味着证书已不是入行门槛。不过，保险从业资格考试取消并不意味着门槛降低或者服务质量下降。根据规定，保险监管机构要求，保险公司、保险中介机构规范从业人员准入管理，认真对从业人员进行甄选，加强专业培训，确保从业人员品行良好，具有相应的专业能力；对于把关不严，造成客户投诉率、保单退保率等风险指标异常的机构，各地保险监管部门应采取相关监管措施。

（三）保险公估人

2018年5月1日实施的《保险公估人监管规定》中规定：保险公估，是指评估机构及其评估专业人员接受委托，对保险标的或者保险事故进行评估、勘验、鉴定、估损理算以及相关的风险评估。保险公估人是专门从事上述业务的评估机构，包括保险公估机构及其分支机构。保险公估机构包括保险公估公司和保险公估合伙企业。保险公估从业人员是指在保险公估人中，为委托人办理保险标的承保前和承保后的检验、估价及风险评估，保险标的出险后的查勘、检验、估损理算及出险保险标的残值处理，风险管理咨询等业务的人员。保险公估人应当依法采用合伙或者公司形式，聘用保险公估从业人员开展保险公估业务。保险公估人可以接受保险人的委托，也可以接受投保人或被保险人的委托，以第三者的立场，凭借其专业知识与技术及客观、公正的态度，处理保险合同当事人双方委托办理的有关保险业务公正事项。其报酬一般由委托人支付。

> **延 伸阅读**
>
> 保险代理人和保险经纪人的区别
>
> 保险代理人和保险经纪人都是保险市场的重要参与者，但它们在业务、性质等方面存在很大的区别：
>
> 1. 保险代理人是受保险人的委托，代表的是保险人的利益，实质上是保险营业机构的延伸；保险经纪人代表的是被保险人的利益，为被保险人提供各种保险服务。
>
> 2. 保险代理人通常是代理销售保险人授权的保险服务品种；保险经纪人则接受被保险人的委托为其协商投保条件，提供保险咨询服务。
>
> 3. 保险代理人按代理合同的规定向保险人收取代理手续费；当保险经纪人根据被保险人的要求向保险公司投保时，由保险公司支付佣金，如果经纪人向被保险人提供保险咨询等服务，则由被保险人给予报酬。
>
> 4. 保险经纪人是被保险人的代表，其疏忽、过失等行为给保险人及被保险人造成损失，应独立承担民事法律责任，因此保险经纪人资格的取得、机构的审批等较保险代理人更为严格。

任务二　理解保险合同的客体和内容

【任务情景】

消费者孟女士日前向某保险公司客服人员反映，去年她给孩子买了一份保险，年交保费1万多元。当初代理人推荐时，列了一些计算公式，用了一堆专业术语，说孩子到60岁可以拿100万元保险金。孟女士仔细看了条款，发现里面有很多晦涩难懂的术语，比如保险利益、保险金额等，她不禁抱怨：那么难懂的保险合同条款究竟怎么理解？并要求客服人员对合同中的条款进行详细解读。

请明确保险合同的客体是什么，保险条款都有哪些具体内容，其内涵分别是什么。

【知识平台】

一、保险合同的客体

保险合同的客体是保险合同权利和义务指向的对象。保险合同双方当事人订约的目的是实现保险经济保障。保险经济保障即投保方在约定条件下因保险事故的发生酿成保险标的损害，保险人对之予以补偿，这种补偿并非再创一个相同的标的，而是以标的为有形载体媒介，恢复投保方遭受保险事故前的经济状况。换言之，保险合同的客体就是投保方对合同约定的保险标的所具有的经济利益。保险合同双方订约便是为了保护投保方对标的所具有的经济利益，我们称之为保险利益。

但是，保险合同的客体是以保险标的的存在为前提的，如果没有保险标的，保险利益就缺乏载体，因而保险合同的客体也就失去了存在的条件。如果保险标的与投保人或被保险人无任何利害关系，保险业就失去意义，也就无须签订保险合同。

由此可见，保险合同的客体是保险利益，保险标的是保险利益的载体，投保人对保险标的具有的保险利益是保险合同生效的要件和依据，没有保险利益，保险合同因失去客体而无效。

二、保险合同的内容

保险合同的内容，即保险合同的条款，是指规定双方当事人的权利和义务及其他有关事项的文字条文，是当事人双方履行合同义务、承担法律责任的依据。

保险合同的内容可以分为三类：基本条款、附加条款、保证条款。

（一）基本条款

保险合同的基本条款是法律明文规定的保险合同必须具备的条款。保险合同基本条款的具体内容见表2-7。

表2-7 保险合同的基本条款

基本条款	合同条款的内容	法律意义
保险合同的当事人和关系人	保险合同当事人、关系人条款确定了保险合同中权利和义务的承担者，明确了保险合同的履行地点和合同纠纷的诉讼管辖。其中主要包括：保险人的名称和地址；投保人和被保险人的姓名、性别、年龄、身份证号码和地址；受益人的姓名、性别、受益份额等	在保险合同中载明合同当事人和关系人的姓名及住所，便于确认当事人的资格是否合法。同时，对于保险合同正确履行和保险纠纷解决有重要的法律意义，如保险费的交付和催告、保险金的赔付、纠纷的管辖和处理等都与姓名及住所有关
保险标的	保险标的是保险利益的载体，是保险合同所要保障的具体对象。在财产保险合同中，保险标的是各种财产及相关经济利益。人身保险合同的标的是人的身体和生命	只有在保险合同中载明保险标的，才能够根据已确定保险的种类和保险的范围，认定投保人是否具有保险利益以及保险利益的大小，并由此决定保险金额及保险价值的多少，在出险时才便于评估其损失范围
保险责任和责任免除	保险责任是指保险合同中载明的保险事故发生后保险人所应承担的经济赔偿或给付责任，其具体规定了保险人所承担的风险范围。 责任免除是明确保险人不承保的风险及不承担赔偿责任范围的条款，是对保险人风险责任的限制	通过对保险责任的限制性规定，可以进一步明确保险人的责任范围，避免由于保险责任和除外责任相混淆引起保险争议
保险期限和保险责任的起始时间	保险期限是保险合同的有效期限，也就是保险合同从开始生效到终止这一期间。保险期限由当事人在合同中约定，可以按公历时间确定保险期限，也可以以某一事件的自然发生过程为保险期限。 保险责任开始时间是指保险人开始履行保险责任的时间。一般由当事人约定并在合同中载明。在保险实务中，双方通常约定以起保日的零时为保险责任开始时间，以合同期满日的24时为保险责任终止时间	保险期限和保险责任开始时间的约定声明了保险合同的有效期和双方当事人在合同中享有权利和承担义务的起止时间，以便保险双方当事人履行权利和承担义务
保险价值	保险价值是保险标的的经济价值，是被保险人对保险标的所具有的保险利益的货币表现形式。保险价值的确定通常可以由当事人在合同中约定、由市场价格决定或者依照法律规定	保险价值条款是确定保险责任大小和保险金额多少的依据

续表

基本条款	合同条款的内容	法律意义
保险金额	保险金额是投保人和保险人约定并在保险合同中载明，在发生保险事故时保险人承担赔偿或给付保险金责任的最高限额。 不同的保险类别，保险金额的确定方式不同。财产保险的保险金额是以保险标的的实际价值即保险价值为基础确定的。由于人的身体和生命无法用金钱来衡量，因此，不存在保险标的的价值问题，其保险金额由合同当事人根据保险需求和保险费缴付能力协商确定并在合同中载明	保险金额不仅限定了合同当事人权利和义务的范围，同时也为计算保险费提供了依据
保险费及其支付办法	保险费是投保人或被保险人为获得保险保障而支付给保险人的代价。 保险费的支付方式，有趸交、分期缴费、限期缴费等多种方式	缴纳保费是投保人的基本义务。保险费的多少取决于保险金额的大小、保险期限的长短和保险费率的高低等
保险金赔偿或者给付办法	保险金是指保险合同约定的保险事故发生而致使被保险人遭受损失时或保险期限届满时，保险人所应当赔偿或给付的款项。 不同的保险合同种类，保险金的赔偿或给付办法有所区别。在财产保险合同中按规定的赔偿方式计算赔偿金额。人身保险合同中应按合同约定的定额给付保险金。保险金原则上应以货币形式赔偿或给付，但在财产保险的个别险种中，如机动车辆保险，也可采用修复、换置零部件等代替货币赔付	保险金的赔偿或给付是保险人履行保险合同义务，承担保险责任的基本方式，也是投保人和被保险人实现其保险保障权利的具体体现
违约责任和争议的处理	违约责任是指保险合同当事人由于自己的过错造成合同不能履行或者不能完全履行时，按照法律规定或者合同的约定所应承担的法律后果。 争议处理是保险合同履行过程中发生争议时的解决方式和途径，主要有协商、仲裁和诉讼三种方式	规定违约责任，可以保证保险合同顺利履行，保障合同当事人权利的实现
订立合同的时间	订立合同的年、月、日，通常是指合同的订约时间	订立合同的时间为保险利益是否存在提供时间标准；为判定保险事故是否已经发生提供时间标准；为确定保险责任开始时间提供依据

案例：保险合同的特约条款

（二）附加条款

附加条款是指保险人为满足投保人或被保险人的特殊需要，在保险合同基本条款的基础上增加一些补充内容，以扩大或者限制承保的责任范围的条款。

保险的险种有主险和附加险之分。主险是可以独立承保的险种，附加险不能独立承保，只能附加在某一个主险项下承保。投保附加险就意味着扩大了保险人承保的责任范围。

另外，保险合同订立后如果需要进行变更补充，通常采用在原合同上加贴附加条款的方式。附加条款是对基本条款的变更补充，其效力优于基本条款。

（三）保证条款

保证条款是在保险合同中保险人要求被保险方在保险合同有效期内应予以遵守的规定。这些规定必须严格遵守，否则保险人有权解除保险合同甚至拒绝承担保险责任。不过，有时保险合同中也会出现要求保险人予以保证的规定，如医疗保险合同中的保证续保条款。

模块练习

一、单选题

1. 若寿险合同中没有指定的受益人，被保险人死亡时，保险人对保险金的正确处理方式是（　　）。

　　A. 由投保人领取
　　B. 由投保人的法定继承人领取
　　C. 由被保险人的法定继承人领取
　　D. 按无受益人处理，上缴社会公益基金

2. 人身保险合同特有的主体是（　　）。

　　A. 保险人　　　　　　　　B. 被保险人
　　C. 保险经纪人　　　　　　D. 受益人

3. 合同当事人的权利义务共同指向的对象即为合同的客体，保险合同的客体是（　　）。

　　A. 保险金额　　　　　　　B. 保险合同
　　C. 保险标的　　　　　　　D. 保险利益

4. 在保险合同中，保险人承担赔偿或者给付保险金责任的最高限额叫（　　）。

　　A. 保险价值　　　　　　　B. 实际损失
　　C. 赔偿限额　　　　　　　D. 保险金额

5. 以下属于保险合同关系人的是（　　）。
   A. 保险人 　　　　　　B. 投保人
   C. 被保险人　　　　　　D. 代理人

二、判断题

1. 人身保险合同中被保险人既可以是自然人，也可以是法人。（　　）
2. 在人身保险合同中，只要指定了受益人，被保险人就丧失了受益权，受益人获得受益权。（　　）
3. 父母可以为其未成年子女投保以死亡为给付保险金条件的人身保险。（　　）
4. 被保险人生前的债权人有权从受益人领取的保险中获得债务的清偿。（　　）
5. 缴纳保费是投保人的基本义务，保险费的多少取决于是保险金额的大小、保险期限的长短和保险费率的高低等。（　　）

模块三　保险合同的订立、履行、变更与终止

任务一　保险合同的订立

【任务情景】

近年来吴行逐渐意识到保险的重要性，想给自己及家人买一份保险，保险公司的业务员小关为他制作了一份保险建议书。在阅读了保险建议书并听取了小关的介绍后，吴行决定向该保险公司投保。小关拿出一份投保单请吴行填写，并要求吴行提供相关身份证明资料。吴行不太理解，一份保险合同成立的手续这么麻烦吗？如果不按要求处理，保险合同会有效吗？

请明确保险合同订立的程序，并理解保险合同的成立、生效及无效的含义。

教学视频：保险合同的订立

【知识平台】

一、保险合同的订立程序

保险合同的订立，是指投保人和保险人在意思表示一致的情况下，设立保险合同的行为。我国《保险法》第13条第1款规定："投保人提出保险要求，

经保险人同意承保，保险合同成立。保险人应当及时向投保人签发保险单或者其他保险凭证。"根据该规定，保险合同的成立一般是经过投保人的要约和保险人的承诺来完成的。

（一）要约

要约，又称要约提议，是希望和他人订立合同的意思表示，是保险合同成立的起点和必经程序。提出要约的人称为要约人，接受要约的人称为受要约人或承诺人。

保险合同的要约通常由投保人提出，投保人提出要约一般是以填具投保单形式来表示的。保险人为了招揽业务，通过业务员或保险代理人向客户发放各种宣传材料，不能看成保险人作出的要约行为，而是要约邀请，即保险人邀请投保人向其提出投保要约。

在某些特殊的情况下，保险人也有可能成为保险合同的要约人。保险人出于开展业务的考虑，为简化单证手续，直接在发票上印制保险凭证（保险合同），并事先加印签章，如保险人在机场销售航空旅客意外伤害保险单，招揽保险的保险人即为要约人，投保签名的投保人则为受要约人。

（二）承诺

承诺，又称接受，它是受要约人同意要约人的意思表示。做出承诺的人即为承诺人或受要约人。合同当事人的一方已经做出承诺，合同即告成立。

保险合同的承诺叫作承保，由保险人做出。由于保险合同要约一般都采用书面形式做出，保险人承保的基本形式也表现为书面形式。当保险人收到投保人如实填写的投保单后，经必要的审核并与投保人协商后接受全部保险条件，在投保单上签字盖章，即构成承诺，保险合同随之成立。

如果保险人不同意投保人的保险要求，附加新的条件或者变更投保单填写的内容，应视为新要约，需经投保人对新要约表示接受，才构成承诺。如健康保险的被保险人经体检后，保险公司欲将其由标准体改为次标准体予以承保时，要求加收保险费（新要约），则须经投保人表示同意（承诺），保险合同才成立。这时，保险人便成为要约人，而投保人则为承诺人。保险合同与其他合同一样，其订立过程往往要经历多次磋商，直到最后对新要约的完全接受（要约—新要约—承诺），合同即告成立。保险合同成立后，保险人应当及时签发保险单或其他保险凭证。在实践中，保险人接受了要约的承诺则是以签发保险单或其他保险凭证为证。

二、保险合同的成立与生效

保险合同的成立是指保险合同的当事人对保险合同的主要条款达成一致。保险合同生效是指保险合同对当事人双方发生约束力，即合同条款产生法律效力。

合同的成立与合同生效是相互联系的，成立是生效的前提和基础，没有成立的合同无所谓生效；生效则是成立的结果，合同生效是成立合同的目的。保险合同成立后是否生效，判断标准为生效要件。保险合同生效要件包括一般要件和特殊要件。保险合同生效的一般要件包括：① 当事人应当具有法定的缔约资格；② 当事人双发意思表示真实；③ 合同内容合法，不得违反法律和社会公共利益。保险合同生效的特别要件则在我国《保险法》中有特别规定，主要包括：① 投保人对保险标的无保险利益的，保险合同无效。② 以死亡为给付保险金条件的，合同未经被保险人书面同意并认可保险金额的，合同无效。③ 以无民事行为能力人为被保险人的死亡合同无效，父母为其未成年子女投保的除外。④ 保险人在订立保险合同时，应向投保人明确说明有关保险人责任免除条款，未明确说明的，该条款不产生法律效力。⑤ 在财产保险合同中，保险金额不得超过保险价值，超过保险价值的，超过的部分无效。

一般来说，保险合同一经依法成立，即发生法律效力。双方当事人依合同开始享有权利承担义务，并不得随意变更合同的有关内容。但保险合同双方也可以就保险合同的生效附条件或者附期限。我国《保险法》第13条第1款与第3款规定：投保人提出保险要求，经保险人同意承保，保险合同成立。依法成立的保险合同，自成立时生效。投保人和保险人可以对合同的效力约定附条件或者附期限。如在我国保险实务中普遍采用的"零时起保"，就是以生效期限限制合同效力，即在生效日期前发生的保险事故，保险人不论是否已收取保险费或已签发保险单、其他凭证，均可不负保险责任。

三、保险合同无效

保险合同无效，是指保险合同虽已订立，但在法律上不发生任何效力。按照不同的因素来划分，合同无效主要有以下几种形式。

（一）约定无效和法定无效

根据不同的原因来划分，无效有约定无效与法定无效两种。约定无效由合同的当事人任意约定，只要约定的理由出现，合同就无效。法定无效由法律明文规定，符合下列情况之一者，保险合同无效：

（1）合同是代理他人订立而不做声明；

（2）恶意的重复保险；

（3）投保人对保险标的不具有保险利益；

（4）人身保险中未经被保险人同意的死亡保险；

（5）人身保险中被保险人的真实年龄已超过保险人所规定的年龄限额；

（6）人身保险中，体检时由他人冒名替代者。

（二）全部无效与部分无效

根据无效的范围来划分，无效有全部无效与部分无效两种。全部无效是指保险合同全部不发生效力，法定无效中列举的几种情况就属于全部无效。部分无效是指保险合同中仅有一部分无效，其余部分仍然有效。如善意的超额保险，保险金额超过保险价值的部分无效，但在保险价值限额以内的部分仍然有效。

（三）自始无效与失效

根据时间来划分，无效有自始无效和失效两种。自始无效是指合同自成立起就不具备生效的条件，合同从一开始就不生效。失效是指合同成立后，因某种原因而导致合同无效。如被保险人因对保险标的失去保险利益，保险合同即失去效力。失效不需要当事人作意思表示，只要失效的原因出现，合同即失去效力。

任务二　保险合同的履行

【任务情景】

高先生是某企业的负责人，身家颇丰。不久前，他为自己及太太分别投保了一份保险。由于保险金额较高，保险公司要求高先生及太太提供其相关的财务资料及健康资料。高先生认为在合同的订立和履行过程中告知这些资料，会让保险人知悉各种有关投保人、被保险人的业务和财务情况，这些情况可能涉及投保人、被保险人的商业秘密、个人隐私以及其他不愿意公开的事项。如果对外泄露这些事项，会使当事人的切身利益受到损害，因此高先生不愿意提供。保险公司有为客户保密的义务吗？

合同的履行过程中合同当事人双方要承担各自的义务，请明确保险合同的订立的程序及保险合同履行中双方当事人的权利义务。

【知识平台】

保险合同一经成立，投保人及保险人都必须各自承担义务。保险合同的履行是指合同当事人依照合同约定全面履行义务，从而实现权利的法律行为。一方履行其义务，他方则得以享受权利或利益。保险合同的履行是通过各方当事人、关系人义务的履行而实现的。投保人和保险人的义务如表2-8所示。

表2-8 投保人和保险人的义务

投保人的义务	保险人的义务
如实告知义务	说明义务
缴纳保险费的义务	承担保险责任
通知义务	及时签发保险单证的义务
防灾防损义务	保密义务
提供资料和证明的义务	

一、投保人的义务

（一）如实告知义务

如实告知义务是指投保人在保险合同订立时，应当将保险标的有关重要事项据实向保险人陈述。保险合同是最大诚信合同，保险人只有在投保人如实告知后，才能明确认识自己所可能要承担的危险情况，从而决定是否承保和确定保险费率。因此，如实告知是投保人的基本义务，也是保险人实现其权利的必要条件。我国实行的是"询问告知"的原则，即投保人只要如实回答了保险人的询问，就履行了如实告知义务。

（二）缴纳保险费的义务

保险费是投保人要求保险人承担赔偿或给付责任以获得保险保障所必须付出的代价，缴纳保险费是投保人的法定义务。投保人必须按照约定的时间、地点和方式缴纳保险费。保险费由投保人缴纳，也可以由有利害关系的第三人缴纳，无利害关系的第三人也可以代投保人缴纳保险费，但他们并不因此而享有保险合同的利益，保险人也不能在其缴纳第一次保险费后请求其继续缴纳，而只能向投保人作出请求。

（三）通知义务

通知义务包括保险事故发生前"危险增加"的通知义务和保险事故发生的通知义务。

1. "危险增加"的通知义务

危险增加，是指在保险合同有效期内，保险标的发生了订立合同时未曾预料或估计到的危险程度的增加，而对保险人具有严重不利的影响。如住宅改为存放易燃物的仓库等，被保险人都应履行通知义务。保险标的危险程度增加

微课：为什么二手车出险不能得到保险赔付

案例：投保人"危险增加"的通知义务

073

势必扩大保险人的保险责任范围，如果被保险人不能将保险标的危险增加的情况及时通知保险人，就会产生保险人所收取的保险费与其所承担的保险责任不对等的结果。

投保人履行"危险增加"的通知义务，对于保险人正确估价风险具有重要意义。因此，各国的保险立法均对此加以明确规定。我国《保险法》第52条第1款规定："在合同有效期内，保险标的的危险程度显著增加的，被保险人应当按照合同约定及时通知保险人，保险人可以按照合同约定增加保险费或者解除合同。保险人解除合同的，应当将已收取的保险费，按照合同约定扣除自保险责任开始之日起至合同解除之日止应收的部分后，退还投保人。"

2. 保险事故发生的通知义务

保险合同订立以后，如果发生保险事故，投保方应及时通知保险人。因为既然已经发生约定的保险事故，意味着保险人承担保险责任，履行保险义务的条件已经产生。保险人如果能够及时得知情况，一方面可以采取适当的措施防止损失扩大；另一方面可以迅速查明事实，确定损失，明确责任，不致因查勘的拖延而丧失证据。关于通知的期限，各国法律规定有所不同，有的是几天，有的是几周，有的无明确的时间限定，只是在合同中使用"及时通知""立即通知"等字样。如果投保人未履行保险事故发生的通知义务，则有可能产生两种后果：一是保险人不解除保险合同，但可以请求投保方赔偿因此而遭受的损失；二是保险人免除保险合同上的责任。

典型案例

未履行"危险增加"通知义务，应如何处理？

案情介绍

原告梁某在被告处投保了家庭财产保险，并按约交纳了保费，在保险期间内，原告房屋垮塌，要求被告按约定赔偿原告财产损失11 127.5元，被告以原告的房屋成为危房时没有及时通知保险公司，按保险法规定属于保险标的的危险程度显著增加而发生的保险事故，保险公司不应承担赔偿责任为由拒绝赔偿，原告诉至法院。

本案的争议焦点在于该保险事故是否系保险标的的危险程度显著增加而发生的保险事故，及如何认定"保险标的危险程度增加的，被保险人按照合同约定应当及时通知保险人"的规定。

案情分析

我国现行保险法第52条规定："在合同有效期内，保险标的的危险程度显著增加的，被保险人应当按照合同约定及时通知保险人，保险人可以按照合同约定增加保险费或者解除合同。保险人解除合同的，应当将已收取的保险费，按照合同约定扣除自保险责任开始之日起至合同解除之日止应收的部分后，退还投保人。""被保险人未履行前款规定的通知义务的，因保险标的的危险程度显著增加而发生的保险事故，保险人不承担赔偿保险金的责任。"

然而在本案当中，在保险期间内，原告的房屋因雨致使房顶漏雨、墙皮脱落、烟囱倒塌，是原告、被告双方在签订合同时，双方可以预见的危险，属于发生双方合同约定的承保责任范围内的保险事故，不属于保险标的的危险程度显著增加而发生的保险事故。故对被告关于原告的损失，系因保险标的的危险程度显著增加而发生的保险事故应拒赔偿的抗辩主张，法院不予采信。判决被告赔偿原告各项损失5 000余元，判决现已生效。

资料来源：根据中国法院网案例编辑整理。

（四）防灾防损义务

保险事故发生前，投保方应积极采取措施，避免损失发生。另外，约定的保险事故发生后，投保方不仅应积极通知保险人，还应当采取各种必要的措施，进行积极的施救，避免损失扩大。为鼓励投保方积极履行施救义务，《保险法》还规定，被保险人为防止或者减少保险标的的损失所支付的必要的、合理的费用，由保险人承担。因投保方未履行施救义务而扩大的损失部分，保险人不负赔偿责任。

（五）提供资料和证明的义务

提供资料和证明的义务是投保人、被保险人或受益人在保险事故发生后，向保险人请求赔偿或给付保险金时，依照法律或合同约定应提供的能够确认保险事故的性质、原因、损失程度等的有关证明和资料。这些证明和资料包括保险单、批单、提单、损失清单、检验报告及其他有效单证和证明材料等。保险人依照保险合同约定，认为有关的证明和资料不完整的，应当通知投保人、被保险人或受益人补充提供有关的证明和资料。但是，投保人、被保险人或受益人不得为了骗取保险金，伪造、编造与保险事故有关的证明、资料和其他证据，或者指使、唆使、收买他人提供虚假证明、资料或者其他证据，编造虚假的事故原因或者夸大损失程度。

二、保险人的义务

（一）说明义务

保险人的说明义务是指订立保险合同时，保险人应就保险合同的条款内容向投保人作书面或口头陈述，特别是免责条款的说明。保险人承担说明义务，是因为保险人熟悉保险业务，精通保险合同条款，并且保险合同条款大都由保险人制定。而投保人则常常受到专业知识的限制，对保险业务和保险合同都不甚熟悉，加之对合同条款内容的理解亦可能存在偏差、误解，均可能导致被保险人、受益人在保险事故或事件发生后，得不到预期的保险保障。因此，订立保险合同时，保险人应按最大诚信原则，对保险合同条款做出说明，使投保人正确理解合同内容，自愿投保。免责条款的说明是保险人履行说明义务的一项重要内容。由于免责条款是当事人双方约定的免除保险人责任的条款，直接影响投保人、被保险人或者受益人的利益。被保险人、受益人可能因免责条款而在保险事故或事件发生后得不到预期的保险保障。因此，保险人在订立保险合同时，必须向投保人明确说明，否则，免责条款不发生法律效力。

（二）承担保险责任

承担保险责任是指由于保险合同约定的保险事故的发生，保险人应承担的赔偿或给付保险金的义务。投保人订立保险合同，并交付保费是为了获得保险保障，这种保障是通过保险事故发生后，能够获得保险人赔偿或给付保险金来实现的。因此，承担保险责任是保险人最基本、最重要的义务。保险人承担赔偿责任是有条件的：

（1）必须有保险事故的发生。使保险人承担保险责任的保险事故，必须是由合同约定，并发生在合同有效期内的合法危险，如自然灾害、意外事故、人身伤害等。投保人或被保险人的故意行为，战争、暴力行为，核辐射等不属于合法危险，此类事故或事件发生，保险人不承担保险责任。

（2）必须造成保险标的损失。这主要是针对财产保险合同，人身保险合同不论是否给保险标的造成损失，保险人均应履行保险金给付义务。

（3）发生的保险事故与损失有因果关系。只有当保险标的的损失或意外伤害与保险事故的发生存在直接、必然联系时，保险人才承担保险责任，履行保险金赔偿或给付义务。

保险人承担的责任范围包括：

（1）保险金。在财产保险合同中，根据保险标的的实际损失确定，但最高不得超过合同约定的保险标的的保险价值。人身保险合同中，即为合同约定的保险金额。

（2）施救费用。我国《保险法》第57条第2款规定："保险事故发生后，被保险人为防止或者减少保险标的的损失所支付的必要的、合理的费用，由保险人承担；保险人所承担的费用数额在保险标的损失赔偿金额以外另行计算，最高不超过保险金额的数额。"

（3）争议处理费用。主要指在责任保险中应由被保险人支付的仲裁费、诉讼费以及其他必要的、合理的费用，如律师费、鉴定费等。

（4）检验费用。是指保险人、被保险人为查明和确定保险事故的性质、原因和保险标的的损失程度所支付的费用。

（三）及时签发保险单证的义务

保险单证是指保险单或其他保险凭证。保险合同成立后，及时签发保险单证是保险人的法定义务。保险单证是保险合同成立的证明，也是履行保险合同的依据。在保险实务中，保险单证因其载明保险合同内容而成为保险合同最重要的书面形式。

（四）保密义务

保险人在办理保险业务时必然了解投保人、被保险人的业务、财产以及个人身体等情况，而这些情况往往又是投保人、被保险人因其是商业秘密、个人隐私或者其他原因而不愿公开或传播的。为了维护投保人、被保险人的合法权益，保险人对其知道的上述情况，依法负有保密义务。

任务三　保险合同的变更

【任务情景】

张某和李某原是一对恩爱夫妻，几年前，张某作为投保人为其妻子李某（被保险人）与保险人订立人寿保险合同。在夫妻关系存续期间，投保人以夫妻共同财产交纳保险费。前年，张某和李某在离婚之后，由被保险人李某用其个人财产交纳保险费。李某已经和投保人离婚，且在离婚后一直由自己承担缴费义务，现被保险人李某是否可以向保险公司申请将保险合同的投保人变更为自己？应如何办理变更手续？

由于保险合同的长期性，在保险合同履行的过程中，保险合同的主体和内容会发生改变，为维持保险合同的效力，需对保险合同进行变更。请明确在财产保险和人身保险中哪些情况下需要变更保险合同，怎样办理合同变更业务。

教学视频：保险合同的变更

【知识平台】

保险合同的变更是指在保险合同的存续期间，其主体、内容及效力的改变。保险合同依法成立后，当事人应认真履行合同规定的义务，不得擅自变更或解除合同。但是，有些保险合同是长期合同，由于主观和客观条件的变化，会产生变更合同的合理要求。各国法律一般都允许这种变更，我国也是如此。我国《保险法》第20条规定："投保人和保险人可以协商变更合同内容。变更保险合同的，应当由保险人在保险单或者其他保险凭证上批注或者附贴批单，或者由投保人和保险人订立变更的书面协议。"

一、保险合同主体的变更

保险合同主体的变更是指保险合同当事人和关系人的变更，主要是投保人或被保险人的变更而不是保险人的变更。保险人除发生合并、分立、破产和被撤销外，一般不会发生变更。保险合同主体的变更实际上是保险合同的转让，合同的其他内容并不发生变更。

在财产保险中，主体变更的原因主要是保险标的的所有权变更。关于保单转让的程序，有两种国际惯例。一是转让必须得到保险人的同意。如果要继续维持保险合同关系，被保险人必须在保险标的的所有权（或管理权）转移时，事先书面通知保险人，经保险人同意，并对保单批注后方才有效。否则，保险合同从保险标的所有权（或管理权）转移时即告终止。二是允许保单随保险标的的转让而自动转让，不需要征得保险人的同意。货物运输保险合同属于这种情况。其原因是，货物运输特别是海洋货物运输，路途遥远，流动性大，货物从起运到目的地的整个过程中，物权可能几经易手，保险利益也会随之转移。如果每次被保险人的变更都须征得保险人的同意，必然影响商品流转。有鉴于此，各国保险立法一般规定，除另有明文规定外，凡运输保险，其保险利益可随意转移。即凡运输保险，其保单可随货权的转移而背书转让。

在人身保险中，保单一般不需要经过保险人的同意即可转让，但在转让后必须通知保险人。保险合同转让一经确认，原投保人与保险人的保险关系即行消灭，受让人与保险人的保险关系随即建立。在保单的主体变更以后，原投保人的权利与义务也一同转移给了新的合同主体。人身保险中的被保险人在合同中确定之后是不能变更的。人身保险合同的承保与否和保费的缴纳与被保险人的年龄、健康状况等紧密联系，若投保人变更被保险人，相当于是对第三者重新投保。因此，一般不存在被保险人变更的情况。

典型案例

车辆过户，保险未及时变更，应如何处理？

案情介绍

某公司为其所属的车辆向某保险公司购买了车损险等9种保险，保险期限为2017年8月1日到2018年7月31日。2018年3月5日，某公司将投保车辆转让给张某并过户，但双方都没有通知保险公司。2018年4月25日，车辆在高速公路上自燃损毁。张某认为：自己成为车的所有权人的同时已经成为保险合同的当事人，并且由于事故发生在保险期内，故要求理赔。但保险公司则以张某不是合同当事人为由拒绝理赔。

案情分析

本案的争议焦点为：保险标的所有权的转移是否会导致保险合同主体发生变更？保险标的转让后没有通知保险人会发生什么样的后果？

根据《保险法》第49条第1款的规定，财产保险合同保险标的转让后，相应的保险权利义务由受让人承继，保险合同继续有效，并且不以通知保险人为条件。此条款明确规定了当事人之间转让保险标的的所有权时，保险合同权利义务可以自动转移，而且保险合同的当事人不能通过约定来排除这一条款。

《保险法》第49条第2款在内容上仍旧明确了被保险人和受让人的通知义务，这里的通知不再是一种法律规定的强制性义务，而是变成了一种应然性的规定。通知是否为必要，取决于保险标的的转让是否导致危险程度显著增加。

根据《保险法》第49条第3款的规定，如果标的的转让导致危险程度显著增加，那么保险合同的主体不能自动变更，此时保险人可以自行决定是否继续履行合同，如果同意继续履行合同的，可以协商增加保费。保险人最终不愿意继续履行合同的，则可以解除合同并且退还保费。

因此，在本案中，虽然张某在获得车辆的所有权后没有及时通知保险人，但是由于车辆的转让并没有发生导致危险增加的情况，同时事故也发生在保险期内，则根据《保险法》第49条的规定，张某向保险公司主张理赔的诉讼请求就可以得到法律的保护。

资料来源：根据法律在线案例编辑整理。

二、保险合同客体的变更

保险合同客体的变更就是标的所具有的保险利益的变更。在财产保险中，标的物价值的增减、升值、贬值，会导致保额变更，须保险合同当事人双方协商确定。此外，被保险人对保险标的所有权、债权或其他权利的变化，引起保险利益的变化，也应如实告知保险人。在人身保险中，投保人投保了与之有合法经济利害关系的他人的寿险时，将引起保险利益的变化这种合法经济利害关系的变化，如债权人、债务人之间或者合伙人之间利害关系的变化，因而也须告知保险人。

三、保险合同内容的变更

保险合同内容的变更是指在主体不变的情况下，改变合同中约定的事项。它包括：被保险人地址的变更；保险标的数量的增减；品种、价值或存放地点的变化；保险期限、保险金额的变更；保险责任范围的变更；货物运输保险合同中的航程变更；船期的变化等。这些变化都对保险人承担的风险大小有影响。

保险合同的主体不变更而内容变更的情况是经常发生的。各国保险立法一般规定，保险合同订立后，投保人可以提出变更合同内容的请求，但须经保险人同意，办理变更手续，有时还需增缴保费，合同方才有效。

任务四　保险合同的中止和终止

【任务情景】

刘先生几年前向某保险公司投保了一份长期寿险。其间由于家庭变故，刘先生没有按期缴纳保险费。一年后，刘先生的经济条件有所改善，想继续原保单保障，于是致电保险公司客服中心，咨询保单续费问题。保险公司客服人员在查询该保单的信息后，告知刘先生其购买的保单已经中止了，要想重新获得保障，需要办理相关手续。

中止和终止只差一个字，但二者的含义大不相同，请区分中止和终止，并明确导致保险合同终止的因素及法律后果。

【知识平台】

一、保险合同的中止

保险合同的中止是指保险合同生效后，由于某种原因使合同暂时失效。根据我国《保险法》的规定，保险合同中止仅适用于人身保险合同。分期支付保险费的长期人身保险合同，投保人因疏忽或经济状况变化而不能按期缴纳保

微课：忘记缴纳续期保费的保单怎么办？

险费，在规定的宽限期内仍未缴纳的，保险合同效力即中止。但在实践中，保险合同的中止也适用于某些财产保险合同，如由于被保险人的故意或过失而导致保险标的危险增加，如在住所地存放易燃、易爆的货物等，保险人有权请求被保险人予以更正，在更正之前，保险合同效力中止。在保险合同效力中止期间若发生保险事故，保险人不负给付保险金的责任。

保险合同效力的中止并不等于保险合同效力的终止，当事人之间的权利义务关系仍未结束。合同效力中止后，投保人可以提出恢复合同原有效力的请求，经保险人同意，并补交保险费后，中止的合同即恢复效力。如果在合同中止之日起两年内双方未达成复效协议的，保险合同即从合同中止时解除。

二、保险合同的终止

保险合同的终止是指保险合同成立后，因法定或约定的事由发生，使合同确定的权利义务关系不再继续，法律效力完全消灭的法律事实。导致保险合同终止的原因很多，主要有以下几种。

（一）保险合同因期限届满而终止

保险合同关系是一种债权、债务关系。任何债权、债务都是有时间性的。保险合同订立后，虽然未发生保险事故，但如果合同的有效期已届满，则保险人的保险责任也自然终止。这种自然终止是保险合同终止的最普遍、最基本的原因。保险合同终止，保险人的保险责任终止。当然，保险合同到期以后还可以续保。

（二）保险合同因完全履行而终止

在保险合同中，承担赔偿或给付保险金是保险人最主要的义务。在保险合同有效期限内发生保险事故后，合同因保险人一次或数次履行了全部保险金的赔偿或给付的义务而终止。例如，财产保险合同中保险标的因保险事故而遭到全部灭失，保险人一次性赔偿全部保险金后，合同因义务全部履行而终止。如果财产保险合同的保险标的数次部分受损，保险人所支付的赔偿金已达保险金额，即使合同期限未届满，保险合同即告终止，但船舶保险合同例外。

（三）保险合同因解除而终止

保险合同的解除是指保险合同生效以后，保险期限届满之前，当事人依照法定或约定的事由，提前消灭保险合同效力的一种法律行为。保险合同依法成立生效后，对当事人双方即产生法律约束力，双方应严格履行自己的义务，不得随意解除合同。但现实中由于客观情况的变化，使得保险合同的履行已成为不必要，必须提前结束双方权利义务关系，当事人可依照法律的规定或者合同的约定解除合同。因此，我们可以理解为解除保险合同是双方当事人的权利。在保险实务中解除分为法定解除、约定解除和任意解除三种。

1. 法定解除

法定解除是指法律规定的原因出现时，保险合同当事人一方（一般是保险人）依法行使解除权，消灭已经生效的保险合同关系。法定解除是一种单方面的法律行为。从程序上来说，依法有解除权的当事人向对方作出解除合同的意思表示即可发生解除合同的效力，而无须征得对方的同意。

2. 约定解除

约定解除是双方当事人约定解除合同的条件，一旦约定的条件出现，一方或双方即有权利解除保险合同。约定解除习惯上称为"协议注销"。保险合同一旦注销，保险人的责任就告终止。

3. 任意解除

任意解除是指法律允许双方当事人都有权根据自己的意愿解除合同。但是，并非所有的保险合同都是可以由当事人任意解除和终止的，它一般有着严格的条件限制。

> **延伸阅读**
>
> **保险合同解除与失效的区别**
>
> 保险合同的解除与保险合同的失效是不同的。保险合同的解除是行使解除权而效力溯及既往；保险合同的失效则是根本不发生效力。解除权有时效规定，可因时效而丧失解除权；无效合同则并不会因时效而成为有效合同。

案例：保险合同因标的灭失而终止

（四）保险合同因保险标的的灭失或被保险人的死亡而终止

保险标的是保险利益的载体，保险标的的存在是保险利益存在的前提。保险合同的效力因其保险标的不存在而终止。在财产保险中，财产保险合同的保险标的，由于保险合同载明的保险事故以外的原因导致全部灭失，保险合同即告终止；在人身保险中，人身保险的被保险人非因保险事故或事件而死亡，投保人对该保险合同就不再具有保险利益，保险合同效力随之消灭。

（五）保险合同因违约失效而终止

因投保人或被保险人的某些违约行为，保险人有权使合同无效。如没有如期缴纳保险费或按约遵守保证等。

> > > > > > > > > > 项目二　保险合同业务处理

延伸阅读

保险合同的中止与终止的区别

保险合同的中止即保险合同的失效，是指投保人支付首期保险费后，未按约定支付当期保险费，暂时停止合同效力的一种制度。保险合同中止后，即使发生保险事故，造成经济损失，保险人也不承担赔偿金或给付义务。但在投保人按照保险人的要求补齐保险费且在允许复效期内时，保险合同复效。

保险合同一旦终止，就是完全失效，不存在复效的说法。

典型案例

保险合同终止后保费的处理

案情介绍

小明2011年4月生，系弃婴。养父是农民，残疾，独身。2015年3月8日，养父为小明在某保险公司投保了为期15年的少儿两全保险和少儿重大疾病保险，同时附加了为期1年的意外伤害医疗保险，年交保费分别为7 200元、35元、14元，养父按合同约定交纳了前3年保费共计21 747元。

2017年8月，小明养父突发疾病去世。小明祖父（62岁）多次找保险公司要求退还保费未果，将其诉至法院，请求终止保险合同，并要求被告返还3年保费。当时，保险合同中的"现金价值表"显示，保险费第3年年度末的现金价值为11 653.6元。

当地法院经审理查明，原告小明及其祖父请求解除保险合同的主张符合法律规定。因该案保险合同的解除是因投保人死亡，其继承人无能力继续履行引起，投保人并无违约行为，保险公司称应根据保险合同的约定，按投保人交纳保费的现金价值净额返还11 653.6元的理由不能成立。法院最终判决被告退还原告保险费21 747元。判决书送达后，被告提起上诉。

2018年11月14日，市中级人民法院判决：驳回上诉，维持原判。

案情分析

本案争议的焦点有二：一是投保人因病去世后，保险合同是继续履行还是终止；二是保险合同如果终止，保险公司应否全额退还保险费。

司法实践中，在保险合同履行期间，如果一方当事人死亡，一般情况下应当由其继承人继续履行合同。而本案小明亲生父母不明，养父独身，小明属于无民事行为能力人，显然无力支付保险费。其祖父已年逾62岁，无其他经济收入，特别是儿子死后，还要负担孙子的抚养重任，要求小明祖父继续履行缴费义务，显然不切实际。故此，本案只能产生一个结果，即保险合同自然终止。

至于保费的问题，本案合同属于自然终止，本案被告辩称只退还投保人缴纳保费现金价值净额的主张，对于原告祖孙二人来说，显然过于苛刻。加之我国保险法的立法本意是妥善平衡各方利益、依法保护消费者，因此，法院最终判决本案被告全额退还原告保险费。

资料来源：根据华律网案例编辑整理。

模块练习

一、单选题

1. 张江投保一年期人身意外伤害险100万元，合同生效后的次日就不幸遭遇车祸身亡，保险人给付100万元后该保单终止，该保单终止的原因属于（　　）。

   A. 因期限届满而终止　　　　B. 因解除而终止
   C. 因履行而终止　　　　　　D. 失效而终止

2. 被保险人或者受益人，在未发生保险事故的情况下，谎称发生了保险事故，向保险人提出赔偿或者给付保险金的请求的，保险人有权解除保险合同，并不退还保险费。保险人行使的这一合同解除权属于（　　）。

   A. 法定解除　　　　　　　　B. 约定解除
   C. 任意解除　　　　　　　　D. 协商解除

3. 即使已过宽限期，人身保险的投保人仍未能按时缴纳保险费时，保险合同的效力状态处于（　　）。

   A. 终止　　　　　　　　　　B. 中止
   C. 停止　　　　　　　　　　D. 继续有效

4. 保险合同终止最普遍的原因是（　　）。

   A. 保险期间届满终止　　　　B. 保险标的灭失而终止
   C. 履约终止　　　　　　　　D. 因法定情况出现而终止

5. 保险合同成立后，因法定或约定的事由发生，使合同确定的权利义务关系不再继续，法律效力完全消灭的法律事实，这是在描述（　　）。

   A. 保险合同的变更　　　　　B. 保险合同的终止
   C. 保险合同的中止　　　　　D. 保险合同的解除

二、判断题

1. 保险人在订立合同时未履行责任免除明确说明义务，该保险合同的责任免除条款无效。（   ）

2. 投保方和保险人均有自由选择权，有权随时解除保险合同。（   ）

3. 在签订保险合同时，保险代理人所知晓的事情都视作保险人已知。（   ）

4. 保险合同中的要约人一定是投保人。（   ）

5. 约定解除指法律规定的原因出现时，保险合同当事人一方（一般是保险人）依法行使解除权，消灭已经生效的保险合同关系。（   ）

模块四　保险合同及其争议处理

任务一　保险合同的解释

【任务情景】

窦华投保了某保险公司人寿保险及附加意外伤害保险，后在工作时双手不慎卷入分切机内，致使左手完全缺失，右手中指、无名指及小指三指残疾。窦华根据意外伤害保险条款所附《人身保险伤残评定标准》"一手完全缺失，另一手完全丧失功能"评定残疾程度为四级，要求保险公司给付70％的意外伤害保险金。保险公司则认为，从窦华的伤残程度来看，其右手小指部分缺失，中指和无名指只是部分丧失功能，不符合"完全丧失功能"的标准。

投保人和保险公司就合同条款理解产生争议，应如何对合同条款进行解释？请明确在实务中保险合同条款解释的原则及其具体适用。

教学视频：
保险合同的解释

【知识平台】

保险合同争议是指当保险合同成立后，合同主体就合同履行时的具体做法产生的意见分歧或纠纷。这种意见分歧或纠纷有些是由于合同双方对合同条款的理解互异造成的，有些则是由于违约造成的。不管是什么原因，发生争议后都需要按照一定的原则和方式来处理和解决。

保险合同的解释原则

保险合同应该做到合同内容具体、责任明确、文字准确，以保证合同正确履行。但在实践中，保险双方当事人由于客观原因会对合同基本条款的理解和认识产生分歧，从而影响合同的履行。为了正确地判明当事人的真实意图，保护双方当事人的合法权益，正确处理保险纠纷，必须确立保险合同的解释原则。保险合同的解释是指当保险当事人由于对合同内容的用语理解不同发生争议时，依照法律规定的方式或者约定俗成的方式，对保险合同的内容或文字的含义予以确定或说明。保险合同的解释原则通常有以下几种。

（一）文义解释原则

文义解释即按合同条款通常的文字含义并结合上下文来解释，它是解释保险合同条款的最主要的方法。文义解释必须要求被解释的合同字句本身具有单一的且明确的含义。如果有关术语本来就只具有唯一的一种意思，或联系上下文只能具有某种特定含义，或根据商业习惯通常仅指某种意思，那就必须按照它们的本义去理解。我国保险合同的文义解释原则主要有两种情况：一是对合同的一般用语尽量按文字公认的表面含义和语法解释。二是保险专业术语及法律专业术语，有立法解释的，以立法解释为准；没有立法解释的，以司法解释、行政解释为准；以上均没有的，可按行业习惯或保险业公认的含义解释。

（二）意图解释原则

意图解释是指在无法运用文字解释方式时，通过其他背景材料进行逻辑分析来判断合同当事人订约时的真实意图，由此解释保险合同条款的内容。保险合同的真实内容应是当事人通过协商后形成的一致意思表示。因此，解释时必须尊重双方当时的真实意图。意图解释只适用于合同的条款不精当、语义混乱，不同的当事人对同一条款所表达的实际意思理解有分歧的情况。如果文字表达清楚，没有含糊不清之处，就必须按照字面解释，不得任意推测。

（三）有利于被保险人的解释原则

有利于被保险人的解释原则是指当保险合同的当事人对合同条款有争议时，法院或仲裁机关往往会做出有利于被保险人的解释。由于保险合同通常属于格式（附合）合同，保险合同的条款都是保险人事先草拟或印就的，投保人只能表示接受或拒绝。为体现公平互利原则，在解释保险合同内容时，就要充分考虑被保险人的利益和尊重被保险人的理解，使被保险人的权益得到保障。我国《保险法》第30条规定："采用保险人提供的格式条款订立的保险合同，保险人与投保人、被保险人或者受益人对合同条款有争议的，应当按照通常理解予以解释。对合同条款有两种以上解释的，人民法院或者仲裁机构应当作出有利于被保险人和受益人的解释。"需要指出的是，这一原则不能滥用。如果条款意图清楚，语言文字没有产生歧义，即使发生争议，也应当依据有效的保险合同约定做出合理、公平的解释。

延伸阅读

"不利解释"原则的适用

为方便快捷，实务中一般采用标准格式条款来签订保险合同，投保人这一方一般只能表示接受或者不接受保险公司已拟就的条款。保险合同格式化的同时也实现了合同术语的专业化，保险合同所用术语非一般人士所能理解，客观上有利于保险公司，这也使投保方在订立保险合同的过程中明显处于劣势地位。

因此，为了保护投保方的利益，避免保险公司以事先拟订好的保险条款来损害投保方的合法权益，维护双方利益的平衡，一般遵循和适用关于保险格式合同的"不利解释"原则。适用"不利解释"原则一般应符合以下几个条件：

1. 保险合同是由保险人事先拟就并提供的，相关保险条款符合格式合同或格式条款的特征；
2. 对该保险条款有两种或两种以上相反的解释；
3. 保险人与投保方对该保险条款理解不同，且互相冲突。

当然，"不利解释"原则不能滥用，为适应当今保险业务的开展及形势的变化，是否适用该原则应以实际情况而定。具体而言，以下几种情况适用该原则时应有所限制：

1. 若保险合同的用语明确、清晰且没有歧义，没有解释的余地，即使对投保人、被保险人或受益人不利，也不应适用"不利解释"原则。
2. "不利解释"原则是基于公平原则而产生的，如保险监管机构备案或审批时充分考虑到了投保方的利益，保险条款对双方都很公平，即没有适用"不利解释"原则的必要。
3. 如果投保方是一些大的公司或其他专业机构，具有充分的保险专业知识，其与保险公司订立保险合同及履行时并不一定处于劣势地位，发生争议时如适用"不利解释"原则恐有违该原则的立法初衷。
4. 《保险法》中有许多保护投保方合法权益的条款，如保险公司责任免除条款应"明确说明义务"等，适用这些条款足以保护投保方的合法权益的，也就没有必要再适用"不利解释"原则。
5. "不利解释"原则仅仅为解释保险合同的歧义条款提供了一种手段或者途径，它本身并不能取代或排除合同解释的一般原则，也不具有绝对性。

资料来源：根据网络资料编辑整理。

(四)批注优于正文、后加的批注优于先加的批注的解释原则

为了满足不同的投保人的需要，有时保险人需要在统一印制的保险单上加批注，或增减条款，或进行修改。无论以什么方式更改条款，如果前后条款内容有矛盾或互相抵触，后加的批注、条款应当优于原有的条款。保险合同更改后应注明批改日期。如果由于未写明日期而使条款发生矛盾，手写的批注应当优于打印的批注，加贴的批注应当优于正文的批注。

(五)补充解释原则

补充解释原则是指当合同条款约定的内容不完整，有遗漏时，借助国际惯例、商业习惯、公平原则等对保险合同内容进行合理、务实的补充解释，以便合同继续执行。

典型案例

保险合同存在歧义，保险公司拒赔败诉

案情介绍

2017年10月下旬，崔某在某保险公司成都支公司为其小轿车投保了含多险种的机动车损失保险，该保险合同第5条载明，因雷击、暴风、暴雨、洪水、龙卷风等原因造成保险机动车的全部或部分损失，保险人依照合同约定负责赔偿；第9条第5项又载明，发动机进水后导致的发动机损坏，保险人不负责赔偿，并加黑标注作特别提示。

2018年9月10日上午，崔某投保的车辆在四川泸州当地行驶过程中突遇暴雨，致车辆发动机进水损坏。出险当日，其投保的保险公司出具了估损单并加盖了该公司的理赔专用章。后经出险当地一汽车销售服务公司维修，共产生37 896元的维修费和400元的施救费。

随后，崔某向保险公司申请理赔，保险公司却以被保险车辆系因发动机进水致损，属保险合同约定的免责情形为由不予理赔，从而引发纠纷。

案情分析

法院判决认为，本案中，原告、被告双方对被保险车辆在保险期间因暴雨造成车辆受损的事实均无异议。虽被告保险公司提出，被保险车辆是发动机进水后导致的损坏，依保单第9条第5项约定，此情形保险人不负责赔偿，但该保单第5条同时约定，因暴雨造成保险机动车的全部或部分损失，保险人依照保险合同约定负责赔偿，而发动机作为机动车的一部分，依照该条款的规定又属于保险赔付范围。虽上述两条款对赔付范围的约定存在歧义与冲突，按通常理解，因暴雨造成车辆受损应当包括暴雨导致发动机进水造成的车辆受损。

依照我国保险法采用保险人提供的格式条款订立的保险合同，保险人与投保人、被保险人或者受益人对合同条款有争议的，应当按照通常理解予以解释。对合同条款有两种以上解释的，人民法院或者仲裁机构应当作出有利于被保险人和受益人的解释的规定，保险公司应承担赔偿责任，故判决保险公司赔偿车主崔某车辆维修费及施救费共计38 296元。

资料来源：根据新浪网报道编辑整理。

任务二　保险合同的争议处理

【任务情景】

康某去外地出差，乘坐某客运公司的客车，司机在不应停车的地方停车，康某下车后横穿公路时被汽车冲撞身亡。交通事故管理部门认定客车对该起事故负全部责任。客运公司在向康某的家属赔偿损失后，依据其所投保的机动车第三者责任险向保险公司提出索赔。保险公司认为，在这起事故中，客运公司赔偿康某家属的经济损失并不是所保车辆直接引起的，因此这不是第三者责任保险责任范围内的事故，保险公司不承担赔偿责任。客运公司则认为保险公司的说法不合理，双方就保险条款产生纠纷。

在保险合同中如果出现争议或纠纷，常见的处理方式有哪些？请明确这几种方式各自的含义及使用情况。

【知识平台】

保险合同订立后，当事人在履行过程中可能会在保险责任的归属、赔款的计算等问题上产生争议，因此需要采取合理的方式予以解决，以维护双方当事人的权益。保险合同的争议处理一般有四种方法：

一、协商

协商是指保险合同纠纷发生后，合同当事人双方在自愿诚信的基础上，根据法律规定及合同约定，充分交换意见，相互切磋理解，求大同存小异，对所争议的问题达成一致意见，自行解决争议的方式。这种方式不但能使矛盾迅速化解，省时省力，而且可以增进双方的信任与合作，有利于合同继续执行。

二、调解

调解是指合同当事人自愿将合同争议提交给第三方，在第三方的主持下进行协商的方式。根据自愿、合法的原则，双方当事人在第三方的支持下，明辨是非，分清责任，促使双方互谅互让，达成和解协议，使合同能够履行。调解必须遵循法律、政策与平等自愿原则。只有依法调解，才能保证调解工作的顺利进行。如果一方当事人不愿意调解，就不能进行调解。如调解不成立或调解后又反悔，可以申请仲裁或直接向法院起诉。

三、仲裁

仲裁是指争议双方依照仲裁协议，自愿将彼此间的争议交由双方共同信任、法律认可的仲裁机构的仲裁员居中调解，并做出裁决。仲裁方式具有法律效力，采用一裁终裁制，当事人必须予以执行。采用仲裁方式处理争议需要注意以下几点：首先，必须有保险合同双方在争议发生前或发生后达成的仲裁协议书面请求，方可将争议交由仲裁机关处理。其次，仲裁结果为终局制，一经做出便产生法律效力，必须执行。最后，对仲裁结果不服者，可以在收到仲裁决定书之日起15天内向法院提起诉讼。但法院一般只对仲裁形式和程序是否符合法律要求进行审查。超过15天不起诉的，裁决便产生法律效力。

四、诉讼

诉讼是指争议双方当事人通过国家审判机关——人民法院进行裁决的一种方式，是解决争议最激烈的一种方式。它是指司法机关和一切诉讼参与人，在审理案件过程中进行的各种相关活动，以及在这些活动中所产生的各种诉讼关系的总和。当事人双方因保险合同发生纠纷时，有权以自己的名义直接请求法院通过审判给予法律上的保护。人民法院具有宪法授予的审判权，是维护社会经济秩序、解决民事纠纷最权威的机构，不受行政机关、社会团体和个人的干涉，以事实为依据，以法律为准绳，独立行使审判权，维护当事人的合法权益。

模块练习

一、单选题

1. 以下不属于保险合同解释原则的是（　　）。

    A. 文义解释原则　　　　　　B. 意图解释原则
    C. 有利于保险人解释原则　　D. 补充解释原则

2. 按合同条款通常的文字含义并结合上下文来解释，它是解释保险合同条款的最主要的方法，这是在描述保险合同解释原则当中的（　　）。

    A. 文义解释原则　　　　　　B. 意图解释原则

C. 有利于被保险人解释原则　　D. 补充解释原则

3. 有利于增进彼此了解，强化双方互相信任，有利于圆满解决纠纷，并继续执行合同的争议处理方式是（　　）。

  A. 协商　　　　　　　　　B. 判决
  C. 诉讼　　　　　　　　　D. 仲裁

4. 保险合同纠纷仲裁实行的是（　　）。

  A. 一裁终裁制度
  B. 两裁终局制度
  C. 当事人不服仲裁可申请再裁
  D. 当事人不服仲裁可提起诉讼

5. 解决保险合同争议最激烈的方式是（　　）。

  A. 协商　　　　　　　　　B. 和解
  C. 诉讼　　　　　　　　　D. 仲裁

二、判断题

1. 保险合同应该做到合同内容具体、责任明确、文字准确，以保证合同的正确履行。（　　）

2. 保险专业术语及法律专业术语，有司法解释的，以司法解释为准；没有司法解释的，以立法解释、行政解释为准。（　　）

3. 当合同条款约定的内容不完整，有遗漏时，借助国际惯例、商业习惯、公平原则等对保险合同内容进行合理、务实的补充解释，以便合同继续执行。（　　）

4. 仲裁指保险合同纠纷发生后，合同当事人双方在自愿诚信的基础上，根据法律规定及合同约定，充分交换意见，相互切磋理解，求大同存小异，对所争议的问题达成一致意见，自行解决争议的方式。（　　）

5. 仲裁方式具有法律效力，采用一裁终裁制，当事人必须予以执行。（　　）

专业能力训练

◆ 思考讨论

1. 保险合同的主要形式有哪些？其在保险实务中具体是如何使用的？
2. 保险合同成立与生效有何联系与区别？
3. 受益人与继承人有何区别？请举例说明。

◇ **案例分析**

1. 2018年10月30日，某中外合资石化公司向某保险公司投保平安福寿险，每位员工保额为30万元，员工徐女士在受益人栏填写其未婚夫赵某。2018年12月5日晚上8时，该公司的徐女士因小事与丈夫争吵、打骂，最后被丈夫赵某扼死。徐女士新婚才五天，无子女，父母均健在。第二天晚上，犯罪嫌疑人向公安局自首。现公安局已结案，定性为"激发性故意杀人罪"。请问：非以获得保险金为目的的受益人杀害被保险人是否丧失受益权？

2. 2016年8月13日，黄国强以资金困难为由向天等县农村信用社办理贷款18 000元，借款期限为两年。为了保证能在借款期限内还清贷款，信用社要求借款人黄国强参加人身意外伤害综合保险。因此，黄国强在办理贷款时，同时办理了两份保险，其中一份保险期间为自2016年8月14日0时起至2017年8月13日24时止；另一份保险期间为2017年8月14日0时起至2018年8月13日24时止，并交了每份30元共60元保险金。2017年6月22日，投保人黄国强搭载他人驾驶的多功能拖拉机发生翻车事故而当场死亡。事故发生后，黄国强的家属要求保险公司按二份保单赔付6万元。保险公司按第一份保单赔偿了3万元，对第二份保单拒绝赔偿，并告知黄国强的家属第二份保单到2017年8月14日保险公司才负保险责任。黄国强的家属认为黄国强是在2016年8月13日买了两份保单，保险公司不能拒付第二份保单的赔偿款，故诉至法院，要求保险公司赔付第二份保单的3万元。请问：此案该如何处理？

◇ **综合实训**

实训项目：投保单的填写

实训资料：

丈夫冯轩（身份证号码为14010119750812****，联系方式为1821234****）、妻子孙碧凡（身份证号码为14010119790312****，联系方式为1861234****）二人连同双胞胎儿子冯远航（身份证号码为1401012007040****5）和冯远海（身份证号码为1401012007040****7）一同居住在山西省太原市迎泽区人民路**号阳光园小区**栋502室。

冯轩系太原**煤炭贸易公司中层管理人员（职业代码为1050103，风险等级为一级）。其本人身高181cm，体重75kg，年收入约40万元，有驾照，驾龄约10年，有吸烟习惯，每日吸烟约15支，无其他不良嗜好。曾于2008年4月15日投保A保险公司的终身寿险10份，目前该保单有效，未办理过理赔，目前身体状况良好。

妻子孙碧凡是太原市**化工厂的一名技术人员（职业代码为6030516，风险等级为二级）。本人身高159cm，体重47kg，年收入约10万元，无不良嗜好，身体状况良好。

妻子孙碧凡准备为丈夫投保某保险公司终身寿险，附加重大疾病保险和意外伤害险，保额分别为100万元、20万元和100万元，交费期间为20年，年交保费为8 120元、4 430元和3 300元，首期保费的交纳方式为银行转账，开户银行为建设银行，账号为665928600112357****。受益人指定为两个儿子，且受益份额均为50%。

实训要求：

（1）仔细阅读背景资料。

（2）根据背景资料填写一份投保单。

项目三 保险经营原则

学习目标

【知识目标】
- 掌握最大诚信原则的概念及主要内容
- 掌握保险利益原则的主要内容及人身保险和财产保险利益的判定
- 理解近因原则的概念,掌握近因原则判定赔案的方法
- 理解损失补偿原则及其派生原则的概念,掌握损失补偿的计算方法

【技能目标】
- 能运用最大诚信原则处理实务中的相关案例
- 能运用保险利益原则判定保险合同的效力
- 能运用近因原则进行保险理赔责任的分析与判定
- 能运用损失补偿原则计算赔偿金额
- 能运用损失补偿原则的派生原则处理保险理赔实务中的问题

【素养目标】
- 通过最大诚信原则的学习和训练,使学生理解诚信对保险经营的重要意义,培养学生诚实守信的职业道德
- 通过损失补偿原则的学习和训练,使学生理解保险经营的公平性,树立学生公平公正、严谨负责的工作精神
- 通过保险经营原则的学习,使学生理解保险经营中《保险法》的具体应用,加深对社会主义民主与法治的理解,培养学生良好的法治意识和法治素养

【知识结构】

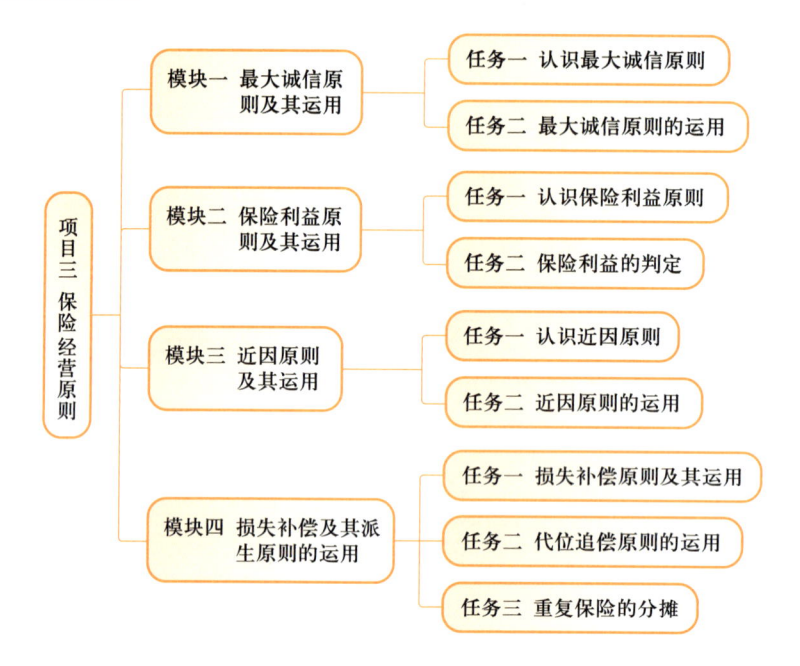

- 项目三 保险经营原则
  - 模块一 最大诚信原则及其运用
    - 任务一 认识最大诚信原则
    - 任务二 最大诚信原则的运用
  - 模块二 保险利益原则及其运用
    - 任务一 认识保险利益原则
    - 任务二 保险利益的判定
  - 模块三 近因原则及其运用
    - 任务一 认识近因原则
    - 任务二 近因原则的运用
  - 模块四 损失补偿及其派生原则的运用
    - 任务一 损失补偿原则及其运用
    - 任务二 代位追偿原则的运用
    - 任务三 重复保险的分摊

案例导读 遵循最大诚信原则，维护保险双方合法权益

深圳一位姓江的女士在投保时，如实向保险公司告知了自己曾做过手术。保险公司审核后，要求她每期加付保费，她的保单在加费核保后生效。投保一年半后，江女士再次因旧病复发住院，被诊断为癌症。江女士向保险公司提出索赔要求。6天后，她就得到了条款规定的20万元保险金，而且因此免缴以后各期的保险费，保险合同继续有效。江女士的诚实保护了自己，使她在灾难来临时得到了保险的保障。

厦门的一位农民患有癌症，但他一直以其妻子的名义就医。在其弟弟的策划下，此人带病投保，并未如实告知保险公司。一年后，此人病故，家人向保险公司索赔。保险公司遂进行全面的调查，各大医院均无其就医记录，保险公司按照条款进行了赔付。然而，纸包不住火，此案终于在乡亲们的举报下败露，其家人不但被迫退回了保险赔款，其弟还受到司法处理。

这两个案例的对比，对你有什么启示呢？

>>>>>>>>>> 项目三　保险经营原则

【项目概述】

在保险的形成与发展过程中，逐渐形成了一些人们共同遵循的具有普遍性的行为规范。当这些行为规范上升到法律层次并对人们具有强制性约束力时，就形成了保险的基本原则。这些原则作为人们进行保险活动的准则，贯穿于整个保险业务。坚持这些基本原则有利于维护保险双方的合法利益，更好地发挥保险的职能与作用，有利于保障人们的生活安定、社会进步，减少保险纠纷。保险的基本原则主要包括保险利益原则、最大诚信原则、近因原则和损失补偿原则及派生原则。

模块一　最大诚信原则及其运用

任务一　认识最大诚信原则

【任务情景】

某公司职工戴某，2015年通过保险公司业务员陈某为其59岁母亲辛某投保8份重大疾病终身险，陈某未对辛某的身体状况进行询问就填写了投保单。事后陈某也未要求辛某做身体检查。2018年7月，辛某不幸病逝，戴某要求保险公司理赔。保险公司以投保时未如实告知被保险人在投保前因帕金森综合征住院治疗的事实为由，拒绝理赔。戴某遂上诉法院，要求给付保险金24万元。

保险公司是否要承担赔偿责任？

微课：保险中的最大诚信原则和你有什么关系

【知识平台】

一、最大诚信原则的含义

诚实信用是世界各国法律对民事、商事活动的基本要求，保险合同关系属于民商事法律关系，自然也必须遵守这一基本原则。在保险活动中，对当事人诚信的要求要比一般民事活动更为严格，要求当事人具有"最大诚信"。即保险双方在签订和履行保险合同时，必须以最大的诚意履行自己应尽的义务，互不欺骗和隐瞒，恪守合同的认定与承诺，否则保险合同无效。

最大诚信原则是指保险合同当事人订立合同及在合同有效期内，应依法向对方提供足以影响对方作出订约与履约决定的全部重要事实，同时绝对信守合同订立的约定与承诺。保险合同当事人一方违背最大诚信原则而给对方造成损害时，受害方可依法采取一定的措施以维护自己的合法权益。

> **延伸阅读**
>
> 最大诚信原则的起源
>
> 　　最大诚信原则作为现代保险法的四大基本原则之一，起源于海上保险，从其产生至今已经有两个多世纪。在海上保险中，由于投保的船舶和货物往往远离保险人，保险人无法对投保的财产实地查勘，只能根据投保人的陈述来决定是否承保及以什么条件承保。因此，投保人的陈述是否正确属实对保险人是至关重要的。
>
> 　　英国《1906年海上保险法》第17条规定："海上保险合同是建立在最大诚信原则基础上的合同，如果任何一方不遵守这一原则，另一方可以宣告合同无效。"以后这一原则被运用于各种保险，成为保险的基本原则之一。

二、最大诚信原则产生的原因

在保险活动中，之所以规定最大诚信原则，主要归因于保险合同的特殊性。

（一）保险经营中信息的不对称性

对保险人而言，投保人转嫁的风险性质和大小直接决定着其是否承保和如何承保。然而，保险标的是广泛而且复杂的，作为风险承担者的保险人却远离保险标的，而且有些标的难以进行实地查勘。而投保人对其保险标的的风险及有关情况却是最为清楚的。因此，保险人主要根据投保人的告知与陈述来决定是否承保、如何承保以及确定费率。这就使得投保人的告知与陈述是否属实和准确会直接影响保险人的决定。于是要求投保人基于最大诚信原则履行告知义务，尽量对保险标的的有关信息进行披露。

对投保人而言，由于保险公司条款的专业性与复杂性，一般的投保人难以理解与掌握，对保险人使用的保险费率是否合理、承保条件及赔偿方式是否苛刻等也难以了解，因此投保人主要根据保险人为其提供的条款说明来决定是否投保以及投保何险种，于是也要求保险人基于最大诚信原则，履行其应尽的告知义务。

（二）保险合同的附合性和射幸性

保险合同属于典型的附合合同。为避免保险人利用保险条款中含糊或容易使人产生误解的文字来逃避自己的责任，保险人应履行其对保险条款的告知与说明义务。

保险合同又是一种典型的射幸合同。由于保险人所承保的保险标的的风险事故是不确定的，而投保人购买保险仅支付较少量的保费，保险标的一旦发生保险事故，被保险人所能获得的赔偿或给付将是保费支出的数十倍甚至数百倍或更多。因而，就单个保险合同而言，保险人承担的保险责任远远高于其所收取的保费，倘若投保人不诚实、不守信，必将引发大量保险事故，陡然增加保险赔款，使保险人不堪负担而无法永续经营，最终将严重损害广大投保人或被保险人的利益，因此，要求投保人基于最大诚信原则履行其告知与保证义务。

任务二　最大诚信原则的运用

【任务情景】

某市商业银行向保险公司投保火险附加盗窃险，在投保单上写明每天24小时有警卫值班。保险公司予以承保并以此作为减少保险费的条件。后来银行被盗，丢失计算机等设备，遂向保险公司提出赔偿要求。保险公司经调查得知被盗那天有半小时警卫不在岗。

请根据最大诚信原则判定保险公司是否承担赔偿责任。

【知识平台】

一、最大诚信原则的主要内容

最大诚信原则的主要内容包括告知、保证、弃权与禁止反言。

（一）告知

1. 告知的含义

告知是指合同订立前、订立时及在合同有效期内，要求当事人实事求是、尽自己所知、毫无保留地向对方所作的口头或书面陈述。具体而言，投保人对已知或应知的与风险和标的有关的重要事实向保险人进行口头或书面的申报；保险人应将与投保人利害相关的重要条款内容据实告知投保人。投保人与保险人的告知也是投保人与保险人应当履行的义务之一。

所谓重要事实是指那些影响保险双方当事人决定是否签约、签约条件、是否继续履约、如何履约的每一项事实。对于保险人而言，是指那些影响保险人确定收取保险费的数额或影响其是否承保以及确定承保条件的事实；对于投保人而言，则是指那些会影响其作出投保决定的事实，如有关保险条款、费率以及其他条件等。

2. 告知的内容

在保险合同中，对应于各自的权利和义务，保险双方当事人告知的内容各不相同。

（1）投保人告知的主要内容。投保人告知通常称为如实告知。投保人应告知的主要内容包括：① 在保险合同订立前根据保险人的询问，对已知或应知的与保险标的及其危险有关的重要事实如实回答；② 保险合同订立后，保险标的危险显著增加应及时通知保险人；③ 保险标的转让时或保险合同有关事项有变动时，投保人（被保险人或受让人）应通知保险人；④ 保险事故发生后，投保人应及时通知保险人；⑤ 重复保险的投保人应将重复保险的有关情况通知保险人。

（2）保险人告知的主要内容。保险人告知一般称为明确说明。保险人应告知的主要内容包括：① 保险合同条款的内容，尤其是免责条款。保险合同订立时，保险人应主动向投保人说明保险合同条款的内容，尤其应当向投保人明确说明免责条款的含义和具体规定。② 在保险事故发生时或保险合同约定的条件满足后，保险人应按合同约定如实履行赔偿或给付义务；若拒赔条件存在，应发出拒赔通知书。

案例：保险人说明义务的范围

典型案例

体检能否免除如实告知义务

案情介绍

王某投保某公司人寿保险，保险金额1万元，附加住院医疗保险1万元。填写投保单时，王某在健康告知"目前是否生病或有自觉不适症状"栏填写了"无"。由于王某投保时年龄已超过50岁，保险公司要求其在定点医院做了普通体检，体检未发现异常，保险公司依照标准条件予以承保。

后王某因头晕而住院，诊断为颈椎病。保险公司调查发现，在王某的病历中，有多处头晕且曾经晕倒的记载，时间跨度长达十余年。保险公司认为王某在投保时故意隐瞒了上述病症，以未如实告知、违反最大诚信原则为由，作出拒赔决定。王某向法院起诉。

案情分析

本案争议的焦点是被保险人体检合格是否能免除其如实告知义务。对人身保险而言，需要告知的重要事实多与被保险人的健康状况有关。体检是保险公司为维护自身利益采取的一种事前风险预防。但是有人认为投保人所告知的重要事实的范围因为体检而缩小甚至免除，保险公司应该承担体检没有查出被保险人所患的疾病的后果。《最高人民法院关于适用〈中华人民共和国保险法〉若干问题的解释（三）》（法释〔2015〕21号）第5条第1款规定："保险合同订立时，被保险人根据保险人的要求在指定医疗服务机构进行体检，当事人主张投保人如实告知义务免除的，人民法院不予支持。"

因此，在本案中，王某在投保时故意隐瞒过去十余年多次头晕的患病事实，未履行如实告知义务，保险公司可以不负赔偿责任。

资料来源：周彩霞.保险原理与实务.北京：中国发展出版社，2017.

3. 告知的形式

（1）投保人告知的形式。投保人告知的形式分为两种，即无限告知和询问告知。① 无限告知又称客观告知，即法律对告知的内容没有作具体的规定，只要是事实上与保险标的危险状况有关的任何重要事实，投保人都有义务告知保险人。客观告知对投保人的要求比较高，法国、比利时以及英美法系国家的保险立法均采用无限告知。② 询问告知又称主观告知，即投保人对保险人询问的问题必须如实告知，对询问以外的问题，投保人无须告知。我国即采用主观告知的形式，在实践中，保险人将需要投保人告知的项目逐条列在投保单上，投保人告知义务的履行是通过填写投保单来完成的。

（2）保险人告知的形式。保险人告知的形式有明确列明和明确说明两种。① 明确列明是指保险人只需将保险的主要内容明确列明在保险合同之中，即视为已告知投保人。② 明确说明是指保险人不仅应将保险的主要内容明确列明在保险合同之中，还必须对投保人进行正确的解释。在国际保险市场上，一般只要求保险人做到明确列明保险合同，我国则对保险人的告知形式采用明确列明与明确说明相结合的方式，要求保险人对保险合同的主要条款尤其是免除保险人责任的条款不仅要明确列明，还要对该条款的内容以书面或者口头形式向投保人明确说明。

（二）保证

1. 保证的含义

保证是指投保人或被保险人根据合同要求，在保险期限内对某种特定事项的作为或不作为或者某种状态的存在与不存在作出的承诺。例如，某投保人在投保货物运输险时，在合同中承诺不运载危险货物，这个承诺就是保证。如果没有此项保证，保险人将不接受承保，或调整保单所适用的费率。保证是保险人签发保险单或承担保险责任时要求投保人或被保险人履行某种义务的条件，其目的在于控制风险，确保保险标的及其周围环境处于良好的状态中。

2. 保证的分类

（1）根据保证存在的形式分类。根据保证存在的形式，可分为明示保证和默示保证。

明示保证，是以文字或书面形式在合同内载明的保证。明示保证以文字的规定为依据，是保证的重要形式。

默示保证，是指一些重要保证在保险单上没有文字记载，但订约双方在订约时都清楚的保证。默示保证不通过文字来说明，而是根据有关的法律、惯例及行业、保险界的同业习惯来决定的。默示保证的法律效力同明示保证一样，不得违反。例如，海上保险合同的默示保证一般有三项：一是船舶适航性的保证，即船主在投保时，保证船舶的构造、设备、驾驶管理员等都符合安全标准，能够克服可预见的风险而安全航行；二是船舶不得绕航的保证，即被保险人保证其船舶航行于经常与习惯的航道中，除非因躲避暴风雨或救助他人而改变航道；三是航行合法性的保证，即被保险人保证其船舶不从事非法经营或运输违禁品等。

明示保证和默示保证具有相同的法律效力，投保人或被保险人必须严格遵守。

（2）根据保证事项是否已存在分类。根据保证事项是否已存在，可分为确认保证和承诺保证。

确认保证，是投保人对过去或现在某一特定事实存在或者不存在的保证。确认保证是要求对过去或投保当时的事实作出如实的陈述，而不是对该事实以后的发展情况作保证。例如，在签订人身保险合同时，某人确定他从未患过某种疾病，是指他投保前直至现在没有患过这种疾病，但并不涉及他今后是否患此病。

承诺保证，是指投保人对将来某一特定事项的作为或不作为。即投保人或被保险人保证某种状态不仅存在于保险合同订立之时，而且将持续存在于整个保险期间或者保证在保险期间履行或不履行某种行为。例如，机动车辆保险条款载明："被保险人或其雇用的司机对被保险的汽车应该妥善维护，使其经常处于适宜驾驶的状态，以防止发生事故。"此条款要求被保险人从现在订立保险合同起直到将来，保证对汽车维护并使其处于适宜驾驶的状态，而对被保险人过去对汽车维护与否不作要求。

（三）弃权与禁止反言

1. 弃权

弃权是指保险合同当事人放弃自己在合同中可以主张的某项权利。弃权可以分为明示弃权和默示弃权，其中明示弃权可以采用书面或者口头形式。

保险人弃权一般因为保险人单方面的言辞或行为而发生效力。构成保险人弃权必须具备两个条件：一是保险人必须知道投保人或被保险人有违反告知义务或保证条款的情形，因而享有合同解除权或抗辩权；二是保险人必须有弃权的意思表示，包括明示表示和默示表示。

其中默示弃权主要有四种情况。

（1）投保人未按期缴纳保险费，或违背其他约定的义务，保险人原本有权解除合同，但却在已知该种情形下仍然收受投保人逾期交付的保险费，则证明保险人有继续维持合同的意思表示，因此，其本应享有的合同解除权或抗辩权视为放弃。

（2）被保险人违反防灾减损义务，保险人可以解除保险合同，但在已知该事实的情况下并没有解除保险合同，而是指示被保险人采取必要的防灾减损措施，该行为可视为保险人放弃合同解除权。

（3）投保人、被保险人或受益人在保险事故发生时，应于约定或法定的时间内通知保险人，但投保人、被保险人或受益人逾期通知而保险人仍接受，可视为保险人对逾期通知抗辩权的放弃。

（4）在保险合同有效期限内，保险标的危险增加，保险人有权解除合同或者请求增加保险费，当保险人请求增加保险费或者继续收取保险费时，则视为保险人放弃合同的解除权。

2. 禁止反言

禁止反言是指保险人放弃某项权利后，不得再向投保人或被保险人主张这种权利。禁止反言的情形主要有以下几种。

（1）保险人明知订立的保险合同有违背条件、无效、失效或其他可解除的原因，仍然向投保人签发保险单，并收取保险费。

（2）保险代理人就投保申请书及保险单上的条款作错误的解释，使投保人或被保险人信以为真而进行投保。

（3）保险代理人代替投保人填写投保申请书时，为使投保申请内容易被保险人接受，故意将不实的事项填入投保申请书，或隐瞒某些事项，而投保人在保险单上签名时不知其虚伪。

（4）保险人或其代理人表示已按照被保险人的请求完成应当由保险人完成的某行为，而事实上并未实施，如保险单的批注、同意等，致使投保人或被保险人相信已完成。

典型案例

保险公司是否弃权

案情介绍

2018年3月，赵某为其所有的手动挡小轿车在某保险公司投保了第三者责任险，保险金额为10万元。投保时，赵某未填写机动车驾驶证号码，保险公司审核后也未提出异议。2018年9月，李某驾驶小轿车与赵某驾驶的小轿车相撞，造成人员受伤、车辆受损。经交警部门认定，李某负主要责任，赵某持C2驾照驾驶手动挡小轿车属驾驶与驾驶证载明的准驾车型不相符的车辆上路行驶，负次要责任。事故发生后，李某以赵某为被告诉至法院，法院判决赵某赔偿李某11万余元。赵某在实际支付2.7万元后，起诉至人民法院，要求保险公司支付理赔款10万元。保险公司是否应该赔付？

案情分析

本案涉及的是最大诚信原则的弃权和禁止反言问题。赵某在与保险公司订立保险合同时，保险公司没有要求赵某填写驾驶证，也没有就相关问题对赵某进行询问，保险公司放弃了自己对投保人相关情况询问的权利。因此，《保险法司法解释二》第7条规定：保险人在保险合同成立后知道或者应当知道投保人未履行如实告知义务，仍然收取保险费，又依照《保险法》第16条第2款的规定主张解除合同的，人民法院不予支持。保险公司不得对自己已经放弃的权利反悔，拒绝履行保险合同。

二、违反最大诚信原则的法律后果

各国法律对违反最大诚信原则的处分是区别对待的。一是要区分其动机估计是有意还是无意，对有意的处分比无意的重。二是要区分其违反的事项是否属于重要事实，对重要事实的处分比非重要事实重。

（一）违反告知的法律后果

1. 投保人违反告知的法律后果

投保人违反告知的法律后果包括以下几种情况。

（1）故意不履行如实告知义务。如果投保人故意隐瞒事实，不履行告知义务，保险人有权解除保险合同；若在保险人解约之前发生保险事故造成保险标的损失，保险人可不承担赔偿或给付责任，同时也不退还保险费。

（2）过失不履行如实告知义务。如果投保人违反告知义务的行为是因过失、疏忽，其未告知的事实足以影响保险人决定是否同意承保或者提高保险费率，保险人有权解除合同；如果未告知的事项对保险事故的发生有严重影响，保险人可以解除保险合同，对在合同解除之前发生保险事故所致的损失，不承担赔偿或给付责任，但可以退还保险费。

（3）未就保险标的危险程度增加的情况通知保险人。在财产保险中，被保险人未按保险合同约定，将财产保险的保险标的的危险增加的情况及时通知保险人，对因保险标的的危险程度增加而发生的保险事故，保险人不承担赔偿责任。

2. 保险人未尽告知义务的法律后果

保险人未尽告知义务的法律后果包括以下几种情况。

（1）未尽责任免除条款明确说明义务的法律后果。如果保险人在订立保险合同时未履行责任免除条款的明确说明义务，则该责任免除条款无效。《保险法》第17条规定："订立保险合同，采用保险人提供的格式条款的，保险人向投保人提供的投保单应当附格式条款，保险人应当向投保人说明合同的内容。对保险合同中免除保险人责任的条款，保险人在订立合同时应当在投保单、保险单或者其他保险凭证上作出足以引起投保人注意的提示，并对该条款的内容以书面或者口头形式向投保人作出明确说明；未作提示或者明确说明的，该条款不产生效力。"

（2）隐瞒与保险合同有关的重要情况的法律后果。《保险法》第116条规定，保险公司及其工作人员在保险业务活动中不得有下列行为：① 欺骗投保人、被保险人或者受益人；② 对投保人隐瞒与保险合同有关的重要情况；③ 阻碍投保人履行本法规定的如实告知义务，或者诱导其不履行本法规定的如实告知义务；④ 给予或者承诺给予投保人、被保险人、受益人保险合同约定以外的保险费回扣或者其他利益……第161条规定："保险公司有本法第一百一十六条规定行为之一的，由保险监督管理机构责令改正，处五万元以上三十万元以下的罚款；情节严重的，限制其业务范围、责令停止接受新业务或者吊销业务许可证。"

（二）违反保证的法律后果

由于保险合同约定的保证事项皆为重要事项，是订立保险合同的条件和基础，因而各国立法对投保人或被保险人遵守保证事项的要求非常严格。凡是投保人或被保险人违反保证，不论其是否有过失，亦不论对保险人是否造成损害，保险人均有权自保证违反之日起解除保险合同，不承担赔偿责任。但是，保险人对违反保证之前所发生的保险事故，仍需承担赔偿责任。

模块练习

一、单选题

1. 规定最大诚信原则的原因，是因为保险合同的（　　）。

  A. 附合性与复杂性　　 B. 附合性与射幸性

  C. 射幸性与复杂性　　 D. 双务性与有偿性

2. 按照最大诚信原则，投保人或被保险人违反保证条款的后果是（　　）。

A. 保险人一律解除保险合同，并不承担赔付保险金责任

B. 只有故意违反者，保险人才可解除保险合同，并不承担赔付责任

C. 若属于过失违反者，保险人不可以解除保险合同，但可以不承担赔付责任

D. 即使是过失违反者，保险人仍可解除保险合同，并不承担赔付责任

3. 某人在购买终身保险时，保证今后不再吸烟。从保证事项是否已存在的角度看，这种保证属于（　　）。

A. 承诺保证　　　　　　　B. 明示保证

C. 确认保证　　　　　　　D. 默示保证

4. 对于投保方告知的形式，我国一般采取（　　）方式。

A. 无限告知　　　　　　　B. 有限告知

C. 询问告知　　　　　　　D. 客观告知

5. 弃权与禁止反言的规定主要约束（　　）。

A. 保险人　　　　　　　　B. 投保人

C. 被保险人　　　　　　　D. 保险代理人

二、判断题

1. 保险人要主动向投保人说明保险合同条款的内容，对于责任免除条款还要进行明确说明。（　　）

2. 根据最大诚信原则，只要求保险合同双方当事人在订立保险合同时做到最大化的诚实守信即可，对合同履行是否遵循该原则无要求。（　　）

3. 最大诚信原则旨在约束投保人，对保险人无要求。（　　）

4. 重要事实是指任何可以影响保险人判断保险标的的危险，决定是否承保的各种情况。（　　）

5. 明示保证的效力大于默示保证的效力。（　　）

模块二　保险利益原则及其运用

任务一　认识保险利益原则

【任务情景】

某一外地游客到北京旅游，在游览了故宫后，出于爱护国家财产的动机，自愿交付保费为故宫投保。

微课：投保不要任性，先弄清保险利益原则

该游客是否可以为故宫投保？为什么？

【知识平台】

一、保险利益的含义与构成条件

（一）保险利益的含义

保险利益，又称可保利益，是指投保人或被保险人对保险标的所具有的法律上承认的经济利益。这种经济利益因保险标的完好、健在而存在，因保险标的损毁、伤害而消失。

保险利益体现的是投保人或被保险人与保险标的之间的经济利益关系。投保人对保险标的的利益表现在当保险标的遭受损毁或损害时，投保人必然蒙受经济损失；当保险标的处于安全状态时，投保人便可保有一定的利益。

（二）保险利益的构成条件

1. 保险利益必须是合法的利益

保险利益必须是符合法律规定的、符合社会公共秩序、为法律所认可并受到法律保护的利益。例如，在财产保险中，投保人对保险标的拥有所有权、占有权、使用权、收益权或对保险标的所承担的责任等，必须是依照法律、法规、有效合同等合法取得、合法享有、合法承担的利益，因违反法律规定或损害社会公共秩序而产生的利益，不能作为保险利益。如以盗窃得来的赃物投保家庭财产保险，或以走私物品投保海洋货物运输保险，这些利益都不能作为保险利益。

典型案例

保险利益的界定

案情介绍

刘鑫和刘磊两兄弟是双胞胎。由于当地房地产政策的限制，2018年3月6日，刘磊用弟弟刘鑫的名义给自己买了一幢价值260万元的别墅，并在当地保险公司以自己名义为该房屋投保。2018年10月3日，房子发生火灾导致房屋全部损毁。事后，刘磊想到曾给房屋买过保险，遂向保险公司提出索赔，但被保险公司拒绝。

案情分析

在财产保险合同中，订立和履行保险合同时，投保人和被保险人都必须对保险标的物有保险利益。在本案中，虽然房屋是刘磊出资购买，但房屋的产权人是其弟弟刘鑫，投保人可以为自己产权下的房子投保，但为别人的房子投

> 保是无效的。因此，该保险合同没有保险利益，属无效合同，保险公司不应当赔偿。
>
> 资料来源：邹茵，安伟娟.保险学基础.大连：大连理工大学出版社，2016.

2. 保险利益必须是可以用货币计量的经济利益

保险合同的目的是弥补投保人因保险标的出险所受的经济损失。这种经济损失正是以当事人对保险标的存在的经济利益为前提的。如果当事人对保险标的不具有经济利益或具有的利益为非经济的且不能用货币计量的，那么保险赔偿或者给付就无从实现。

在财产保险中，保险利益一般可以精确计算，对那些像纪念品、日记、账册等不能用货币计量其价值的财产，虽然对投保人有利益，但一般不作为可保财产。在人身保险中，由于人的身体和生命无价，一般情况下，只要求投保人与被保险人具有利益关系，就认为投保人对被保险人具有保险利益；在个别情况下，人身保险的保险利益也可以计算和限定，比如债权人对债务人生命的保险利益可以确定，为债务的金额加上利息及保险费。

3. 保险利益必须是确定的利益

这种利益可以分为现有利益和期待利益。现有利益是指在客观上或事实上已经存在的经济利益，如投保人对一座已经建成并在使用过程中的楼房具有经济利益，可视为现有利益。期待利益是指在客观上或事实上尚不存在，但依据法律、法规或有效合同的约定可以确定在将来某一时期内将会产生的经济利益。如根据有效的租赁合同所产生的对预期租金的收益可视为预期利益。在投保时，现有利益和期待利益均可作为确定保险金额的依据。但在受损索赔时，期待利益只有成为现实利益才属索赔范围，保险人的赔偿或给付以现实损失的保险利益为限。

二、保险利益原则及其意义

（一）保险利益原则的含义

保险利益原则，是指在签订和履行保险合同的过程中，投保人或被保险人对保险标的必须具有保险利益。保险利益既是订立保险合同的前提条件，也是保险合同生效及在存续期间保持效力的前提条件。无论是财产保险还是人身保险，投保人只有对保险标的具有保险利益，才有条件或资格与保险人订立保险合同，签订的保险合同才能生效，否则为非法的或无效的合同。而财产保险还要求被保险人在保险事故发生时对保险标的具有保险利益，否则保险合同失效。

（二）保险利益原则的意义

1. 防止将保险变为赌博

从表面上看，保险和赌博都有不确定性，两者同样取决于偶然事件的发生而获得货币收入或遭受货币损失，都具有射幸特点。如果投保人对保险标的没有保险利益，则其可以对任何保险标的进行投保，当保险标的发生损失时，投保人可获得高于保费支出几十倍甚至更多的保险金额的赔偿，因此没有保险利益的保险就成为赌博，与互助共济的保险思想相违背，也不符合社会公共利益。因此，为了使保险区别于赌博，并使其不成为赌博，要求投保人对保险标的必须具有保险利益，被保险人只有在经济利益受损的条件下才能得到保险赔偿，从而实现保险损失补偿的目的。

2. 防止道德风险发生

保险赔偿或者保险金的给付以保险标的遭受损失或保险事件发生为前提条件，如果投保人或被保险人对保险标的无保险利益，那么该标的受损，对他来说不仅没有遭受损失，相反还可以获得保险赔款，这样就可能诱发投保人或被保险人为谋取保险赔款而故意破坏保险标的的道德风险。保险利益原则使投保人或被保险人与保险标的的安全紧密相连，投保人或被保险人的经济利益因保险标的的受损而受损，因保险标的的存在而继续享有，这样投保人或被保险人就会关心保险标的的安危，认真做好防损防险工作，使其避免遭受损害。即使有故意行为发生，被保险人充其量也只能获得其原有的利益，因为保险利益是保险保障的最高限度，保险人只是在这个额度内根据实际损失进行赔偿，因此被保险人也无利可图。

典型案例

泰国杀妻骗保案

案情介绍

天津男子张某于几个月的时间里，在妻子小洁不知情的情况下，陆续为妻子购买了十几份保险，保险金额近 3 000 万元，受益人是他自己。2018 年 10 月 27 日，张某带着妻子小洁及 20 个月大的女儿，一起去泰国普吉岛游玩。在一家别墅酒店中，张某将小洁残忍杀害，后伪造现场向岳父母谎称妻子溺亡。

案情分析

保险活动中规定保险合同双方必须遵循保险利益原则的原因之一就是为了减少道德风险的发生，防止为了获取保险金而谋财害命。

资料来源：根据网络报道编辑整理。

3. 限制保险给付的额度

保险的宗旨是补偿被保险人在保险标的发生保险事故时遭受的经济损失，但不允许有额外的利益获得。以保险利益作为保险保障的最高限度既能保证被保险人可以获得足够的、充分的补偿，又能满足被保险人不会因保险而获得额外利益的要求。投保人依据保险利益投保，保险人依据保险利益确定是否承保，并在其额度内支付保险赔付。因此，保险利益原则为投保人确定了保险保障的最高限度，同时为保险人进行保险赔付提供了科学依据。

任务二　保险利益的判定

【任务情景】

2019年3月，林某为其妻子李某投保了某保险公司保险金额为3万元的终身寿险。同时，林某又为其女儿投保了保险金额为3万元的终身寿险，指定受益人为林某自己。2021年4月，被保险人李某与女儿遇车祸身故。投保人林某与被保险人李某之母几乎同时向保险公司提出给付保险金的申请。

保险公司经调查了解到被保险人李某及女儿死亡情况属实，构成保险责任，但投保人林某与被保险人李某已于车祸发生前协议离婚。

请问：夫妻离异后，保险单是否有效？

【知识平台】

一、财产保险利益的判定

由于各类保险承保的保险标的性质不同，承保的风险责任各异，因而在保险合同的订立和履行过程中，对保险利益原则的应用也有一定的差异。

（一）物质财产保险的保险利益

财产保险的保险标的是财产及其有关利益，凡因财产及其相关利益而遭受损失的被保险人，对其财产及相关利益都具有保险利益。财产保险的保险利益有下列几种情况。

1. 财产所有权人、经营管理人的保险利益

财产所有权人由于其所拥有的财产一旦遭受损失就会给自己带来经济损失，因此其对该财产具有保险利益，可以为该项财产进行投保。例如，房屋所有权人可以为其房屋投保家庭财产险，货物所有权人可以为其货物投保运输保险等。需要注意的是财产可以为个人所有，也可以与他人共有，如果是后者，

微课：谁可以为标的车进行投保——财产保险利益的判定

则每一财产所有权人的保险利益仅限于他对共同财产所占有的份额。

财产的经营管理者虽然不是该项财产的所有权人，但由于其对财产拥有经营权或使用权而享有由此产生的利益并承担相应的责任，因其经营管理的财产一旦遭受损失就会给自己带来经济损失而对该财产具有保险利益，可以为该项财产投保。例如，国有企业、集体企业对其经营管理的国有财产或集体财产拥有保险利益。

2. 债权人的保险利益

债权人因债权债务关系对财产有利害关系，所以对财产有保险利益。如在抵押关系中，债务人将自己的财产抵押给债权人作为清偿债务的担保，这里抵押人为债务人，抵押权人为债权人。抵押权人在其债权不能获得清偿时，可以依法将抵押财产变卖，并从中优先受偿。因此，抵押权人即债权人对抵押财产具有经济上的利害关系，即保险利益。又如在留置关系中，债务人将自己的财产交给债权人，债权人在债务清偿之前有权留置合法占有的财产，直到债务人清偿债务后再返还；若超过一定的期限，债务人仍不清偿债务，债权人有权变卖留置物，并从中优先受偿。所以，债权人对其合法留置的财产具有经济上的利害关系，即保险利益。不过，债权人对抵押财产具有的保险利益应限于债权范围，而且当债务人清偿债务后，债权人对抵押物的保险利益也随着抵押权的消失而丧失。例如，就银行抵押贷款的抵押物而言，在贷款未还清之前，抵押物如果遭受损失会使银行蒙受经济上的损失，因而银行对抵押物具有保险利益；在借款人还清款项之后，银行对抵押物的抵押权消失，其保险利益也随之消失。

3. 财产的受托人或保管人、货物的承运人、各种承包人、承租人的保险利益

财产的受托人或保管人、货物的承运人、各种承包人、承租人，由于对所托、管、运、租的财产的安全负有法律责任，一旦该财物受损，上述各当事人就要承担经济赔偿责任，其经济利益必然会受到损失，从而对该财物具有保险利益。例如，旅店店主对旅客的行李、修理人对委托修理的财物、承运人对所运物品和运费、船舶承租人对船舶均具有保险利益。

4. 预期利益的保险利益

预期利益是投保人因对财产有现有利益而产生的未来利益。预期利益必须以现有利益为基础，是确定的、法律上认可的利益。包括利润利益、租金收入利益、运费收入利益等。例如，企业的财产是其获得经营利润的基础，如果现有财产发生损毁，将会导致其未来经营利润下降。因此，预期利益可作为保险利益投保。

(二)责任保险的保险利益

责任保险的保险标的是被保险人对第三者依法应负的赔偿责任。被保险人在生产经营、业务活动或日常生活中，因疏忽或过失造成他人人身伤害或财产损失，按法律规定对受害人应承担经济赔偿责任，这种责任会给被保险人带来经济上的损失，因此被保险人对此具有保险利益，可以投保责任保险。责任保险的保险利益主要有以下四种：

1. 各种公共场所的所有人或经营人对其顾客或观众具有的保险利益

各种公共场所，如饭店、商店、医院、娱乐场所等对其顾客、观众等人身伤害或财产损失，依法应承担经济赔偿责任，因此这些公共场所的负责人对其顾客、观众具有保险利益，可以投保公众责任险。

2. 制造商、销售商、修理商对其产品的损失补偿责任具有保险利益

上述当事人因其商品质量或其他问题给消费者造成人身伤害或财产损失，依法应承担经济赔偿责任，因此上述当事人对该责任具有保险利益，可以投保产品责任保险。

3. 各类专业人员对其从事的职业引起的民事损失补偿责任具有保险利益

各类专业人员，如医生、律师、会计师、工程师等，因工作上的疏忽或过失致使他人遭受损害，依法应承担经济赔偿责任，他们对这种责任具有保险利益，可以投保职业责任保险。

4. 雇主对其雇员因职业引起的伤害具有保险利益

雇员在受雇期间因从事与职业有关的工作而患职业病或伤、残、死亡等，雇主依法应承担医药费、工伤补贴、家属抚恤等费用，因而对这种责任具有保险利益，可以投保雇主责任保险。

(三)信用与保证保险的保险利益

信用、保证保险的保险标的是一种信用行为。在经济合同中因义务人不履行合同条件，致使权利人受到经济损失，可以通过投保信用保证保险由保险人承担经济赔偿责任。信用保险是权利人要求保险人担保对方（义务人）信用的保险。一旦义务人不履行义务，就会造成权利人的经济损失，因而权利人对于义务人的信用有保险利益。保证保险是义务人根据权利人的请求，要求保险人担保自己信用的保险。由于义务人不履行义务，致使权利人受到损失，由义务人的担保人（保险人）负责赔偿。因而义务人请求保险人对信用给予保证有保险利益。

二、人身保险利益的判定

人身保险的保险标的是人的生命或者身体，只有当投保人对被保险人的

微课：祖父母是否可以为孙子女投保——人身保险利益的判定

生命或身体具有某种利害关系时，才能对被保险人具有保险利益。人身保险的保险利益有以下几种。

（一）本人的保险利益

投保人对自己的身体和生命具有保险利益，因其自身的安全健康与否与其自己的利益密切相关。符合投保条件的任何人都可以作为投保人，以自己为被保险人与保险人订立关于任何保险责任的人身保险合同。

（二）家庭成员的保险利益

家庭成员是指配偶、父母、子女。配偶之间、父母与子女之间拥有的法定的相互抚养、赡养或扶养关系，并且有较近的血缘亲属关系，相互之间又有密切的经济利害关系，因此法律确定他们具有保险利益。

（三）与投保人有抚养、赡养或扶养关系的家庭其他成员、近亲属之间的保险利益

此项是针对前两项关系以外的家庭成员、近亲属间确定的，他们之间血缘关系可能不是很密切，但在社会生活中相互有抚养、赡养或扶养关系的情况也很常见，相互之间也具有相当的经济利害关系，因此法律确定投保人对于与自己有抚养、赡养或扶养关系的家庭其他成员、近亲属具有保险利益，无论投保人是提供抚养、赡养或扶养的一方，还是接受抚养、赡养或扶养的一方，他对对方均有保险利益。

（四）由劳动关系产生的保险利益

员工的疾病、死亡、年老会使企业或雇主承担一部分费用，造成经济上的损失，这种企业和职工或者雇主与雇员之间的劳动关系而产生经济上的利害关系，使前者对于后者的生命和身体具有保险利益。

（五）债务关系、合伙经济关系产生的保险利益

在社会生活当中，除了家庭成员、近亲属之外，人与人之间还存在很密切的朋友关系或一定的经济联系等，如合伙人关系、债权债务关系等。在债权债务关系中，债务人的生死对债权人的切身利益有着直接的影响，如果债务人在偿还债务以前死亡且遗产少于其所欠债务时，债权人就不能受偿全部债务，从而遭受损失。因此，债权人对债务人的生命具有保险利益。在合作关系中，例如合伙经营、合作进行课题研究等，如果中途一方合作者死亡或丧失劳动能力，将会使得合作事业难以按时完成，不能获得预期收益，造成经济上的损失，因此合作者之间互相具有保险利益。因此，法律也允许他们为保障自己的合法利益或保障被保险人的利益投保人身保险，但只有在被保险人同意的前提下，这种投保行为才能有效，才可视同投保人对被保险人具有保险利益。

我国《保险法》第31条规定投保人对下列人员具有保险利益：① 本人；

②配偶、子女、父母；③前项以外与投保人有抚养、赡养或者扶养关系的家庭其他成员、近亲属；④与投保人有劳动关系的劳动者。除前款规定外，被保险人同意投保人为其订立合同的，视为投保人对被保险人具有保险利益。订立合同时，投保人对被保险人不具有保险利益的，合同无效。

典型案例

是否能为"配偶"买保险

案情介绍

刘小姐和男朋友张先生相恋多年，于2021年2月14日订婚，计划于2021年10月1日结婚。2021年4月23日是张先生的生日，刘小姐想在他过生日时送他一份保险。于是刘小姐来到保险公司，在精心比较之后选择了一套责任全、保障高同时也经济实惠的保险套餐，非常认真地在保险公司提供的投保单上填起来。保险公司员工接过投保单，认真看了一遍后问道："你是给男朋友买保险？你们有没有履行法律手续呢？有他同意的授权书吗？"刘小姐说其与张先生已经订婚，但是还未办理结婚证。业务员对于保险利益问题做了详细解释。最后刘小姐征得男朋友的书面同意，这笔保险才买成。

案情分析

已订婚但尚未领取结婚证的男朋友是否是配偶呢？合法婚姻中夫妻双方互为配偶，配偶关系因婚姻的成立而发生。也就是说，配偶之间要存在法律上的利害关系，正是由于投保人对保险标的具有法律上的利害关系才为这种利益寻求保险保障。本案中，刘小姐和张先生尚未领取结婚证，不构成法律上的婚姻关系。此份保险只有在被保险人张先生同意的前提下，才能有效。

三、保险利益时效的判定

保险利益是保险实践中必须坚持的，但在财产保险和人身保险中，保险利益的适用时限却有所不同。

（一）财产保险的保险利益时效

在财产保险中，不仅要求投保人在订立保险合同时对保险标的具有保险利益，而且要求保险利益在保险合同有效期内始终存在，特别是在发生保险事故时，被保险人对保险标的必须具有保险利益。如果投保人或被保险人在订立保险合同时具有保险利益，但在保险合同履行过程中失去了保险利益，则保险合同随之失效。如某房屋的房主甲在投保房屋的火灾保险后，将房屋出售给乙，如果没有办理批改手续，发生保险事故时，保险人会因被保险人已没有保

案例：财产保险利益的时效

险利益而不履行赔偿责任。但在货物运输保险中，只要求发生保险事故时被保险人对保险标的具有保险利益即可。这是因为货物运输保险的利益方比较多，经济关系复杂，保险合同随货物运输保险提单转让而转让，保险标的不受被保险人控制，所以货物运输保险在保险标的受损时存在保险利益即可。

（二）人身保险的保险利益时效

在人身保险中，着重强调在订立保险合同时投保人对被保险人必须具有保险利益，而不要求保险利益在保险合同有效期内始终存在。人身保险中的保险利益原则只要求投保人在订立保险合同时具有保险利益，主要是由三个因素决定的：第一，人寿保险常常是为亲属和配偶购买的，家庭关系的存在一般并不随着时间的流逝而改变。例如，父母与子女的关系。所以，一般情况下，购买寿险时的保险利益是基于家庭关系，通常这种关系在死亡时依然存在。第二，大部分寿险既是作为保险，又是作为投资。仅仅要求投保人在寿险合同开始时具有保险利益的规定，可以使这种投资具有流动性。如果要求死亡时具有保险利益，就会限制资产的可转让性，进而降低其作为投资的价值。第三，寿险合同是一种长期合同，在合同长期有效后，保单所有权人或受益人的保险利益停止，保险人以此拒绝履行合同的约定，显失公平。

案例：人身保险利益的时效

模块练习

一、单选题

1. 按照我国《保险法》的规定，在有效的保险合同中，对保险标的具有保险利益的人是（　　）。

    A. 保险人　　　　　　　　B. 投保人
    C. 受益人　　　　　　　　D. 保险经纪人

2. 保险利益作为一种确定的利益，其具体内容包括（　　）。

    A. 将有利益和期待利益　　B. 合法利益和期待利益
    C. 现有利益和期待利益　　D. 现有利益和经济利益

3. 我国《保险法》对于人身保险合同保险利益的认可方式是（　　）。

    A. 限制家庭成员关系范围并结合被保险人同意的方式
    B. 必须具有血缘关系
    C. 必须具有婚姻关系
    D. 必须具有经济利益关系

4. 以下关于财产保险利益说法错误的是（　　）。

    A. 张某对其拥有的汽车具有保险利益

B. 张某向刘某借贷了100万元，以厂房作为抵押物，刘某对厂房具有保险利益

C. 张某向刘某借贷了100万元，以厂房作为抵押物，张某对厂房不具有保险利益

D. 张某将自有的一处厂房租借给了刘某，则刘某对租借的厂房具有保险利益

5. 在海洋运输货物保险中，对于保险人的保险利益的时效规定是（　　）。

A. 被保险人必须在投保时对保险标的具有保险利益

B. 被保险人必须在承保时对保险标的具有投保利益

C. 被保险人必须在索赔时对保险标的具有保险利益

D. 被保险人必须在运输时对保险标的具有保险利益

二、判断题

1. 某商贩最近走私了一批高档手表，价值不菲，则该商贩对手表具有可保利益，为防止损失，可向保险公司投保。（　　）

2. 某人向银行贷款50万元，抵押物为价值100万元的房产，此时银行对该房屋有保险利益，为100万元。（　　）

3. 财产保险要求在投保和出险时均具有保险利益。（　　）

4. 姐姐对妹妹具有可保利益，可为妹妹投保人身保险。（　　）

5. 投保人对保险标的不具有保险利益，保险合同自始无效。（　　）

模块三　近因原则及其运用

任务一　认识近因原则

【任务情景】

某公司组织员工进行省内旅游，所乘旅行车在高速公路上发生了车祸，公司员工张强和王成双双受了重伤，被送往医院。张强因颅脑受到重度损伤，且失血过多，抢救无效，于两小时后身亡。王成在车祸中丧失了一条腿，失血很多，在急救中因急性心肌梗死，于第二天死亡。事前公司为全体员工购买了人身意外伤害保险，保险金额10万元。意外发生后，该公司即向保险公司报案并提出理赔申请。保险公司调查后得出理赔结论：给付张强死亡保险金10万元，给付王成意外伤残保险金5万元。

同一次事故中死亡的两个员工，为何得到的理赔金额不同呢？

教学视频：
近因的认知

【知识平台】

一、近因及近因原则的含义

近因是引起保险标的损失的最直接、最有效、起决定作用的原因，而不是指时间上或空间上最接近的原因。

近因原则是判断风险事故与保险标的损失之间的因果关系，从而确定保险赔偿责任的一项基本原则。长期以来，它是保险实务中处理赔案时所遵循的重要原则之一。近因原则的基本含义是：若造成保险标的损失的近因属于保险责任范围，则保险人应负赔偿责任；若造成保险标的损失的近因不属于保险责任范围，则保险人不负赔偿责任，即只有当承保危险是损失发生的近因时，保险人才承担赔偿责任。

案例：近因的界定

> **延伸阅读**
>
> 近因原则的起源
>
> 保险中的近因原则，起源于海上保险。英国《1906年海上保险法》第55条规定："除本法或保险契约另有规定外，保险人对于因承保之海难所致之损害，均负赔偿责任，对于非因承保之海难所致之损害，均不负赔偿责任。"
>
> 近因是引起保险标的损失最直接、最有效、起决定作用的原因，而不是指时间上或空间上最接近的原因。英国学者约翰·T.斯蒂尔将近因定义为："近因是指引起一系列事件发生，并由此导致某种后果的能动的、起决定性作用的原因。"1924年，英国上议院宣读的法官判词中对近因做了进一步说明："近因是指处于支配地位或者起决定作用的原因，即使在时间上它并不是最近的。"

二、认定近因的基本方法

认定近因的关键是确定风险因素与损失之间的关系，通常有以下两种方法。

（一）顺推法

顺推法是指按照事件发展的逻辑顺序从原因推断结果，即从事件链上的最初事件出发，按逻辑关系推断下一个可能的事件。若事件链是连续的，最初事件依次引起下一事件，直至最终事件损失发生，那么最初事件就是最终事件的近因；若事件链是间断的，在这一过程的某一个阶段，事件链上的两个环节之间没有明显的联系，则损失的近因肯定是另外某一原因。比如，雷击折断

案例：近因的判定——顺推法

大树，大树压坏房屋，房屋倒塌致使家用电器损毁，家用电器损毁的近因就是雷击。

（二）逆推法

逆推法是指按照事件发展的逻辑顺序从结果推断原因，也就是说从损失的结果出发，按逻辑关系自后往前推，在每一个阶段上按照"为什么这一事件发生"的思考模式找出前一事件。假如追溯到最初事件，事件链之间相互联系，则最初事件为近因；如果中间有间断，新介入的事件则成为近因。比如，第三者被两车相撞致死，导致两车相撞的原因是其中一位驾驶员酒后开车，酒后开车就是第三者死亡的近因。

案例：近因的判定——逆推法

任务二　近因原则的运用

【任务情景】

某市供电局已投保了供电责任保险。某日18时，某县城忽然阴云密布，出现特大暴风雨，许多树木被吹折，多个电线杆被刮倒，以致全县停电。当日21时许，陈某加班后骑车回家途经一小马路时，被一横卧路面电线杆绊倒后触电，当场死亡。为此，陈妻提出县供电局应对陈某之死承担一切责任，要求其赔偿丧葬费、医疗费、抚养费等费用共计20万元。供电局代表则认为该事故与己方无关，因该事故是暴风雨意外造成的。

在实务中，风险事故发生的原因往往比较复杂。如你是保险公司的理赔人员，应如何在复杂多变的风险事故中寻找近因，从而确定保险公司的赔偿责任呢？

微课：保险赔不赔，近因原则说了算

【知识平台】

从理论上来说，近因原则比较简单，但在实践中要从错综复杂的众多原因中找出近因则有相当的难度。在保险实务中，致损的原因是各种各样的，因此，在确定损失近因时要根据具体情况做出具体的分析。

一、单一原因致损

损失是由单一原因所致，即造成损失的原因只有一个，则该原因就为近因。如果该近因在保险责任范围内，保险人就应履行赔偿责任；反之，则保险人不负赔偿责任。例如，某人投保了人身意外伤害保险，后来不幸死于癌症，由于其死亡的近因——癌症为人身意外伤害保险的除外责任，故保险人对其死亡不承担保险责任。

典型案例

周某换胎致死案

案情介绍

李某驾驶某公司名下的重型半挂牵引车，拖挂一重型集装箱半挂车。行驶中，挂车右后轮的两个轮胎爆裂。公司于当日将两个替代轮胎送至爆胎现场，李某通知周某到现场为其更换轮胎。周某在为轮胎充气时，轮胎猛弹起，击中周某头部，导致周某因伤势过重抢救无效死亡。周某家属向法院起诉该公司，法院判决该公司向周某家属赔偿24万余元。该公司认为涉事车辆投保了交强险及商业性的第三者责任险，保险公司应履行赔付责任。但保险公司认为周某之死不属于交强险及第三者责任险责任范围。该公司遂向法院提起诉讼。

案情分析

本案中导致周某死亡的原因非常清晰，即轮胎突然弹起击中头部。这属于单一原因，也是近因。关键在于该原因是否在保险责任范围之内。交强险及第三者责任险所承保的都是由保险公司对被保险机动车发生道路交通事故造成受害人（不包括本车人员和被保险人）的人身伤亡、财产损失，在责任限额内予以赔偿。本案中，拖挂车因为轮胎爆裂停在路上，属于静止状态。导致周某死亡的替代轮胎原本也不属于被保险车辆。周某的死亡不符合合格主体在使用被保的拖挂车时所致使，因此该替代轮胎弹起造成的事故不属于约定的保险责任范畴，保险公司无须赔偿。

资料来源：周彩霞.保险原理与实务.北京：中国发展出版社，2017.

二、多原因致损

多原因致损是保险实务中最常见的情形，此时需要对多个原因之间的关系进行区分，再进行近因的判定。

（一）多原因同时发生致损

多原因同时发生致损，即各原因的发生无先后之分，且对损害结果的形成都有直接与实质的影响效果，那么原则上它们都是损失的近因。至于是否承担保险责任，可分为三种情况。

（1）多种原因均属保险责任，保险人负责赔偿全部损失。例如，暴雨和洪水均属保险责任，暴雨和洪水同时造成家庭财产损失，保险人负责赔偿全部损失。

案例：近因原则的应用

（2）多种原因均不属保险责任，保险人不负赔偿责任。

（3）多种原因中，既有保险责任，又有除外责任，保险人的责任视损害的可分性如何而定。如果损害是可以划分的，保险人就只负责保险责任所致损失部分的赔偿。如果损害难以划分，则保险人按比例赔付或与被保险人协商赔付，也可以不负赔偿责任。

（二）多原因连续发生致损

损失由连续发生的多种原因所致。多种原因连续依次发生持续不断，且具有前因后果的关系，那么最先发生并造成一连串事故的原因为近因。如果该近因属于保险责任，保险人应负责赔偿损失；反之，保险人不承担赔偿责任。例如，某工程公司在叙利亚承包了一项道路施工工程，为存放施工器械、材料的仓库投保了财产险。在保险期间，因叙利亚爆发内战，仓库被双方交战时发射的炸弹击中导致燃烧，仓库内存放的物资受损。虽然火灾属于保险责任，但由于作为前因也是近因的战争属于财产险的除外责任，因此保险公司不承担赔偿责任。

（三）多原因间断发生致损

损失由间断发生的多项原因所致。致损原因有多个，它们是间断发生的，有一项新的独立的原因介入，使原有的因果关系链断裂，并导致损失，则新介入的独立原因就是近因。若新介入的独立原因为被保风险，则保险人应负赔偿责任；反之，保险人不承担损失赔偿或给付责任。例如，暴雨天气导致某些路段或地下停车场积水，使得车辆泡水。如果在车辆泡水后强行启动，则可能导致发动机受损。暴雨和泡水并不必然导致发动机受损，不是近因，强行启动发动机才是近因。如果机动车辆只投保了车损险，车辆泡水后强行启动发动机受损属于除外责任。

典型案例

追讨赌资被杀身亡，保险公司应否理赔

案情介绍

2015年6月25日，姜某以自己为投保人和受益人，以丈夫胡某为被保险人，与保险公司签订了身故保险金为30 000元的终身保险合同。保险合同中约定：被保险人因违法、故意犯罪或拒捕、故意自伤、醉酒、斗殴造成人身伤害或身故的，保险公司应免除保险责任。2016年8月3日，胡某在追讨其借给张某的20 000元赌资时，与张某发生口角，被张某用钢管击中头部，导致抢救无效死亡。之后，胡某之妻姜某在多次向保险公司索赔未果的情况下，将该保险

公司诉至法院，要求其给付身故保险金30 000元。

案情分析

本案中，胡某的死亡显然不是单一原因所致，而是由追讨赌资和为张某所杀两个原因相继发生导致。胡某追讨赌资是前因，张某的犯罪行为是后因，这两个原因是相继发生且前后衔接的。那么，胡某的死亡原因究竟是缘于追讨赌资的行为还是来自张某的犯罪行为？哪个原因是引起保险事故发生的最直接、最有效、起决定性作用的因素？本案中，若胡某追讨赌资时张某没有产生杀人的动机并采取相应的暴力手段，而是如数交付，就不会导致胡某身亡。因此，胡某追讨赌资的行为作为前因不具备近因的条件；相反，真正导致胡某死亡的近因则是作为后因的张某实施的犯罪行为。张某的犯罪行为不属于保险公司的免责范围，保险公司应承担理赔责任。

资料来源：邹茵，安伟娟.保险学基础.大连：大连理工大学出版社，2016.

模块练习

一、单选题

1. 近因原则是判断风险事故与保险标的损失之间的因果关系，确定保险赔偿责任的一项基本原则。这里近因是指（　　）。

　　A. 导致损失的时间上最近的原因

　　B. 导致损失的第一原因

　　C. 导致损失的最后一个原因

　　D. 导致损失的最直接、最有效的原因

2. 近因原则是确定保险赔偿或给付责任的一项基本原则，近因原则所判断的关系是（　　）。

　　A. 保险人与被保险人之间保险关系

　　B. 保险人与保险标的损失之间因果关系

　　C. 被保险人与损失之间因果关系

　　D. 风险事故与保险标的损失之间因果关系

3. 某日天降大雨并伴有炸雷，炸雷击断某住户房屋后面的一棵大树，大树压倒房屋，房屋倒塌，导致该住户的电视机损坏。则电视机损坏的近因是（　　）。

　　A. 雷雨天气　　　　　　　　B. 大树的折断

　　C. 房屋的倒塌　　　　　　　D. 电视机的质量问题

4. 某日天下大雪，路面湿滑，一行人被 A、B 两车相撞致死，后经交通警察查实，该事故是因 A 车驾驶员酒后驾车所致。则行人死亡的近因是（　　）。

  A. 大雪天气   B. 酒后驾车

  C. 两车相撞   D. 路面湿滑

5. 某人投保了人身意外伤害保险，在回家的路上被汽车撞伤送往医院，在其住院治疗期间因心肌梗死而死亡。那么，这一死亡事故的近因是（　　）。

  A. 被汽车撞倒

  B. 心肌梗死

  C. 被汽车撞倒和心肌梗死

  D. 被汽车撞倒导致的心肌梗死

二、判断题

1. 近因是指时间上或空间上最接近损失的原因。（　　）

2. 根据近因原则，凡是近因引起的损失均属于保险赔偿范围。（　　）

3. 多种原因连续发生，且具有因果关系，那么最先发生并造成一连串事故的原因就是近因。（　　）

4. 张某夜间打猎不慎摔伤，在等待救援时受凉感冒引发肺炎导致死亡，其死亡原因是摔伤。（　　）

5. 王某的保险车辆遭受暴雨浸泡，汽缸进水，他强行启动车辆时发动机受损，受损原因为暴雨。（　　）

模块四　损失补偿及其派生原则的运用

任务一　损失补偿原则及其运用

【任务情景】

刘某为自己投保了医疗费用保险，保险期限为 1 年。在保险期限内，刘某因生病住院花去医疗费用 5 000 元。在社会医疗保险和其他机构报销了 2 200 元后，刘某来到了保险公司，要求保险公司报销全部的医疗费用 5 000 元。

你认为刘某的要求合理吗？

教学视频：损失补偿原则的认知

【知识平台】

一、损失补偿原则的含义及意义

（一）损失补偿原则的含义

损失补偿原则指的是当保险标的发生保险责任范围内的损失时，被保险人有权按照合同的约定获得保险赔偿，用于弥补其损失，但被保险人不能因损失而获得额外的利益。

损失补偿原则主要适用于财产保险以及其他补偿性保险合同，基本含义有两层：一是损失补偿原则的质的规定，只有保险事故发生造成保险标的毁损致使被保险人遭受经济损失时，保险人才承担损失补偿的责任。否则，即使在保险期限内发生了保险事故，但被保险人没有遭受损失，就无权要求保险人赔偿。二是损失补偿原则的量的限定，被保险人可获得的补偿量仅以保险标的遭受的实际损失为限，也就是以其保险标的在经济上恢复到保险事故发生之前的状态，尤其是不能让被保险人因保险赔偿获得超过损失的额外收益。

（二）规定损失补偿原则的意义

1. 有利于实现保险的基本职能

补偿损失是保险的基本职能之一，损失补偿原则的质的规定和量的限定都是保险基本职能的具体反映。如果被保险人由于保险事故遭受的经济损失不能得到补偿，就违背了保险的宗旨。损失补偿原则约束保险人必须在合同约定的条件下承担保险保障的义务，履行保险赔偿责任。

对被保险人而言，该原则保证了其正当权益的实现。保险事故造成的经济损失能得到保险公司及时的补偿，生产生活才能及时得到恢复。

2. 有利于防止被保险人通过保险额外获利，减少道德风险

损失补偿原则的质的规定性在于有损失则赔偿，无损失则不赔偿；其量的规定性将使被保险人因损失所获得的补偿，不能超过其所受到的实际损失，使被保险人只能获得与损失发生前相同经济利益水平的赔偿。

该原则可以防止被保险人故意购买高额保险，为获得赔款故意制造事故，利用保险而额外获利，有效抑制了道德风险的发生。对保险公司而言，其权益也通过损失补偿的限额得到了保护。

二、损失补偿原则的基本内容

（一）损失补偿原则的适用范围

损失补偿原则只适用于具有补偿性的保险合同，如财产保险和人身保险中费用型的医疗保险，而对于给付性的人身保险则不适用。

损失补偿原则不适用于人身保险，因为人的生命不能估价。所以，在人身保险中，只要保险合同中约定的保险事故发生，保险人就要按约定给付保险金，而不论被保险人损失金额多少。

（二）被保险人请求损失补偿的条件

被保险人请求保险赔偿时必须具备以下条件。

1. 被保险人对保险标的具有保险利益

根据保险利益原则，财产保险不仅要求投保人或被保险人投保时对保险标的具有保险利益，而且要求在保险合同履行过程中，特别是保险事故发生时，被保险人对保险标的必须具有保险利益，否则不能取得保险赔偿。

2. 被保险人遭受的损失在保险责任范围之内

这里包括两个方面：一是遭受的损失必须是保险标的；二是保险标的的损失必须是由保险的风险造成的。只有符合这两个条件，被保险人才能要求保险赔偿，否则保险人不承担赔偿责任。

3. 被保险人遭受的损失能用货币衡量

保险金赔偿是用货币进行支付的，如果被保险人遭受的损失不能用货币衡量，保险人就无法核定损失，从而也无法履行保险赔款。

（三）损失补偿原则的限制

1. 以实际损失为限

当被保险人的财产遭受损失后，保险赔偿应以被保险人所遭受的实际损失为限。这是一个基本的限制条件。由于财产的市场价值经常发生变动，所以，在实际处理赔偿案时，应依据出险当时保险标的的实际价值或市价来度量财产损失。尤其是在保险标的的市场价格下跌时，以损失时的实际市价为准。

以机动车辆险为例，假设某车投保时确定的保险金额是30万元，因车祸导致车辆全损。此时该款车的市场价格已经降至25万元，则被保险人只需要25万元就可以恢复标的至损失发生前的状态。保险人对被保险人的赔偿最多不超过实际损失25万元。

2. 以保险金额为限

保险金额是保险人收取保险费的基础和依据，也是保险人承担赔偿或给付责任的最高限额，赔偿金额不能高于保险金额。如果在出险的时候保险标的的市场价格上涨了，则被保险人的实际损失往往会超过保险金额。这时也必须受此因素的制约。

以建筑的火灾保险为例，假设一栋新房屋投保火灾保险，确定的保险金额为100万元，尔后房屋因保险责任范围内的事故发生火灾被焚毁。事故发生时，这栋房屋的市场价格已经上涨到120万元。也就是说，被保险人的实际损失为120万元。由于保险合同约定的保险金额为100万元，所以被保险人最多只能得到100万元的赔偿。

3. 以保险利益为限

发生保险事故造成损失后，被保险人在索赔时，必须对受损的标的具有保险利益，而保险人的赔偿金额也必须以被保险人对该标的所具有的保险利益为限。

例如，银行在发放住房抵押贷款的时候往往会为抵押房产投保。假设某银行向某贷款人贷出款额为50万元，同时，将抵押的房屋投保了50万元的1年期房屋火险。半年后，贷款人偿还了10万元贷款。不久，该房屋因重大火灾事故完全毁坏，贷款人无力偿还剩余款额。银行能从保险公司得到多少保险赔偿呢？由于贷款人已经归还了10万元贷款，意味着出险时银行在该房屋上的保险利益只有40万元，尽管房屋的实际损失及保险金额均为50万元，但银行最多也只能得到40万元的赔偿。

综合以上三种赔付限度可见，在保险事故发生后，会同时考虑实际损失、保险金额和保险利益，三者的数值哪个最小，就按哪个赔偿。

实训演练

保险理赔计算

请根据以下的背景资料，计算保险赔偿金额，并分析保险理赔的三个限额。

1. 孙先生的汽车2018年12月2日投保了车辆损失保险和盗抢险，投保时按新车购置价确定保险金额为15万元，保险期限为一年。2019年6月19日，该车被盗，属于保险责任，而此车的实际价值为13.2万元。保险公司应该赔偿多少？

2. 王某的房屋投保时按其市场价确定保险金额为88万元，在保险期间，该房屋发生火灾，造成全损。火灾发生时，该房屋的市场价已升值为95万元。保险公司应该赔偿多少？

3. 张某独立经营一辆货运卡车，投保时该卡车的保险价值和保险金额为28万元，保险期限为一年。投保5个月后，张某将车辆的50%转让给李某，7个月后卡车遭遇事故全损。保险公司应该赔偿多少？

（四）损失赔偿方式

1. 第一损失赔偿方式

第一损失赔偿方式，也称第一危险赔偿方式，即在保险金额内，按照实

微课：家庭财产损失如何赔偿？

际损失赔偿。当损失金额小于或等于保险金额时，赔偿金额为损失金额；当损失金额大于保险金额时，赔偿金额等于保险金额。这种赔偿方式是把保险财产的价值分为两部分：第一部分为保险金额以内的部分，称为第一损失，这部分已经投保，保险人应当承担损失赔偿责任；第二部分是超过保险金额的部分，这部分保险人不予赔偿，故称为第一损失赔偿方式。我国保险公司对于家庭财产保险中的室内财产采取此方式来赔偿。

例：张某将其房屋投保，合同中规定该保险合同的保险金额为20万元，经估值，保险价值为25万元。某日，因用电不慎张某的房屋起火，部分房屋烧毁，经认定，房屋价值损失20万元。问：按第一损失赔偿方式分别计算，保险人需赔偿金额为多少？

根据案例所述，该保险合同的保险金额为20万元，保险价值为25万元。由第一损失赔偿方式的概念可知，保险人对保险金额以内的部分承担赔偿责任，因此，保险人应赔20万元。

2. 比例赔偿方式

在不定值的情况下，保险赔偿金额按照保险保障程度计算，即根据保险金额与损失当时保险财产的实际价值的比例计算赔偿金额。其计算公式为：

保险赔偿额＝保险财产实际损失额×保障程度

保障程度＝保险金额÷损失当时保险财产的实际价值

《保险法》第55条后三款规定："投保人和保险人未约定保险标的的保险价值的，保险标的发生损失时，以保险事故发生时保险标的的实际价值为赔偿计算标准。保险金额不得超过保险价值。超过保险价值的，超过部分无效，保险人应当退还相应的保险费。保险金额低于保险价值的，除合同另有约定外，保险人按照保险金额与保险价值的比例承担赔偿保险金的责任。"由此可见，保险保障程度不能超过1。在足额投保时，保障程度等于1，赔偿金额等于损失金额。在不足额投保时，保障程度小于1，被保险人得不到十足的补偿。在超额投保的情况下，保障程度为1，保险人按照足额投保处理。

在上一个案例中，如果根据比例赔偿方式，保险人需赔偿金额为多少呢？

根据案例所述，该保险合同的保险金额为20万元，保险价值为25万元，房屋实际损失为20万元，结合比例赔偿方式的计算公式，保险人应赔：20÷25×20=16（万元）。

3. 标准限额赔偿方式

标准限额赔偿方式是指保险人在订立保险合同时规定保险保障的标准限额，保险人只对实际价值低于标准限额的差额予以赔偿的方式。这种方式适用于农作物保险。

计算公式为：

$$赔偿金额=标准限额-实际收获量$$

例：水稻种植业保险，保额为30万元，每亩[①]限额责任为500千克，共200亩。保险期限内发生洪水导致其中100亩水稻减产至平均200千克/亩，当年的政府统一收购价为3元。保险赔偿责任为100×（500-200）×3=9（万元）。

4. 免赔额赔偿方式

免赔额赔偿方式是指保险人事先规定一个免赔额，在损失超过该免赔额时才予以赔偿的方式。可分为：① 相对免赔。保险标的的损失超过或达到免赔额时，保险人按全部损失予以赔偿。② 绝对免赔。保险标的的损失超过或达到免赔额时，保险人只对超过部分予以赔偿。

三、损失补偿原则的例外

（一）定值保险

定值保险，是指保险合同双方当事人在订立保险合同时，约定保险标的的价值，并以此确定为保险金额，视为足额投保。

当保险事故发生时，保险人不论保险标的损失当时的市价如何，即不论保险标的的实际价值大于还是小于保险金额，均按损失程度赔付。损失程度，是指保险标的的受损价值占损失当时保险标的实际价值的比例。其计算公式为：

$$损失程度=保险标的受损价值÷损失当时保险标的的实际价值$$

此时的赔偿金额计算公式为：

$$赔偿金额=保险金额×损失程度$$

在这种情况下，保险赔款可能超过实际损失，如市价跌落，则保险金额可能大于保险标的的实际价值。因此，定值保险是损失补偿原则的特例。海洋运输货物保险通常采用定值保险的方式，这是因为运输货物出险地点不固定，各地的市价也不一样，如果按照损失当时的市价确定损失，不仅比较麻烦，而且容易引起纠纷，故采用定值保险的方式。

（二）重置价值保险

重置价值保险是指以被保险人重置或重建保险标的所需费用或成本确定保险金额的保险。一般财产保险是按保险标的的实际价值投保，发生损失时按实际损失赔付，使受损的财产恢复到原来的状态，由此恢复被保险人失去的经济利益。但是由于通货膨胀、物价上涨等因素，有些财产（如建筑物或机器设

---

① 亩，中国市制土地面积单位，1亩≈666.67平方米。

备）即使按实际价值足额投保，当财产受损后，保险赔款也不足以进行重置或重建。为了满足被保险人对受损财产进行重置或重建的需要，在特定情况下，保险人允许投保人按超过保险标的实际价值的重置或重建价值投保，发生损失时按重置费用或成本赔付。这样就可能出现保险赔款超过实际损失金额的情况。所以，重置价值保险也是损失补偿原则的例外。

（三）施救费用的赔偿

保险合同通常规定，保险事故发生后，被保险人有义务积极进行施救，防止保险标的的损失扩大。被保险人抢救保险标的所支出的合理费用由保险人负责赔偿。我国《保险法》第57条规定："保险事故发生时，被保险人应当尽力采取必要的措施，防止或者减少损失。保险事故发生后，被保险人为防止或者减少保险标的的损失所支付的必要的、合理的费用，由保险人承担；保险人所承担的费用数额在保险标的的损失赔偿金额以外另行计算，最高不超过保险金额的数额。"这样保险人实际上承担了两个保险金额的补偿责任，显然扩展了损失补偿的范围与额度，这也是损失补偿原则的例外（但这种情况，被保险人并不能获得额外利益）。这主要是为了鼓励被保险人积极抢救保险标的，减少社会财富的损失。

（四）人身保险

由于人身保险的保险标的是无法估价的人的生命或身体机能，其保险利益也是无法估价的。被保险人发生伤残、死亡等事件，给其本人及家庭所带来的经济损失和精神上的痛苦都不是保险金所能弥补得了的，保险金只能在一定程度上帮助被保险人及其家庭缓解由于保险事故的发生而带来的经济困难，帮助其摆脱困境，给予精神上的安慰。所以，人身保险合同不是补偿性合同，而是给付性合同，保险金额是根据被保险人的需要和支付保险费的能力来确定的。当保险事故或保险事件发生时，保险人按双方事先约定的金额给付。所以，损失补偿原则不适用于人身保险。

任务二　代位追偿原则的运用

【任务情景】

沈先生买了一辆车，向保险公司投了车损险。某一天，沈先生将车停在院子里，其儿子玩球时，不小心将车窗玻璃打坏，修车花掉3 000元。沈先生找保险公司理赔，公司的业务员说："车是你儿子打坏的，我们赔给你后，可以行使代位求偿权要求你儿子赔，又把赔了的钱要回来，这样一来，就扯平了,所以,你没有必要来理赔了。"回家后沈先生总觉得不舒坦,但感觉业务员说得好像又有理。

请问:保险公司还需承担赔偿责任吗?

【知识平台】

一、代位追偿原则的含义与意义

(一)代位追偿原则的含义

代位追偿原则是损失补偿原则的派生原则之一。代位是指保险人履行损失赔偿责任后,取代投保人或被保险人而获得追偿权或对保险标的的所有权。

代位追偿原则是指在财产保险中,保险标的发生保险事故造成推定全损,或者保险标的由于第三者责任导致保险损失,保险人按照保险合同约定履行赔偿责任后,依法取得对保险标的的所有权或对保险标的损失负有责任的第三者的追偿权。

(二)规定代位追偿原则的意义

1. 可以防止被保险人由于保险事故的发生而获得超额赔偿

当保险标的发生的保险损失是由第三者的责任造成时,被保险人既有权依法向造成损害的第三者请求赔偿,又有权依据保险合同向保险人请求赔偿。如果被保险人同时行使这两项损害赔偿请求权,就使其就同一损失获得了多于实际损失甚至双重的赔偿,也就违背了损失补偿原则。

2. 可以维护社会公共利益,保障公民、法人的合法权益不受侵害

社会公共利益要求致害人应对受害人承担经济赔偿责任,如果致害人因受害人享受保险赔偿而免除赔偿责任,这不仅使得致害人通过受害人与保险人订立保险合同而获益,而且损害保险人的利益,这不符合社会公平的原则。

3. 有利于被保险人及时获得经济补偿

现实中,由第三者赔偿往往使被保险人得不到及时补偿,而保险人对被保险人的赔偿时限在法律上则有明确的规定。如我国《保险法》第23条第1款规定:"保险人收到被保险人或者受益人的赔偿或者给付保险金的请求后,应当及时作出核定……对属于保险责任的,在与被保险人或者受益人达成赔偿或者给付保险金的协议后十日内,履行赔偿或者给付保险金义务……"

总之,坚持代位追偿原则,既可以使被保险人得到充分、及时的赔付,同时也使致害人不可逃避应承担的民事赔偿责任,有效地维护保险双方当事人的合法利益。

二、代位追偿原则的主要内容

代位追偿原则的主要内容包括权利代位和物上代位。

（一）权利代位

1. 权利代位的含义

权利代位即追偿权的代位，是指在财产保险中，保险标的由于第三者责任导致保险损失，保险人向被保险人支付保险赔款后，依法取得对第三者的索赔权。我国《保险法》第60条第1款规定："因第三者对保险标的的损害而造成保险事故的，保险人自向被保险人赔偿保险金之日起，在赔偿金额范围内代位行使被保险人对第三者请求赔偿的权利。"

在财产保险中，当保险标的发生损失，既属于保险责任，又属于第三者负有经济赔偿责任时，被保险人有权向保险人请求赔偿，也可以向第三者责任方请求赔偿。如果被保险人已从责任方取得全部赔偿，保险人可免去赔偿责任；如果被保险人从责任方取得部分赔偿，保险人在支付赔偿金时，可以相应扣减被保险人从第三者已取得的赔偿。如果被保险人首先向保险人提出索赔，保险人应当按照保险合同的规定支付保险赔款，被保险人取得保险赔款后，应将向第三者责任方追偿的权利转移给保险人，由保险人代位行使向第三者追偿的权利。被保险人不能同时取得保险人和第三者的赔款而获得双重或多于保险标的实际损害的补偿。

2. 权利代位产生的条件

① 保险事故是由第三者造成的，根据法律或合同规定，第三者对保险标的的损失负有赔偿责任，被保险人对其享有赔偿请求权。

② 保险标的损失原因属于保险责任范围，即保险人负有赔偿义务。

③ 保险人对第三者的赔偿请求权转移的时间界限是保险人对被保险人支付了保险金。只要保险人支付了赔偿金，向有责任的第三方追偿的权利便自动转移给保险人，不需要被保险人授权或第三者同意。

3. 权利代位的取得方式

权利代位取得的方式一般有两种：一是法定方式，即权益的取得无须经过任何人的确认；二是约定方式，即权益的取得必须经过当事人的磋商、确认。我国《保险法》规定，保险人代位追偿权的取得采用法定方式，保险人自向被保险人赔偿保险金之日起，在赔偿金额范围内代位行使被保险人对第三者请求赔偿的权利，而无须经过被保险人的确认。但是在实践中，保险人支付保险赔款后，通常要求被保险人出具"权益转让书"。从法律规定上看，"权益转让书"并非权益转移的要件，但这一文件确认了保险人取得代位追偿的时间和向第三者追偿所能获得的最高赔偿额。

4. 权利代位的行使对象

保险人行使代位求偿权的对象是造成保险事故及其对保险标的的损失负有赔偿义务的第三者，它可以是法人，也可以是自然人。在具体实践中，各国立法对代位求偿权行使对象的范围是有所限制的，一般都规定不得对被保险人本人及其一定范围的亲属或雇员行使代位求偿权，除非保险事故是由上述人员故意造成的。

我国《保险法》第62条规定："除被保险人的家庭成员或者其组成人员故意造成本法第六十条第一款规定的保险事故外，保险人不得对被保险人的家庭成员或者其组成人员行使代位请求赔偿的权利。"之所以有这样的限制规定，在于被保险人与一定范围内的亲属是利益共同体，如果允许对上述对象行使代位求偿权，被保险人的利益将连带受到损失，就得不到实际补偿，保险也就失去了意义。

典型案例

权利代位的实施对象

案情介绍

李某向某保险公司投保了家庭财产险，保险金额为50万元。春节期间某日，李某夫妇外出访友，将9岁的儿子独自留在家中。其子翻找出李某藏起来的烟花，在屋里玩耍，引起火灾，导致家庭财产损失约6万元。保险公司在履行赔偿责任后能否行使代位求偿的权利呢？

案情分析

造成火灾的是作为投保人和被保险人的李某未成年的儿子，根据《保险法》的规定，无论是对李某的儿子，还是对李某夫妇，保险公司均不能行使代位求偿的权利。

资料来源：周彩霞.保险原理与实务.北京：中国发展出版社，2017.

5. 权利代位的权益范围

代位追偿原则的目的不仅在于防止被保险人取得双重赔款而获得额外的利益，从而保障保险人的利益，而且防止保险人通过行使代位追偿权而获得额外的利益，以损害被保险人的利益。因此，保险人在代位追偿中享有的权益以其对被保险人赔付的金额为限，如果保险人从第三者责任方追偿的金额大于其对被保险人的赔偿金额，则超出部分应归被保险人所有。当第三者责任方对被保险人造成的损失大于保险人支付的赔偿金额时，被保险人有权就未取得赔偿部分向第三者请求赔偿。应当注意的是，被保险人已从第三者取得损害赔偿但

案例：保险人在代位追偿中的权力范围

赔偿不足时，保险人可以在保额限度内予以补足，保险人赔偿保险金时，应扣减被保险人从第三者已取得的赔偿金额。

6. 对保险人代位追偿权的法律保护

为保护保险人的代位追偿权，法律上要求被保险人不能损害保险人的代位追偿权的情况包括：

① 在保险人赔偿之前如果被保险人放弃了向第三者的请求赔偿权，那么也就同时放弃了向保险人请求赔偿的权利。《保险法》第61条第1款规定："保险事故发生后，保险人未赔偿保险金之前，被保险人放弃对第三者请求赔偿的权利的，保险人不承担赔偿保险金的责任。"

② 在保险人赔偿之后，如果被保险人未经保险人的同意而放弃了对第三者的请求赔偿的权利，该行为无效。

③ 如果因被保险人的过错影响了保险人代位追偿权的行使，保险人可以扣减相应的保险赔偿金。《保险法》第61条第3款规定："被保险人故意或者因重大过失致使保险人不能行使代位请求赔偿的权利的，保险人可以扣减或者要求返还相应的保险金。"

④ 被保险人有义务协助保险人行使代位追偿权。《保险法》第63条规定："保险人向第三者行使代位请求赔偿的权利时，被保险人应当向保险人提供必要的文件和所知道的有关情况。"

（二）物上代位

1. 物上代位的含义

物上代位是指保险标的遭受保险责任范围内的损失，保险人按保险金额全数赔付后，依法取得该项标的的所有权。物上代位通常适用于对保险标的作全损或推定全损的保险事故的处理。

推定全损是指保险标的遭受保险事故尚未达到完全损毁或完全灭失的状态时，但实际全损已不可避免，或者修复和施救费用将超过保险价值，或者失踪达到一定的时间，保险人按照全损处理的一种推定性损失。

由于推定全损时保险标的并未完全损毁或灭失，还有残值，所以保险人在按全损支付保险赔款后，理应取得保险标的的所有权，否则被保险人可能由此而获得额外的利益。

案例：推定全损的界定

2. 物上代位取得的方式

保险人的物上代位权是通过委付取得的。所谓委付是指发生保险事故造成保险标的推定全损时，投保人或被保险人将保险标的的一切权益转移给保险人，而请求保险人按保险金额全数赔付的行为。委付是一种放弃物权的法律行为，在海上保险中经常采用。委付的成立必须具备一定的条件。

（1）委付必须以保险标的的推定全损为条件。因为委付包含着全额赔偿和转移保险标的的一切权利义务两重内容，所以必须要求在保险标的推定全损时才能适用。

（2）委付必须由被保险人向保险人提出。当保险标的发生推定全损时，被保险人通常采用书面的形式即委付通知向保险人申请按照全部损失赔偿。委付通知是被保险人向保险人做推定全损索赔之前必须提交的文件。保险人接到被保险人的委付通知后，可以接受委付，也可以不接受委付，但是应当在合理的时间内将接受委付或者不接受委付的决定通知被保险人。被保险人不向保险人提出委付，保险人对受损的保险标的只能按部分损失处理。

（3）委付必须是就保险标的的全部提出请求。保险标的在发生推定全损时，通常保险标的本身不可拆分，委付也具有不可分性，因此，被保险人请求委付的必须是针对推定全损的保险标的的全部。如果仅委付保险标的的部分，则极易产生纠纷。但如果保险标的是由独立可分的部分组成，其中只有部分发生委付原因，可仅就该部分保险标的请求委付。

（4）委付不得有附加条件。我国《海商法》第249条第2款明确规定："委付不得附带任何条件……"例如，船舶失踪而被推定全损，被保险人请求委付，但不得要求日后如船舶被寻回，将返还其受领的赔偿金而取回该船。因为这会增加保险合同双方关系的复杂性，从而增加保险人与被保险人之间的纠纷。

（5）委付必须经过保险人的同意。被保险人向保险人发出的委付通知，只有经保险人的同意才能生效。保险人可以接受委付，也可以不接受委付。因为委付不仅将保险标的的一切权益转移给保险人，同时也将被保险人对保险标的的所有义务一起转移给保险人。因此，保险人在接受委付之前必须慎重考虑，权衡利弊，要了解受损保险标的的残值是否大于将要由此而承担的各种义务和责任风险所产生的经济损失，不能贸然从事。如船舶因沉没而推定全损，被保险人提出委付，保险人要考虑打捞沉船所能获得的利益是否大于打捞沉船以及由此而产生的各项费用支出。

被保险人提出委付后，保险人应当在合理的时间内将接受委付或不接受委付的决定通知被保险人。如果超过合理的时间，保险人对是否接受委付仍然保持沉默，应视为不接受委付的行为。但保险人一经接受委付，委付即告成立，双方都不能撤销，保险人必须以全损赔付被保险人，同时取得保险标的物上的代位权，包括标的物上的权利和义务。

3. 保险人在物上代位中的权益范围

物上代位是一种所有权的代位。与代位求偿权不同，保险人一旦取得物

案例：保险人是否必须要接受委付

上代位权，就拥有了该受损标的的所有权。处理该受损标的所得的一切收益，归保险人所有，即使该利益超过保险赔款，仍归保险人所有。

《保险法》第59条规定："保险事故发生后，保险人已支付了全部保险金额，并且保险金额等于保险价值的，受损保险标的的全部权利归于保险人；保险金额低于保险价值的，保险人按照保险金额与保险价值的比例取得受损保险标的的部分权利。"

上述规定表明：保险人在物上代位中的权益范围可能由于保险标的的保障程度不同而有所不同。在足额保险中，保险人按保险金额支付保险赔偿金后，即取得对保险标的的全部所有权。因此，保险人在处理标的物时所获得的利益如果超过所支付的赔偿金额，超过部分归保险人所有；如有对第三者损害赔偿请求权，索赔金额超过其支付的保险赔偿金额，也同样归保险人所有。而在不足额保险中，保险人只能按照保险金额与保险价值的比例取得受损标的的部分权利。但由于保险标的的不可分割性，保险人在依法取得受损保险标的的部分权利后，通常将该部分权利折价给被保险人，并在保险赔偿金中作相应的扣除。

任务三　重复保险的分摊

【任务情景】

小王为一辆价值100万元的宝马车向A保险公司投保车辆损失险，保险金额为100万元。小王的妻子同时为这辆车在B保险公司投保车辆损失险，保险金额为80万元。在保险期限内，车辆发生碰撞事故导致损失40万元，小王和他的妻子同时向A、B两家保险公司索赔，保险公司应该怎样赔付呢？

【知识平台】

一、重复保险分摊原则的含义与意义

（一）重复保险分摊原则的含义

重复保险分摊原则是损失补偿原则的派生原则之一。重复保险分摊原则是指在重复保险的情况下，当保险事故发生时，各保险人应采取适当的分摊方法分配赔偿责任，使被保险人既能得到充分的补偿，又不会超过其实际损失而获得额外的利益。重复保险分摊原则主要运用于重复保险的情况。

重复保险是指投保人对同一保险标的、同一保险利益、同一保险事故，在同一保险期限内分别与两个或两个以上的保险人订立保险合同，且保险金额

总和超过保险价值。

具体地说，重复保险必须具备下列条件。

1. 同一保险标的及同一可保利益

重复保险要求以同一保险标的及同一可保利益进行保险，保险标的若不相同，是不存在重复保险的问题的；保险标的相同，但可保利益不相同，亦不构成重复保险。例如，对同一房屋，甲以所有人的利益投保火灾险，乙以抵押权人的利益也投保火灾险，甲、乙的可保利益不相同，两人对同一房屋的保险不称为重复保险。所谓同一可保利益，含有同一被保险人的意思，如被保险人不同，则不存在重复保险的问题。

2. 同一保险期间

如果是同一保险标的及同一可保利益，但保险期间不同，也无重复保险问题。例如，保险合同期满又办理续保，则不构成重复保险。但保险期间重复，并不以全部期间重复为必要，其中部分期间重复，也可构成重复保险。

3. 同一保险事故

如果以同一保险标的及同一可保利益同时投保不同的保险事故，也不构成重复保险。例如，家庭财产可同时投保火灾保险和盗窃险。

4. 保险金额总和超过保险标的的价值

与数个保险人订立数个保险合同，且保险金额总和超过保险标的的价值。如果只与一个保险人订立一个保险合同，保险金额总和超过保险标的的价值，称为超额保险。

（二）规定重复保险分摊原则的意义

1. 有利于确保保险补偿原则顺利实现

在存在重复保险的情况下，保险事故发生后，若被保险人就同一损失向不同的保险人索赔，就有可能获得超额赔款，这显然是违背损失补偿原则的。因此，确立重复保险分摊原则可以防止被保险人利用重复保险在保险人之间进行多次索赔，获得多于实际损失额的赔偿金，从而确保了损失补偿原则顺利实现。

2. 有利于维护社会公开、公正和公平原则

在重复保险的情况下，坚持被保险人的损失在保险人之间进行分摊，必须公开多个保险人就同一危险所承保的份额及其所收取的保费，合理负担相应的保险赔偿责任，从而维护社会公开、公正和公平原则。

二、重复保险分摊方式

（一）比例责任分摊

比例责任分摊又称保险金额比例分摊，是指保险标的发生损失时，各保

险人按各自多承保的保险金额与总保险金额的比例承担赔偿责任。其计算公式是：

$$某保险人赔偿额 = 损失额 \times \frac{某保险人的保险金额}{所有保险人的保险金额之和}$$

例：某公司以其价值200万元的设备为保险标的，分别向A、B、C三家财产保险公司投保，三家保险公司承保的金额分别为80万元、120万元、200万元，此即为重复保险。假定在此保险有效期内，设备遭受火灾损失160万元，若采用比例责任分摊方式，则A、B、C三家财产保险公司如何分摊赔偿责任？

A保险公司承担的赔款=160×80÷400=32（万元）

B保险公司承担的赔款=160×120÷400=48（万元）

C保险公司承担的赔款=160×200÷400=80（万元）

即三家保险公司各承担32万元、48万元、80万元，赔付总额为160万元，正好等于被保险人的实际损失。

比例责任分摊方式在各国保险实务中运用比较多。我国《保险法》第56条第2款规定："重复保险的各保险人赔偿保险金的总和不得超过保险价值。除合同另有约定外，各保险人按照其保险金额与保险金额总和的比例承担赔偿保险金的责任。"

（二）限额责任分摊

限额责任分摊又称独立责任分摊，是以各个保险人的独立责任为依据来分摊损失，即各保险人承担的赔偿额以在没有其他保险人的情况下单独应当承担的限额比例来进行分摊。其计算公式为：

$$某保险人赔偿额 = 损失额 \times \frac{某保险人独立责任限额}{所有保险人独立责任限额之和}$$

如上例，在没有重复保险的情况下，A保险公司应承担80万元的赔偿责任，B保险公司应承担120万元的赔偿责任，C保险公司应承担160万元的赔偿责任。按照限额责任分摊方式计算：

A保险公司承担的赔款=160×80÷360=35.6（万元）

B保险公司承担的赔款=160×120÷360=53.3（万元）

C保险公司承担的赔款=160×160÷360=71.1（万元）

即A保险公司承担赔款35.6万元，B保险公司承担赔款53.3万元，C保险公司承担赔款71.1万元，三家保险公司赔款总额也是160万元。

限额责任分摊方式与比例分摊方式的共同点是各保险人都是按照一定的比例分摊赔款责任；二者的区别是计算分摊比例的基础不同，前者以赔偿责任为计算基础，后者则以保险金额为计算基础。

（三）顺序责任分摊

按照订立保险合同的先后顺序分摊赔偿责任，首先签订保险合同者首先赔偿，在第一个保险人依照保险金额承担赔偿责任后，不足时由第二个保险人赔偿，以此类推，直至被保险人的损失得以足额补偿为止。顺序责任制的赔偿方法对各个保险人来讲不大公平，因此一般很少采用。

仍以上例为例，采用顺序责任分摊方式，先出单的A保险公司应承担赔款80万元，后出单的B保险公司则承担剩下的赔偿责任80万元，而C保险公司则不必承担赔偿责任。假定设备全部被烧毁，即损失200万元，则由A保险公司先赔偿80万元，B保险公司再承担超过A保险公司承保保额120万元部分的损失，而C保险公司则不必承担赔偿责任。这样，三家保险公司的赔偿总额为200万元，正好等于被保险人的实际损失，使得被保险人既能够得到充分的补偿，又不能通过重复保险而获得额外的利益。

计算示例：重复保险分摊的方式

模块练习

一、单选题

1. 损失补偿原则不适用于（　　）。
    A. 财产保险　　　　　　B. 信用保险
    C. 人寿保险　　　　　　D. 医疗费用保险

2. 在家庭财产保险中，保险事故发生后，（　　）是保险人对于室内财产采取的赔偿处理方式。
    A. 免赔额赔偿方式　　　B. 第一危险赔偿方式
    C. 限额责任赔偿方式　　D. 比例赔偿方式

3. 王某购买了保额为30万元的房屋火灾保险。一场大火将此房屋全烧毁了，而火灾发生时该房屋的房价已涨至35万元。那么，王某可得的保险赔款为（　　）。
    A. 40万元　　　　　　　B. 35万元
    C. 32.5万元　　　　　　D. 30万元

4. 下列保险合同规定相对免赔额1 000元，某次保险事故损失1 400元，保险公司赔付（　　）。
    A. 1 000元　　　　　　　B. 1 400元
    C. 400元　　　　　　　　D. 0元

5. 在保险活动中，当保险标的的发生推定全损时，投保人或被保险人将保险标的的一切权益转让给保险人，而请求保险人按照保险金额全数赔付的行为叫（　　）。

  A. 权利代位　　　　　　B. 代位求偿

  C. 委付　　　　　　　　D. 索赔

6. 保险人在支付了9 000元的保险赔款后向负有责任的第三方追偿，追偿所得为10 000元，则（　　）。

  A. 10 000元全部退还给被保险人

  B. 将1 000元退还给被保险人

  C. 10 000元全部归保险人

  D. 多余的1 000元由保险双方平均享有

二、判断题

1. 某投保人以价值80万元的私有住房为保险标的，分别与甲、乙、丙三家保险公司签订保险金额依次为30万元、20万元和30万元的1年期火灾保险合同，则构成了重复保险。（　　）

2. 在第一危险赔偿方式中，保险金额以内的部分视为第一危险，保险公司给予全额补偿。（　　）

3. 分摊原则适用于人身保险。（　　）

4. 如果保险人从第三者责任方追偿的金额大于其对被保险人的赔偿金额，则超出部分应归被保险人所有。（　　）

5. 在重复保险下，采用顺序责任制分摊保险赔款对保险人更公平。（　　）

三、简答题

1. 请判断下列案例是否属于重复保险，并分析原因。

（1）某商贸公司从东北购得一批粮食，向A保险公司投保了财产综合保险。由于商贸公司库存容量不足，将这批粮食委托当地的粮食储运公司储存。该粮食储运公司将粮食运入库，向B保险公司投保了财产综合保险。某日，储运公司粮库发生火灾，这批粮食全部被毁，储运公司和商贸公司都向各自投保的保险公司报案索赔。

（2）小赵和小孙夫妻俩准备外出旅游。由于担心家里长期无人，会招窃贼惦记，于是决定为家中价值80万元的财产投保。小赵出发前向A保险公司投保了家庭财产险附加盗抢险，保险金额为60万元。小孙的单位作为福利，为全体员工在B保险公司投保了家庭财产保险附加盗抢险，每人的保险金额是30万元。当他们旅游回来后，发现家中财产被盗。

2. 请根据以下背景资料，计算在重复保险下，每家保险公司的赔偿额。

某人将其所有的一幢价值60万元的房子分别向甲、乙两家保险公司投保一年期的火灾保险。甲公司先出单，保险金额为50万元；乙公司后出单，保险金额为30万元。在保险有效期内，房子发生火灾损失40万元。在比例责任分摊、限额责任分摊和顺序责任分摊三种方式下，甲、乙两家保险公司应如何分摊赔偿责任？

专业能力训练

◇ 思考讨论

1. 投保人所应如实告知的重要事实通常包括哪些情形？
2. 什么是保险利益原则？保险经营中要求投保人对保险标的具有保险利益的原因是什么？
3. 代位追偿权产生的条件是什么？
4. 重复保险必须具备的条件是什么？

◇ 案例分析

1. 夏某和张某是好朋友。2016年8月夏某辞职后开始从事个体经营。开业之初，由于缺乏流动资金，夏某向张某提出借款，并将自己的桑塔纳轿车作为抵押，以保证按时还款。张某觉得虽然夏某没有什么可供执行的财产，但以汽车作为抵押，自己的债权较有保障。为以防万一，张某提出要为车辆购买保险，夏某表示同意。2017年9月，双方到保险公司投保了车损险，投保人和被保人一栏中都写了张某的名字。2018年年初，夏某驾车外出，途中因驾驶不慎发生翻车，车辆遭受严重损坏几乎报废，夏某也身受重伤。得知事故后，张某向保险公司提出了索赔，认为该车的事故属于保险责任，保险公司应当赔偿。保险公司认为，尽管该车的损失属于保险责任，但是被保险车辆并非张某所有或使用的车辆，张某对于车辆没有保险利益。经过几次交涉未果，张某将保险公司告上了法庭。请问：保险公司是否应承担赔偿责任？

2. 陈某父亲于2014年8月10日在某医院住院治疗，诊断为"肝硬化"。8月25日，陈某在明知其父病情的情况下，委托代理人张某为其父投保人身保险（保额20万元），附加重大疾病保险（10万元）。陈某告诉张某：其父最近因肝炎住院，害怕被保险公司拒保，因此不想告知此事。张某没有反对，在健康告知一栏填写"健康"。2015年3月，陈父被诊断为"肝癌"。之后一年内，陈父连续住院4次，但均未申请理赔。2016年9月11日（合同成立已满两年），陈父向保险公司申请重大疾病保险金理赔。保险公司调查后发现，陈父在投保时已患病，遂以投保人未履行如实告知义务为由拒赔。陈某辩驳称其在投保时将父亲患病情况告知了代理人张某，已履行如实告知义务，保险公司应承担赔偿责任。张某不承认陈某告诉其父已患病的事实。陈某将保险公司告上法庭。对于本案，你认为保险公司应承担赔偿责任吗？

3. 试分析下列实例中的近因：

（1）人身意外伤害保险的被保险人因不慎跌倒致使上臂肌肉破裂。后由于伤口感染，导致右肩关节结核扩散至颅内及肾，医治无效死亡。事后保险人经过调查发现，被保险人有结核病史，且动过手术，体内存留有结核杆菌。

（2）已经投保人身意外险的被保险人患心脏病多年，因遇车祸轻微刮伤手臂入院治疗，急救过程中因心脏病发死亡。

（3）一艘轮船投保了定期船只保险，在保险期内的一次航行中因为遇到恶劣天气，并且该船存在设计缺陷不适航受损。

（4）投保人投保了火灾保险没有投保盗窃险，当火灾发生时，一部分财产被抢救出来后又被盗走。

（5）被保险人投保了人身意外险，打猎时不慎从树上掉下来，受伤后的被保险人爬到公路边等待救援，因夜间天冷又染上肺炎而死亡。肺炎是意外险保单中的除外责任。

◆ **综合实训**

1. 实训项目：重复保险的辨析及分摊计算

实训资料：

张某为自己价值12万元的车先后向甲、乙、丙三家保险公司投保车损险，投保的保额分别为：甲公司4万元，乙公司10万元，丙公司12万元。在保险期间内，张某驾车发生车祸，车辆损失了6万元。

实训要求：

（1）请根据实训资料分析是否属于重复保险；

（2）请分别按照重复保险的三种不同分摊方式计算各保险人应承担多少赔偿金额。

2. 实训项目：保险理赔计算

实训资料：

（1）某企业投保了企业财产保险，保险金额为2 700万元，在保险期限内发生了约定的保险事故。①若事故发生时的保险价值为2 500万元，全损，保险人该如何赔偿？部分损失，损失金额2 000万元，保险人该如何赔偿？②若事故发生时的保险价值为3 000万元，全损，保险人又该如何赔偿？部分损失，损失金额2 000万元，保险人又该如何赔偿？

（2）张某于2016年10月18日向某保险公司投保了期限为1年的家庭财产保险，保险金额为40万元。2017年5月7日，张某家因意外发生火灾。火灾发生时，张某的家庭财产实际价值为50万元。① 财产损失10万元时，保险公司应赔偿多少？为什么？② 家庭财产损失45万元时，保险公司又应赔偿多少？为什么？

实训要求：

（1）阅读实训资料，分析应采用哪种计算方式；

（2）进行保险理赔计算。

项目四 财产保险及其产品

学习目标

【知识目标】
- 掌握财产保险的概念,理解财产保险的特征,熟悉财产保险的业务体系
- 熟悉企财险、家财险的主要内容,了解其主要险种
- 熟悉机动车辆保险的业务体系及其主要内容,了解其主要险种
- 了解运输保险、工程保险、责任保险、信用保证保险和农业保险的主要内容及相关险种

【技能目标】
- 能正确解读人身保险合同的条款,并向客户解读保险产品
- 能根据财产保险的相关知识,进行保险理赔处理

【素养目标】
- 通过对保险产品的解读和应用训练,使学生能从客户的角度理解产品和条款,树立学生的服务意识,培养学生诚实守信的职业道德

【知识结构】

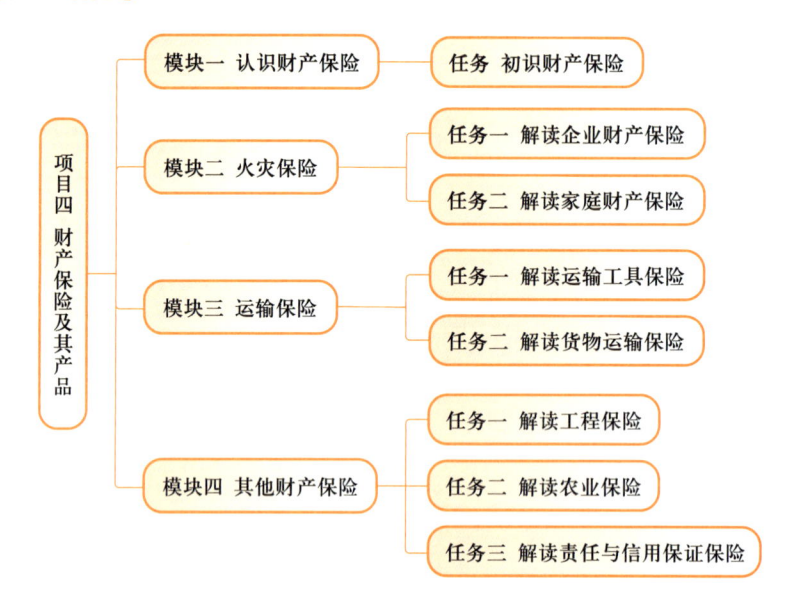

```
项目四 财产保险及其产品
├── 模块一 认识财产保险
│   └── 任务 初识财产保险
├── 模块二 火灾保险
│   ├── 任务一 解读企业财产保险
│   └── 任务二 解读家庭财产保险
├── 模块三 运输保险
│   ├── 任务一 解读运输工具保险
│   └── 任务二 解读货物运输保险
└── 模块四 其他财产保险
    ├── 任务一 解读工程保险
    ├── 任务二 解读农业保险
    └── 任务三 解读责任与信用保证保险
```

案例导读 内蒙古保险业积极应对暴雨等极端气候

2018年7月，内蒙古自治区多地迎来持续强降雨，局部地区降雨量超过200毫米。暴雨引发洪涝致全区34万人受灾，因灾死亡、失踪达15人，直接经济损失逾6亿元。灾情发生后，内蒙古保监局及时启动应急工作预案，指导行业全力开展理赔服务和抗灾减灾工作。

截至2018年7月26日，全区共接到因灾报案2 599件，估损金额1.28亿元，已赔付金额168万元，险种主要涵盖种植业保险、企业财产保险、工程保险、家庭财产保险、车辆保险等。保险业还累计向受灾最严重的包头市、巴彦淖尔市捐款捐物155万元。受现场灾情影响，相关保险理赔工作仍在继续，内蒙古保监局将密切关注灾情，引领行业做好灾害应对，助力灾后恢复。

资料来源：根据中国银行保险报相关报道编辑整理。

【项目概述】

财产保险是以被保险人拥有保险利益的有形财产和无形责任为保险标的的保险，其承保的风险既包括自然灾害和意外事故，又包括人为风险。风险的多样性使其拥有了复杂的产品体系，也使得财产保险的经营具有复杂性。本项目在介绍财产保险基础知识的基础上，将分险种介绍财产保险的相关内容。

模块一　认识财产保险

任务　初识财产保险

【任务情景】

张先生是家物流公司老板。随着事业越做越大，他觉得很有必要为公司的车辆以及其他财产办理保险以防后顾之忧。在听了保险公司业务员的介绍后，他很困惑，为什么机动车辆是企业的财产却不能投保企业财产保险？为什么在机动车辆保险中交强险必须买，机动车辆损失险等则可选择性购买？

请根据财产保险不同分类标准，对财产保险进行分类，并解析每种分类的具体含义。

教学视频：
财产保险的概念和特征

【知识平台】

一、财产保险的概念和业务体系

财产保险有广义和狭义之分。凡是以物质财产或有关利益作为标的的各种保险属于广义财产保险。这里的财产指建筑物、货物、运输工具、农作物等有形资产；有关利益指运费、预期利益、权益、责任、信用等无形财产。狭义的财产保险是指以物质财产为标的的各种保险，如企业财产、家庭财产、运输货物、运输工具等保险。它不包含责任保险、保证保险、信用保险等以责任、利益为保险的各种保险。财产保险的业务体系如表4-1所示。

二、财产保险的特征

由于保险标的的复杂性和多样性，财产保险相对于人身保险而言，有其特殊性。

（一）业务性质具有补偿性

保险客户投保各种类别的财产保险，目的在于转嫁自己在有关财产物质和利益上的风险，并获得经济损失上的补偿。而保险人经营的各类财产保险业务，承担着对保险客户保险利益损失的赔偿责任。财产保险合同是损失补偿合同，对被保险人在保险事故中遭受的经济损失进行赔偿，赔偿的额度以被保险人在经济利益上恢复到损失发生以前的状况为限，被保险人不能通过保险获得额外利益。

145

表4-1 财产保险的业务体系

种类			界定
财产损失保险	火灾保险	企业财产保险	火灾保险是以存放在固定场所并处于相对静止状态的财产及其有关利益为保险标的，保险人对被保险人的财产因火灾、爆炸、雷击及约定的其他灾害事故的发生所造成的损失提供经济补偿的保险。我国目前的火灾保险主要有企业财产保险和家庭财产保险
		家庭财产保险	
	运输保险	货物运输保险	保险人对货物在运输过程中因灾害事故及外来风险的发生而遭受的损失提供经济补偿的保险。目前我国的货物运输保险主要有海洋货物运输保险、国内货物运输保险、邮包保险等
		运输工具保险	保险人对因灾害事故发生所造成的运输工具本身的损失及第三者赔偿责任提供经济补偿的保险，也可以承保各种附加险。我国的运输工具保险主要有机动车辆保险、飞机保险和船舶保险等
	工程保险		保险人对建筑工程、安装工程及各种机器设备因自然灾害和意外事故造成物质财产损失和第三者责任进行提供经济补偿赔偿的保险。可分为建筑工程保险、安装工程保险等
	农业保险		保险人对农业生产经营者在从事种植业和养殖业生产过程中，因遭受自然灾害或意外事故所导致的财产损失提供经济补偿的保险。可分为种植业保险和养殖业保险
信用保证保险			信用保证保险是以被保证人履行合同为保险标的的一种保险，分为信用保险和保证保险。信用保险是保险人根据权利人的要求担保义务人（被保险人）信用的保险，包括国内商业信用保险、出口信用保险、投资保险等。保证保险是义务人（被保证人）根据权利人的要求，要求保险人向权利人担保义务人自己信用的保险，包括诚实保证保险和确实保证保险
责任保险			责任保险是以被保险人对第三者依法应履行的赔偿责任为保险标的的保险。它包括第三者责任保险和单独的责任。它可以分为公众责任保险、雇主责任保险、产品责任保险、职业责任保险和保赔保险

教学视频：财产保险的分类

（二）承保范围具有广泛性

财产保险的业务承保范围覆盖着除自然人的身体与生命之外的一切风险。它不仅包容着各种差异极大的财产物资损失风险，而且包容着各种民事法律风险和商业信用风险等。例如，大到航天事业、核电工程、海洋石油开发，小到家庭或个人财产等，无一不可以从财产保险中获得风险保障。

（三）经营内容具有复杂性

无论是从财产保险经营内容的整体出发，还是从某一具体的财产保险业务经营的内容出发，财产保险复杂性的特征均十分明显。它主要表现在：

（1）投保对象复杂。既有法人团体投保，又有居民家庭和个人投保；既可能涉及单个保险客户，也可能涉及多个保险客户和任何第三者。

（2）投保标的复杂。财产保险的投保标的，包括从普通的财产物资到高科技产品或工程，从有实体的各种物质到无实体的法律、信用责任及政治、军事风险等。

（3）承保过程复杂。在财产保险业务经营中，既要强调保前风险检查、保时严格核保，又须重视保险期间的防灾防损和保险事故发生后的理赔查勘等，承保过程程序多、环节多。

（4）风险管理复杂。对每一笔财产保险业务，保险人客观上均需要进行风险评估、风险选择或风险限制，并需要运用再保险的手段来分散风险。

（5）经营技术复杂。保险人要熟悉与各类型投保标的相关的技术知识。例如，要想获得经营责任保险业务的成功，就必须以熟悉各种民事法律、法规及相应的诉讼知识和技能为前提等。

（四）单个保险关系具有不等性

财产保险是一种商业性业务，遵循的是社会主义市场经济条件下的等价交换、自愿成交的商业经营法则。保险人根据大数法则的损失概率来确定各种财产保险的费率（价格），这就决定了保险人从保险客户那里所筹集的保险基金与其所承保的风险责任是相适应的。因此，从总体的保险关系来看，保险人与被保险人的关系是完全平等的和等价的。

然而，就单个保险关系而言，却又明显地呈现着交换双方在实际支付的经济价值上的不平等。一方面，保险人承保每一笔保险业务都按照确定的费率标准计算并收取保险费，其收取的保险费通常是投保人投保标的实际价值的千分之几或百分之几，而一旦被保险人发生保险损失，保险人往往要付出高于保险费若干倍的保险赔款。另一方面，在所承保的业务中，发生保险事故或保险损失的保户毕竟只有少数甚至极少数，对多数保户而言，保险人即使收取了保险费也不存在经济赔偿的问题，表现为投保人的收入与支出的不对等性。正是这种单个保险关系在经济价值支付上的不对等性，构成了财产保险总量关系等价性的现实基础和前提条件。

模块练习

一、单选题

1. 广义的财产保险是以（　　）为保险标的的保险。
   A. 财产　　　　　　　　　　　B. 经济利益
   C. 物质财产或有关利益　　　　D. 疾病

2. 财产保险的特性不包括（　　）。
   A. 业务性质具有补偿性　　　　B. 承保范围具有广泛性

C. 经营内容具有复杂性　　　　D. 单个保险关系具有对等性
　3. 以下属于财产损失保险的有（　　）。
　　A. 信用保险　　　　　　　　　B. 保证保险
　　C. 责任保险　　　　　　　　　D. 企业财产保险
　4. 在财产保险中，对被保险人在保险事故中遭受的经济损失进行赔偿，赔偿的额度以被保险人在经济利益上恢复到损失发生以前的状况为限，被保险人不能通过保险获得额外利益。说明财产保险具有（　　）的特征。
　　A. 业务性质具有补偿性　　　　B. 承保范围具有广泛性
　　C. 经营内容具有复杂性　　　　D. 单个保险关系具有对等性
　5. 以下是以无形的利益为保险标的的财产保险的是（　　）。
　　A. 信用保险　　　　　　　　　B. 工程保险
　　C. 机动车辆保险　　　　　　　D. 企业财产保险

二、判断题

　1. 狭义的财产是指以物质财产为标的的各种保险，如企业财产、家庭财产、运输货物、运输工具等，还包含责任保险、保证保险、信用保险等以责任、利益为保险标的的保险。（　　）
　2. 财产保险是一种商业性业务，遵循的是社会主义市场经济条件下的等价交换、自愿成交的商业经营法则。（　　）
　3. 从总体的保险关系来看，财产保险的保险人与被保险人的关系是完全平等的和等价的。（　　）
　4. 财产保险业务经营环节少，程序简单，业务经营不似人身保险那么复杂。（　　）
　5. 某投保人就其拥有的财产投保多家保险公司的财产保险，可获得多重赔偿。（　　）

模块二　火 灾 保 险

任务一　解读企业财产保险

【任务情景】

　　张先生在为办公场地和设备办理保险时，发现房屋、机器设备、办公家具等自然被纳入保险范围了，但他钟爱的便携式计算机、摄像器材需要特别申报,而他珍藏的字画和玉石却需要价值评估后才可以投保,更有甚者,他花巨资买的办公软件以及客户信息资料,保险公司拒绝承保。

请分析为何保险公司对不同的标的采用了不同的承保策略。

【知识平台】

火灾保险是以存在在固定场所并处于相对静止状态的财产及其有关利益为保险标的,由保险人承担被保险财产遭受保险事故损失的经济赔偿责任的一种财产损失保险,又称普通财产保险。在我国,企业财产保险、家庭财产保险均属于火灾保险。

一、企业财产的概念及适用范围

企业财产保险简称企财险,是以法人团体的财产物资及有关利益等为保险标的,由保险人承担火灾及有关自然灾害、意外事故损失赔偿责任的财产损失保险。

企业财产保险强调适用于各类企业、国家机关、事业单位及社会团体等组织,强调的是保险客户的法人资格。个体工商户,包括小商小贩、夫妻店、货郎担、家庭手工业等个体经营户的各种财产风险,不属于企业财产保险的保障范围,可投保家庭财产保险。

微课:突然停电了,企业遭受损失怎么办?

二、企业财产保险的主要内容

(一)保险标的

企业财产保险的对象只包括存放在固定地点且处于相对静止状态中的财产,分为可保财产、特保财产和不保财产,具体如表4-2所示。

(二)保险责任范围

1. 保险责任

企业财产保险按照承保范围可分为基本险、综合险和一切险。其中,基本险和综合险都采取列明风险的方式确定保险责任。基本险的保险责任包括火灾、爆炸、雷击、飞行物体及其他空中运行物体坠落导致的损失及必要合理的施救费用。综合险在基本险的基础上增加了列明的12种自然灾害,如台风、洪水、暴风等及自有设备的"三停"直接损失。一切险将责任免除外的自然灾害和意外事故导致的直接物质损失均纳入保险责任范围。企业财产保险的保险责任如表4-3所示。

案例:施救费用应如何处理

表4-2 企业财产保险标的分类表

类别	定义	分类	举例
可保财产	投保人根据保险条款的规定可以向保险人投保的财产，即为保险人所接受的财产	1. 被保险人所有或与他人共有而由被保险人负责的财产	自有房屋、生产用机器设备等
		2. 被保险人经营管理或替他人保管的财产	存放在仓储公司仓库的其他货主的货物
		3. 具有其他法律上承认的与被保险人有经济利害关系的财产	被保险人享有留置权的财产，并享有承租权益的承租财产
特保财产	需经保险双方特别约定，并在保险单中载明名称和金额，方可承保的财产	1. 无须增加费率，也不需加贴保险特约条款的财产。特点是市场价格变化较大或者无固定价格，并受某些风险的影响较大	金银、玉器、古玩、邮票、艺术品、稀有金属和其他珍贵财物
			堤堰、水闸、铁路、道路、涵洞、桥梁、码头等
			便携式通信设备、便携式照相器材以及便携式设备等
		2. 需增加费率或需附贴特约条款	矿井、矿坑内的物质等
			尚未交付使用或验收的工程
不保财产	企业财产保险不予承保的财产	1. 非一般性的生产资料或商品	如土地、矿藏、矿井、矿坑、森林、水产资源等
		2. 缺乏评估价值的依据或很难鉴定价值的财产	票证、文件、货币、有价证券、账册、技术资料、计算机资料、枪支弹药等
		3. 与政府的有关法律法规相抵触	违章建筑，非法占用的财产，政府命令限期拆除、改建的房屋、建筑物等
		4. 必然会发生危险的财产	如危险建筑
		5. 其他险种承保的财产	运输过程中的物资、领取执照正常运行的机动车、畜禽类

表4-3 企业财产保险的保险责任分类表

类别	自然灾害	意外事故	自有设备的"三停"责任	施救时的损失和合理费用
基本险	雷击	火灾、爆炸、飞行物体及其他空中运行物体坠落	—	因保险事故引发的施救损失和费用
综合险	雷击、暴雨、洪水、台风、暴风、龙卷风、雪灾、雹灾、冰凌、泥石流、崖崩、突发性滑坡、地面突然塌陷责任13种自然灾害风险	同上	被保险人拥有所有权的设备自用供电、供气、供水设备因"三停"造成保险标的的损失	√
一切险	自然灾害和意外事故导致的直接物质损失或灭失			√

案例：火灾原因的认定

案例："三停"损失赔案

2. 责任免除

企业财产保险基本险对下列原因造成保险标的损失，不负赔偿责任：① 行政行为或司法行为；② 地震、海啸及其次生灾害；③ 大气污染、土地污染、水污染及其他非放射性污染，但因保险事故造成的非放射性污染不在此限；④ 暴雨、洪水、暴风、龙卷风、冰雹、台风、飓风、暴雪、冰凌、沙尘暴、突发性滑坡、崩塌、泥石流、地面突然下陷下沉；⑤ 水箱、水管爆裂；⑥ 盗窃、抢劫。

对下列损失、费用，保险人也不负责赔偿：① 广告牌、天线、霓虹灯、太阳能装置等建筑物外部附属设施，存放于露天或简易建筑物内部的保险标的以及简易建筑本身，由于雷击造成的损失；② 锅炉及压力容器爆炸造成其本身的损失；③ 任何原因导致供电、供水、供气及其他能源供应中断造成的损失和费用；④ 保险合同中载明的免赔额或按保险合同中载明的免赔率计算的免赔额；⑤ 其他不属于保险合同责任范围内的损失和费用。

企业财产保险综合险将基本险中列明的13项自然灾害从责任免除中剔除，同时，将存放于露天或简易建筑物内部的保险标的以及简易建筑本身因自然灾害造成的损失作为责任免除。

（三）保险金额和保险价值

企业财产保险的保险金额和保险价值按照固定资产、流动资产、账外资产和代保管财产分项确定。

1. 固定资产的保险金额和保险价值

固定资产的保险价值按照出险时固定资产的重置价值来确定。固定资产的保险金额按以下几种方式确定：

一是按账面原值确定。账面原值即固定资产在建造或购置时实际支付的货币金额，在固定资产价值稳定的情况下可使用，方便简单。

二是按照账面原值加成数确定。在固定资产账面原值的基础上，根据市场价格情况，再加上一定的成数，使之趋于重置价值。其计算公式为：

保险金额=账面原值×（1+加成比例）

三是按重置价值确定。重置价值是指重新购置或建造某项固定资产所支付的全部费用。一般适用于账面原值与实际价值相差过大的情况。

四是按其他方式确定。包括被保险人依据公估或评估后的市价确定。

2. 流动资产的保险金额和保险价值

流动资产的保险价值按出险时流动资产的账面余额确定。保险金额按以下两种方式确定：一是按照最近12个月账面平均余额确定。最近12个月账面平均余额是指从承保月份往前倒推12个月流动资产账面余额的平均数。对于

计算示例：
企业财产保险保额计算

流动资产较多、变化较大的企业，适宜采用这种方法。二是由被保险人自行确定。如被保险人可以按最近12个月任意一个月份的账面余额确定，也可按最近账面余额，即投保月份上月的流动资产账面余额确定保额。流动资产不太多且变化较小的企业，可采用这种方法。

3. 账外资产和代保管财产的保险金额和保险价值

账外资产和代保管财产的保险金额可以根据被保险人自行估价确定或按重置价值确定。账外资产和代保管财产的保险价值是出险时重置价值或账面余额。

（四）赔偿处理

1. 固定资产（或流动资产）全部损失

固定资产（或流动资产）发生全部损失，当受损财产的保险金额大于等于重置价值（或账面余额）时，赔款金额以不超过出险时的重置价值（或账面余额）为限。其计算公式为：

$$赔偿金额 = 重置价值（或账面余额）+ 应赔施救费用 - 应扣残值$$

当保险金额小于重置价值（或账面余额）时，赔款金额以不超过保险金额为限。其计算公式为：

$$赔偿金额 = 保险金额 + 应赔施救费用 - 应扣残值$$

其中，$应赔施救费用 = 施救费用 \times \dfrac{保险金额}{被施救财产的价值}$

$$应扣残值 = 残值 \times \dfrac{保险金额}{保险价值}$$

2. 固定资产（或流动资产）部分损失

固定资产（或流动资产）发生部分损失，当保险金额大于等于重置价值（或账面余额）时，按实际损失确定赔款。

当保险金额小于重置价值（或账面余额）时，按比例赔付。其计算公式如下：

$$保险赔款 = 受损财产恢复原状的修复费用 \times \dfrac{保险金额}{重置价值（账面余额）}$$

账外财产和代保管财产的赔款计算与固定资产（或流动资产）的赔款计算方法相同。

计算示例：企业财产保险理赔计算

延伸阅读：大地保险财产一切险条款

任务二　解读家庭财产保险

【任务情景】

张先生想为自己新建立的小家购买一份家庭财产保险，在查阅了相关网站的信息后，他很迷惑：为什么有些家庭财产保险是纯消费型的，有些家庭财产保险产品具有储蓄功能？

若你是保险公司的工作人员，请根据客户的情况为其推荐一款家庭财产保险产品。

【知识平台】

一、家庭财产保险的概念及适用范围

家庭财产保险简称家财险，是面向城乡居民并以其住宅及存放在固定场所的物质财产为保险对象的保险。它属于火灾保险的范畴，强调保险标的的实体性和保险地址的固定性。

家庭财产保险适用于我国城乡居民家庭和个人，以及外国驻华人员及其家庭成员。凡属于城乡居民家庭和个人、外国驻华人员的自有财产，以及代他人保管或与他人所共有的财产，都可投保家庭财产保险。

微课："水上威尼斯"之殇

二、家庭财产保险的主要内容

（一）保险标的

家庭财产保险的保险标的分为可保财产、特保财产和不保财产。

1. 可保财产

在家庭财产保险的经营实务中，凡是坐落于保险单载明的固定地点，属于被保险人自有或代保管或负有安全管理责任的财产，都可以投保家庭财产保险。包括：① 房屋及其附属设备，如固定装置在房屋中的冷暖卫生设备、照明、供水设备；② 各种生活资料，包括衣服、行李、文具、文化娱乐用品、家用电器、非机动交通工具等；③ 农村家庭的农具、工具和已经收获的农副产品；④ 由投保人代管或者与他人共有的上述财产；⑤ 租用的财产。

2. 特保财产

特保财产即投保人必须向保险人特约才能投保的财产。包括：财产的实际金额难以确定，必须由专业鉴定人员或公估部门才能确定价值的财产，如金银、珠宝、玉器等；不属于普通的家庭财产，为专业人员在家庭从事业余研究或发明创造所使用的专业仪器和设备，如无线电测试仪器、专业光学设备等。

3. 不保财产

家庭财产保险中保险人不予承保的财产包括：损失发生后无法确定具体价值的财产，如货币、票证、有价证券、文件、账册等；日常生活所必需的日

用消费品，如食品、烟酒、药品等；法律规定不允许个人收藏、保管或拥有的财产，如枪支、弹药、爆炸物品等；处于危险状态下的财产；保险人从风险管理的需要出发，声明不予承保的财产。

（二）保险责任范围

1. 保险责任

家庭财产保险的基本责任与企业财产保险综合险的保险责任范围相似，包括：火灾、爆炸、雷击、飞行物体及其他空中运行物体坠落及必要合理的施救、整理费用；保险人承保的扩展责任包括列明的10种自然灾害：雪灾、暴风、龙卷风、暴雨、洪水、地面突然塌陷、崖崩、雹灾、冰凌、泥石流。同时，家庭财产保险还可根据投保人的需要附加盗窃等风险。

2. 责任免除

除火灾保险的责任免除外，保险人对家庭财产保险单项下所承保的财产由于下列原因造成的损失不承担赔偿责任：① 电机、电器、电气设备因使用过度、超电压、碰线、弧花、漏电、自身发热等原因造成的本身损毁；② 被保险人及其家庭成员、服务人员、寄居人员的故意行为，或勾结纵容他人盗窃或被外来人员顺手偷摸，或窗外钩物所致的损失；③ 地震造成的一切损失；④ 其他不属于家庭财产保险单列明的保险责任范围内的损失和费用。

（三）保险金额

由于家庭财产无账目可查，而且财产的品种、质量、规格、新旧程度不一，价值确定困难，家庭财产保险的保险金额由被保险人根据财产的实际价值自行估计确定。其中，房屋、室内装修及附属设备的保险金额由被保险人根据财产的购置价或市场价确定；室内财产的保险金额由被保险人根据投保时的实际价值确定。在保险实务中，被保险人通常被要求按保险单上规定的保险财产项目，如房屋、室内装修及附属设施、室内财产、代保管财产等分别列明保险金额，再合计总保险金额。不分项目的，则按照各大类财产在保险金额中所占比例确定。家庭财产保险的保险金额确定方式如表4-4所示。

（四）赔偿处理

家庭财产保险的赔偿方式有两种。对保险房屋损失采用比例赔偿方式，与企业财产保险的赔偿相同。对室内财产采用第一危险赔偿方式。第一危险赔偿方式是把保险财产的价值分为实际上不可分割的两个部分。第一部分价值和保险金额相等，可以算作十足投保，超过保险金额的第二部分价值，则认为完全没有投保，保险人不予赔偿。

表4-4 家庭财产保险的保险金额确定方式

房屋及室内附属设备、室内装潢	保险金额由投保人确定并在合同中载明，保险价值则为出险时的重置价值		
室内财产	保险金额根据实际价值分项确定		
	不分项按比例确定	农村家庭	城市家庭
	家用电器及文体娱乐用品	30%	40%
	衣物及床上用品	15%	30%
	家具及其他生活用具	30%	30%
	农机具	25%	0
特约财产	保险金额由投保人和保险人双方约定		

三、家庭财产保险的险种

（一）普通家庭财产保险

普通家庭财产保险是保险人专门为城乡居民开设的一个通用型家庭财产保险险种，其曾经是保险人面向城乡居民家庭提供的唯一险种，现在则变成了家财险中的一个主要险种，其他家庭财产保险的险种基本上都是在普通家庭财产保险的基础上衍生出来的业务，因此，其具有基础地位。前述家庭财产保险基本内容即是普通家庭财产保险的主要内容。

延伸阅读：中国人保公司家庭财产综合保险条款

（二）家庭财产两全保险

家庭财产两全保险（家财两全险）是一种兼具经济补偿和到期还本双重性质的长期家庭财产保险，其结合储蓄的部分功能，将每千元单位保险金额的保险费设计为储金的方式，在规定的保险期限内，无论是否发生保险事故，保险期限结束时，投保人都可以领取以保险费形式交付给保险人的储金，保险人经营该种保险业务所获得的实际保费是保险期间内储金运用所产生的利息收入。

（三）家庭财产长效还本保险

家庭财产长效还本保险是在家庭财产两全保险的基础上衍生的险种。其主要特点是一次投保，长期有效。被保险人在投保时交付一定数额的保险储金，保险期满一年后，若被保险人不申请退保，保险单将自动续转，长期有效，直到被保险人退保或死亡，保险责任才终止。家庭财产长效还本保险也是以储金利息冲抵保险费，其经营与家财两全险相似，但其降低了保险业务成本，为保险公司积累了大量的可用于投资的资金来源，也避免了投保人每年续保的麻烦。

（四）投资理财型家庭财产保险

投资理财型家庭财产保险是一种兼具保障与投资双重性质的财产保险。

投保人缴纳保险投资资金，在保险期内不仅可获得传统家庭财产保险的保障，保险期满后无论是否获得过保险赔偿，都可获得固定的投资收益。投资理财型家庭财产保险的保险期限一般较长，多为1～10年，其收益率与银行利息保持联动，期限越长，收益率越高。

模块练习

一、单选题

1. 企业财产保险一般条款中，货币、票证以及有价证券等属于（　　）。
   A. 可保财产　　　　　　B. 特保财产
   C. 不保财产　　　　　　D. 预约可保财产

2. 企业财产保险基本险与企业财产保险综合险共同的除外责任为（　　）。
   A. 洪水　　　　　　　　B. 暴雪
   C. 龙卷风　　　　　　　D. 地震

3. 下列属于普通家庭财产保险中不承保的家庭财产的是（　　）。
   A. 烟酒　　　　　　　　B. 家用电器
   C. 家具　　　　　　　　D. 室内装潢

4. 下列属于普通家庭财产保险的保险责任的是（　　）。
   A. 雷击　　　　　　　　B. 罢工
   C. 盗抢　　　　　　　　D. 地震

5. 以保险储金的利息收入作为保险费，在保险期满后，不论被保险人在此期间有无获得赔偿，保险人均退还全部保险储金。这是（　　）。
   A. 普通家庭财产保险　　　B. 家庭财产两全保险
   C. 投资理财型家庭财产保险　D. 个人贷款抵押房屋保险

二、判断题

1. 企业财产保险中，金银珠宝等属于特保财产。　　　　　　　　　（　　）
2. 企业财产保险中，流动资产的保险价值为出险时的重置价值。　（　　）
3. 企业财产保险中，当发生保险责任范围内的灾害事故时，被保险人为减少保险财产损失，对保险财产采取施救、保护、整理措施而支付的必要的合理的费用，由保险人负责赔偿。　　　　　　　　　　　　　　　　　　　（　　）
4. 盗抢属于普通家庭财产保险的除外责任。　　　　　　　　　　　（　　）
5. 家庭财产保险的理赔采用第一危险赔偿方式。　　　　　　　　　（　　）

模块三　运　输　保　险

任务一　解读运输工具保险

【任务情景】

张先生购买一辆新车，想投保相应的机动车辆保险。得知机动车辆保险的险种很多，面对复杂的保险合同条款，张先生不知道如何选择。

若你是保险公司的业务人员，请根据张先生的情况和要求为其推荐适合的机动车辆保险产品。

【知识平台】

运输保险是以处于流动状态下的财产作为保险标的的一种保险，包括货物运输保险和运输工具保险。这两种保险的共同特点是保险标的处于运输状态或经常处于运行状态，与火灾保险的保险标的处于固定的场所和处于相对静止状态有所区别。

一、运输工具保险的概念

运输工具保险是以各种运输工具及其有关利益、责任为保险标的的保险。保险人承保被保险人由于运输工具在保险期间遭遇自然灾害和意外事故造成的各种损失和费用以及因意外事故应负的民事赔偿责任。

二、运输工具保险的特征

（一）保险标的的流动性

运输工具保险承保的保险标的，通常不受固定地点的限制，经常处于流动状态中，如机动车辆常常在行驶中出险，船舶常常在航行中发生碰撞、搁浅等意外事故。

（二）承保风险的多样性

运输工具的流动性决定了运输工具保险承保的风险具有多样性。既承保运输工具在陆地静止状态下的风险，又承保其在运行中的风险。运输工具所面临的地区和环境不同，面临的风险也不同，导致了承保的风险复杂多样。如机动车辆保险既承保停放期间可能遇到的雹灾、火灾、外界物体倒塌等风险，又承保运行中发生的碰撞、倾覆、行驶中平行坠落的风险；船舶保险既承保水上航行中的固有风险，如海啸、台风、碰撞、触礁、沉没等风险，又承保停泊时的风险。

(三) 承保范围的广泛性

运输工具保险不仅对运输工具在遭遇自然灾害和意外事故后造成的运输工具本身的损失和发生的各种费用提供保障，还对意外事故引发的被保险人对第三者应负的民事损害赔偿责任提供保障。可见，运输工具保险既涉及财产损失保险，又涉及责任保险，是一种综合性保险，为被保险人提供的承保范围广泛，能够很好地满足被保险人转移相关风险的要求。

(四) 保险理赔的复杂性

由于运输工具保险的承保标的经常处于流动状态，可能遭受的风险事故既多且广，造成损失的原因多种多样，既有各种人为因素，又有各种非人为因素。其不仅会发生一种原因致损的情况，也经常会发生几种原因共同致损的情况。而且在很多时候，车辆、船舶受损都是由于碰撞事故所致，保险事故常涉及保险双方之外的第三方，这势必增加了运输工具保险定损和理赔的难度。总之，致损因素错综复杂，对保险理赔人员来说，分析致损原因，确定赔偿责任，是一项相当复杂、细致的工作。

三、运输工具保险的主要险种

按照不同的标准，运输工具保险的分类不同。按运输工具的不同，运输工具保险可以分为机动车辆保险、船舶保险、飞机保险、卫星保险等。按是否具有涉外因素，运输工具保险分为国内各类运输工具保险和涉外各类运输工具保险。以下主要介绍我国国内运输工具保险的主要险种。

(一) 机动车辆保险

1. 机动车辆保险的概念和险种结构

机动车辆保险是以机动车辆本身及机动车辆的第三者责任为保险标的的一种运输工具保险。机动车辆保险是以机动车辆为保险标的的保险，主要承保机动车辆遭受自然灾害和意外事故所造成的损失。

机动车辆保险分为强制保险和商业保险两大类，目前我国实行的机动车交通事故责任强制保险属于强制保险，其他险种属于商业保险。机动车辆商业保险又可以分为主险和附加险，投保人可根据自身需要选择投保。根据中国银保监会印发的《关于实施车险综合改革的指导意见》，自2020年9月19日起车险综合改革正式施行。据此，我国机动车辆保险的险种结构如表4–5所示。

表4-5　我国机动车辆保险产品的险种

机动车强制保险险种	机动车商业保险险种	
	主险	附加险
机动车交通事故责任强制保险（交强险）	机动车损失险	绝对免赔率特约条款、发动机进水损坏除外特约条款、新增设备损失险、车身划痕损失险、修理期间费用补偿险、车上货物责任险、精神损害抚慰金责任险、车轮单独损失险、法定节假日限额翻倍险、医保外用药责任险、机动车增值服务特约条款
	机动车第三者责任保险	
	机动车车上人员责任险	

2. 机动车辆交通事故责任强制保险的主要内容

机动车辆交通事故责任强制保险简称交强险，是由保险公司对被保险机动车发生道路交通事故造成受害人（不包括本车人员和被保险人）的人身伤亡、财产损失，在责任限额内予以赔偿的强制性责任保险。

（1）机动车交通事故责任强制保险的保险责任。在中华人民共和国境内（不含港、澳、台地区），被保险人在使用被保险机动车过程中发生交通事故，致使受害人遭受人身伤亡或者财产损失，依法应当由被保险人承担的损害赔偿责任，保险人按照交强险合同的约定对每次事故在赔偿限额内负责赔偿。具体赔偿限额如表4-6所示。

微课：交强险

案例：车主被自家车碾死，保险公司是否该赔？

表4-6　机动车交通事故强制责任保险的赔偿限额

赔偿项目	被保险人有责任	被保险人无责任
死亡伤残	180 000元	18 000元
医疗费用	18 000元	1 800元
财产损失	2 000元	100元

其中，死亡伤残赔偿限额项下负责赔偿丧葬费、死亡补偿费、受害人亲属办理丧葬事宜支出的交通费用、残疾赔偿金、残疾辅助器具费、护理费、康复费、交通费、被扶养人生活费、住宿费、误工费，被保险人依照法院判决或者调解承担的精神损害抚慰金；医疗费用赔偿限额项下负责赔偿医药费、诊疗费、住院费、住院伙食补助费、必要的、合理的后续治疗费、整容费、营养费。

（2）机动车交通事故责任强制保险的责任免除。下列损失和费用，机动车辆交通事故责任强制保险不负责赔偿和垫付：① 因受害人故意造成的交通事故的损失；② 被保险人所有的财产及被保险机动车上的财产遭受的损失；③ 被保险机动车发生交通事故，致使受害人停业、停驶、停电、停水、停气、停产、通信或者网络中断、数据丢失、电压变化等造成的损失以及受害人财产因市场价格变动造成的贬值、修理后因价值降低造成的损失等其他各种间接损失；④ 因交通事故产生的仲裁或者诉讼费用以及其他相关费用。

（3）机动车交通事故责任强制保险的保险期限。机动车辆交通事故责任强制保险的保险期限为1年。仅在四种情况下，投保人可以投保1年以内的短期交强险：一是境外机动车临时入境的；二是机动车临时上路行驶的；三是机动车距规定的报废期限不足1年的；四是银保监会规定的其他情形。

（4）垫付与追偿。被保险机动车在下列之一的情形下发生交通事故，造成受害人受伤需要抢救的，保险人在接到公安机关交通管理部门的书面通知和医疗机构出具的抢救费用清单后，按照国务院卫生主管部门组织制定的交通事故人员创伤临床诊疗指南和国家基本医疗保险标准进行核实。对于符合规定的抢救费用，保险人在医疗费用赔偿限额内垫付。被保险人在交通事故中无责任的，保险人在无责任医疗费用赔偿限额内垫付。对于其他损失和费用，保险人不负责垫付和赔偿：① 驾驶人未取得驾驶资格的；② 驾驶人醉酒的；③ 被保险机动车被盗抢期间肇事的；④ 被保险人故意制造交通事故的。

对于垫付的抢救费用，保险人有权向致害人追偿。

在交强险中，抢救费是指被保险机动车发生交通事故导致受害人受伤时，医疗机构对生命体征不平稳，以及虽然生命体征平稳但如果不采取处理措施会出现生命危险，或者导致残疾、器官功能障碍，或者导致病程明显延长的受害人，参照国务院卫生主管部门组织制定的交通事故人员创伤临床诊疗指南和国家基本医疗保险标准，采取必要的处理措施所发生的医疗费用。

3. 机动车商业保险的险种和主要内容

机动车商业保险，是指保险双方当事人自愿签订保险合同，由投保人缴纳保险费，保险人承保各种机动车辆因遭受自然灾害或意外事故造成车辆本身及相关利益损失和采取施救保护措施所支付的合理费用及被保险人对第三者人身伤害、财产损失依法应负的民事损害赔偿责任的一种保险。《中国保险行业协会机动车综合商业车险示范条款（2020版）》将机动车商业保险分为主险和附加险。

机动车商业保险的主险包括机动车辆损失险、机动车辆第三者责任险、机动车车上人员责任保险，共三个独立的险种，投保人可以选择投保全部险种，也可以选择投保其中部分险种。

延伸阅读：中国保险行业协会机动车综合商业车险示范条款（2020版）

延伸阅读：机动车强制责任保险与商业第三者责任保险的区别

机动车辆商业综合保险附加险包括绝对免赔率特约条款、发动机进水损坏除外特约条款、新增设备损失险、车身划痕损失险、修理期间费用补偿险、车上货物责任险、精神损害抚慰金责任险、车轮单独损失险、法定节假日限额翻倍险、医保外用药责任险、机动车增值服务特约条款。

机动车商业保险的保险险种及具体界定如表4-7所示:

表4-7 机动车商业保险的保险险种

机动车商业保险险种		界定
主险	机动车损失险	是指保险车辆遭受保险责任范围内的自然灾害或意外事故,造成保险车辆本身损失,保险人依照保险合同的约定给予赔偿的一种财产损失保险
	机动车辆第三者责任保险	是指在保险期间内,被保险人或其允许的驾驶人在使用被保险机动车过程中发生意外事故,致使第三者遭受人身伤亡或财产直接毁损,依法应当对第三者承担的损害赔偿责任,保险人依照保险合同的约定,对超过机动车交通事故责任强制保险各分项赔偿限额的部分负责赔偿的保险
	机动车车上人员责任保险	又称司乘人员险,是指在保险期间,被保险人机动车在使用过程中发生意外事故导致被保险机动车车上人员人身伤亡,保险公司承担相应赔偿责任的保险
附加险	绝对免赔率特约条款	根据绝对免赔率特约条款的规定,绝对免赔率为5%、10%、15%、20%,由投保人和保险人在投保时协商确定,具体以保险单载明为准。被保险机动车发生主险约定的保险事故,保险人按照主险的约定计算赔款后,扣减本特约条款约定的免赔。即:实际赔款=按主险约定计算的赔款×(1-绝对免赔率)
	发动机进水损害除外特约条款	是指在保险期间内,被保险机动车在使用过程中,因发动机进水后导致的发动机的直接损毁,保险人不负责赔偿的保险
	新增加设备损失险	是指在保险期间内,被保险机动车因发生机动车损失保险责任范围内的事故,造成车上新增设备的直接损失,保险人按照实际损失进行赔偿的保险
	车身划痕损失险	是指在保险期间内,被保险机动车在被保险人或其允许的驾驶人使用过程中,发生无明显碰撞痕迹的车身划痕损失,保险人按照保险合同约定负责赔偿的保险
	修理期间费用补偿险	是指在保险期间内,被保险机动车在使用过程中,发生机动车损失保险责任范围内的事故,造成车身损毁,致使被保险机动车停驶,保险人在保险金额内向被保险人补偿修理期间费用,作为代步车费用或弥补停驶损失的保险
	车上货物责任险	是指在保险期间内,发生意外事故致使被保险机动车所载货物遭受直接损毁,依法应由被保险人承担的损害赔偿责任,保险人负责赔偿的保险

续表

机动车商业保险险种		界定
附加险	精神损害抚慰金责任险	是指在保险期间内，被保险人或其允许的驾驶人在使用被保险机动车的过程中，发生投保的主险约定的保险责任内的事故，造成第三者或车上人员的人身伤亡，受害人据此提出精神损害赔偿请求，保险人依据法院判决及保险合同约定，对应由被保险人或被保险机动车驾驶人支付的精神损害抚慰金，在扣除机动车交通事故责任强制保险应当支付的赔款后，由保险人在保险赔偿限额内负责赔偿的保险
	车轮单独损失险	是指保险期间内，被保险人或被保险机动车驾驶人在使用被保险机动车过程中，因自然灾害、意外事故，导致被保险机动车未发生其他部位的损失、仅有车轮（含轮胎、轮毂、轮毂罩）单独的直接损失，且不属于免除保险人责任的范围，保险人合同的约定负责赔偿的保险
	法定节假日限额翻倍险	根据法定假日限额翻倍险条款的规定，在保险期间内，被保险人或其允许的驾驶人在法定节假日期间使用被保险机动车发生机动车第三者责任保险范围内的事故，并经公安部门或保险人查勘确认的，被保险机动车第三者责任保险所适用的责任限额在保险单载明的基础上增加一倍
	医保外用药责任险	是指在保险期间内，被保险人或其允许的驾驶人在使用被保险机动车的过程中，发生主险保险事故，对于被保险人依照中华人民共和国法律（不含港、澳、台地区法律）应对第三者或车上人员承担的医疗费用，保险人对超出《道路交通事故受伤人员临床诊疗指南》和国家基本医疗保险同类医疗费用标准的部分负责赔偿的保险
	机动车增值服务特约条款	机动车增值服务特约条款包括道路救援服务特约条款、车辆安全检测特约条款、代为驾驶服务特约条款、代为送检服务特约条款共四个独立的特约条款，投保人可以选择投保全部特约条款，也可以选择投保其中部分特约条款。保险人依照保险合同的约定，按照承保特约条款分别提供增值服务

此处详细介绍机动车辆商业保险中车辆损失保险的主要内容。

（1）机动车辆损失保险的保险标的。机动车辆损失险的保险标的是在中华人民共和国境内（不含港、澳、台地区）行驶，以动力装置驱动或者牵引，上道路行驶的供人员乘用或者用于运送物品以及进行专项作业的轮式车辆（含挂车）、履带式车辆和其他运载工具，但不包括摩托车、拖拉机、特种车。参加保险的机动车辆须具备的条件：① 领有车辆牌照；② 领有行车执照；③ 具有年检合格证。

（2）机动车辆损失保险的保险责任。① 保险期间内，被保险人或被保险机动车驾驶人（以下简称"驾驶人"）在使用被保险机动车过程中，因自然灾害、意外事故造成被保险机动车直接损失，且不属于免除保险人责任的范围，保险人依照本保险合同的约定负责赔偿。② 保险期限内，被保险机动车被盗

案例：车辆自燃索赔案

窃、抢劫、抢夺，经出险地县级以上公安刑侦部门立案证明，满60天未查明下落的全车损失，以及因被盗窃、抢劫、抢夺受到损坏造成的直接损失，且不属于免除保险人责任的范围，保险人依照本保险合同的约定负责赔偿。③ 发生保险事故时，被保险人或驾驶人为防止或者减少被保险机动车的损失所支付的必要的、合理的施救费用，由保险人承担；施救费用数额在被保险机动车损失赔偿金额以外另行计算，最高不超过保险金额。

（3）机动车辆损失保险的保险金额。保险车辆的保险金额按投保时实际价值确定，实际价值确定有如下情况：① 实际价值等于新车购置价减去折旧金额；② 与客户协商约定实际价值。

（4）机动车辆损失保险的事故责任比例与免赔率。保险车辆发生道路交通事故，保险人根据驾驶人在交通事故中所负事故责任比例相应承担赔偿责任。

被保险人或保险车辆驾驶人根据有关法律法规规定选择自行协商或由公安机关交通管理部门处理事故未确定事故责任比例的，按照下列规定确定事故责任比例，保险公司则根据事故责任比例确定相应的免赔率，具体事故责任比例与免赔率如表4-8所示。

延伸阅读：车辆综合改革的影响分析

表4-8　事故责任比例与免赔率表

责任认定	责任比例	免赔率
全部责任	100%	20%
主要责任	70%	15%
同等责任	50%	10%
次要责任	30%	5%

（二）船舶保险

船舶保险是以各种类型船舶为保险标的，承保其在海上航行或者在港内停泊时遭遇到的因自然灾害和意外事故所造成的全部或部分损失、费用支出及第三者责任提供赔偿的财产保险。船舶保险的种类主要有国内船舶保险和远洋船舶保险两大类，在实务中二者很难区分。

1. 船舶保险的保险责任

目前我国的船舶保险分为全损险和一切险。全损险承保下列原因所造成的被保险船舶的全部损失。

（1）海上风险。海上风险是指由海上自然灾害和意外事故构成的海上灾难，包括地震、火山爆发、闪电或其他自然灾害，搁浅、碰撞、触碰任何固定或浮动物体或其他物体或其他海上灾害。

（2）火灾或爆炸。

（3）来自船外的暴力盗窃或海盗行为。

（4）抛弃货物。

（5）核装置或核反应堆发生的故障或意外事故。

（6）船员的疏忽行为所致的损失。根据我国船舶保险条款规定，该保险还承保由于下列原因所造成的被保险船舶的全损：① 装卸或移动货物或燃料时发生的意外事故；② 船舶机件或船壳的潜在缺陷；③ 船长、船员有意损害被保险人利益的行为；④ 船长、船员和引水员、修船人员及租船人的疏忽行为；⑤ 任何政府当局，为防止或减轻因承保风险造成被保险船舶损坏引起的污染，所采取的行动。但此种损失原因应不是由于被保险人、船东或管理人未恪尽职责所致的。

一切险承保上述原因所造成被保险船舶的全损和部分损失以及下列责任和费用：

（1）碰撞责任。被保险船舶与其他船舶碰撞或触碰任何固定的、浮动的物体或其他物体而引起被保险人应负的法律赔偿责任。但本条对下列责任概不负责：① 人身伤亡或疾病；② 被保险船舶所载的货物或财物或其所承诺的责任；③ 清除障碍物、残骸、货物或任何其他物品；④ 任何财产或物体的污染或沾污（包括预防措施或清除的费用），但与被保险船舶发生碰撞的他船或其所载财产的污染或沾污不在此限；⑤ 任何固定的、浮动的物体以及其他物体的延迟或丧失使用的间接费用。

（2）共同海损和救助。被保险船舶若发生共同海损牺牲，被保险人可获得对这种损失的全部赔偿，而无须行使向其他各方索取分摊额的权利。

（3）施救费用。由于承保风险造成船舶损失或船舶处于危险之中，被保险人为防止或减少根据本保险可以得到赔偿的损失而付出的合理费用，保险人应予以赔付，但不得超过船舶的保险金额。

2. 船舶保险的责任免除

以下原因所致的损失、责任或费用属于国内船舶保险的责任免除：

（1）不适航，包括人员配备不当、装备或装载不妥，但以被保险人在船舶开航时，知道或应该知道此种不适航为限；

（2）被保险人及其代表的疏忽或故意行为；

（3）被保险人恪尽职责应予以发现的正常磨损、锈蚀、腐烂或保养不周，或材料缺陷包括不良状态部件的更换或修理；

（4）保险公司承保的战争和罢工险条款承保和除外的责任范围；

（5）清除障碍物、残骸及清理航道的费用。

3. 船舶保险的保险期限

船舶保险一般分定期保险和航次保险。

定期保险的保险期限最长为1年。起止时间以保险单上注明的日期为准。保险到期时，如被保险船舶尚在航行中或处于危险中或在避难港或中途港停靠，经被保险人事先通知保险人并按日比例加付保险费后，该保险继续负责到船舶抵达目的港为止。保险船舶在延长时间内发生全损，需加交6个月保险费。

航次保险，以保单订明的航次为准。起止时间一般有下列两种：一种是不载货船舶，自起运港解缆或起锚时开始至目的港抛锚或系缆完毕时终止。另一种是载货船舶，自起运港装货时开始至目的港卸货完毕时终止。但自船舶抵达目的港当日午夜零点起最多不得超过30天。

4. 船舶保险的保险金额

船舶保险的保险金额是根据船舶的保险价值确定的。船舶保险一般是定值保险，船舶的保险价值在订立保险合同时由双方商定，并载明在保险单上。

（三）飞机保险

飞机保险是以飞机及其相关责任、利益为保险标的，因自然灾害或意外事故而受损，致使第三者或机上旅客人身伤亡、财产损失时，由保险负责赔偿的一种运输工具保险。它是随着飞机制造业的发展，在海运险和人身意外伤害保险的基础上发展起来的一个保险领域。

我国的飞机保险参照国际上的做法，分为基本险和附加险两类。基本险包括飞机机身及零备件保险、飞机第三者责任保险和飞机旅客的法定责任保险；附加险包括飞机承运货责任保险和飞机战争劫持险。这里我们将重点介绍飞机保险基本险。

1. 飞机保险基本险的保险责任

（1）飞机机身保险。承保各种类型的客机、货机、客货两用机以及从事各种专业用途的飞机。飞机机身包括机壳、推进器、机器及设备。飞机机身险的承保责任一般包括：飞机在飞行、滑行中以及在地面上，因自然灾害或意外事故造成飞机及其附件的损失；飞机起飞后超过规定时间（一般为15天）尚未得到行踪消息所构成的失踪损失；因意外事故引起飞机拆卸、重装和运输的费用；清理残害的合理费用；飞机发生上述自然灾害或意外事故时，所支付的合理施救费用，但最高不得超过飞机机身保险金额的10%。

（2）飞机第三者责任保险。承保被保险人依法应负的有关飞机对地面、空中或机身外的第三者造成意外伤害或死亡事故或财产损毁的损失赔偿责任。其保险责任包括：飞机在地面上造成任何设备、人员、其他飞机等损失；飞机在空中造成地面上第三者任何损失，以及飞机在空中碰撞，造成其他飞机和人身伤亡的损失；承保涉及被保险人的赔偿责任所引起的诉讼费用，且不受保险单载明的最高赔偿额的限制。

（3）飞机旅客的法定责任保险。承保旅客在乘坐或上下保险飞机时发生意外，导致旅客受到人身伤亡，或随身携带和已经交运登记的行李、物件的损失，以及对旅客行李或物件在运输过程中因延迟而造成的损失，根据法律或合同应由被保险人负担的赔偿责任。其中，旅客是指购买飞机票的旅客或被保险人同意免费搭乘的旅客，但不包括为完成被保险人的任务而免费搭载的人员。

2. 飞机保险基本险的责任免除

（1）飞机机身保险的责任免除。该险种的责任免除主要有：战争和军事行动；飞机不符合适航条件而飞行；被保险人的故意行为；飞机任何部件的自然磨损或制造及机械缺陷（但因此而对飞机造成的损失或损害，飞机机身保险仍予以负责）；飞机受损后引起的被保险人停航、停运的间接损失；飞机战争、劫持险条款规定的保险责任和责任免除。

（2）飞机第三者责任保险的责任免除。该险种的责任免除有：战争和军事行动；飞机不符合适航条件而飞行；被保险人的故意行为；因飞机事故产生的善后工作所支出的费用；被保险人及其工作人员和保险飞机上的旅客或其所有以及代保管的财产。

3. 飞机保险基本险的保险金额（赔偿限额）与保险费率

（1）飞机机身险的保险金额、保险费率和停航退费。

① 飞机机身险的保险金额。飞机机身险普遍采用定值保险的方式，保险金额与保险价值相等。飞机机身险保险金额有三种确定方式：第一账面价值，即按购置飞机时的实际价值或按年度账面逐年扣减折旧后的价值；第二重置价值，即按照市场同种类型、同样机龄飞机的市场价值；第三双方协定价值，即由保险人与被保险人共同协商确定的价值。

② 飞机机身险的保险费率和停航退费。飞机机身险费率的厘定通常需考虑的因素包括：飞机类型、航空公司的损失记录、飞行员及机组人员的保险情况、飞机的飞行小时即飞机的机龄、飞行范围及飞机用途、免赔额的高低、机队规模的大小、国际保险市场的行情等。

飞机飞行时和停在地面上的风险是不一样的，因此，飞机进行修理（仅指正常修理和非保险事故的修理）或连续停航超过规定天数时（如10天或14

天），此期间的保险费可以办理停航退费。停航退费的计算公式为：

停航退费=保额×（飞行费率−地面费率）×75%×停航天数/365

如果飞机因为保险事故进行修理的，则在修理期间的停航不予办理退费。

（2）飞机第三者责任保险的赔偿限额和保险费。

飞机第三者责任保险的责任限额和保险费一般根据不同的飞机类型来制定。以中国人保财险公司的现行规定为例，喷气式各型飞机的责任限额为5 000万元，保险费为5万元；螺旋式各型飞机的责任限额为2 000万元，保险费为2万元；直升飞机的责任限额为1 000万元，保险费为1万元。

任务二　解读货物运输保险

【任务情景】

张先生是一家货运公司的老板，总能看到货物运输事故损失惨重的新闻报道，例如2021年5月19日福银高速一运食品货车自燃，货物被引烧损失近万元。张先生很焦虑：如果这些货物是由自己承运，对这突如其来发生的损失肯定非常心疼，那么如何未雨绸缪，弥补这些损失呢？

若你是某财产保险公司的工作人员，请你为张先生介绍货物运输保险，并制定相应的保险计划，为其规避风险。

【知识平台】

一、货物运输保险的概念

货物运输保险是指以各种运输工具运输过程中的货物作为保险标的，保险人承保因自然灾害或意外事故导致运输过程中的货物遭受损失的一种保险。货物运输保险起源于海上保险，是最古老的险种之一。

微课：大蒜是否属于公路货运险的保险范围

二、货物运输保险的特征

货物运输保险的特征主要体现在其保障对象、承保标的、承保风险、保险合同变更、保险期限和保险关系六个方面。

（一）保障对象具有多变性

货物运输保险的保障对象的多变性主要指的是被保险人的多变性。贸易活动中货物买卖的目的不仅是实现其使用价值，更重要的是实现货物的价值或货物的增值，这就决定了货物在运输过程中频繁易手，不断变换其所有人，从而必然会引起货物运输保险被保险人的不断变化。

（二）承保标的具有流动性

货物运输保险承保的是流动中或运动状态下的货物，它不受固定地点的限制。

（三）承保的风险具有综合性

与一般财产保险相比，货物运输保险承保的风险范围远远超过一般财产保险承保的风险范围。从性质上看，既有财产和利益上的风险，又有责任上的风险；从范围上看，既有海上风险，又有陆上和空中风险；从风险种类上看，既有自然灾害和意外事故引起的客观风险，又有外来原因引起的主观风险；从形式上看，既有静止状态中的风险，又有流动状态中的风险。

（四）保险合同变更具有自由性

运输中的货物面临的风险大小及出险概率的高低主要取决于承运人而非被保险人，因此，货物运输保险的保险合同可以随着货物所有权的转移而自由转移，而无须事先征得保险人的同意。实践中货物运输保险的保险合同往往被视同提货单的附属物，随着提货单的转移而转移。

（五）保险期限具有空间性

由于采取不同运输工具的货物运输途程具有不固定性，货物运输保险的保险期限通常不是采取1年期的定期制，而是以约定的运输途程为准，即将从起运地仓库到目的地仓库的整个运输过程作为一个保险责任期限。这一特征使得货物运输保险的保险期限具有空间性，因此，"仓至仓条款"是确定货物运输保险的保险责任期限的主要依据。

（六）保险业务具有国际性

货物运输保险的国际性主要表现在其所涉及的地理范围超越了国家和区域界限。国际运输货物保险所涉及的保险关系人，不仅是本国的公民，还包括不同国家和地区的贸易商、承运人、金融机构与货主等，因此，由保险可能产生的纠纷的预防和解决，必须依赖于国际性法规和国际惯例。

三、货物运输保险的种类

货物运输保险按照适用范围分为国内货物运输保险和海洋货物运输保险。

（一）国内货物运输保险

国内水路、陆路货物运输保险分为基本险和综合险两种。

1. 基本险的保险责任

（1）因火灾、爆炸、雷电、冰雹、暴雨、洪水、地震、海啸、地陷、崖崩、滑坡、泥石流所造成的损失；

（2）由于运输工具发生碰撞、搁浅、触礁、倾覆、沉没、出轨或隧道、码头坍塌所造成的损失；

（3）在装货、卸货或装载时，因遭受不属于包装质量不善或装卸人员违反操作规程所造成的损失；

（4）按国家规定或一般惯例应分摊的共同海损的费用；

（5）在发生上述灾害、事故时，因纷乱而造成货物的散失及因施救或保护货物所支付的直接、合理的费用。

2. 综合险的保险责任

保险人除承担基本险的责任外，还负责赔偿保险货物遭受的下列损失：

（1）因受震动、碰撞、挤压而造成破碎、弯曲、凹瘪、折断、开裂或包装破裂致使货物散失的损失；

（2）液体货物因受震动、碰撞或挤压致使所用容器（包括封口）损坏而渗漏的损失，或用液体保藏的货物因液体渗漏而造成保藏货物腐烂变质的损失；

（3）遭受盗窃或整件提货不着的损失。

3. 国内货物运输保险的除外责任

国内货物运输保险的保险人对由于战争或军事行动、核事件或核爆炸、保险货物本身的缺陷或自然损耗，以及由于包装不善、被保险人的故意行为或过失造成的保险货物的损失不承担赔偿责任。另外，对于全程是公路运输货物的，因盗窃和整件提货不着造成的损失也不承担赔偿责任。

4. 国内货物运输保险的保险金额

国内货物运输保险的保险金额的确定采用定值保险的方法，可由被保险人和保险人双方具体协商确定。一般可按离岸价、到岸价和目的地市价确定保险金额。离岸价是指货物在货物起运地的销售价，即起运地发货票价；到岸价是指货物起运地的销售价加上到达目的地的各种运杂费；目的地市价是被保险货物在目的地的销售价。大多数财产保险公司的国内水路、陆路货物运输保险的保险金额是按照到岸价确定的。

5. 国内货物运输保险的保险期限

国内货物运输保险的保险期限是依据航程确定的。具体为：保险责任的起讫期是自签发保险凭证和保险货物运离起运地发货人的最后一个仓库或储存处所时起，至该保险凭证上注明的目的地收货人在当地的第一个仓库或储存处所时终止。若保险货物运抵目的地后，收货人未及时提货，则保险责任的终止期最多延长至以收货人接到"收货通知单"后的15天为限（以邮戳日期为准）。

（二）海洋货物运输保险

海洋货物运输保险（marine cargo insurance），简称水险，是指保险人对于货物在运输途中因海上自然灾害、意外事故或外来原因而导致的损失负赔偿责任的一种保险。

1. 海洋货物运输保险的险别及其保险责任

（1）基本险。海洋货物运输保险的基本险包括平安险、水渍险、一切险。

① 平安险。平安险主要责任有：对于自然灾害造成的单独海损不负责赔偿，但对全部损失要负责赔偿；对于意外事故所造成的单独海损和全部损失都要负责赔偿；对于在海上意外事故发生后，由于海上自然灾害所造成的单独海损也要负责赔偿；合理的施救费用；共同海损的牺牲、分摊和救助费用。

② 水渍险。水渍险承保的责任范围除包括平安险各项责任外，还负责被保险货物由于恶劣气候、雷电、海啸、地震、洪水等自然灾害造成的部分损失。

③ 一切险。一切险的保险责任除包括平安险和水渍险的所有责任外，还包括被保险货物在海上运输途中由于各种外来原因所造成的全部损失和部分损失。

（2）附加险。海洋货物运输保险的附加险包括一般附加险、特别附加险、特殊附加险。

① 一般附加险。承保一般外来原因所造成的货物损失。

② 特别附加险。特别附加险与一般附加险不同之处有两点：一是特别附加险不包括在一切险责任范围以内；二是导致特别附加险的货物损失的原因往往与政治、国家行政管理以及一些特殊的风险相关。

③ 特殊附加险。特殊附加险承保的风险主要是战争和罢工这两种风险。

2. 海洋货物运输保险的除外责任

海洋货物运输保险的除外责任包括以下几点。

（1）被保险人的故意行为或过失所造成的损失；

（2）属于发货人责任所引起的损失；

（3）在保险责任开始前，被保险货物已存在的品质不良或数量短差所造成的损失；

（4）被保险货物的自然损耗、本质缺陷、特性以及市价跌落、运输延迟所造成的损失或费用；

（5）属于战争险条款和罢工险条款规定的保险责任和除外责任的货损。

3. 海洋货物运输保险的保险期限

海洋货物运输保险的期限采用"仓至仓条款"，即从货物运离保险单所载明起运港发货人的仓库时开始，一直到货物运抵保险单所载明的目的港收货人的仓库时为止。

> **延伸阅读**
>
> 共同海损的界定
>
> 海运船舶在运输过程中遭遇自然灾害或意外事故等危险情况，船长为了解除共同危险，维护船舶继续航行，有意识地采取合理的救难措施，做出某些特殊牺牲，因而导致船舶、货物和运费的特殊损失或支出额外的特殊费用。这部分的损失和费用，应由保存的船、货和运费三方面共同分摊，称作共同海损。构成共同海损，必须具备下述基本条件：
>
> （1）危险必须是共同的，而且是真实的或不可避免的，必须是船舶和货物都面临实际存在的共同危险，而不是仅凭船长的预料或预测。
>
> （2）必须确有牺牲的必要，也就是说做出的牺牲措施必须是合理的，是符合经济节约的措施，通过牺牲能使陷于危险的船、货得到拯救。
>
> （3）共同海损的牺牲，必须是有意识的和人为的，其费用必须是额外的。
>
> 共同海损通常是利害关系人（包括船方、货方、运费方）按获救价值的比例共同分摊。船舶、货物和运费往往涉及船舶保险、货物保险和运费保险，而运费有时涉及租船人。因此，共同海损理算工作，必须严格按照国际海运规则和共同海损理算规则办理。

模块练习

一、单选题

1. 以下不属于运输工具保险的是（　　）。
   A. 汽车保险　　　　　　　B. 卫星保险
   C. 飞机保险　　　　　　　D. 船舶保险

2. 以下属于商业机动车辆保险主险的是（　　）。
   A. 自然损失险　　　　　　B. 机动车损失险
   C. 车身划痕损失险　　　　D. 车上货物责任险

3. 承保由于机场工作人员的过失、疏忽造成的第三者的飞机或其他财产损失和人身伤亡,在法律上的赔偿责任的是(　　)。

  A. 旅客法定责任保险　　　　B. 飞机第三者责任保险
  C. 机场经营人责任保险　　　D. 飞机承运货物责任保险

4. 在海洋货物运输保险中,几乎都是采用(　　)承保。

  A. 共同保险　　　　　　　　B. 重复保险
  C. 定值保险　　　　　　　　D. 不定值保险

5. 平安险不赔偿(　　)。

  A. 自然灾害造成的实际全损
  B. 自然灾害造成的推定全损
  C. 意外事故造成的全部损失和部分损失
  D. 仅由自然灾害造成的单独海损

二、判断题

1. 机动车辆保险赔偿中通常规定有相对免赔额(率)。　　　　　　(　　)
2. 机动车辆商业保险的主险一般分为车辆损失险、车上人员责任险、车上货物责任险以及全车盗抢险。　　　　　　　　　　　　　　　　(　　)
3. 劫持险属于飞机保险的附加险。　　　　　　　　　　　　　　(　　)
4. 国内货物运输保险的保险责任的起讫期是自签发保险凭证和保险货物运离起运地发货人的最后一个仓库或储存处所时起,至该保险凭证上注明的目的地收货人在当地的第一个仓库或储存处所时终止。　　　　　(　　)
5. 凡是共同海损都属于全部损失。　　　　　　　　　　　　　　(　　)

模块四　其他财产保险

任务一　解读工程保险

【任务情景】

  工程项目面临的风险由于工程建设项目投资巨大、工期长,从其筹划、设计、建造到竣工后投入使用,整个过程都存在着各种各样的风险,无论是工程项目业主(投资商)、承包商、咨询(监理)商,还是建筑设计商、材料设备供应商等,都面临着不可回避的风险。

  请你根据工程项目中存在的风险,分析可以通过购买哪些相应的保险产品来转移风险。

【知识平台】

一、工程保险的概念和分类

工程保险是以工程项目在建设过程中因自然灾害和意外事故造成物质财产损失，以及对第三者的财产损失和人身伤亡应承担的赔偿责任为保险标的的一种综合性保险。工程保险是从财产保险中派生出来的一个险种，以各类民用、工业用和公共事业用工程项目为承保对象。工程保险主要分为建筑工程保险、安装工程保险和机器损坏保险。

二、工程保险的特征

工程保险虽然承保了火灾保险和责任保险的部分风险，但与传统的财产保险相比较，它又有以下特征。

（一）风险广泛而集中

工程保险的许多险种都冠以"一切险"，即除条款列明的责任免除外，保险人对保险期间工程项目因一切突然和不可预料的外来原因所造成的财产损失、费用和责任均予赔偿。此外，现代工程项目集中了先进的工艺、精密的设计和科学的施工方法，使工程造价猛增，造成工程项目本身就是高价值、高技术的集合体，从而使工程保险承保的风险基本上是巨额风险。

（二）涉及较多的利害关系人

在工程保险中，由于同一个工程项目涉及多个具有经济利害关系的人，如工程所有人、工程承包人、各种技术顾问及其他有关利益方（如贷款银行）等，均对工程项目承担不同程度的风险，因此，凡对于工程保险标的具有保险利益者，均具备对该项目进行投保的投保人资格。

（三）工程保险的内容相互交叉

在建筑工程保险中，通常包含着安装项目，如房屋建筑中的供电、供水设备安装等，而在安装工程保险中一般又包含着建筑工程项目，如安装大型机器设备就需要进行土木建筑打好座基等。因此，这类业务虽有险种差别，相互独立，但内容多有交叉，经营上也有互通性。

（四）工程保险承保的是技术风险

现代工程项目的技术含量很高，专业性极强，而且可涉及多种专业学科或尖端科学技术，如兴建核电站、大规模的水利工程和现代化工厂等。因此，工程保险对保险的承保技术、承保手段和承保能力提出了更高要求。

三、建筑工程保险

（一）建筑工程保险的概念和适用对象

建筑工程保险，简称建工险，是以土木建筑为主体的民用、工业用和公共事业用的工程在建筑或改建期内因自然灾害和意外事故造成的物质损失，以及被保险人对第三者依法应承担的赔偿责任为保险标的的保险。

建筑工程保险承保的是各类建筑工程，适用于一切民用、工业用和公共事业用的建筑工程项目，包括道路、水坝、桥梁、港埠码头、住宅、旅馆、商店、工厂、水库、管道、学校、娱乐场所等。

（二）建筑工程保险的保险标的和保险金额

建筑工程保险的标的可分为物质财产本身和第三者责任两类。为了方便确定保险金额，建筑工程险保单明细表中列出的保险项目通常包括物质损失、特种风险赔偿、第三者责任三个部分。

1. 物质损失部分

建筑工程险的物质损失可以分为以下七项：① 建筑工程。② 工程所有人提供的物料和项目。③ 安装工程项目。④ 建筑用机器、装置及设备。⑤ 工地内现成的建筑物。⑥ 场地清理费。⑦ 所有人或承包人在工地上的其他财产。以上七项之和，构成建筑工程险物质损失项目的总保险金额。

2. 特种风险赔偿

特种风险是指保单明细表中列明的地震、海啸、洪水、暴雨和风暴，特种风险赔偿则是对保单中列明的上述特种风险造成的各项物质损失的赔偿。为控制巨灾损失，保险人应在保单中约定特种风险所造成损失的赔偿限额，一般占物质损失总保险金额的50%~80%。

3. 第三者责任部分

建筑工程险的第三者责任，是指被保险人在工程保险期内因意外事故造成工地及工地附近的第三者人身伤亡或财产损失依法应负的赔偿责任。第三者责任采用赔偿限额，赔偿限额由保险双方当事人根据工程责任风险的大小商定，并在保险单内列明。

（三）建筑工程保险的保险责任

建筑工程保险的保险责任相当广泛，概括起来分为物质损失部分和第三者责任部分的保险责任。

1. 物质损失部分的保险责任

（1）保险期限内，保单明细表中分项列明的保险财产在列明的工地范围内，因保单除外责任以外的任何自然灾害或意外事故造成的物质损失，保险公司承担赔偿责任。

案例：工程保险的保险责任范围

① 自然灾害，指地震、海啸、雷电、飓风、台风、龙卷风、风暴、暴雨、洪水、水灾、冻灾、冰雹、地崩、雪崩、火山爆发、地面塌陷下沉及其他人力不可抗拒的破坏力等强大的自然现象。

② 意外事故，指不可预料的以及被保险人无法控制并造成物质损失或人身伤亡的突发性事件，包括火灾和爆炸。

（2）因上述自然灾害和意外事故发生造成的损失所产生的下列费用，保险公司亦承担赔偿责任。

① 被保险人为防止或减少保险标的的损失所支付的必要的、合理的费用；

② 经保险合同约定的其他费用。

2. 第三者责任部分的保险责任

（1）在保险期间内，因发生与建筑工程保险所承保工程直接相关的意外事故引起工地内及邻近区域的第三者人身伤亡、疾病或财产损失，依法应由被保险人承担的经济赔偿责任，保险人按合同约定负责赔偿。

（2）保险事故发生后，被保险人因保险事故而被提起仲裁或者诉讼的，应由被保险人支付的仲裁或诉讼费用以及其他必要的、合理的费用，经保险人书面同意，保险人亦负责赔偿。

（四）建筑工程保险的除外责任

1. 物质损失部分的责任免除

下列原因造成的损失、费用，保险人不负责赔偿：① 错误设计引起的损失、费用或责任。② 换置、修理或矫正标的本身原材料的缺陷或工艺不善所支付的费用。③ 全部停工或部分停工引起的损失、费用或责任。④ 保单中规定应由被保险人自行负担的免赔额。⑤ 领有公共运输用执照的车辆、船舶、飞机的损失。⑥ 建筑工程保险的第三者责任险条款规定的责任范围和责任免除。

2. 第三者责任部分的责任免除

下列原因造成的损失、费用，保险人不负责赔偿：① 明细表中列明的应由被保险人自行承担的第三者物质损失的免赔额，但对第三者人身伤亡不规定免赔额。② 领有公共运输用执照的车辆、船舶、飞机造成的事故。③ 被保险人或其他承包人在现场从事有关工作的职工的人身伤亡和疾病；被保险人及其他承包人或他们的职工所有或由其照管、控制的财产损失。④ 由于震动、移动或减弱支撑而造成的其他财产、土地、房屋的损失或由于上述原因造成的人身伤亡或财产损失。⑤ 被保险人根据与他人的协议支付的赔偿或其他款项。

3. 总责任免除

总责任免除是指既适用于物质损失部分又适用于第三者责任部分的责任免除。

（1）下列原因造成的损失、费用和责任，保险人不负责赔偿：① 战争、类似战争行为、敌对行为、武装冲突、恐怖活动、谋反、政变；② 行政行为或司法行为；③ 罢工、暴动、民众骚乱；④ 被保险人及其代表的故意行为或重大过失行为；⑤ 核裂变、核聚变、核武器、核材料、核辐射、核爆炸、核污染及其他放射性污染；⑥ 大气污染、土地污染、水污染及其他各种污染。

（2）下列损失、费用，保险人不负责赔偿：① 工程部分停工或全部停工引起的任何损失、费用和责任。② 罚金、延误、丧失合同及其他后果损失；③ 保险合同中载明的免赔额或按保险合同中载明的免赔率计算的免赔额。

（五）建工险的保险期间与保证期

建筑工程保险承保整个工程建设期间的相关风险，保险期限应按整个工程的期限根据需要确定。对于一些大型、综合性工程，由于各个部分的工程师分期施工，如果投保人要求分期投保，经保险人同意后可分别规定保险期限。

1. 保险责任的开始时间

建筑工程保险的保险期限开始有两种情况：自工程破土动工之日或自被保险项目原材料等卸至工地时起，两者以先发生者为准。

2. 保险责任的终止时间

保险责任的终止有以下几种情况，以先发生者为准：保单规定的终止日期；工程所有人对部分或全部工作签发完工验收证书或验收合格时；工程所有人开始使用时。

3. 保证期

在建筑工程保险中工程完毕后，还有一个保证期。保证期是指根据工程合同的规定，承包商对于承建的工程项目在工程验收并交付使用之后的一定时期内，如果建筑物或被安装的机器设备存在建筑或安装质量问题，甚至造成损失的，承包商对于这些质量问题或损失应承担修复或赔偿责任。

延伸阅读：中国人保公司建筑工程一切险条款

四、安装工程保险

（一）安装工程保险的概念和适用对象

安装工程保险是指以各种大型机器设备的安装工程项目在安装期间因自然灾害和意外事故造成的物质损失，以及被保险人对第三者依法应承担的赔偿责任为保险标的的保险。安装工程保险适用于安装各种工厂使用的机器、设备、储油罐、钢结构工程、起重机、吊车以及包含机械工程因素的任何建造工程。

（二）安装工程保险的保险标的和保险金额

安装工程保险的标的范围很广，可分为物质财产本身和第三者责任两类。

其中，物质财产本身包括安装项目、土木建筑工程项目、场地清理费、所有人或承包人在工地上的其他财产；第三者责任则是指在保险有效期内，因在工地发生意外事故造成工地及邻近地区的第三者人身伤亡或财产损失，依法应由被保险人承担的赔偿责任和因此而支付的诉讼费及经保险人书面同意的其他费用。安装工程保险的保险标的和保险金额如表4-9所示。

表4-9 安装工程保险的保险标的和保险金额分项表

项目	保险标的	保险金额
1. 安装项目	被安装的机器设备、装置、物料、基础工程以及安装工程所需的各种临时设施，如水、电、照明、通信等设施	工程完毕时的实际价值
2. 土木建筑工程项目	新建、扩建厂矿必须有的工程项目，如厂房、仓库、道路、水塔、办公楼、宿舍、码头、桥梁等	项目建成的价格
3. 场地清理费	事故发生后清理场地的费用	单独列出，由投保人与保险人协商确定
4. 机器设备	为安装工程施工用的承包人的机器设备	重置价值
5. 其他财产	1、2、4项以外的保险标的，大致包括安装施工用机具设备、工地内现成财产	重置价值

（三）安装工程保险的保险责任

安装工程保险的保险责任与建筑工程保险基本相似，在保险期间内，对保险合同分项列明的保险财产在列明的工地范围内，因保险合同责任免除以外的任何自然灾害或意外事故造成的损失承担负责赔偿。除与建筑工程保险部分相同外，安装工程保险物质损失部分还包括以下内容：

（1）安装工程出现的超负荷、超电压、碰线、电弧、走电、短路、大气放电及其他电气原因引起的事故。

（2）安装技术不善引起的事故。技术不善是指按照要求安装但没达到规定的技术标准，在试车时往往出现损失。因此承保时要对安装技术人员进行评价，以保证他们的技术水平能符合被安装设备的要求。

（3）除外责任规定以外的其他不可预料的突然事故。

（四）安装工程保险的责任免除

安装工程保险的责任免除，与建筑工程保险基本相同。其不同之处有以下两点。

（1）因设计错误、铸造或原材料缺陷或工艺不善引起的本身损失以及为纠正这些缺点错误所支付的费用。建筑工程保险将设计错误造成的损失一概除外，而安装工程保险对设计错误造成本身的损失除外，由此引起的其他保险财产的损失负责赔偿。

（2）由于超负荷、超电压、碰线、电弧、走电、短路、大气放电及其他电气原因造成电气设备或电器用具本身的损失，安装工程保险对这些电气事故造成的其他财产损失负责赔偿。

（五）安装工程保险的保险期间

安装工程保险的保险期间包括从开工到完工的全过程，由投保人根据需要确定。与建工险相比，安装工程保险项下多了一个试车考核期。试车考核期是工程安装完毕后进行的冷试、热试和试生产。冷试是指单机冷车运转；热试是指全线空车联合运转；试生产是指加料全线负荷联合运转。考核期的长短根据工程合同上的规定来确定，一般不超过3个月，若超过3个月，需支付额外的保险费。

延伸阅读：中国人保安装工程一切险条款

任务二　解读农业保险

【任务情景】

某种粮大户承包本村1 500亩圩田。由于连年灾害不断，损失严重，一度对种粮失去信心。2018年开始参加农业保险。2019年7月，该村圩堤溃破，稻田受灾，该农户准备在受淹的圩田内养鱼，却苦于没有资金。保险公司得知情况后，及时将30万元赔款打卡到户，农户用这笔赔款购买了鱼苗进行饲养，挽回了一些经济损失。正是有了农业保险，农户才能在大灾之年及时恢复生产，不至于因灾返贫。

请根据背景资料，并结合农业保险的知识分析发展农业保险的重要性，及农业保险为何是政策性保险。

【知识平台】

一、农业保险的含义和特点

（一）农业保险的含义

农业保险是保险人对被保险人在从事种植业和养殖业生产过程中因遭受保险责任范围内的自然灾害或意外事故所遭受的经济损失提供经济补偿的一种保险。农业保险和一般保险不同，农业保险标的大多是农作物及饲养的家禽家畜；承担的是其在生长发育过程中面临自然力和人力的作用而产生的风险，农业保险属政策性保险。

（二）农业保险的特点

（1）较高的赔付率。不论是种植业保险还是养殖业保险，都是大规模、大面积地承保，一旦发生危险，损失极大，保险公司经常出现亏损。

（2）较强的地域性。农业生产及灾害的地域性决定了农业保险具有较强的地域性。农业保险在险别、标的种类、灾害种类及保险期限、保险责任、保险费率等方面，表现出区域内的相似性和区域外的差异性。

（3）明显的季节性。农业生产和农业灾害本身具有强烈的规律性和季节性，使得农业保险在展业、承保、理赔、防灾防损等方面表现出明显的季节性。

（4）受多重风险的制约，经营风险高，技术难度大。农业保险既受自然条件的影响，又受社会和农民自身道德等多方面因素的影响。从世界范围看，农业仍是高风险产业，农业保险经营普遍存在亏损。

二、农业保险业务的种类

根据保险标的不同，可把农业保险分为种植业保险和养殖业保险两大类。种植业保险又可分为农作物保险和林木保险；养殖业保险又可分为畜禽保险和水产养殖保险。

（一）种植业保险

种植业保险是以各种作物，包括果树、林木、储藏农产品为保险对象的一类保险。一般可分为生长期农作物保险、收获期农作物保险、森林保险、经济林园林苗圃保险。

（二）养殖业保险

养殖业保险是指以各种畜禽和水产动物为保险对象的保险。包括牲畜保险、家畜家禽保险、水产养殖保险、特种养殖保险。

三、农业保险的保险责任

（一）种植业保险责任

种植业保险的保险责任为人力无法抗拒的自然灾害，包括暴雨、洪水（政府行蓄洪除外）、内涝、风灾、雹灾、冻灾、旱灾及病、虫、草、鼠害等，对投保农作物造成的损失。

（二）养殖业保险责任

养殖业保险的保险责任为重大病害、自然灾害、意外事故以及强制捕杀所导致的投保个体直接死亡。

（1）重大病害。奶牛：口蹄疫、布鲁氏菌病、牛结核病、牛焦虫病、炭疽、伪狂犬病、副结核病、牛传染性气管炎、牛出血性败血病、日本血吸虫病。

（2）自然灾害。暴雨、洪水（政府行蓄洪除外）、风灾、雷击、地震、冰雹、冻灾。

（3）意外事故。泥石流、山体滑坡、火灾、爆炸、建筑物倒塌、空中运行物体坠落。

（4）强制捕杀。当发生高传染性疫病政府实施强制捕杀时，经办保险机构应赔偿保户保险金额与政府支付捕杀补贴的差额部分。

四、农业保险的保险金额

（一）种植业保险的保险金额的确定方法

1. 按成本确定保险金额

按成本确定保险金额即按投入的生产成本确定保险金额。保险公司在种植成本费用范围内按实际损失程度予以补偿。生产成本包括：种子成本、化肥成本、农药成本、灌溉成本、机耕成本和地膜成本，由投保人与保险人协商确定，并在保险单中载明。

$$保险金额 = 单位面积保险金额 \times 保险面积$$

2. 按产量确定保险金额

按产量确定保险金额即按平均收获量的成数确定保险金额。在农作物遭受保险责任范围内的灾害造成收获量减少时，收获量不足保险金额的部分由保险公司负责补偿。一般承保前3～5年平均产量的若干成数，如4～6成。

$$保险金额 = 前3～5年单位面积平均收获量 \times 承保成数 \times 保险面积$$

（二）养殖业保险的保险金额的确定

1. 保成本

以保险标的在收获时投入的成本为最高保险金额。

2. 保产量

以市场价格或产品的销售价格与产量作为确定保险金额的依据，一般只保5～7成。

任务三　解读责任与信用保证保险

【任务情景】

某游泳馆与某保险公司签订"游泳馆公众责任险"。保险期内，游客甲突然发生异常情况，馆内救护人员立即进行抢救，并呼叫救护车将其送往医院，但该游客终因抢救无效而死亡。医院认定其死亡原因为"猝死"，并出具死亡医学证明书。该游泳馆向甲家属赔偿之后，立即向保险公司申请索赔。但保险公司却认为甲的死亡为"猝死"，而且该游泳馆在此事故中已充分履行了其职责，游泳馆无须承担民事赔偿责任，即该事故不属于保险公司承保"公众责任险"的责任范围，因而拒绝赔付保险金。该游泳馆不服，向法院提起诉讼。

若你是保险公司的理赔人员，请解释责任保险的承保范围有哪些？并分析该案中保险公司是否要承担赔偿责任。

【知识平台】

一、责任保险

（一）责任保险的概念

责任保险是以被保险人依法或依契约应对第三者承担的经济赔偿责任为保险标的的一种保险。责任保险属于广义的财产保险范畴，是处理法律风险的一种赔偿性保险。

微课：从一只小狗的责任说起

（二）责任保险的特征

责任保险与一般财产保险相同，都是赔偿性质的保险，但又有不同之处。责任保险的特征主要体现在以下几个方面。

1. 责任保险产生的基础是法制的健全与完善

一般财产保险产生与发展的基础是自然风险与社会风险的客观存在和商品经济的产生和发展。而责任保险产生和发展的基础则是人类社会的进步带来了法律制度不断完善。正是因为人们在社会中的行为均在这些法律的一定规范之内，才有可能因为触犯法律造成他人的人身伤害或财产损失而承担经济上的赔偿责任，也正是因为民事赔偿责任风险的存在，人们才想方设法要通过有效的方式转移或转嫁这些风险，责任保险因此而得到产生和发展。

2. 补偿对象的双重性

在一般财产保险中，保险人补偿的对象是被保险人或受益人，保险赔偿金完全归被保险人或受益人所有，不会涉及任何第三方。而责任保险不同，其直接补偿的对象虽然也是被保险人，但由于被保险人的利益损失表现为其对第三者的赔偿责任，所以责任保险的保险赔款实际上是间接补偿了受到损害的第三者，从而使责任保险具有了补偿对象的双重性。

3. 责任保险承保方式的多样性

责任保险的承保方式具有多样性，实务中常见的有四种：独立承保方式、作为一般财产保险业务的附加险承保方式、作为财产保险相关联的险种的独立承保方式、作为一般财产保险业务中基本责任的承保方式。

4. 保险理赔要求的特殊性

在责任保险中，保险人对被保险人的赔偿以被保险人对第三者的赔偿为前提。与保险人相比被保险人处理索赔的经验比较少，加之投保人在投保后疏忽心理的产生，可能与受害人达成高于合理赔偿额度的赔偿协议，进而使保险人支付更多的赔款。为了避免发生这种情况，责任保险合同通常都规定：① 未经保险人许可，被保险人不得自行与受害人进行有关赔偿的协商，被保险人与受害人之间的赔款协议需要由保险人事先认可。② 被保险人知道可能发生诉讼、仲裁时，应立即以书面的形式通知保险人，接到法院传票或其他法律文书后，应将其副本及时送交保险人，保险人有权以被保险人的名义对诉讼进行抗辩或处理有关仲裁事宜。可见，在责任保险中，保险人可以对诉讼纠纷提前介入，既是保险人的一种权利，目的是减少保险赔款，同时也是保险人为被保险人提供的一项服务。

（三）责任保险的主要内容

1. 责任保险的保险标的

责任保险的保险标的是被保险人在法律上应负的民事损害赔偿责任。民事责任就是指公民或法人在不履行自己的民事义务或者侵犯他人的民事权利时按照民法的规定而产生的法律后果。《中华人民共和国民法典》规定的民事责任包括侵权责任和违约责任。侵权责任又称违反法律规定的民事责任，包括过失责任和无过失责任；违约责任即违反合同的民事责任。责任保险承保的民事责任主要是侵权责任，但也可以特约承保违约责任。

2. 责任保险的保险责任

责任保险的保险责任一般包括两项内容。

（1）被保险人依法应承担的经济赔偿责任。责任保险承保的责任主要是被保险人因过失行为、无过失行为引起的责任事故，导致受害人财产损失或人身伤亡，依法应由被保险人承担的经济赔偿责任。

（2）被保险人支付的诉讼、律师等费用。因赔偿纠纷引起的由被保险人支付的合理的诉讼、律师费用及其他事先经过保险人同意支付的费用，保险人负责赔偿。

3. 责任保险的承保基础

责任保险的承保基础是指确定责任保险责任事故有效期间的办法。在责任保险实务中有两种确定责任保险责任事故有效期间的方法。

（1）期内发生式。期内发生式也称为以事故发生为基础的承保方式。该承保方式是保险人仅对在保险有效期内发生的职业责任事故而引起的索赔负责，而不论受害方是否在保险有效期内提出索赔，它实质上是将保险责任期限延长了。

（2）期内索赔式。期内索赔式也称以索赔为基础的承保方式。该承保方式是保险人仅对在保险期内受害人向被保险人提出的有效索赔负赔偿责任，而不论导致该索赔案的事故是否发生在保险有效期内。这种承保方式实质上是使保险时间前置了，从而使职业责任保险的风险较其他责任保险的风险更大。

承保基础不同，保险人对事故处理结果不尽相同。例如，客户购买的产品责任险起始日是2018年2月2日，到期日为2019年2月1日。保单到期后客户没有进行续保。该保单采用期内发生式或期内索赔式，公司对于任何发生在2018年2月2日至2019年2月1日期间的保单承保的事故将如何进行理赔？具体分析如表4-10所示。

表4-10 责任保险承保分析表

事故发生时间	提出索赔时间	发生式保单是否负责及原因	索赔式保单是否负责及原因
2017-05-02	2018-02-13	×事故发生时间不在保单有效期内	√索赔时间在保单有效期内
2018-03-31	2018-07-20	√事故发生在保单有效期内	√索赔时间在保单有效期内
2018-07-15	2020-05-06	√事故发生在保单有效期内	×索赔时间不在保单有效期内
2019-01-23	2020-03-25	√事故发生在保单有效期内	×索赔时间不在保单有效期内
2020-03-28	2020-11-04	×事故发生时间不在保单有效期内	×索赔时间不在保单有效期内

4. 责任保险的赔偿处理

发生责任事故后，保险人对被保险人依法对第三者应承担的经济赔偿责任在赔偿限额范围内扣除免赔额后进行赔偿。

（1）责任保险的赔偿限额。责任保险的赔偿限额通常有两种类型：一是每次事故赔偿限额，即每次责任事故或同一原因引起的一系列责任事故的赔偿限额。它又可以分为每次责任事故的财产损失赔偿限额和每次责任事故的人身伤亡赔偿限额。二是累计赔偿限额，即保险期内累计的赔偿限额，也可以分为累计的财产损失赔偿限额和累计的人身伤亡赔偿限额。

在某些情况下，保险人也将财产损失和人身伤亡两者合为一个限额，或者只规定每次事故和同一原因引起的一系列责任事故的赔偿限额，而不规定累计赔偿限额。

（2）责任保险的免赔额。在责任保险中，一般采用绝对免赔额，旨在促使被保险人小心谨慎、防止发生事故和减少小额、零星的赔款支出。

（四）责任保险的主要种类

责任保险的主要险种包括公众责任保险、产品责任保险、雇主责任保险和职业责任保险。

1. 公众责任保险

公众责任是致害人在公众活动场所的疏忽或过失等侵权行为，致使他人的人身伤害或财产受到损害，依法应由致害人承担对受害人的经济赔偿责任。公众责任保险主要有场所责任保险、承包人责任险、个人责任险等。

2. 产品责任保险

产品责任保险是指以产品制造者、销售者、维修者等的产品责任为承保风险的一种责任保险，而产品责任又以各国的产品责任法律制度为基础。

3. 职业责任保险

职业责任保险是以从事各种专业技术工作的单位或个人因工作上的失误造成他人的人身伤害或财产损失依法应承担的经济赔偿责任作为保险标的的责任保险。在当代社会，医生、会计师、律师、设计师、经纪人、代理人、工程师等技术工作者均存在着职业责任风险，从而均可以通过职业责任保险的方式来转嫁其风险。

4. 雇主责任保险

雇主责任保险是一种以被保险人即雇主对雇员在受雇期间从事业务时因遭受意外导致伤、残、死亡或患有与职业有关的职业性疾病而依法或根据雇佣合同应由被保险人承担的经济赔偿责任作为保险标的的责任保险。

二、信用保证保险

信用保证保险是以信用风险为保险标的的保险，实际上是由保险人（保证人）为信用关系中的义务人（被保证人）提供信用担保的一类保险业务。通常将权利人（被保险人）投保义务人信用的保险业务叫信用保险。由义务人（被保险人）投保自己信用的保险业务叫保证保险。信用保证保险是现代保险中的一类新兴业务。

微课：信保易为小微企业驰骋国际市场保驾护航

（一）信用保险

信用保险是权利人投保义务人信用的保险，即以被保险人（权利人）的信用放款及信用售货为保险标的的保险。目前我国信用保险主要有国内商业信用保险、出口信用保险和投资保险三种类型。

1. 国内商业信用保险

国内商业信用保险亦称国内信用保险，承保企业延期付款或分期付款时，卖方因买方不能如期偿还全部或部分贷款而遭受的经济损失的风险。国内信用保险一般承保批发业务，不承保零售业务；只承保3～6个月的短期商业信用风险，不承保长期商业信用风险。其险种主要有：赊销信用保险、贷款信用保险和个人贷款信用保险。

2. 出口信用保险

出口信用保险是由出口商（权利人）投保进口商（义务人）信用的保险。根据保险合同，由出口商作为投保人（同时是被保险人）与保险公司订立保险合同，缴纳保险费，保险人赔偿出口商因买方（进口商）不按合同约定支付到期部分或全部债务而遭受的经济损失。

3. 投资保险

投资保险又叫政治风险保险，主要是针对本国投资者在外国投资期间，或外国投资者来本国投资期间，由于战争、内乱、罢工、暴动，或政府征用或没收、汇兑限制使被保险人不能将按规定可以汇出的外汇汇出等风险造成的投资损失所举办的保险。

（二）保证保险

保证保险是指保险人应投保人要求，为投保人的信用提供担保，在投保人由于信用风险使权利人遭受损失时，由保险人负赔偿责任的保险。其保险标的是被保证人的违约责任。保证保险主要有以下三种类型。

案例：互联网金融产品P2P与履约保证保险

1. 合同保证保险

合同保证保险是补偿各种经济合同的权利人因对方（被保证人）违约所造成的经济损失。这类保险较普遍的业务是建筑工程承包合同的保证保险和住房抵押贷款保证保险。

2. 产品质量保证保险

产品质量保证保险，是以被保险人因制造、销售或修理的产品丧失或不能达到合同规定的效能而应对买主承担赔偿责任为保险标的的保险。它与产品责任保险的业务性质有根本区别。不过在保险实务中，产品保证保险经常同产品责任保险一起承保。

3. 诚实保证保险

诚实保证保险是承保雇主（被保险人）因雇员（被保证人）的不道德或不法行为致使其遭到的经济损失时，由保险人作为保证人承担损失赔偿责任的一种保证保险。

模块练习

一、单选题

1. 与传统财产保险比较,以下不属于工程保险的特征有（　　）。
   A. 风险广泛而集中　　　　B. 涉及较多利害关系人
   C. 风险疏散　　　　　　　D. 保险承保的是技术风险

2. 在农业保险中,种植业保险一般包括（　　）。
   A. 农作物保险和林木保险
   B. 农作物保险和畜禽养殖保险
   C. 农作物保险和水产养殖保险
   D. 农作物保险和畜禽养殖、水产养殖保险

3. 通常将权利人投保义务人信用的保险业务叫（　　）。
   A. 信用保险　　　　　　　B. 责任保险
   C. 保证保险　　　　　　　D. 财产损失保险

4. （　　）的保险责任,是由保险人或其从事该职业的前任或其他任何雇员或从事该业务的雇员的前任,在任何时候、任何地方从事该业务时,由于疏忽、过失所致的损失,在保险合同有效期内,向被保险人提出的任何索赔,保险人承担赔偿责任。
   A. 公众责任保险　　　　　B. 产品责任保险
   C. 职业责任保险　　　　　D. 雇主责任保险

5. 以事故发生期间为基础,责任保险的承保方式中,（　　）是指被保险人的侵权行为发生在保险合同有效期内,则保险人应对被保险人的民事赔偿责任负责承担保险责任,而不论索赔是否发生在保险合同有效期内。
   A. 期内索赔式　　　　　　B. 期内发生式
   C. 期外索赔式　　　　　　D. 期外发生式

二、判断题

1. 工程保险的投保人仅能是工程所有人。　　　　　　　　　　　　（　　）
2. 自然磨损、内在或潜在缺陷造成的保险财产自身的损失和费用属于建筑工程保险物质损失部分的除外责任。　　　　　　　　　　　　　　（　　）
3. 责任保险以事故发生期间为基础,其承保方式分为期内发生式和期外索赔式。　　　　　　　　　　　　　　　　　　　　　　　　　　（　　）
4. 经营农业保险的成本明显高于一般财产保险。　　　　　　　　　（　　）

5. 养殖业保险责任为重大病害、自然灾害、意外事故以及强制捕杀所导致的投保个体直接死亡。（   ）

专业能力训练

◇ **思考讨论**

1. 财产保险的业务体系包括哪些险种？
2. 如何区分财产保险中的可保财产、不保财产、特保财产？
3. 什么是交强险？其与商业第三者责任保险有何区别？
4. 责任保险的特点有哪些？其承保方式有几种？

◇ **案例分析**

1. 某电力公司向保险公司投保企业财产综合险。保险期间内，该电力公司所属的某供电公司220KV二热扩建送出工程某电缆隧道内发生严重火灾事故。事故造成隧道内的财产损失，同时还造成另一家电子公司停电导致财产损失。经核算，本次事故财产损失报损金额为1 200万元。经保险公司与该电力公司协商及相关评估部门的测算，最终赔付人民币720万元，损失追偿权转让给了保险公司。火灾发生后，事故单位委托某高压研究所对火灾原因进行了调查分析，最终认定火灾发生是因为电缆公司不当的安装处理造成电缆被击穿。保险公司在取得代位追偿权后，提起诉讼，请求法院判令电缆公司向保险公司支付赔偿款720万元及利息。

请结合案例分析法院是否支持保险公司的诉讼请求？原因是什么？

2. 某市居民李某投保了家财险。保险期限内，李某为8岁的儿子买了各式烟花爆竹，儿子独自留在家中时点燃了爆竹，花炮在屋里乱窜喷火导致其余烟花爆竹也被相继点燃，酿成大火。所幸李某的儿子逃出门外，只有皮肉伤。但当大火被扑灭李某清点家财时发现衣服、被褥、家用电器、家具等均有不同程度的损坏。对这起火灾，保险公司认为，根据家财险保险条款规定，被保险人及其家庭成员的故意行为，属于本保险的除外责任，火灾是李某的儿子故意行为所致，因此保险公司不承担赔偿责任。而被保险人李某则认为，其子并非故意纵火，而只是玩耍不慎导致室内财物被烧，不应视为被保险人家庭成员的故意行为。

保险公司是否应该赔偿？为什么？

◇ **综合实训**

实训项目：财产保险产品分析

实训资料：

各家保险公司火灾保险产品、运输保险产品、工程保险产品、农业保险产品和责任与信用保证保险产品介绍及产品条款等资料，可通过书籍或者各家保险公司官方网站查找。

实训要求：

（1）学生分成若干组，每组负责查找某家保险公司的财产保险产品，至少包括物质损失财产保险产品、责任保险产品和信用保证保险产品；

（2）进行产品条款解读与分析；

（3）以小组为单位形成产品分析报告，或在课堂上进行产品分析汇报。

项目五 人身保险及其产品

学习目标

【知识目标】

- 掌握人身保险的概念、分类，了解人身保险的特征
- 熟悉人身保险的常见条款
- 熟悉传统型和创新型人寿保险产品的种类及特征
- 熟悉健康保险的概念和特征，了解其主要产品
- 熟悉意外伤害保险的概念及特征，了解其主要产品
- 熟悉人身保险规划的流程和方法

【技能目标】

- 能正确解读人身保险合同的条款
- 能根据保险产品条款进行保障利益计算，并向客户进行产品讲解
- 能根据客户的具体情况分析保险需求，制定人身保险规划

【素养目标】

- 通过对保险产品、合同条款的解读和应用训练，使学生能从客户的角度理解产品和条款，树立学生的服务意识，培养学生诚实守信的职业道德
- 通过人身保险规划的制定和训练，使学生感受保险从业人员的专业、细致在保险规划制定中的作用，树立学生的精益求精的职业精神

【知识结构】

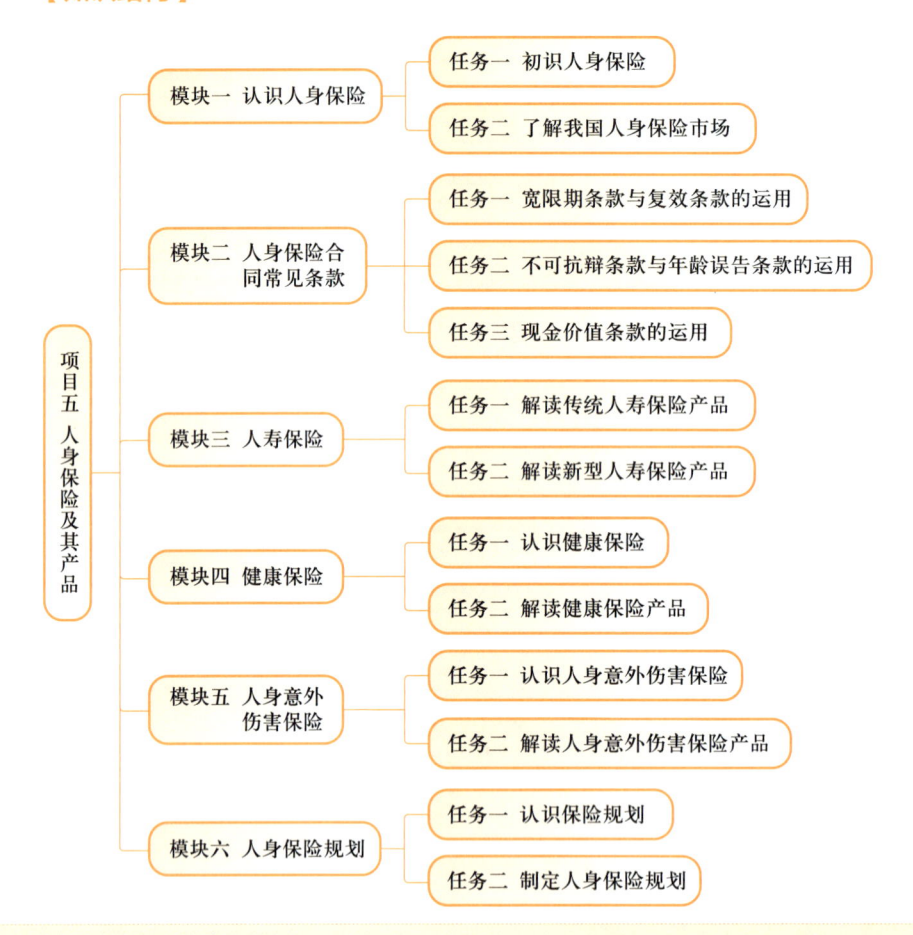

```
                           ┌─ 模块一 认识人身保险 ──┬─ 任务一 初识人身保险
                           │                          └─ 任务二 了解我国人身保险市场
                           │
                           │                          ┌─ 任务一 宽限期条款与复效条款的运用
                           ├─ 模块二 人身保险合同常见条款 ┼─ 任务二 不可抗辩条款与年龄误告条款的运用
                           │                          └─ 任务三 现金价值条款的运用
                           │
项目五 人身保险及其产品 ───┼─ 模块三 人寿保险 ──────┬─ 任务一 解读传统人寿保险产品
                           │                          └─ 任务二 解读新型人寿保险产品
                           │
                           ├─ 模块四 健康保险 ──────┬─ 任务一 认识健康保险
                           │                          └─ 任务二 解读健康保险产品
                           │
                           ├─ 模块五 人身意外伤害保险 ─┬─ 任务一 认识人身意外伤害保险
                           │                          └─ 任务二 解读人身意外伤害保险产品
                           │
                           └─ 模块六 人身保险规划 ──┬─ 任务一 认识保险规划
                                                      └─ 任务二 制定人身保险规划
```

案例导读 投保人身保险，有备无患

某女士给女儿买了1 000万元的保险。这样一份巨额保险，在女儿出生半年之后买，必然有其中的深意。因为，在她看来，保险是对女儿的爱和责任。

北京私营企业家张先生5年前开始向泰康人寿投保多份人身保险。5年后，张先生患胰腺癌病逝，泰康人寿共赔付保险金820万元给他的家人。

特技演员王某，因其性格豪爽，花钱如流水，再加上他在北京的投资失利，导致他收入虽多，却没什么积蓄。由于其从事特技活动的高危险性，鲜有保险公司愿意承保。就算有保险公司愿意承保，保险费也偏高，因此他一直没有购买保险。某天王某突然病逝，他的两个孩子正在上学，其家人的经济状况出了问题。

资料来源：根据招商信诺网资料编辑整理。

>>>>>>>>>> 项目五　人身保险及其产品

【项目概述】

在我们的生活中，难免会遭遇各种人身风险，而人身保险是个人和家庭进行人身风险管理的重要手段，为个人或家庭提供各种保障，解决经济上的困难，解除后顾之忧，起到有备无患的作用。本项目在了解人身保险的基础上，详细介绍了人身保险的险种，即人寿保险、健康保险和意外伤害保险。

模块一　认识人身保险

任务一　初识人身保险

【任务情景】

客户刘某：刘某为自己新购进的爱车买了保险，当车辆遭受合同约定的碰撞（包括车碰和货碰）和非碰撞（包括自然灾害及意外事故）造成保险车辆的损失，以及合理的施救、保护费用，由保险人负责赔偿。

客户张女士：张女士投保重大疾病保险。保险人负责：若张女士一年内初患重大疾病或因疾病身故，按所交保费给付；若张女士一年后初患重大疾病或因疾病身故，按保额给付；若张女士因意外伤害身故，按保额给付保险金。

客户某企业：某企业投保了雇主责任险，当其雇员从事与职业有关的工作时遭意外而致伤、残、死亡，应由某企业承担的赔偿责任，由保险人承担。此外还包括：雇员患职业病而致残、死亡的赔偿责任，某企业应承担的医药费，应支出的法律费用等。

以上三个客户购买的产品中哪个属于人身保险？人身保险是一类怎样的保险业务？有哪些具体的种类？

案例：人身保险的分类

【知识平台】

一、人身保险的概念与分类

人身保险是指以人的生命或身体作为保险标的，当被保险人在保险期限内发生约定的保险事故，比如死亡、伤残、疾病或生存至规定时点时，由保险人给付被保险人或者受益人保险金的保险。

人身保险的分类标准有多种，相对应地就有多种分类方法。

（一）按保障范围分类

按保障范围划分，人身保险可以分为人寿保险、意外伤害保险和健康保

微课：五分钟让你了解人身保险

191

险三大类。这是人身保险分类的基本方法。

人寿保险是以人的寿命为保险标的的人身保险。传统人寿保险有三种基本形式：定期寿险、终身寿险和两全保险。意外伤害保险是以被保险人的身体为保险标的，保险人对被保险人因遭受意外伤害事故造成的死亡或伤残，给付保险金。健康保险是以人的身体为标的，对被保险人因疾病或意外伤害所发生的医疗费用，或因此失能而导致收入损失，以及因年老、疾病或伤残需要长期或短期护理而产生的护理支出提供保障的保险。

（二）按投保方式分类

按投保方式划分，人身保险可分为个人保险和团体人身保险两大类。个人保险是以个人或家庭为保险对象的保险，是为了满足个人或家庭需要而设计的。团体人身保险是向一个团体的成员提供人身保险，是以一张总的保险单为一个团体单位的所有成员或其中的大多数成员（一般要求至少为总人数的75%）提供保障的保险。

（三）按需求效用分类

按需求效用划分，人身保险可分为保障型、储蓄型和投资型险种三大类。保障型险种是指以提供保障为主要功能的人身保险险种，如传统的定期寿险、意外伤害保险、短期健康保险等。储蓄型险种是指体现保险储蓄功能的人身保险险种，如终身寿险、两全保险、年金保险等。投资型险种是指除提供保障功能外还同时具备投资功能的险种，国内主要有分红险、投资连结险与万能险几类。

（四）按实施方式分类

按实施方式划分，人身保险可以分为强制保险和自愿保险两大类。

（五）按保险期限分类

按保险期限划分，人身保险可以分为长期险种、1年期险种和短期险种（保险期限不足1年）三大类。

二、人身保险的特征

（一）保险标的的特殊性

人身保险的保险标的是人的生命和身体，与财产保险相比，其价值不能用货币衡量，具有不可估价性。因此，人身保险合同多为给付性保险合同，不适用损失补偿原则，而健康保险中的费用型医疗保险属于损失补偿性保险合同。

（二）人身风险的特殊性

人身风险是指在日常生活以及经济活动过程中，人的生命或身体遭受各种形式的损害，造成人的经济生产能力降低或丧失的风险，包括死亡、残疾、疾病、生育、年老等损失形态。其中，死亡风险在某一年内发生与否是不确定的，但死亡概率会随年龄而递增，最后变成一个确定事件。

（三）保险金额确定方法的特殊性

人身保险中保险金额确定的特殊性，是由人的生命和身体无法用货币来衡量这一特殊性决定的。在保险实务中，人身保险的保险金额是由投保人和保险人双方约定后确定的，一般从两方面来考虑：一方面是被保险人对人身保险需要，另一方面是投保人交纳保费的能力。

（四）保险利益的规定具有特殊性

在人身保险中，保险利益只是订立保险合同的前提条件，并不是维持保险合同效力、保险人给付保险金的条件。只要投保人在投保时对被保险人具有保险利益，此后即使投保人与被保险人的关系发生了变化，投保人对被保险人已丧失保险利益，也不影响保险合同的效力，一旦发生了保险事故，保险人仍给付保险金。

（五）保险期限的长期性

人身保险合同，特别是人寿保险合同往往是长期合同，保险期限短则数年，长则数十年，甚至人的一生。保险期限的长期性使得人身保险的经营极易受到外界因素如利率、通货膨胀及保险公司对未来预测的偏差等因素的影响。

（六）大多数业务具有储蓄性

由于人身保险费率采用的是均衡费率，其早期交纳的保费高于其当年的死亡成本，对于多交的部分，保险公司则按预定利率进行积累，使得人身保险中某些险种的储蓄性极强，如终身寿险和两全寿险。

微课：生命价值法帮你买保险

> **延 伸阅读**
>
> #### 自然保费与均衡保费
>
> 人身保险中保险费率计算的三要素是：预定死亡率、预定利率和预定费用率，其中预定死亡率是计算各年龄的被保险人应交纯保费的主要依据。根据生命表所示，人的死亡率除幼年外，通常是随着人的年龄增大而不断增高的，尤其是60岁以后，因此如果按照自然保费，也就是根据被保险人在各年龄的死亡率计算出的逐年更新的死亡危险保费，则对于年龄大的被保险人来说，在其老年应负担的自然保费将不断增加且数额巨大。这样就出现了一种矛盾，当被保险人年轻能赚钱时却只需缴纳很少的自然保费，而当其年老丧失了工作能力并且急需保障时却要缴纳数额很大的自然保费，这就会导致一些年龄较大的

被保险人因为保费负担不断加重而丧失投保能力失去保障，也不利于寿险公司的持续稳定经营。

为了解决上述矛盾，人身保险中尤其是人寿保险实务中多采用均衡保费。所谓均衡保费是指投保人在保险缴费期间的每一年所缴纳的保费都是一样的，即相对于自然保费来说，在年轻时多缴纳一点，在年老时少缴纳一点，将年轻时多缴纳的保费用来弥补年老时少缴纳的保费，从而实现在不同的生命周期中进行保费再分配，减轻年龄较大时的保费负担，减少老年被保险人因为无法承担高额保费而丧失投保的概率。自然保费和均衡保费的关系如图5-1所示。

这样，当均衡保费高于自然保费时，其多出部分相当于被保险人储蓄在保险公司的用于未来缴纳自然保费的准备基金，这一部分准备基金的所有权在发生保险事故前是属于保单所有人的，保险公司只拥有使用权，因此，保险公司应该在保险合同后面附上每年度该保单所拥有的这部分基金的现值，这部分现值又称现金价值。当保单持有人发生经济困难时可以将保单进行抵押以获得部分现金价值来应对，也可通过退保来获取，这也充分体现了人身保险的储蓄性和作为有价证券的特征。

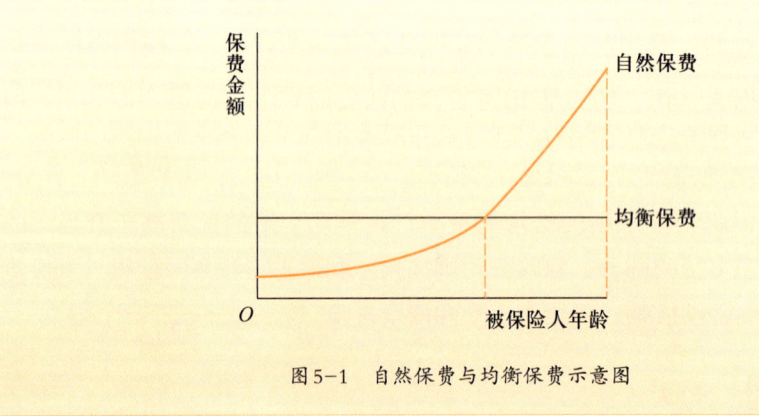

图5-1 自然保费与均衡保费示意图

任务二 了解我国人身保险市场

【任务情景】

保险制度发端于十四、十五世纪的意大利，后在以英国为中心的欧洲地区得以逐步发展与完善。中国虽然有着悠久的救济后备制度及保险思想，但因为长期中央集权的封建制度和重农抑商的传统观念，商品经济发展缓慢，商业保险因为缺乏生长土壤，并没有在古代中国产生。保险制度对于我国来说，是一个舶来品。

我国的人身保险经历了怎样的发展历程？目前的发展情况与未来趋势如何呢？

【知识平台】

一、我国人身保险发展历程

我国很早就有预先提存后备、养老恤贫、互助共济以保生活安定的思想，如孔子提出的"耕三余一"就是典型的建立后备以应对风险的思想，在民间也存在类似人身保险组织的互助会，如长寿会、福利会、葬亲会等，通过储蓄的方法来预筹亲友或本人死后的丧葬费。但真正意义上的现代形式的人身保险是随帝国主义入侵而传入我国的。1846年英国人在上海设立了永福和大东方两家人寿保险公司，后又有美国人设立的联邦和友邦人寿保险公司以及加拿大的永明、永康、宏利等公司。

新中国成立后，1949年10月20日成立的中国人民保险公司开办了职工团体人身保险、渔工团体人身保险、个人人寿保险、简易人身保险、铁路轮船飞机旅客意外伤害保险等险种。由于我国当时经济不发达，人们的保险意识不强，人身保险的业务量并不大，但对我国的经济建设与提高生产积极性发挥了不可低估的作用。

到1958年，我国开展人民公社化运动。鉴于实行人民公社化后保险的作用已经消失的错误认识，1959年10月召开的西安财贸工作会议决定停办国内保险业务，人身保险业务全面停办。直到1982年，人身保险业务开始恢复，其后进入一个崭新的快速发展通道，在市场主体、业务规模、险种产品、从业人员、销售渠道、对外开放等各方面均得到快速增长和极大丰富。

二、我国人身保险市场基本状况

（一）保险市场主体增加

据中国银保监会2020年6月底公布的《保险机构法人名单》数据显示，目前已经在银保监会注册，并且有相关信息公开的正规保险机构一共有235家。其中包括了保险控股公司14家、财险公司87家、寿险公司75家，另外还有养老保险公司、健康险公司、外资保险公司、再保险公司、资产管理公司等类型的保险公司。保险市场上不同业务类型、多种组织形式的市场主体日趋丰富，专业化分工与合作的市场格局初步奠定。

（二）保费规模递增

根据银保监会数据显示，2015—2019年我国人身险公司的保费收入呈现逐年增长态势。其中2019年我国人身险公司的保费收入达到29 628亿元，同比增长12.82%。受2020年新冠肺炎疫情的影响，极大地刺激了我国居民的保险需求，2020年上半年我国人身险公司的保费收入达到19 968.77亿元，同比增长6.04%。其中寿险保费收入达到15 618.92亿元，占总收入的78.22%，仍为人身险公司的最大保险品类；此外，健康险和意外伤害险的保费收入分别为4 003.41亿元和346.44亿元，分别占总收入的20.05%和1.73%。

（三）保险监管从严

近年来，保险监管朝着标准化、规范化、法制化、制度化方向大步迈进。监管的理念越来越成熟，监管效率进一步提高，监管的科学性、针对性和有效性将进一步增强，监管促进发展的效应将进一步显现。

2017年以来，原保监会从严监管，将防控风险放到更加重要的位置，重点围绕公司治理、保险产品和资金运用三个关键领域，从严从实加强监管履责。保险监管部门制定下发"1+4"系列文件（即《中国保监会关于进一步加强保险监管 维护保险业稳定健康发展的通知》《中国保监会进一步加强保险业风险防控工作的通知》《中国保监会关于强化保险监管打击违法违规行为 整治市场乱象的通知》《中国保监会关于弥补监管短板构建严密有效保险监管体系的通知》《关于保险业支持实体经济发展的指导意见》），监管制度不断完善。

（四）保险产品转型

随着中国经济的发展，人民对美好生活的向往，广大消费者的保险意识逐渐增强。保险业在创新发展的同时，回归本源，强化"保险业姓保"。2016年至今，原保监会出台《中国保监会关于进一步完善人身保险精算制度有关事项的通知》（保监发〔2016〕76号）、《中国保监会关于强化人身保险产品监管工作的通知》（保监寿险〔2016〕199号）、《中国保监会关于规范人身保险公司产品开发设计行为的通知》（保监人身险〔2017〕134号）。三个文件围绕"保险业姓保"的核心思想，对中短存续期产品进行了限制，从产品设计上提高了保险产品的保障额度，建立了保险产品的问责制度，指明了人身险产品的发展方向。在此背景下，保险公司加大了产品的创新力度，加之保险费率市场化改革的进一步深化，人身险市场的产品结构发生了较大变化。普通寿险业务成为主要增长点，投连险、万能险增长放缓。产品创新能力不断提高，创新推出长期养老保险、税优健康保险、长期护理保险等新产品，更好地满足多层次医疗和养老保障的需求。

延伸阅读：人身保险业转型取得四大积极进展，实现高质量发展

模块练习

一、单选题

1. 人身保险合同以（　　）为保险标的。
   A. 人的身体和健康　　　　B. 人的死亡、疾病、意外
   C. 人的生命或身体　　　　D. 人的死亡和健康

2. 关于人身保险合同储蓄性的说法，不正确的是（　　）。
   A. 所有人身保险合同具有储蓄性
   B. 人身保险合同的储蓄性与保费有一定的相关性
   C. 现金价值是人身保险合同储蓄性的体现
   D. 人身保险合同的储蓄性与保险期限长有一定的相关性

3. 关于人身保险的特征，不正确的是（　　）。
   A. 保险标的特殊
   B. 保险期限通常较短
   C. 确定保险金额的方法特殊
   D. 保险利益的规定具有特殊性

4. 关于人身保险的分类，以下说法正确的是（　　）。
   A. 按保障范围分类，人身保险可以分为人寿保险、意外伤害保险和健康保险三大类。这是人身保险分类的基本方法
   B. 意外伤害保险是以人的身体为保险标的的人身保险。传统人寿保险有定期寿险、终身寿险两种基本形式
   C. 健康保险以被保险人的身体为保险标的
   D. 人寿保险是以人的身体为标的，对被保险人因疾病或意外伤害所发生的医疗费用，或因此失能导致收入损失以及因年老、疾病或伤残需要长期或短期护理而产生的护理支出提供保障的保险

5. 按投保方式分类，人身保险可分为（　　）两大类。
   a.个人保险　b.团体人身保险　c.银行保险　d.互联网保险
   A. ab   B. ac
   C. ac   D. c

二、判断题

1. 人身保险是指以人的生命或身体作为保险标的，当被保险人在保险期限内发生约定的保险事故，比如死亡、伤残、疾病或生存至规定时点时，由保险人给付被保险人或者受益人保险金的保险。（　　）

2. 按需求效用分类，人身保险可分为保障型、储蓄型和投资型险种三大类。（　　）

3. 保障型险种是指以提供保障为主要功能的人身保险险种，如传统的定期寿险、意外伤害保险、短期健康保险等。（　　）

4. 储蓄型险种是指体现保险储蓄功能的人身保险险种，如医疗保险、两全保险、年金保险等。（　　）

5. 投资型险种是指除提供保障功能外还同时具备投资功能的险种，国内主要有定期寿险、终身寿险。（   ）

模块二　人身保险合同常见条款

任务一　宽限期条款与复效条款的运用

教学视频：
人身保险的
常见条款
（1）

【任务情景】

2018年9月8日谢某投保终身寿险和住院医疗险各一份，约定保费分期缴纳。2020年10月20日谢某因遭遇车祸意外身故，但还未缴纳当年度续期保险费。2020年10月22日谢某妻子到保险公司报案并申请给付谢某的身故保险金。

在投保人没有按时缴纳续期保险费的情况下，被保险人发生了保险事故（因车祸意外身故），保险公司要不要承担保险责任，应该如何处理？

【知识平台】

案例：宽限期条款的应用

一、宽限期条款

大多数长期性的人身保险产品采用分期交纳保费的方式，而"续期保费"的按期缴纳是保险合同继续有效的前提。但投保人可能因为资金困难、工作调遣等原因无法及时交付到期保险费，如果因此导致保单失效或效力中止，不仅对投保人、被保险人来说不公平，也不利于保险公司经营的稳定性。因此很多国家或地区的保险法都有保险合同的宽限期的规定。

宽限期条款是在分期缴纳保险费的保险合同中，如果投保人没有按时交纳续期保费，保险公司会给出一个宽限期间（一般为30天或60天）。在宽限期内保险合同仍然有效，如果发生保险事故，保险人仍然要承担责任，但是要从保险金中扣除所欠的保险费。

我国《保险法》第36条第1款规定："合同约定分期支付保险费，投保人支付首期保险费后，除合同另有约定外，投保人自保险人催告之日起超过三十日未支付当期保险费，或者超过约定的期限六十日未支付当期保险费的，合同效力中止，或者由保险人按照合同约定的条件减少保险金额。"

二、复效条款

复效条款是人身保险合同因投保人未按时缴纳保险费而失效，自保单因欠缴保费导致保单失效之日起的一定时间（一般为2年）内，投保人可以向保险人申请复效，经保险人审查同意后，投保人补缴时效期间的欠缴保费及利息并履行相应的手续后，保单的效力即可恢复，但保险人对于保单失效期间发生的保险事故仍不负责。

复效须经投保人提出复效申请，并与保险人达成复效协议。为了防止逆向选择，保险人对于申请复效，一般都规定以下几个条件：① 复效申请必须在自保险合同失效之日起的一定时间（一般是2年）内提出，超过这个期限，就不能复效。② 复效时，投保人应补缴停效期间的保险费及利息，但保险人不承担停效期间发生的保障责任。③ 申请复效应尽告知义务，提供被保险人在停效期间和复效当时的健康状况等风险信息。④ 如果保单失效之前曾经办理保单贷款，复效时须归还保单的未偿贷款本息，或重新办理借款手续。

根据我国《保险法》第37条的规定，依照《保险法》第36条规定合同效力中止的，经保险人与投保人协商并达成协议，在投保人补交保险费后，合同效力恢复。但是，自合同效力中止之日起满两年双方未达成协议的，保险人有权解除合同。保险人依照前款规定解除合同的，应当按照合同约定退还保险单的现金价值。

典型案例

短期性人身保险是否可以复效

案情介绍

吴小姐投保长期寿险附加一份住院医疗保险。第二年该交费时，吴小姐虽然收到了保险公司提醒交费的通知，但因工作忙耽搁了，直到三个月后才到保险公司申请保单复效。保险公司审核后同意了复效申请。两周后，吴小姐因急性肺炎住院治疗，出院后，她到保险公司索赔住院医疗保险，保险公司以观察期为由拒付。你认为是否正确？

案情分析

住院医疗保险保单失效，指由于投保人没有在宽限期内缴纳续期保费而使保单丧失效力。长期寿险的宽限期一般为2个月，吴小姐在其长期寿险保单失效后2年内申请复效。但是复效仅是针对长期险的，附加险通常都是保险期间为一年的短期险，如果不续保，到期后合同即终止，是不存在复效问题的。

如果吴小姐还希望获得附加险的保障，就需重新投保附加险，自然需从投保时起重新计算观察期。观察期是保险公司为了防止带病投保的情况发生而设置的。由于观察期只有发生在首次投保时或非连续投保时，续保或者因意外伤害住院治疗无等待期。在复效之前以及复效之日后的观察期内所患的疾病，都不属于保险责任范围内。所以如果吴小姐在每次缴纳长期寿险保费时，都按期缴纳附加险保费，就不会出现长期险保单失效的情况，当然也不存在需要重新投保附加险的问题，也就不会重新计算观察期了。

资料来源：根据慧择保险网资料编辑整理。

任务二 不可抗辩条款与年龄误告条款的运用

【任务情景】

小明在投保定期寿险时为了获得低费率，故意称自己年龄为21岁。保险公司无条件承保。合同成立一年半后，保险公司意外发现小明投保时的真实年龄是27岁。

投保人在投保时误告年龄会产生什么影响？保险公司应该如何处理？

【知识平台】

一、不可抗辩条款

根据保险的最大诚信原则，保险合同的效力取决于投保人或者被保险人的告知与保证义务的履行。这意味着在被保险人或者受益人索赔时，只要保险公司发现投保人有违反保证或者不如实告知的行为，保险公司就可能以此为由解除合同，拒绝赔付。但当保险事故发生后，如果保险合同已经生效数十年，保险人再以投保人不如实告知认定保险合同无效，拒绝向被保险人或受益人履行赔付义务，这使得购买了保险的善意被保险人无法得到预期的经济保障。因此，为了保护被保险人和受益人的利益，在保险经营中引入不可抗辩条款，可以从期限上限制保险人因投保人如实告知上的瑕疵而解除合同的权利。

不可抗辩条款又称不可争条款，是指人寿保险合同生效一定时期（两年）之后，保险合同就成为不可争议的文件，保险人不能再以投保人在投保时违反最大诚信原则，没有履行如实告知义务而主张解除合同或拒绝给付保险金。保险人可以解除合同的期限称为可抗辩期，可抗辩期以外就是不可抗辩期。在可抗辩期内，保险人可以以投保人未如实告知为由解除合同，超过了法定期限，保险人就丧失了以投保人不如实告知为由解除合同的权利。

我国《保险法》第16条第2款、第3款规定："投保人故意或者因重大过失未履行前款规定的如实告知义务，足以影响保险人决定是否同意承保或者提高保险费率的，保险人有权解除合同。前款规定的合同解除权，自保险人知道有解除事由之日起，超过三十日不行使而消灭。自合同成立之日起超过二年的，保险人不得解除合同；发生保险事故的，保险人应当承担赔偿或者给付保险金的责任。"

二、年龄误告条款

在人寿保险合同中，年龄是决定保险费率的重要依据，也是保险公司在承保时测量危险程度，决定可否承保的依据。根据不可抗辩条款的规定，保险合同在生效两年后保险人不得再以投保人或被保险人不如实告知为由解除保险合同，但在年龄误告的情况下，仍按照原保险合同的约定给付保险金，显然对保险人不公平。

年龄误告条款是指人身保险投保时如果误报了被保险人的年龄，保险金额将根据真实年龄予以调整的合同规定。年龄误告一般分为两种情况。

（一）年龄不真实影响保险合同效力的情况

如果被保险人真实年龄不符合合同约定的年龄限制，保险合同为无效合同，保险人可解除保险合同，并向投保人退还保险单的现金价值。

（二）年龄不真实影响保险费及保险金额的情况

投保人申报的被保险人年龄不真实，致使投保人支付的保险费少于应付保险费或多于应付保险费，保险金额根据被保险人真实年龄进行调整。调整的原因在于年龄是人寿保险估计风险与计算保险费率的主要因素。这种调整又分为两类：所填报年龄高于实际年龄以及所填报年龄低于实际年龄。

（1）当所填报年龄低于被保险人的实际年龄，投保人实交保费少于应交保费时，保险费的调整一般分为两种情况：一种是在合同有效期间，要求投保人补交少交的保险费。另一种是在保险事故发生时，按实交保费调整给付金额，调整公式为：

应付保险金＝约定保险金额×（实交保险费÷应交保险费）

上式中的实交保险费指投保人按错报年龄实际已交纳的保险费，应交保险费是按被保险人的真实年龄计算应该交纳的保险费。

（2）当所填报年龄高于被保险人的实际年龄，投保人的实交保费多于应交保费，其调整方法一般为退还多交的保险费。

我国《保险法》第三十二条规定："投保人申报的被保险人年龄不真实，并且其真实年龄不符合合同约定的年龄限制的，保险人可以解除合同，并按照合同约定退还保险单的现金价值。保险人行使合同解除权，适用本法第十六条第三款、第六款的规定。投保人申报的被保险人年龄不真实，致使投保人支付的保险费少于应付保险费的，保险人有权更正并要求投保人补交保险费，或者

案例：年龄误告条款的业务处理

在给付保险金时按照实付保险费与应付保险费的比例支付。投保人申报的被保险人年龄不真实，致使投保人支付的保险费多于应付保险费的，保险人应当将多收的保险费退还投保人。"

典型案例

带病投保，保险公司是否承担赔偿责任

案情介绍

2017年6月贾某因胃痛入院治疗确诊胃癌，家属因害怕他知情后情绪波动未将实情告诉他，假称是胃病。贾某手术后出院。2017年8月17日，贾某在业务员的推荐下，向某保险公司投保重大疾病和住院医疗保险，填写投保单时没有告知曾经因病住院的事实。2020年3月，贾某旧病复发不治身亡。之后，贾某的妻子向保险公司索赔。保险公司通过到医院调查并调阅贾某病历档案，发现贾某在投保前就已患胃癌并动过手术，故拒付。贾妻以丈夫投保时不知自己患胃癌因此没有违反告知义务为由，要求保险公司支付保险金。双方争执不下。请分析该案例应如何处理。

案情分析

根据不可抗辩条款，人寿保险合同生效一定时期（两年）之后，保险合同就成为不可争议的文件，保险人不能再以投保人在投保时违反最大诚信原则，没有履行如实告知义务而主张解除合同或拒绝给付保险金。

本案中贾某投保时没有告知曾经住院的事实，确属未履行如实告知，但是由于出险时距离合同成立已经超过两年，合同效力不可抗辩，保险公司对此应该承担给付保险金的责任。

资料来源：根据圈中人——保险资料库相关资料编辑整理。

任务三　现金价值条款的运用

【任务情景】

王先生投保了一份重疾险保单。年缴6 000元，缴费20年，保额30万元。王先生在第11年忘记按时缴纳续期保费，但他当初投保时勾选了保费自动垫交。保单的现金价值足以垫交当期保费。

请问：王先生的保单是否继续有效？

【知识平台】

现金价值又称"解约退还金"或"退保价值",是指带有储蓄性质的人身保险单所具有的价值。在人身保险的均衡保险费下,被保险人年轻时,死亡概率低,投保人交纳的保费比实际需要得多,多交的保费将由保险公司逐年积累,这部分多交的保费连同其产生的利息,每年滚存累积起来,就是保单的现金价值,相当于投保人在保险公司的一种储蓄。

人身保险中,关于保单现金价值的条款有不可没收现金价值条款、自动垫交保费条款和保单贷款条款。通过对保单现金价值的运用增强了保单的灵活性。

一、不可没收现金价值条款

不可没收现金价值条款又称不丧失现金价值条款,是人寿保险合同中关于当投保人无力或继续缴纳保险费时,由投保人选择如何处理保险单项下积存的现金价值的条款。不可没收现金价值条款提供了三种处理现金价值的方式供投保人选择。

(一)解约退保,领取退保金

将保单项下积存的现金价值扣除退保手续费后,作为退保金以现金的形式返还给投保人。投保人在保险期限内可以随时提出退保,停缴保险费,领取退保金。

(二)将原保单改为减额缴清保险

将保单的现金价值作为一次性趸交保费,投保与原保险合同相同的保险,保险期限和保险责任保持不变,保险金额为原保险单现金价值减去未偿还贷款和利息之后所能购买险种的最高金额。

(三)将原保单改为展期保险

将保单的现金价值作为一次性趸交保费,投保与原保险合同保险金额相同的定期寿险,保险期限为趸交保费允许的最长期限。如果是两全保险合同,经过一段时间后,保单上的现金价值用于交付原合同期限相同的定期寿险后仍剩余,其剩余部分可投保生存保险。

二、自动垫缴保费条款

根据自动垫缴保费条款的规定,在保险合同生效满一定的期限(一般为两年)之后,如果投保人未按期缴纳到期保费,而保险单当时的保单现金价值足以垫缴保费及利息时,除投保人事先另以书面做反对声明外,保险人将运用该保单的现金价值自动垫缴其应付保费及利息,直至累计的垫缴保费的本息和达到保单的现金价值数额为止。在垫缴保险费期间如果发生保险事故,保险人

案例:自动垫交保费条款的应用

要从应给付的保险金中扣除垫缴的保险费和利息。当垫缴保费的本息和超过了保单的现金价值时，保险合同即行终止。

三、保单贷款条款

保单贷款条款又称保单质押贷款条款，是人寿保险合同中关于允许投保人向保险人申请贷款的规定。根据保单贷款条款的规定，人寿保险合同生效满一定的时期（一般为两年）后，投保人可以以保单为抵押向保险人申请贷款，贷款的金额以低于该保险单项下积累的现金价值为限，一般为现金价值的80％。同时，由于人寿保险计算保费时已包含预定利率，保单贷款后影响保险人资金运用，难以获得预定收益，所以投保人应支付利息。保单贷款利率一般参考市场利率而定，投保人应按期归还贷款并支付利息。保单贷款期限一般为6个月，时间短、额度小、笔数多，一般贷款净收益低于保险人投资收益，所以该条款是保险人向投保人的优惠行为。如果在归还贷款本息之前发生了保险事故或退保，保险人则从保险金或退保金中扣除贷款本息。当贷款本息达到责任准备金或退保金的数额时，保险合同即行终止。

模块练习

一、单选题

1. 合同约定分期支付保险费，投保人支付首期保险费后，除合同另有约定外，投保人自保险人催告之日起超过30日未支付当期保险费，或者超过约定的期限（　　）未支付当期保险费的，合同效力中止，或者由保险人按照合同约定的条件减少保险金额。

　　A. 2个月　　　　　　　　B. 60日
　　C. 30日　　　　　　　　D. 3个月

2. 保险人为了给予投保人再次了解所购买保险产品的机会，使其审慎考虑并最终决定是否确实需要这份保险合同而设立一个特殊期间，该期间是（　　）。

　　A. 宽限期　　　　　　　　B. 等待期
　　C. 观察期　　　　　　　　D. 犹豫期

3. 不可抗辩条款的规定是投保人未履行如实告知义务，保险人可以解除合同，但自合同成立之日起超过两年的，保险人不得解除合同。下列说法正确的是（　　）。

　　A. 不可抗辩适用于违反如实告知义务的所有情况

B. 不可抗辩只适用于年龄误告

C. 不可抗辩适用于年龄误告和性别误告

D. 不可抗辩条款在我国不适用

4. 现行保险法规定申请合同复效的期限是（　　）年。

A. 1　　　　　　　　　B. 2

C. 3　　　　　　　　　D. 4

5. 张某于2019年为自己的父亲投保一份人寿保险，投保时被保险人的年龄为58岁，2020年，张父因心脏病突发，在医院去世，保险公司在理赔调查时发现被保险人在投保时的真实年龄为66岁，超过了保单的投保范围，则关于该保单的处理说法正确的是（　　）。

A. 解除保险合同，退还保单现金价值

B. 该保险合同自始无效

C. 增加保险金额或退还投保人保费

D. 降低保险金额

二、判断题

1. 投保人申报的被保险人年龄不真实，并且其真实年龄不符合合同约定的年龄限制的，保险人可以解除合同，并按照合同约定退还保险单的现金价值。（　　）

2. 人身保险中，关于保单现金价值的条款有不可没收现金价值条款、自动垫交保费条款和保单贷款条款。（　　）

3. 保单复效类似于新合同的签订。（　　）

4. 投保人申请复效，被保险人的健康状况仍需符合投保条件。（　　）

5. 孙某投保了一份人寿保险，如果第四期保费在宽限期满后仍未交纳，则可能导致该寿险合同终止。（　　）

模块三　人　寿　保　险

任务一　解读传统人寿保险产品

【任务情景】

客户小徐，28岁，家中独子，某银行普通职员，年薪4万元，有社保无负债，目前与父母住在一起，父母已步入老年。

客户张女士，36岁，某外企部门主管，年薪14万元，有社保。小孩3岁，有一套住房，按揭房贷80万元，期限20年。

客户刘先生，45岁，国内某知名律师事务所资深律师，年薪60万元以上，有房有车无任何负债，有社保且购买过部分商业保险。

上面这三位客户都担心自己万一发生不幸，家中亲人生活受到影响。请根据他们的具体情况，各自为其推荐一款合适的人寿保险产品。

【知识平台】

一、人寿保险的概念

人寿保险简称寿险，是以被保险人的生命作为保险标的，以被保险人的生存或死亡作为保险事故，当发生保险事故时，保险人依照保险合同给付一定保险金的人身保险。人寿保险是人身保险中最基本、最主要的组成部分，也是最典型的一类产品。

按照保险责任不同，人寿保险可以划分为死亡保险、生存保险及两全保险。

二、定期寿险和终身寿险

（一）定期寿险

定期寿险是定期死亡保险的简称，是指在合同约定的保险期限内被保险人发生死亡事故，由保险人一次性给付死亡保险金的一种人寿保险。定期寿险的保险期限由保险合同双方当事人约定，如1年、5年、10年、20年等，或者至被保险人到达某个年龄截止，如被保险人年满50周岁时合同满期。定期寿险只是对在保险期限内死亡的被保险人承担给付保险的责任。如果被保险人在保险期间未发生死亡事故，则到期保险合同终止，保险人不给付保险金。定期寿险具有以下特点。

1. 保险期限较短

定期寿险的保险期限一般为1年期、5年期、10年期、15年期或20年期，有时根据具体的风险状况确定。

2. 费率低，保障高

定期寿险中，保险人仅承担被保险人期内死亡的风险，保险费根据被保险人的死亡概率来计算，除了长期性定期寿险产品外，不包含储蓄因素在内，因此在相等保险金额的投保条件下，其保险费率低于其他任何一种人寿保险产品。这是定期寿险最显著的特点和优点。

教学视频：
定期寿险和
终身寿险

3. 可转换或可续保

一般的定期寿险保单都含有两个可选择条款：可转换权益条款和可续保条款，允许投保人在保险期满时申请转换险种或续保，而不必提供可保性证明。

（1）可转换条款。大部分定期寿险保单规定，保单所有人具有可转换权益，即在保险期满前可以申请将该保单转换为终身寿险、两全保险或年金保险合同而无须提供可保性证明。

（2）可续保条款。可续保条款允许投保人在约定的保险期间末续保一个定期寿险，而且在续保时，不必提供被保险人的可保证明。

以保险金额在整个保险期间是否发生变化为依据，可以将其分为固定保额定期寿险、递减定期寿险和递增定期寿险三种。

（二）终身寿险

终身寿险又称终身死亡保险，是指从保险合同生效之日起，被保险人在任何时间内死亡，保险人向受益人给付保险金，或者被保险人生存到105岁时，保险人向被保险人给付保险金的人寿保险。终身寿险的保险期间不确定，保险人向被保险人提供终身死亡保险保障。

终身寿险是一类常见的寿险产品。它的特点主要包括以下几个方面。

1. 死亡给付必然发生

由于终身寿险以死亡为保险事故，而人的生命是有限的，终有一死，不管被保险人的死亡发生在何时，保险人均要承担给付死亡保险金的责任。

2. 期缴保单采用均衡保险费率

终身寿险业务中，由于趸缴费率很高，投保人往往选择分期缴纳保险费。期缴保单采用均衡保费制度，由于保险期限长，死亡给付百分之百会发生，因此其费率明显高于定期寿险的费率。

3. 保单具有现金价值，储蓄性明显

作为长期性的寿险业务，终身寿险保单具有现金价值，其金额逐年增加。为了应对将来必然履行的给付责任，保险人要逐年提取责任准备金，因此终身寿险具有较强的储蓄性。

根据缴费方式不同，终身寿险可分为普通型终身寿险、限期缴费型终身寿险、保险费可以调整的终身寿险和利率敏感型终身寿险。

三、年金保险

（一）年金保险的概念

年金保险是指保险人承诺在一个约定时期或所指定人的生存期做一系列

的定期支付，该定期支付可以按年、半年、季度、月支付，分期给付期限间隔一般不超过一年（含一年）。与死亡保险不同，参加年金保险的被保险人，通常是身体健康、预期寿命长的人，因此无论团体投保还是个人投保，一般不需要进行体检，凡年龄在65周岁以下的居民，均可作为年金保险的被保险人。

（二）年金保险的种类

按照不同的分类标准，年金保险可以分为以下几类。

1. 趸缴年金和期缴年金

按保险费缴付方式不同，年金保险可划分为趸缴年金和期缴年金两类。趸缴年金的投保人一次性地缴清全部保险费，然后从约定的年金给付开始日起，受领人按期领取年金。期缴年金的投保人在保险金给付开始日之前分期缴纳保险费，在约定的年金给付开始日起按期由受领人领取年金。

2. 即期年金和延期年金

按年金开始给付的日期不同，年金保险可划分为即期年金和延期年金两类。即期年金中，保险人在合同生效后即给付第一期年金，它必须用趸缴保费方式购买。延期年金是在隔了一定时期后才开始给付年金，这个一定时期必须比一个给付间隔期长。延期年金可以用趸缴保费方式购买，也可以用分期缴费方式购买。

3. 个人年金、联合年金和联合及最后生存者年金

按被保险人的人数不同，年金保险可划分为个人年金、联合年金和联合及最后生存者年金三类。个人年金又称单生年金，是指被保险人为独立的一人，以其生存为给付条件的年金。联合年金是指两个或两个以上的被保险人中，只要其中一个死亡就终止保险金给付的年金产品。它是以两个或两个以上的被保险人同时生存为给付条件的。联合及最后生存者年金是指两个或两个以上的被保险人中，在约定的给付开始日，至少有一个生存即给付保险年金，直至最后一个生存者死亡为止，保险人就终止年金给付。此种年金的被保险人多为夫妻，通常规定，若一人死亡则给付的年金数额按约定比例相应减少。

4. 终身年金和定期年金

按给付方式不同，年金保险可划分为终身年金、定期年金。终身年金是指年金受领人自年金给付日起一直领至死亡时为止的年金产品。也就是说，只要被保险人生存将一直领取年金，一旦被保险人死亡，给付即终止。该产品对长寿的被保险人有利。定期年金是指保险人与被保险人有约定的保险年金给付期限的年金。一种定期年金是确定年金，只要在约定的期限内，无论被保险人是否生存，保险人的年金给付直至保险年金给付期限结束；一种是定期生存年金，在约定给付期限内，只要被保险人生存就给付年金，直至被保险人死亡。

5. 有保证年金和无保证年金

按照年金的给付是否有保证，年金保险可划分为有保证年金和无保证年金两类。有保证年金是为了防止被保险人过早死亡而丧失领取年金的权利而产生的年金形式。它有两种给付方式：一种是按给付年度数来保证被保险人及其受益人的利益，该种最低保证年金形式确定了给付的最少年数，在规定期内被保险人死亡，被保险人指定的受益人将继续领取年金到期限结束；一种是按给付的金额来保证被保险人及其受益人的利益，该种最低保证年金形式确定有给付的最低金额，若当被保险人领取的年金总额低于最低保证金额时，保险人以现金方式一次或分期退还其差额。第一种方式为确定给付年金，第二种为退还年金。

6. 定额年金和变额年金

按年金给付金额是否变动，年金保险可划分为定额年金和变额年金两类。定额年金的年金给付额是固定的，不会因为市场利率的变化或通货膨胀的存在而发生变化。因此，定额年金与银行储蓄有类似性质。变额年金属于创新型寿险产品，保险人支付的年金金额与保险人资金运用状况紧密联系，通常变额年金具有投资分离账户，变额年金的保险年金给付额随投资分离账户的资产收益状况不同而不同。因变额年金的投资属性，这类年金产品能够较好地应对通货膨胀对年金受领人生活状况的不利影响问题。

四、两全保险

两全保险又称生死合险，它是死亡保险与生存保险的结合，既为被保险人提供死亡保障，又提供生存保障。当被保险人在保险期限内死亡时，保险人向受益人给付死亡保险金，或者当被保险人生存至期满时，保险人向被保险人给付生存保险金。因此，两全保险具有以下特点。

教学视频：两全保险

（一）给付必然发生

两全保险是承保责任最全面的一类人寿保险，被保险人无论期内死亡，还是期满生存，保险人都要承担给付保险金的责任。人的生命状态只有两种，不是生存，就是死亡，因此两全保险的保险金给付是必然会发生的。

（二）费率较高

两全保险由于保障范围广，因此费率较高，且不同年龄的被保险人之间费率差别很小。由于两全保险必然发生给付，又通常约定有具体的保险期限，一般比终身寿险的保险期限短，所以两全保险的费率比终身寿险的高。与只承保死亡风险的定期寿险或终身寿险不同，两全保险既保生又保死，所以不同年龄的被保险人之间费率差别很小。

（三）保单具有现金价值，储蓄性明显

两全保险中，无论被保险人生存还是死亡，保险人都要支付保险金，使两全保险具有较强的储蓄性质，保单积存有现金价值，保单所有人享有各种由保单的现金价值带来的权益。

两全保险一般按保险期限分类，两全保险的保险期限可以设定为一定的年限，如5年、10年、20年等，也可以约定被保险人达到某一年龄时为限，如60岁、70岁等。保险费通常在整个保险期内按年、半年、季或月缴付，也可以限期缴清。除了标准的两全保险单外，还有其他一些种类的两全保险单，如"退休收入"保险单，即对被保险人生存的给付金额大于保险单面额，而对被保险人死亡的给付金额是保险单面额或现金价值，以金额高的为准；"半两全保险"，即对被保险人生存给付金额只有死亡给付金额的一半；"子女两全保险"等。

延伸阅读：中国平安鑫利两全保险条款

任务二　解读新型人寿保险产品

【任务情景】

小王5年前购买了保额10万元的寿险。5年来，他结婚生子，还贷款买了房子，虽然负担增加了，但收入也在增长。小王觉得10万元的保障略显不足，但如果再买一份保险又显得有些超额，一时难以决断。李先生的情况恰恰相反，他在5年前购买了保额20万元的寿险，近年来他的收入没有变动，支出却明显增加了，他贷款买房后每月要还3 000元，对于月收入只有5 000元的他来说有些力不从心。他想退保，但会承担不小的损失，因此也陷入了两难境地。

有没有一款合适的寿险产品，可以满足投保人不同生活阶段对保障的需求，并能灵活调整保障额度？

【知识平台】

新型人寿保险，又称非传统型寿险或投资型保险等，是保险人为适应新的保险需求、增加产品竞争力而开发的一系列新型的保险产品。新型寿险产品与传统寿险产品的不同之处在于，新型寿险产品通常具有投资功能，或保费、保额可变。在我国，新型寿险产品主要有分红保险、变额寿险和万能寿险等。

一、分红保险

教学视频：分红保险

分红保险又称利益分配保险，是指签订保险合同的双方事先在合同中约

定，当投保人所购险种的经营出现盈利时，保单所有人享有红利的分配权。在对分红保险险种进行经营的过程中，保险人将其实际经营成果优于定价假设的盈余，按一定比例向保单持有人进行盈余分配。因此，分红保险是一种准投资型保险。寿险公司经营时，必须将分红保险与非分红保险分设账户，独立核算。

分红保险的特征主要体现在以下几方面：

第一，与不分红保险相比较，分红保单的持有人能享受到保险人的经营成果，参与其利益分配。在获得保单提供的风险保障的同时，保单持有人每年均可从保险人那里得到当年度的红利分配，我国银保监会规定保险人应至少将分红险业务当年度可分配盈余的70%分配给客户，因此，可将分红保险视成一种附带投资功能的保障险种，同时也促进了保险合同双方当事人在合同履行过程中的公平性。

第二，分红保险的保单持有人在多缴保费、享有投资功能的同时，也承担了一定的投资风险。保险公司每年的红利是根据当年度的保险人的资金运用和业务经营情况来进行核算的。因此，当保险人经营理想时红利就高些，当经营状况不好时红利就低些，甚至没有。

第三，保险人对分红保险的定价精算假设要比不分红保险更加保守。寿险产品的定价主要是依据预定死亡率、预定费用率和预定利率来进行的。对于分红保险，考虑到保单红利的分配，保险人在对这三者进行预估时比不分红保险更趋保守，所以分红保险的费率要高于不分红保险。

第四，分红保险的保险金给付与退保金中含有相应的保单红利。分红保险的受益人在领取保险金时，除双方约定部分的保额外，还包括保单未领取的累积红利及利息；当分红保险保单持有人退保时，其领取的退保金中同样含有相应的保单红利与利息。

二、变额寿险

变额寿险，简称投连险，是指包含保险保障功能并至少在一个投资账户拥有一定资产价值的人寿保险产品。变额寿险是一种保障与投资相结合的长期性寿险产品，具有以下特点。

（一）设立独立的投资账户

变额寿险的投资账户完全独立于保险公司的其他投资账户，保险公司收到保险费，在扣除了经营费用和风险保障费用后，按照事先的约定将保费的部分或全部转入投资账户，并以投资单位计价。在保险期间，保单所有人还可以变更账户的种类，但有些保险公司限制保单所有人每年变更账户的次数。

（二）保险金额可变

变额寿险的保险金额由基本保险金额和额外保险金额两部分组成。基本保险金额是被保险人无论何时都能够得到的最低保障金额，额外保险金额部分则设立独立的账户，由投保人选择投资方向委托保险人进行投资，根据资金运用的实际情况进行调节。在发生保险事故时，保险人最终给付的保险金额为基本保险金额和额外保险金额的总和，或者是两者中的最大值。因此，变额寿险的保险金额具有可变性。

（三）投资风险由投保人承担

在变额寿险中，投保人缴纳的保险费用于购买投资单位，单位价格随单位基金的资产表现不同而不同。当投资表现好时，保单持有人享有所有的回报；反之，当投资表现差时，投保人则要承担风险，保险公司只负责保单持有人资金的投资运用。

（四）高度透明性

变额寿险在操作上透明度很高，投保人可以看清楚每笔缴纳的保险费在投资账户、死亡成本及其他一些管理费用上的具体分配情况，也可以看清保费、风险保额、保单账户价值等要素的运作过程。

三、万能寿险

万能寿险是一种可以任意支付保险费及任意调整死亡保险金给付金额的人寿保险。投保人除了支付某一个最低金额的第一期保险费之外，可以在任何时间支付任何金额的保险费，并且任意提高或降低死亡给付金额，只要保单积存的现金价值足够支付以后各期的成本费用即可。万能寿险的主要特征包括以下几个方面。

（一）保费缴纳灵活，保额可调

万能寿险最大的优点在于其灵活性，即保险费缴纳的可选择性和保险金额的可调整性。投保人缴纳了首期保险费后，可以选择在以后的任何时间缴纳任意数额的保险费，有时甚至可以不缴纳保险费，只要保单的现金价值足以支付下一期负担的各项保险成本和费用，则保单持续有效。同时，投保人可以在任意时候减少或增加保险金额，减少保险金额时不需要提供可保险证明。除此之外，投保人还可以决定死亡保险金是固定不变还是随着保单现金价值的改变而改变，以适应客户对保险的个性化需求。

（二）设立独立账户，承诺最低保证利率

经营万能寿险的寿险公司要为投保人设立独立的投资账户，对账户内的资金进行投资运作。与变额寿险不同的是，通常万能寿险提供一个最低保证利

率以保证投保人的最低投资收益水平，当个人账户的实际资产投资收益率低于最低保证利率时，应按最低保证利率结算计息。

（三）业务经营透明度较高

万能寿险的经营具有透明性，保险公司定期向保户公开组成商品价格结构的各种因素，保单所有人每年可以得到一份详细的保单信息状况表，包括保费、保险金额、结算利率、保险成本、各项费用及保单现金价值的发生数额和变动状况等信息。

延伸阅读：
平安智胜人生终身寿险（万能型）条款

模块练习

一、单选题

1. 以被保险人生存或者死亡为给付保险金条件的人身保险是（　　）。
   A. 年金保险　　　　　　B. 人寿保险
   C. 人身意外伤害保险　　D. 健康保险

2. （　　）是指以被保险人在规定时期内死亡为条件，给付死亡保险金的保险。
   A. 两全保险　　　　　　B. 万能寿险
   C. 定期寿险　　　　　　D. 终身寿险

3. 关于终身寿险的保险期限，以下说法正确的是（　　）。
   A. 终身寿险的保险期限是10年、20年、30年或40年
   B. 终身寿险的保险期限一定比定期寿险的保险期限长
   C. 每份终身寿险保单保险期限的具体时长并不确定
   D. 终身寿险不属于长期寿险业务

4. 我国的新型寿险产品主要有（　　）。
   ①年金保险　②万能寿险　③变额寿险　④联合寿险　⑤分红寿险
   A. ①②③⑤　　　　　　B. ②③④
   C. ②③⑤　　　　　　　D. ①②③④⑤

5. 变额寿险的投资风险完全由（　　）承担。
   A. 保险人　　　　　　　B. 投保人
   C. 被保险人　　　　　　D. 受益人

二、判断题

1. 定期寿险不属于生存保险。　　　　　　　　　　　　　　　　（　　）
2. 万能寿险保单所有人能定期改变保险费金额，可以暂时停止缴付保险

费,还可以改变保险金额。（　　）

3. 参加年金保险的被保险人,通常是身体不太健康的人。（　　）

4. 两全保险是承保责任最全面的一类人寿保险,被保险人无论期内死亡,还是期满生存,保险人都要承担给付保险金的责任。（　　）

5. 万能寿险的投保人可以申请调高保险金额,但不能降低保险金额。（　　）

模块四　健康保险

任务一　认识健康保险

微课：健康守护者

【任务情景】

2020年11月,汪女士在保险公司为自己购买了一份终身重大疾病保险。2021年1月,汪女士被查出患有肝癌。汪女士了解到,重大疾病保险是定额给付型保险,只要医院确诊疾病属于保险责任范围,就可以获得相应的保险金。汪女士在收集齐理赔所需材料后,便向保险公司提出索赔申请。但出乎汪女士意料的是,保险公司做出了拒赔的决定。保险公司方面的理由是:汪女士的保单还在观察期内,保险公司不承担保险责任。

保险公司拒付的理由是否成立?

【知识平台】

一、健康保险的概念

健康保险是以被保险人的身体为保险标的,当被保险人因疾病或意外事故的伤害,发生费用支出或收入损失而获得合同约定补偿的一种人身保险。健康保险承保的费用和损失包括两大类：一类是由疾病或意外事故所致的医疗费用,通常称为医疗保险；另一类是由疾病或意外伤害事故所导致的收入损失,通常称为失能收入保险。

二、健康保险的特征

（一）保险标的、保险事故具有特殊性

健康保险以被保险人的身体为保险标的,其保障内容广泛,通常将人寿保险、意外伤害保险以外的人身保险都归为其承保的范围,具有综合性保险的

性质。虽然健康保险以疾病、意外等原因造成的医疗费用或残疾收入损失为保险事故，但其对"疾病"这一保险事故有严格的界定，是指由人身体内部的某种原因引发的，即由于某个或多个器官、组织甚至系统病变而致功能异常，从而出现各种病理表现的情况。

（二）承保标准复杂

由于健康保险的保险事故不同于其他人身保险，健康保险的承保条件相对于人寿保险而言要严格得多。例如，以"疾病"这种主要风险为例，要对疾病产生的因素进行严格的审查，一方面要根据病历考察既往病史，另一方面要对被保险人所从事的职业及其居住的地理位置等做详细的分析。

（三）费率厘定的因素更为复杂

决定健康保险费率的因素包括疾病发生率、残疾发生率、疾病持续时间、利息率、费用率等，同时，由于健康保险承保内容特殊，诸如医院的管理、医疗设备以及经济发展、地理环境等条件也会对保险人的赔付预测产生较大的影响，因此，健康保险的费率厘定相比人寿保险而言更加复杂且难以测算。

（四）保险金给付的复杂性

与人寿保险金的定额给付不同，健康保险的给付金额通常具有不确定性，如果多次发生合同约定的保险事故，被保险人也可以进行多次索赔。根据不同保险合同的具体规定，健康保险主要有三种不同的给付形式：第一种，定额给付，类似于寿险的给付；第二种，补偿给付，即在最高限额之内依据实际发生的费用进行给付；第三种，预付服务项目给付，即提供由保险组织直接支付住院、外科医生等医疗费用的服务。

三、健康保险的特殊条款

（一）观察期条款

观察期是指在健康保险合同成立之后到正式生效之前的一段时间。在该期间内被保险人因疾病发生的医疗费用或收入损失，保险人不负赔偿责任。由于保险人仅仅依据病历等有限资料很难判断被保险人在投保时是否已经患有某种疾病，为了防止已有疾病的人带病投保、保证保险人的利益，保单中要规定一个观察期（90天或180天等）。被保险人在观察期内发作的疾病都假定为投保之前就已患有，保险人根据最大诚信原则可以拒绝承担责任。

（二）免赔额条款

免赔额是指保险公司在对医疗费进行赔付时先由被保险人自行负担的较小金额。在医疗保险合同中规定免赔额，如果被保险人实际支出的医疗费用低于免赔额，由被保险人自己负责，如果被保险人实际支出的医疗费用超过免赔

案例：健康保险的观察期

额，超过部分由保险人予以补偿。规定免赔额的意义在于减少小额理赔给保险人带来的理赔费用，促使被保险人加强对医疗费用的自我控制，避免不必要的浪费。

（三）共保比例条款

共保比例条款是指保险人对被保险人所发生的超过免赔额以上的医疗费用部分与被保险人按照合同约定的比例共同承担。共保比例条款的规定，主要是为了有利于保险人控制医疗费用支出，减少被保险人的道德风险。

（四）给付限额条款

给付限额条款是指保险人对被保险人因疾病或意外伤害所发生的医疗费用支付的最高限额，以控制自己的总支出水平。给付限额条款是保险人针对人体健康风险的差异，相应医疗费用支出水平参差不齐的特点，为了加强对健康保险的管理，保障保险人和广大被保险人的利益所采取的措施。

案例：医疗费用的计算

任务二　解读健康保险产品

【任务情景】

随着生活水平的提高，我国居民重视并高度关注自身健康，人们对自身所面临的健康风险意识以及对商业健康保险保障的认知方面有所增强。最近小张想要为自己选购一款健康保险产品，但面对琳琅满目的产品很难做出选择。

健康保险产品有哪些？投保人应该如何进行选择？

【知识平台】

健康保险产品主要包括医疗保险、失能收入损失保险和长期护理保险。

一、医疗保险

医疗保险又称医疗费用保险，是指按照保险合同约定为被保险人的医疗、康复等提供保障的保险。医疗保险是健康保险中的一种重要业务形式。其承保对象可以是个人也可以是团体，补偿的医疗费用包括门诊费、药费、住院费用、护理费、医院杂费、手术费和各种检查治疗费等。

（一）普通医疗保险

普通医疗保险又称基本医疗保险，是负责补偿被保险人因疾病和意外伤害所导致的直接费用。普通医疗保险往往是各保险公司在业务开始之初就推出的医疗费用保险产品。保障的范围包括门诊费用、医药费用、检查费用等。

（二）综合医疗保险

综合医疗保险是保险人为被保险人提供的一种全面的医疗费用的保险，其费用补偿的范围包括医疗、住院和手术等的一切费用。与基本医疗保险不同，综合医疗保险一般不对医疗服务费用设置单项限额，且除外责任比基本医疗保险少很多，但一般都有总的赔付限额。综合医疗保险对各种住院和门诊费用都提供了广泛的保障，其保险责任一般包括：住院床位费、检查检验费、手术费、诊疗费等。除此之外，综合医疗保险还对某些康复治疗的费用如假肢、人工关节和轮椅及救护车费用等进行补偿。在我国多为团体保险。

（三）高额医疗费用保险

高额医疗费用保险是在某一基本医疗保险基础上补充签发的，既为超过基本保险单给付水平的医疗费用差额或不保部分提供保险金，也为基本医疗保险单保障范围内的医疗费用提供保险金。

（四）特种医疗费用保险

特种医疗费用保险是专门为特定人群或特种疾病发生的医疗费用提供保障的保险。主要包括重大疾病保险、生育保险、牙科费用保险和眼科费用保险。其中，重大疾病保险是目前寿险公司重要的产品。

重大疾病保险是为被保险人提供因患保单中约定的重大疾病所发生的费用。重大疾病保险的形式有两种：一种是就某一种特大疾病所开办的保险，其中癌症保险最为常见。这种保险的补偿方式有两种：明细费用定额型和每日费用定额型。前者对每一种类型的费用都有约定的保险金给付定额，后者通常对住院期间每日的费用提供约定的日额保险金。另一种是针对多种重大疾病开办的保险。这种保险目前国内比较流行，保障的重大疾病一般包括心脏病、冠状动脉旁路手术、脑中风、慢性肾衰竭、癌症、瘫痪、重大器官移植手术、严重烧伤、爆发性肝炎、主动脉手术等。

延伸阅读：
中国人寿康宁终身重大疾病保险（2019版）条款

二、失能收入损失保险

失能收入损失保险，是指以因保险合同约定的疾病或者意外伤害导致工作能力丧失为给付保险金条件，为被保险人在一定时期内收入减少或者中断提供保障的保险。失能收入损失保险一般可分为两种：一种是补偿被保险人因意外伤害致残的收入损失，另一种是补偿被保险人因疾病致残的收入损失。

三、长期护理保险

长期护理保险是针对那些身体衰弱、生活不能自理或者不能完全自理，需要他人辅助全部或部分日常生活的被保险人，为其在护理院、医院和家中接受的长期医疗护理或者照顾性护理服务提供经济保障的保险。

长期护理通常周期较长，一般可长达半年、数年甚至十几年。其重点并不是以被保险人的完全康复为目标，而是最大可能长久地维持和增进患者的身体机能，提高其生存质量，更多的情况是使病人的情况稍有好转或仅仅维持现状。

延伸阅读

医疗意外险纳入健康保险范畴

银保监会2019年10月31日公布了新修订的《健康保险管理办法》，自2019年12月1日起施行。《健康保险管理办法》完善了健康保险的定义和业务分类，将医疗意外险纳入健康保险范畴。医疗意外险是指按照保险合同约定发生不能归责于医疗机构、医护人员责任的医疗损害，为被保险人提供保障的保险。医疗行为没有发生理想的治疗效果并造成损害，这种损害有预见可能，但医疗机构和医护人员并无责任。也就是说，对这种风险或者损害可以预见，无法避免，但是又不能归结为医疗机构或者医护人员的责任，一般使用医疗意外保险。由于个体差异性、疾病的复杂性以及医疗技术的局限性等原因，同样的医疗行为对于不同病人可能有不同的医疗结果。"医疗意外保险"是一个完整名称，不属于"意外保险"，是健康保险的组成部分。加强医疗意外损害保障是医疗领域普遍关注的问题，对于保护患者利益、减少医疗纠纷具有重要意义。

资料来源：根据中国政府网等相关报道编辑整理。

模块练习

一、单选题

1. 疾病保险的可保疾病的条件，以下不正确的是（　　）。
   A. 必须是明显的非外来原因造成的
   B. 必须是非先天性原因造成的
   C. 必须是非规律性的生活现象造成的
   D. 必须是遗传疾病造成的

2. 以下不属于健康保险的是（　　）。
   A. 疾病保险　　　　　　　　B. 医疗保险
   C. 收入保障保险　　　　　　D. 第三者责任保险

3. 健康保险的保险标的是（   ）。
   A. 人的生命   B. 人的身体
   C. 人的生命和身体   D. 费用和损失
4. 个人健康保险的主要险种不包括（   ）。
   A. 医疗保险   B. 疾病保险
   C. 失能收入保险   D. 学生平安保险
5. 健康保险可以分为医疗保险、（   ）、长期看护保险和失能收入损失保险。
   A. 疾病保险   B. 社会医疗保险
   C. 年金保险   D. 生存保险

二、判断题

1. 健康保险是以人的身体为保险标的，当被保险人因疾病发生医疗费用而获得补偿的一种人身保险。（   ）
2. 社会医疗保险属于健康保险。（   ）
3. 除重大疾病等保险以外，绝大多数健康保险尤其是医疗费用保险为一年期的短期合同。（   ）
4. 健康保险和意外伤害保险中涉及医疗费部分的赔付属于补偿性质。（   ）
5. 健康保险合同中规定的等待期、免责期的长短及免赔额、共付比例的多少对费率没有影响。（   ）

模块五　人身意外伤害保险

任务一　认识人身意外伤害保险

【任务情景】

王先生向保险公司投保了一份意外伤害保险，后因病入院治疗，不料手术中发生医疗事故，导致左眼因视网膜脱落而失明。出院后，王先生向保险公司申请意外伤害保险金，却被保险公司拒付了，理由是医疗事故不属于保险责任范围。王先生却认为，这次医疗事故就是一场意外，保险公司不应该拒付。

保险公司拒付的理由是否成立？

微课：交通意外保险出行无忧

【知识平台】

一、人身意外伤害保险的含义

人身意外伤害保险，是指在保险合同有效期内，被保险人由于外来的、突发的、非本意的客观意外事故造成身体的伤害，并以此为直接原因致使被保险人死亡或残疾时，由保险人按合同规定向被保险人或受益人给付死亡保险金、残疾保险金或医疗保险金的一种保险。

人身意外伤害保险承保的责任是由于意外伤害所致被保险人的身体的损伤或生命的终结。意外伤害在意外伤害保险中具有特定的含义，它有意外和伤害两层含义，两者缺一不可。

（一）意外

意外伤害保险中的意外是指伤害事件的发生非被保险人的主观意愿或伤害发生时被保险人事先没有预见。其必须具备三个要素：① 非本意，是指伤害的发生是受害者没有预见到的、非故意的或违背受害者主观愿望的。② 外来的，是指伤害是由受害者自身以外的原因造成的。③ 突然的，是指引致伤害的原因不是早已存在的，受害者在面临风险时来不及预防。

（二）伤害

伤害是指被保险人身体遭受外来的事故侵害，发生损失、损伤，致使人体完整性遭到破坏或器官组织生理机能遭受阻碍的客观事实。伤害由致害物、侵害对象、侵害事实三个要素构成。其中，致害物即直接造成伤害的物体或物质，是导致伤害的物质基础；侵害对象是致害物侵害的客体，在意外伤害保险中仅指被保险人的身体，不包括精神或权利等；侵害事实是指被保险人的身体与致害物以一定的方式破坏性地接触并作用于被保险人身体的客观事实。

案例：猝死是否属于意外

二、人身意外伤害保险的特征

人身意外伤害保险具有以下特征。

（一）保险期限短

人身意外伤害保险的保险期限多为1年，有些特种保单甚至只有几天或几个小时。如公路旅客人身意外伤害保险只承保乘客从上车到下车这一段时间。

（二）费率厘定主要依据损失率

在人身意外伤害保险的费率计算中，根据意外事故发生频率及其对被保险人造成的伤害程度、风险程度进行分类。职业是确定意外伤害保险的保险费率的重要因素，被保险人职业的风险程度越高，则保险费率越高，而对以性别和年龄的差异对意外伤害发生的概率影响较小，不予考虑。

（三）给付方式复杂

人身意外伤害保险的给付方式为定额给付与不定额给付相结合。其中，死亡给付额按照保险合同中的规定进行，不能有所增减；残疾给付需按照残疾保险金额与残疾程度的百分比的乘积给付，当发生一次伤害，多处致残或多次伤害时，保险人可同时或连续支付残疾保险金，但累计数额以不超过保险金额为限；意外伤害医疗保险金的给付则是按照保险事故造成的医疗费用进行补偿，为不定额给付。

（四）责任准备金计提类似于财产保险

人身意外伤害保险的责任准备金主要是未到期责任准备金。年末未到期责任准备金是按其当年自留保费的一定百分比如40%或50%来计提的，这与财产保险责任准备金的性质和计算方法相同。

三、人身意外伤害保险责任的构成条件

在人身意外伤害保险中，有关于责任期限的规定。只要被保险人遭受意外伤害的事件发生在保险期内，而且自遭受意外伤害之日起的一定时期内（责任期限内，如90天、180天、360天等）造成死亡残废的后果，保险人就要承担保险责任，给付保险金。即使被保险人在死亡或确定残废时保险期限已经结束，只要未超过责任期限，保险人就要负责。

意外伤害保险的保险责任由以下三个必要条件构成，缺一不可。

（一）被保险人在保险期限内遭受了意外伤害

被保险人在保险期限内遭受意外伤害是构成意外伤害保险的保险责任的首要条件。这一首要条件包括以下两方面的要求：被保险人遭受意外伤害必须是客观发生的事实，而不是臆想的或推测的。被保险人遭受意外伤害的客观事实必须发生在保险期限之内。如果被保险人在保险期限开始以前曾遭受意外伤害，而在保险期限内死亡或残废，不构成保险责任。

（二）被保险人死亡或残废发生在责任期限内

责任期限是意外伤害保险和健康保险特有的概念，指自被保险人遭受意外伤害之日起的一定期限（如90天、180天、360天等）。

责任期限对于意外伤害造成的残废实际上是确定残废程度的期限。如果被保险人在保险期限内遭受意外伤害，治疗结束后被确定为残废，且责任期限尚未结束，当然可以根据确定的残废程度给付残废保险金。但是，如果被保险人在保险期限内遭受意外伤害，责任期限结束时治疗仍未结束，尚不能确定最终是否造成残废以及造成何种程度的残废，那么，就应该推定责任期限结束时

这一时点上被保险人的组织残缺或器官正常机能的丧失是否为永久性的，即以这一时点的情况确定残废程度，并按照这一残废程度给付残废保险金。以后，即使被保险人经过治疗痊愈或残废程度减轻，保险人也不追回全部或部分残废保险金。反之，即使保险人加重了残废程度或死亡，保险人也不追加给付保险金。

（三）意外伤害是死亡或残废的直接原因或近因

在意外伤害保险中，被保险人在保险期限内遭受了意外伤害，并且在责任期限内死亡或残废，并不意味着必然构成保险责任。只有当意外伤害与死亡、残废之间存在因果关系，即意外伤害是死亡或残废的直接原因或近因时，才构成保险责任。

任务二　解读人身意外伤害保险产品

【任务情景】

林先生今年27岁，喜欢自驾旅行，虽然公司里社保比较齐全，可林先生并不满足于此，他希望为自己购买一些意外保险产品，从而获得更多的保障。

人身意外伤害保险五花八门，到底买哪种保险才能保障与实惠兼顾呢？

【知识平台】

人身意外伤害保险，常见的大体可分为三类：普通意外伤害保险、特种意外伤害保险和团体意外伤害保险。

延伸阅读：中国人寿个人综合意外伤害保险（2013版）条款

一、普通意外伤害保险

普通意外伤害保险，又称"一般意外伤害保险"，或称"日常或个人意外伤害保险"，是指在约定的保险期内，因发生意外事故而导致被保险人死亡或残疾，支出医疗费用或暂时丧失劳动能力，保险公司按照双方的约定，向被保险人或受益人支付一定量的保险金的一种保险。保险期限一般较短，以1年或1年以下为期。

二、特种意外伤害保险

特种意外伤害保险是一种保险责任范围仅限于某种特定原因造成意外伤害的保险。主要包括旅行意外伤害保险、交通工具意外伤害保险及特定职业意外伤害保险。

（一）旅行意外伤害保险

旅行意外伤害保险以被保险人在旅行途中，因意外事故遭受伤害为保险事故。保险人一般对约定的旅行路线和旅行期间保险事故承担责任，如飞机失事或船舶碰撞而致旅客的伤害。

（二）交通工具意外伤害保险

交通工具意外伤害保险主要针对交通工具遇到交通事故给被保险人造成的伤害、残疾和死亡，而且赔偿范围扩大到交通工具之外的等候场所。它所承保的危险有：

（1）作为乘客的被保险人在交通工具行驶、飞行过程中所遭受的意外伤害事故。

（2）作为乘客的被保险人在交通工具搭乘场所（候车、候机、候船）时所遭受的意外伤害事故。

（3）作为行人的被保险人因遭受空中物体坠落而遭受的意外伤害事故。

（4）被保险人为交通工具所撞，或因交通工具发生火灾、爆炸所遭受的意外事故。

（三）特定职业意外伤害保险

普通个人人身意外伤害保险中的伤残程度百分率是根据人体各部位伤残对一般劳动能力的影响判定的，它适用于大多数人，但不一定适用于某些从事特定职业的人。如歌唱家的歌喉，舞蹈家的双腿等。如果这类特定职业的投保人要求按照人体某个部位的伤残对其从事的特定职业的劳动能力的影响给付意外伤残保险金，则可以向保险公司投保特定职业意外伤害保险。特定职业意外伤害保险对于承保风险的确定、保险标的价值的确定均不同于一般的意外伤害保险，需要一些特殊的技术及丰富的承保和理赔经验。

三、团体意外伤害保险

团体意外伤害保险是以各种社会团体为投保人，以该团体的全部或大部分成员为被保险人，对被保险人因意外事故导致死亡、残疾或产生医疗费用的，保险人按合同约定给付保险金的意外伤害保险。团体意外伤害保险的保险期限一般为一年，期满可申请续保，保险费率根据投保单位的行业或工作性质来确定。由于是团体投保，能够有效降低逆选择和经营成本，通常团体意外伤害保险的费率要比个人意外伤害保险的费率低。

团体意外伤害保险的保险责任和给付方式等均与个人意外伤害保险相同，但保单效力方面有所不同。团体意外伤害保险中，被保险人一旦脱离投保的团体，保单效力对该被保险人即行终止，投保团体可以为该被保险人办理退保手续，而保单对其他被保险人仍然有效。

模块练习

一、单选题

1. 人身意外伤害保险中的意外必须具备的要素有（　　）。
   ① 非本意　② 外来事故　③ 突然的　④ 致害物
   A. ①②③　　　　　　　　B. ①②③④
   C. ①③④　　　　　　　　D. ②③④

2. 构成意外伤害险中伤害的要素有（　　）。
   ① 致害人　② 致害物　③ 侵害对象　④ 侵害事实　⑤ 受害程度
   A. ①②③④　　　　　　　B. ①②③④⑤
   C. ②③④⑤　　　　　　　D. ②③④

3. 根据我国《保险法》的规定，意外伤害保险属于（　　）范围。
   A. 人寿保险　　　　　　　B. 人身保险
   C. 财产保险　　　　　　　D. 健康保险

4. 人身意外伤害保险属于（　　）保险。
   A. 补偿性　　　　　　　　B. 短期性
   C. 储蓄性　　　　　　　　D. 分红性

5. 人身意外伤害保险的保险期限一般为（　　）。
   A. 30天　　　　　　　　　B. 20年
   C. 5年　　　　　　　　　 D. 1年

二、判断题

1. 为履行职责而与歹徒搏斗导致的被保险人死亡通常被认为是意外伤害。（　　）
2. 意外伤害仅仅是指伤害的发生是被保险人事先没有预见的。（　　）
3. 为抢救公共财产而导致的被保险人死亡通常被认为是意外伤害。（　　）
4. 见义勇为行为导致的被保险人死亡通常被认为是意外伤害。（　　）
5. 某被保险人因登山时猝死属于意外伤害导致的死亡。（　　）

模块六　人身保险规划

任务一　认识保险规划

【任务情景】

张先生是某私营企业主，是家庭的经济支柱，目前个人没有购买任何保险产品，在与保险规划师刘某的交谈中表示想要先为其3岁的女儿购买保险。另外，希望用手里的现有资金购买一些投资型的保险产品。

若你是保险规划师，请你分析张先生的投保计划违背了哪些保险规划的原则？应如何进行调整？

【知识平台】

一、保险规划的含义

保险规划是个人理财规划的一部分，是在个人保险领域通过定量分析客户的保险需求及额度，帮助客户选择合适的保险产品、期限和金额，以避免风险给个人及家庭生活带来冲击，从而提高客户的生活质量。它是在分析和预测个人（家庭）保险需求的基础上，科学安排保险产品，满足个人（家庭）保险需求的过程。

二、保险规划的作用

保险作为个人理财规划中不可缺少的重要工具，不仅是个人或家庭风险管理的重要组成部分，而且在储蓄和投资规划、遗产规划、教育规划、退休规划、最小税负规划等方面起着不同程度的作用。从理财功能的角度出发，与银行储蓄、债券、股票、基金等理财工具相比较，人寿保险理财的功能也是唯一在消费理财、保障理财和投资理财这三方面都有特殊表现的理财工具。

（一）保险规划的保障作用

由于保险的基本职能是分摊损失和补偿损失，所以保险规划的基本功能就是保障功能，这也是保险理财规划与其他理财最大的区别。俗话说"天有不测风云，人有旦夕祸福"，每个人的一生都有可能面临自然灾害风险、意外事故风险、死亡风险等各种风险，再加上我国的社会保障制度还不是很完善，个人对各种风险的承受能力弱。此时人们要借助保险理财规划的保障功能渡过难关，化险为夷，稳定人民生活。同时，保险理财具有储蓄功能，人们可以通过按期缴纳保费来保障将来的生活，这样也有助于均衡个人财务支出。

（二）保险规划的投资作用

保险规划具有保障功能的同时有着储蓄功能。随着金融工具的多样化和经济发展的市场化，在保险市场出现了主要针对人寿保险的创新型保险——投资型保险。投资型保险产品在资金运用方面是以有价证券为中心，追求综合的高回报率，并且投资回报与保险公司的投资收益或经营业绩有关，由于经济增长和资金运用得当可使收益较高。目前我国保险市场上常见的投资型保险有万能寿险、投资连结保险、分红保险和投资型家庭财产保险。传统的一些保险险种有较强的储蓄功能，人们可以通过购买年金保险来筹集孩子的教育金或自己的退休资金，储蓄性较强。因此，保险理财规划在个人理财中不仅有保障功能，而且有较强的投资功能。

（三）保险规划的资产保全和传承作用

在特定的条件下，寿险产品可以起到资产保全的作用。如某企业主在债权债务发生法律诉讼时，其银行的资金等都可能被冻结，但其投保的人寿保险的相应价值不受影响。此外，个人也可以利用保险理财来合理避税，由于事故发生时保险公司的赔款属于损失补偿，不属于个人收入，不用计算在个人所得税的纳税范畴，可以免交这部分税款。因此，保险是税务筹划的重要工具。另外，个人可以通过保险来做遗产规划。根据我国《保险法》的规定，被保险人在保险有效期内身故，寿险公司将按合同约定赔付身故保险金，如投保单上有指定受益人的，寿险公司将保险金付给受益人，这种保险金的给付不作为遗产处理，可免征遗产税，有利于财产转移和节税。换句话说，可以通过购买人寿保险实现财产转移和合理避税的功能。

三、保险理财规划的原则

（一）转移风险的原则

购买保险的主要目的是转移风险，是希望在遭遇保险事故时可以获得经济补偿。因此，个人或家庭在购买保险产品之前，需要审视自身的保险需求，明确哪些风险可以自留，哪些风险可以通过回避、预防和抑制等来降低风险的影响，哪些风险可以通过其他非保险的方式转移，哪些风险只能通过购买保险来化解。

（二）量力而行的原则

保险是一种经济行为，投保人需要缴纳一定的保险费才能获得相应的保险保障。因此，个人或家庭应根据自身的收入支出和保险需求等多个因素来确

延伸阅读：
家庭保险规划5大原则和常见误区

定保险产品和保费支出。一般来说，个人（家庭）每年的保费支出在个人（家庭）年净收入10%～15%为宜。过多的保费支出可能影响家庭的正常生活，投入不足也可能导致得不到足够的保险保障。

（三）保障优先原则

保险具有保障和投资的功能，前者以较低的保费投入获取高额的保障，后者偏向于资本投资。在购买保险时应首先对家庭面临的风险进行分析，优先选定保障型的保险产品对家庭财务影响大的风险进行保障，在此基础上，根据个人的经济承受能力和需求进行投资型保险产品的配置。

（四）合理搭配险种原则

目前市场上保险产品的种类繁多，选择不同的险种并合理搭配，可以最大限度地获得保险利益。在投保人身保险时，可以在保险项目上进行一定的组合，选择主险后再选择若干个附加险，以得到更全面的保障。

延伸阅读

先保孩子还是先保大人　保险首选家庭支柱

两个月前小刘的儿子出生，家里人高兴得合不拢嘴，都把新生的小家庭成员看作心肝宝贝一样疼爱。上星期，小刘找到保险规划师，询问给孩子上一份什么保险合适。因为自从孩子出生后，就不断接到保险公司代理人的电话，推荐各种各样的保险产品。每一个代理人都特别会利用父母爱孩子的心理，表明送孩子一份保险是对孩子最好的关爱。小刘夫妻听得很动心，决定选一份好的保险送给孩子。但经过交谈，保险规划师了解到，原来小刘家里还没有任何人购买过保险。小刘的话是"大人就不用管了，先管孩子吧"。

其实，这是投保中一个相当严重的误区，持有这种观点的人往往是混淆了"被保险人"的概念和"受益人"的概念。在保险合同中，给孩子上保险，"被保险人"是孩子，而受益人是"家长"，这不是给孩子多了一份保障，而是给家长添了一份保障。举个例子来说，如果给孩子上人身意外伤害保险，孩子出险后，家长可以得到保险金。因此，在考虑先给谁上保险的时候，一定要先给大人投保，这样才是给家庭一把真正的"保护伞"。

以小刘家为例，小刘月收入6 000元，单位提供基本医疗保险；爱人月收入2 000元，单位也提供基本医疗保险。在这种情况下，小刘是家庭收入的主要来源。如果小刘发生意外，整个家庭的经济来源就会出现问题。因此，保险要尽量先给小刘上。万一小刘出险，家人也可以得到一笔赔偿金，从而短时间内渡过难关。而小刘如果不上保险，先给孩子上，万一小刘出事，家人得不到任何资金,经济上立刻会陷入困境。可以说,只要小刘不出事,家庭的经济就有保障。因此,保障了小刘,其实就是保障了全家。

当然,如果能给家庭成员都上保险是更好的选择,但当家庭经济收入有限的情况下,在选择保险对象的时候,第一选择还是能带来家庭收入的家庭支柱。

资料来源:根据大象保险等网站资料编辑整理。

任务二 制定人身保险规划

【任务情景】

宋天,28岁,重点大学经济学硕士,在某外资企业从事管理工作,单位给员工购买了社会保险,每月工资10 000元,扣除缴纳各项社保、公积金及所得税等后可以拿到8 400元。他从小父母离异,随母亲一起生活。母亲58岁,已经退休。宋天父亲今年帮他支付了一栋房子的首期款,余下房贷100万元需要宋天自己还清,房贷期限为35年,每月需还款4 000元。

宋天很有保险意识,希望专业的保险规划师帮助他量身定做人身保险规划,请根据宋天家庭的具体情况,为宋天量身制定一份人身保险规划。

【知识平台】

保险规划的目的在于通过对个人经济状况和保险需求的深入分析,帮助个人(家庭)选择合适的保险产品并确定合理的期限和金额,以免除财务上的后顾之忧。人身保险规划的制定需要经过以下五个步骤,如图5-2所示。

了解客户信息 → 保险需求分析 → 保障额度和保费测算 → 制定保险理财规划方案 → 保险规划的后续调整

图5-2 人身保险规划的流程

一、了解客户信息

保险理财规划师作为个人(家庭)财产的管理者,在为客户制定保险规划时需要了解的客户信息主要有四方面，一是客户个人及家庭基本信息，二是客户财务信息，三是客户个人和家庭风险保障信息，四是客户对于未来生活发展的预期。

（一）客户个人及家庭基本信息

客户个人及家庭基本信息主要包括客户家庭成员构成、成员姓名和性别、职业和职称、工作单位性质、工作稳定程度、出生日期、健康状况等。

（二）客户财务信息

客户财务信息是指客户家庭目前的收支情况、资产负债状况和其他财务安排以及这些信息的未来变动趋势。客户财务信息是保险理财规划的基础，决定了客户的目标和期望是否合理，以及完整个人财务规划的可能性。

1. 收入和支出状况

收入和支出状况是客户家庭财务信息的重要组成部分，用以说明在过去的一段时间内个人（家庭）财务活动的情况。一份详细的收入支出表能够帮助客户了解自身的财务状况，也能为保险理财规划师为客户设计出合理的理财规划打下基础。个人（家庭）收入支出表如表5-1所示。

表5-1　个人（家庭）收入支出表

收入项目	金额/元	支出项目	金额/元
常规收入		固定支出	
工资		餐饮费用	
奖金和津贴		交通费用	
租金收入		子女教育费用	
有价证券的红利		所得税	
银行存款利息		医疗费	
债券利息		人寿和其他保险	
信托基金红利		房屋保险	
其他固定利息收入		房屋贷款偿还	
常规收入小计		个人贷款偿还	
临时性收入		固定支出小计	
捐赠收入		临时性支出	
遗产继承		衣服购置费用	
临时性收入小计		子女津贴	

续表

收入项目	金额/元	支出项目	金额/元
收入总计		电器维修费用	
		捐赠支出	
收入总计（+）		旅游费用	
支出总计（-）		临时支出小计	
收支差额		支出总计	

2. 资产与负债情况

资产是客户拥有所有权财富的总称，负债是客户由于过去的经济活动而产生的现有责任，这种责任的结果会引起客户经济资源的流出，资产与负债情况是理财规划师衡量客户财务状况是否稳健的重要指标。理财规划师不仅要清楚地了解客户的资产与负债状况，还要掌握资产负债未来可能发生的变化。个人（家庭）的资产负债表是对某一时点个人（家庭）财务状况的总结，其格式如表5-2所示。

表5-2　个人（家庭）资产负债表

资产			金额/元
金融资产	现金与其等价物	现金	
		活期存款	
		定期存款	
		其他类型银行存款	
		货币市场基金	
		人寿保险现金收入	
	现金与其等价物小计		
	其他金融资产	债券	
		股票及权证	
		基金	
		期货	
		外汇实盘投资	
		人民币理财产品	
		保险理财产品	
		证券理财产品	
		信托理财产品	
		其他	
	其他金融资产小计		
金融资产小计			

续表

资产		金额/元
实物资产	自住房	
	投资的房地产	
	机动车	
	家具和家用电器类	
	珠宝和收藏品类	
	其他个人资产	
实物资产小计		
资产总计		

负债		金额/元
负债	信用卡透支	
	消费贷款	
	创业贷款	
	汽车贷款	
	住房贷款	
	其他贷款	
负债总计		
净资产总计		

（三）客户个人和家庭风险保障信息

1. 社会保障信息

社会保障信息主要指政府举办的养老社会保险计划和企业举办的补充保险计划，包括养老保险、失业保险、基本医疗保险、工伤保险、生育保险和社会救济、社会福利计划等。社会保障的具体情况，参见表5-3和表5-4。

微课：你掏了多少社会保险费

表5-3 养老社会保险状况

内容	参加人		
	本人	配偶	家庭其他成员
开始支付时间			
当前年支出金额			
以往金额总额			
将来年支出金额			
退休后可获得金额			

表5-4 其他社会保险信息

项目	参加人		
	本人	配偶	家庭其他成员
失业保险			
基本医疗保险			
工伤保险			
生育保险			

2. 商业保险信息

在理财规划业务中，主要涉及的保险种类繁多，保障利益也比较复杂，理财规划师需要详细了解客户所购买保险的名称、投保人、被保险人、保险公司、投保金额和保险费等，以便作进一步的分析和规划。商业保险信息可以通过表5-5获得。

表5-5 人寿、健康和意外伤害保险

被保险人	保险公司	保单编号	投保金额	保险费	备注
本人					
配偶					
未成年子女					
家庭其他成员					

（四）客户对于未来生活发展的预期

关于未来的计划或者预期，客户的情况不同，预期差异也非常大。就年龄而言，年龄越小，对于未来可预期的内容越丰富。当然，也可能由于生活阅历有限，年轻客户提供的想法很少，但并不代表他完全没有预期。此时需要保险理财规划人员通过诱导式询问，帮助客户勾勒出对于未来生命中几个重要阶段的预期，参见表5-6。

表5-6 家庭生活发展预期目标

项目		内容
短期目标	家庭保障计划	完善家庭保障体系：（1）为父母准备养老金以及医疗保障；（2）为自己购买相应的人寿保险
	自身教育规划	参加在职培训，提高职业竞争力
中期目标	储备结婚经费	完成装修款的储备

续表

	项目	内容
长期目标	房贷归还计划	提前完成房贷归还任务
	新组家庭理财规划	有了妻子和小孩后的家庭，对家庭成员的保障和子女教育费用做出安排
长远目标	为退休后有安逸晚年做计划	通过商业保险的方式补充自己的养老金，为自己和老伴退休生活做安排

资料来源：杨则文《个人理财业务》。

二、保险需求分析

保险需求分析是指针对人生中的风险，根据客户的个人状况，定量分析财务保障的需求额度。即要解决客户是否需要购买保险、购买什么保险产品及购买多少保险的问题。

（一）确定家庭保险需求组合

对家庭来说，其所处的人生阶段不同，保险需求的侧重点也不同。因此，在制定保险规划时，应考虑家庭所处不同阶段，依据不同阶段的特点来规划保险。根据家庭在不同时期的需求差异，大致可以将人生分为六个阶段：单身期、家庭建立期、家庭成长期、家庭成熟期、家庭空巢期和养老期。

1. 单身期

单身期是指从参加工作至结婚建立家庭前的时期，是提升专业知识、累积工作经验，以增加未来收入能力的阶段。在此阶段，个人的健康状况良好，收入虽低，但无家庭负担或负担轻，因此，早亡对家庭的经济生活影响不大，保险需求不大。但由于年轻气盛，容易发生各种意外，所以这一阶段主要可以考虑保费低、保障较大的意外伤害保险，以减少因意外导致的直接或间接经济损失。若父母需要赡养，在财务许可的情况下，则需要考虑购买定期人寿保险，以最低的保费获得最高的保障，确保人身一旦遭遇不测，用保险金支持父母的生活。

2. 家庭建立期

家庭建立期是指从结婚到新生儿诞生的时期，也是个人择偶、结婚、生子的阶段，个人对家庭的责任明显增大。这一阶段夫妇双方年纪较轻，健康状况良好，收入开始增加，但仍处于较低的水平。为提高生活质量往往需要较大的家庭建设支出，如购买一些较高档的用品，贷款买房、买车。所以此时如果一方身亡或丧失劳动能力的话，会对其他家庭成员带来一定的经济压力。为减小任何一方在遭受意外后对家庭的影响，可以选择交费较少的定期人寿保险、意外伤害保险。

3. 家庭成长期

家庭成长期是指从小孩出生到小孩完成学业这段时间，是个人事业发展、子女成长及受教育阶段，也是个人对家庭责任最重大的时期。虽然个人收入有较大幅度增长，但家庭日常消费、子女教育金准备和住房贷款等重大开支同时存在。如果此时家庭主要收入者发生各种意外事故或疾病，家庭必将面临极大的财务风险。所以，这一阶段的保险需求主要是意外伤害保险；如果在未来几年里面临小孩接受高等教育的经济压力，可以教育年金的方式储备子女教育费用；夫妻双方在此阶段也要开始注重自身保障，可以购买养老保险、医疗保险。同时，此阶段家庭收入基本稳定，应设法提高家庭资产中投资资产的比重，逐年累积净资产，可购买投资型险种，即非传统寿险，在享有保险保障的同时获取投资收益。

4. 家庭成熟期

家庭成熟期是指从子女参加工作到家长退休为止这段时间。这一阶段应是事业有成、收入处于较高水平的时期。这时子女已经进入大学教育阶段，家庭负担较轻。人到中年，身体的机能明显下降，因此在保险方面，主要应考虑保障自身健康的各类医疗保险、重大疾病保险，养老保险也同样不能忽略。

5. 家庭空巢期

家庭空巢期是指夫妻已经退休，子女已经独立的一个时期。此阶段是收入稳定、费用支出最少的时期。此时应重点考虑未来退休养老问题。在保险方面，重点选择医疗保险、老年护理保险等健康保险，同时可以投保一些投资型保险或趸缴年金保险，增加未来的养老资金。需要注意的是，此时家庭的抗风险能力也下降，保险意识虽强，但对资金安全性的要求远远高于收益性，所以在资产配置上要进一步降低风险。

6. 养老期

养老期是夫妻二人安享晚年阶段。这一阶段的收入有限，而开支体现在日常生活及医疗保健等方面。如果退休前保险准备不足，这时有必要用部分金融资产投保健康保险，以防范因健康因素导致的各类风险。同时，为转移长寿风险，可将部分累积资金购买趸缴年金保险，年金给付直至身故。

要注意的是，近年来我国重大疾病的发病率逐年提升，且有年轻化的特点，而重大疾病将直接给个人和家庭带来沉重的经济负担。因此，在经济条件允许的前提下，都应将重大疾病纳入保险规划的范畴。

综合人生六个不同生命阶段的特点、理财活动与保险需求分析，不同阶段的保险需求如表5-7所示。

表5-7　家庭生命周期不同阶段的人身保险需求

生命周期阶段	特点	保险需求
单身期	个性冲动、经济收入低、开销大	意外伤害保险、定期寿险、重大疾病保险
家庭建立期	家庭收入开始增加、大额支出逐渐增大,家庭责任加大	意外伤害保险、重大疾病保险、定期寿险
家庭成长期	收入进一步提高,保健、医疗、教育等成为主要开支	意外伤害保险、健康保险、人寿保险、子女教育金保险
家庭成熟期	收入增加,费用支出主要体现在医疗、子女教育上	医疗保险、重大疾病保险、养老保险
家庭空巢期	负担最轻,储蓄能力最强	医疗保险、重大疾病保险、投资型保险、年金保险
养老期	安享晚年,收入、消费减少,医疗保健支出增加	年金保险、医疗保险、重大疾病保险

（二）确定家庭保险需求优先顺序

不同个人或家庭需要的保险种类不同,而且保险种类需要的优先顺序也不同。个人或家庭财务资源的有限性,决定了需要根据个人或家庭人身保险需求的优先顺序来分配资源,保证最重要的人身保险需求得到优先满足。人身保险需求优先顺序取决于诸多因素,其中最基本的是生命周期、收入水平和受教育程度。表5-8是中国人寿保险股份公司聘请麦肯锡顾问公司以生命周期、收入水平、受教育程度这三个基本因素为依据,将家庭划分为20个类型,并分别制定了与之相适应的人身保险需求组合的内部优先顺序。

微课：高先生的家庭保险规划

表5-8　家庭人身保险需求组合的内部优先顺序

项目	单身期	两人世界	三口之家	成熟家庭	退休生活
高收入、高教育程度	意外 健康 重大疾病 父母医疗保险 养老	健康 重大疾病 意外 投资/储蓄 父母医疗保险	自身保障 子女 健康意外 教育资金 投资/储蓄 养老	健康 一般疾病 重大疾病 住院医疗 意外 养老	健康 保本储蓄/投资 孙辈教育 意外
高收入、普通教育程度	意外 投资/储蓄 健康 重大疾病	投资/储蓄 健康 重大疾病 意外	子女 教育资金 健康意外 投资/储蓄 自身保障 养老	稳健型投资 健康 一般疾病 重大疾病 住院医疗 意外	保本储蓄/投资 健康 孙辈教育

续表

项目	单身期	两人世界	三口之家	成熟家庭	退休生活
平均收入、高教育程度	意外 健康 重大疾病 父母医疗保险	健康 重大疾病 意外 投资/储蓄	自身保障 子女 健康意外 教育资金	健康 一般疾病 重大疾病 住院医疗 储蓄 意外	保本储蓄/投资 孙辈教育 健康 意外
平均收入普通教育程度	意外 健康 重大疾病	健康 重大疾病 意外 投资/储蓄	子女 教育资金 健康意外 自身保障	储蓄 健康 一般疾病 重大疾病 住院医疗	保本储蓄/投资

资料来源：赵立航《保险理财规划理论与实践》。

（三）确定保险缺口

除了商业保险外，个人和家庭还有其他可替代的保障资源，如社会保险、企业年金等。这就需要规划师在保险理财规划中扣除已有的可替代的保险资源，得出保险净需求量。

三、保障额度和保费测算

（一）保障额度测算

1. 人寿保险

人寿保险额度=本人年收入占比（本人收入/家庭收入）×家庭年度支出总额×Max（家庭期望保障年限，子女成人所需年限）+家庭总负债−已有寿险赔付额度

2. 健康保险

重疾险额度=大病平时花费+本人年收入×平均恢复年限−社保报销额度−已有商业保险额度

一般疾病医疗险额度=当地一般疾病的平均花费−社保报销比例×（理想额度−社保住院起付线）

住院津贴=本人年收入/365

3. 意外险

意外险额度=本人年收入×期望保障年限×舒适指数−已有意外险赔付额度

意外伤害医疗险额度=当地一般疾病的平均花费×风险程度系数−已有意

外医疗赔付额度

其中，期望保障年限是指因意外造成残疾或行动障碍失去劳动能力后，需要资金来维持基本生活的保障年限，通常最少设为20年。舒适指数是指在伤残或失去劳动能力后期待的生活质量，如设为1，就意味着赔偿额度为意外发生前自己的年收入，也就是生活水平基本不降低。但要注意意外发生后，每年的医药费会增加，且如果行动不便请人照顾，必定要花费额外费用，所以，建议所设值要比1大。风险程度系数是指发生风险对标的破坏程度，因为意外伤害造成的事故通常情况下会比一般疾病程度重，大多数情况下需要人的照顾，所以，总的费用也会多一些。那么，在预估意外伤害的医疗费用时，一般应比当地一般疾病的平均花费多1倍，即风险程度系数通常设为2。

4. 养老保险

养老保险要根据现有的基本生活支出、工资水平、社会养老保险的覆盖率和假定的通货膨胀率测算出退休时的基本生活支出和社会养老保险能领取的养老金，测算出养老金的缺口，再依据所承受风险的程度选择适合的养老保险产品和缴费方式。

5. 子女教育金

子女教育金要依据家庭的经济状况制定出子女今后的教育方案，并考虑好一系列的问题，如中学的费用是否要现在储蓄，上什么样的大学，是否继续深造。也就是要根据现有的学费、每年上涨的比例、汇率的变化（出国留学）等测算出以后要用的额度，再依据所能承受的风险程度选择好适当的教育金产品和缴费方式，以保证孩子在不远的未来能够得到良好的教育。

（二）保费的测算

合理的保障性费用占年净总收入的10%～15%为宜，尽量不超过20%。子女教育金和养老规划利用保险作为投资方式的年支付费用，以不超过年收入的20%为宜。

四、制定保险理财规划方案

根据了解到的客户财务信息，对照客户的理财目标和科学理财标准指标，分析整理客户财务问题，制定保费预算与保单规划，撰写和呈交书面保险规划。

五、保险规划的后续调整

通过保险理财规划师与客户的沟通及一系列努力，客户的保险规划得以确定和实施。但对于一个人或家庭来说，保险规划不是一成不变的。通常在购买了保险之后，每隔5～10年，应该对自己的保险规划进行调整。另外，当生活中出现一些特殊时点，也应该检查并调整自己的保险规划。通常生活中的特殊时点有以下几类。

（1）家庭组成发生变化，例如结婚、离婚等婚姻状况的改变，生孩子、孩子独立工作、孩子结婚，家庭成员死亡。只要家庭成员组成情况发生变化，就需要对保险规划进行检查并适当调整。

（2）工作性质发生变化，例如更换工作、自己创业，工作性质和环境发生了变化，引起工作危险性增加或减少，相应要检查保单的保险金额是否足够。如果工作环境的危险性减少了，还可以要求保险公司调低意外险等保险费率，保险公司应该降低保费，并退回自更改之日起至保险到期日降低部分的保费。

（3）经济状况发生变化，例如收入增加或减少，债务增加或减少，尤其在买了房和车，或者房贷或车贷偿还完毕之后，需要及时调整保单。

调整保单，核心内容是调整保险险种、保险金额。如果家庭成员与经济状况变动很大，可以采用保险规划的完整流程；如果只是局部发生变化，可以在某个险种上进行增减，如退休后减少人寿保险的投保等。

典型案例

三口之家的人身保险规划

案情介绍

陈先生的家庭是一个幸福的三口之家，住在一个安保措施完善的住宅小区，房子目前市价约50万元，还有20万元的贷款没有还完，有一辆约30万元的私家车，一辆约5万元的电动送货汽车，家里有银行存款10万元，家庭每月支出大约在6 000元。

陈先生现年50岁，身体健康，是一家汽车修理店的老板，年收入约9万元，参保了城镇居民社会保险；他每日会自驾上班，由于工作原因平时社交应酬较多，经常会喝酒，但不抽烟；偶尔喜欢与朋友一起熬夜打麻将，以至于影响身心健康，无家族病史。

陈太太现年45岁，是一家汽车配件批发公司的老板，年收入约7万元，目前也只参保了城镇居民社会保险；她每日会乘坐丈夫的车到公司上班；每日主要的工作是调货、取货和需要开送货车奔波于各大汽车修理厂去送货；她身体状况良好，无不良嗜好，无家族病史。

陈先生的女儿现年21岁，正在上大学四年级，即将离校进入公司实习，大学实习期间月薪约1 500元，身体状况良好，无病疾，在校时购买了大学生医疗保险和学平险。

案情分析

（一）客户基本信息

家庭成员基本信息

成员	年龄	婚姻状况	职业	工作单位	健康状况
陈先生	50	已婚	个体	汽车修理店	健康
陈太太	45	已婚	个体	汽车配件公司	健康
女儿	21	未婚	待就业	保险公司	健康

家庭年收入支出情况表

税后收入/元		支出/元	
陈先生年工资收入	90 000	贷款	25 000
陈太太年工资收入	70 000	伙食费	25 000
女儿年工资收入	18 000	父母生活费	14 000
其他收入	0	社会保险费	20 000
		其他支出	45 000
合计	178 000	合计	129 000
每年结余	49 000		

家庭资产负债情况表

资产/元			负债/元		
类别	项目	金额	类别	项目	金额
金融资产	现金	10 000	短期负债	信用卡	/
	存款	100 000		分期付款	/
	其他	/		其他	/
实物资产	住宅	500 000	长期负债	房屋贷款	200 000
	汽车	350 000		汽车贷款	/
				其他	/
其他资产	公司固定资产	1 000 000			
合计	总资产	1 960 000	合计	总负债	200 000
资产净值		1 760 000			

陈先生家庭保障情况表

家庭人员	社会保险	商业保险
陈先生	城镇居民养老保险+城镇居民医疗保险	无
陈太太	城镇居民养老保险+城镇居民医疗保险	无
女儿	大学生医保	学平险

（二）保险需求分析

陈先生的职业决定了其经常出差并应酬，因此意外风险和健康风险较大，尤其是随着年龄的增大，重大疾病的发生率会逐渐提高，虽然有基本的社保，但一旦发生重疾风险，对家庭会产生严重的影响。与陈先生相同，陈太太的工作性质也决定了其意外风险突出，女性40岁以后，妇科癌症处于高发期，所以也需要特别考虑。陈先生的女儿在外实习马上要进入公司工作，其所在的单位会为女儿购买五险一金，女儿的基本风险会得到保障，若想获得更充足的保障，在经济独立的情况下，可自行购买保险，因此在本方案中不做考虑。

从总体来看，陈先生家庭目前的经济状况良好，家庭责任减轻，基本无债务。因此，如有结余资金，可考虑购买适当的养老保险和投资型保险。

该家庭的具体保险需求如下表所示。

家庭成员保险需求分析表

姓名	保险需求
陈先生	意外伤害保险+重大疾病保险+住院医疗保险（津贴型）+养老保险
陈太太	意外伤害保险+重大疾病保险+养老保险

（三）保障额度和保费测算

1. 保障额度测算

（1）陈先生保障额度测算。

① 意外伤害保险保障额度。

意外伤害保险保障额度=本人年收入×期望保障年限×舒适指数－已有意外险赔付额度

其中，本人年收入为9万元，期望保障年限是为20年，舒适指数为2，已有意外险赔付额度为0。

因此，意外伤害保险保障额度=90 000×20×2－0=3 600 000（元）。

② 重大疾病保险保障额度。

重大疾病保险保障额度＝现阶段大病平均花费＋本人年收入×平均恢复年限－社保报销额度－已有商业保险额度

其中，现阶段大病平均花费为30万元；本人年收入为9万元；当地社保起付线为1 300元，封顶线为93 600元，在政策范围内，重大疾病保险报销比例约为80%。则花费30万元的重大疾病保险能报销的额度为：（93 600－1 300）×80%＝73 840（元）；大病平均恢复年限为2年；已有商业保险额度为零。

因此，重大疾病保险保障额度＝300 000＋90 000×2－73 840＝406 160（元）。

③ 住院医疗保险（津贴型）额度。

住院津贴＝本人年收入/365＝90 000/365＝247（元）。

④ 养老保险保障额度。

养老保险的保障额度要根据现有的基本生活支出、工资水平、社会养老保险的覆盖率和假定的通货膨胀率测算出退休时的基本生活支出和社会养老保险能领取的养老金，得出养老金的缺口，即每月需要补充的养老金金额险产品和缴费方式。

若假设陈先生现在基本生活支出为3 500元/月，通货膨胀率设定为5%，10年后60岁时的基本生活支出为5 701元/月；其退休后的支出较退休前有所下降，若退休后支出为退休前的80%，即4 561元/月（5 701×80%＝4 561）。

若按现行社会养老保险替代率50%，假设陈先生退休后能够领取的养老金为2 850元/月，则养老金缺口为1 710元（4 560－2 850＝1 710），即每月还需要补充养老金1 710元，领取20年，合计为410 400元（20×12×1 710＝410 400）。

（2）陈太太保障额度测算。

① 意外伤害保险保障额度。

意外伤害保险保障额度＝70 000×20×2－0＝2 800 000（元）。

② 重大疾病保险保障额度。

重大疾病保险额度＝300 000＋70 000×2－73 840－0＝366 160（元）。

③ 养老保险保障额度。

陈太太的养老金保险金额测算方法同上，但女性的退休年龄为55岁，因此计算的养老金缺口即养老保障额度会有不同，在此不再赘述。

2. 保费测算

合理的保障费用应占家庭年净收入的10%~15%为宜，尽量不超过20%。依据陈先生家庭年净收入情况，保费最好在4 900~7 350元为宜，尽量不超过9 800元。

模块练习

一、单选题

1. 保险规划的基本功能是（　　）。
   A. 保障功能　　　　　　　　B. 套期保值
   C. 合理避税　　　　　　　　D. 获取收益

2. 保险规划的步骤包括（　　）。
   ① 了解家庭基本信息　② 保险需求分析　③ 保险金额和保险费的测算
   ④ 制定保险规划方案　⑤ 保险规划方案的后续调整
   A. ①③⑤　　　　　　　　　B. ②④⑤
   C. ①②③⑤　　　　　　　　D. ①②③④⑤

3. 周先生今年32岁，妻子28岁，二人均在国有企业工作，享受健全的社会保险，还有一个1岁半的孩子。周先生年收入为160 000元，周太太年收入为50 000元。周先生请保险规划师为其家庭建立保险规划，下列做法错误的是（　　）。
   A. 周先生家庭购买的商业保险年缴保费最好不要超过240 000元
   B. 优先保障1岁半的孩子
   C. 优先保障收入较高的周先生
   D. 周先生的保费支出应高于妻子的保费支出

4. 方先生今年38岁，月平均工资5 000元；方太太今年36岁，月平均工资6 000元。二人有社会保险，他们有一个聪明的儿子，三口之家生活和美、稳定，月平均支出在3 000元。保险规划师在为方先生制定家庭保险规划时，以下做法正确的是（　　）。
   A. 方先生和方太太不经常出差，因此不需要投保意外伤害保险
   B. 方先生和方太太作为家庭的经济支柱，都应该补充合适的商业保险
   C. 儿子是家庭的希望，需要考虑投保高额的人寿保险
   D. 因为有社保，所以方先生夫妇不需要考虑养老类的商业保险

5. 保险规划的制定并不是一次制定就完全完成的工作，保险规划师需要根据客户的实际情况调整方案，以下说法错误的是（　　）。
   A. 随着生命周期的变化，客户面临的风险和风险承受能力也会发生变化，这时就要调整客户的保险解决方案
   B. 保险规划师一般不需要花费很多的时间来重定保险规划，而是在前期工作的基础上适当调整

C. 客户结婚、生子、离婚、孩子可以独立生活、退休、丧偶等事件发生时，保险规划师需要调整保险规划

D. 客户没有结婚、生子、离婚、孩子可以独立生活、退休、丧偶等事件发生时，保险规划师就不需要调整保险规划

二、判断题

1. 通过保险规划，可以改变风险发生的概率。（　　）
2. 保险规划师要充分收集客户的相关信息，包括财务信息和非财务信息。（　　）
3. 家庭空巢期是家庭收入稳定、费用支出最少的时期，此时可以投保一些高风险的投资型保险产品。（　　）
4. 家庭年缴保费不应超过该家庭年净收入的25%。（　　）
5. 保险规划后续调整的核心是调整保险险种和保险金额。（　　）

三、简答题

现在社会比较开放，所以也就有了很多丁克家族，那么这种家庭应该如何去购买保险呢？余先生今年40岁，月收入税后可达3万元；余太太38岁，每月收入5 000元。二人丁克家庭，均有三险一金，没有其他商业保险。目前家庭平均月支出1万元左右，赡养老人支出4 000元，偿还房贷7 000元。因业余时间自由，假期习惯外出旅游，年终奖金基本用于旅游支出。

请根据该丁克家庭的情况，为其制定一份人身保险规划。

专业能力训练

◇ 思考讨论

1. 比较普通人寿保险与创新型人寿保险的异同。
2. 比较人身意外伤害保险与人寿保险的异同。
3. 比较健康保险与人寿保险的异同。

◇ 案例分析

1. 门晓力先生于2015年7月30日投保人寿保险10万元，夫人章莉仁为指定受益人，保险费缴纳日期为7月30日，按年缴付保险费。2016年和2017年按时缴纳保险费，2018年已经过了宽限期，门晓力先生还未缴纳保险费。2018年10月30日，门晓力先生提出保险合同复效申请，保险公司于当日就同意了门晓力先生的申请，门晓力先生也缴纳了当年的保险费和利息。保险合同

效力恢复，但2019年的到期保险费没有缴纳。2019年11月8日，门晓力先生因车祸死亡，门晓力先生的夫人章莉仁作为受益人，向保险公司申请领取保险金。保险公司以超过宽限期仍然未缴保险费，保险合同已经失效为由，拒付保险费，并向章莉仁女士发出了拒赔通知书，退还了保险单的现金价值。章莉仁女士起诉至法院。请结合所学知识分析保险公司是否应承担赔偿责任，并说明原因。

2. 2017年11月12日，某单位为全体职工投保了简易人身险，每个职工150份（5年期），月交保险费30元，保险金额10万元。2019年8月，该单位职工付某因交通事故不幸死亡，他的家人带着单位开出的介绍信及相关的证明资料，到保险公司申领保险金。保险公司在查验这些单证时，发现被保险人付某投保时所填写的年龄与其户口簿上所登记的不一致，投保单上所填写的"64岁"显然是不真实的。实际上，投保时付某已有67岁，超出了简易人身险条款规定的最高投保年龄（65岁）。请结合所学知识判断保险公司应该怎样处理此案。

◇ **综合实训**

1. 实训项目：人身保险产品分析

实训资料：

各家保险公司人寿保险产品、健康保险产品和意外伤害保险产品介绍、产品条款等资料，可通过书籍或者各家保险公司官方网站查找。

实训要求：

（1）学生分成若干组，每组负责查找一家寿险公司的至少三款人寿保险、健康保险和意外伤害保险产品。

（2）进行产品条款解读与分析。

（3）以小组为单位形成产品分析报告，或在课堂上进行产品分析汇报。

2. 实训项目：保险方案的制定

实训资料：

刘先生，50岁，国家公务员，税前收入6 000元/月，年终奖为2个月收入。郭女士，50岁，已退休，退休金3 000元/月（依年通货膨胀率调整）。儿子18岁，高中毕业。刘先生退休后每月退休金为退休前月工资的90%。

家庭支出情况：目前生活费3 000元/月。未来4年要给前妻10 000元/年，分摊儿子大学学费、生活费。预想在10年之后退休，每年旅游一次，持续5年。

家庭资产：夫妻二人活期存款20万元，股票型基金8万元，无任何商业保险。刘先生有一套住房，市值150万，但还有15年的贷款尚未偿还，每月偿还

1 500元，其住房公积金账户余额4万元。

基本假设：刘先生年收入增长率为2％；通货膨胀率3％；学费增长率3％；当地上年平均工资3 000元/月；假设刘先生和郭女士寿命可到80岁。

实训要求：

请根据实训资料为该家庭制定一份家庭保险规划。

项目六 保险公司经营管理

学习目标

【知识目标】

- 熟悉保险公司经营管理环节及内容
- 了解营销和保险营销的内涵，理解营销的管理层次和重点内容
- 了解保险营销渠道的含义和类型
- 理解保险承保、核保的含义及其关系，了解保险核保流程
- 理解保险索赔、理赔及其关系，了解财产保险和人身保险的理赔流程
- 理解保险公司客户服务的内涵及重要意义，熟悉寿险公司保全的业务流程及主要内容
- 了解保险资金的构成，熟悉保险资金运用的主要渠道

【技能目标】

- 能在给定的模拟环境中进行保险展业各流程的演练
- 能在给定的模拟情境下进行保险核保演练
- 能填制保险理赔相关单证
- 能进行保全业务处理

【素养目标】

- 通过保险营销知识的学习和训练，使学生了解保险销售人员的行为准则和规范，培养学生诚实守信、客户至上的职业素养和爱岗敬业的职业精神
- 通过保险核保、理赔的学习和训练，使学生理解核保和理赔对保险公司风险管控的意义，培养学生遵纪守法的工作态度和严谨细致的工作作风

【知识结构】

```
项目六 保险公司经营管理
├─ 模块一 认识保险公司经营管理
│   ├─ 任务一 了解保险公司组织形式与结构
│   └─ 任务二 保险监管
├─ 模块二 保险营销
│   ├─ 任务一 认识保险营销
│   ├─ 任务二 保险营销渠道选择
│   └─ 任务三 保险展业
├─ 模块三 保险核保
│   ├─ 任务一 认识保险承保与核保
│   └─ 任务二 保险核保业务处理
├─ 模块四 保险理赔
│   ├─ 任务一 认识保险索赔与理赔
│   └─ 任务二 保险理赔业务处理
├─ 模块五 保险客户服务
│   ├─ 任务一 认识保险客户服务
│   └─ 任务二 保全业务处理
└─ 模块六 保险资金运用
    └─ 任务 认识保险投资
```

案例导读：中保协公布2019年保险公司法人机构经营评价结果

中国保险行业协会近日公布的2019年度保险公司法人机构经营评价结果显示：本次公告的保险公司共159家，其中，财产险公司79家，人身险公司80家。财产险公司A类18家，B类55家，C类6家。人身险公司A类18家，B类52家，C类9家，D类1家。与2018年相比2019年A级公司数量有所上升。2018年，人身险公司A级评级的公司数量为13家，2019年上升到18家。

评价内容包括速度规模、效益质量、社会贡献三个方面，财产险公司评价指标体系由保费增长率、综合成本率、风险保障贡献度等12项指标构成；人身险公司评价指标体系由保费增长率、综合投资收益率、风险保障贡献度等14项指标构成。

资料来源：节选自中国保险行业协会官网2020年11月27日发布的《中保协发布2019年度保险公司经营评价结果》。

【项目概述】

保险公司经营管理是保险公司在经营活动中开展的保险业务，包括保险营销、承保、理赔、客户服务和资金运用（保险投资）一系列环节。本项目从了解保险公司的组织形式及基本组织架构开始，详细介绍从保险营销到承保、理赔、客户服务以及保险资金运用业务全流程的经营和管理。

模块一　认识保险公司经营管理

任务一　了解保险公司组织形式与结构

【任务情景】

实习生小白是保险专业的一名毕业生，经过老师推荐，来到中国人寿股份有限公司长沙分公司开展为期一周的暑期实践。人力资源部张主任接待了小白，首先向小白介绍了保险公司经营管理的主要环节，然后根据小白的专业特点，建议他从营销岗开始实习。

如果你是小白，请分析保险公司的经营管理涉及哪些环节？张主任为何建议从营销岗开始实习？

教学视频：保险公司的组织机构及经营管理

【知识平台】

一、保险公司的组织形式

保险公司的组织形式就是保险公司的存在形式，即依法设立、登记，并以经营保险为业的机构，是指在一个国家和地区的保险市场上，保险人经营保险业务采取的具体经营组织模式。为适应保险业务的发展需要，我国2009年10月1日起正式实施的《保险法》中删除了有关保险公司组织形式的特别规定，保险公司在组织形式上直接适用《公司法》，既可以采取股份有限公司形式，也可以采取有限责任公司的形式。目前，我国的保险公司主要有国有独资保险公司、保险股份有限公司和合作保险组织三种组织形式。

（一）国有独资保险公司

国有独资保险公司是国家授权投资机构或国家授权的部门单独投资设立的保险有限责任公司。它是国家以投资者的身份参与保险业经营的重要手段，并担负着经营政策性保险业务的重要职能，在我国保险市场上占有重要的地位。中国人民保险集团公司、中国人寿保险（集团）公司、中国出口信用保险公司等为国有独资保险公司。

(二)保险股份有限公司

保险股份有限公司是将全部资产分成等额股份,股东以其所持股份为限对公司承担责任,公司则以其全部资产对公司债务承担责任的企业法人。保险股份有限公司是典型的资合公司,公司的所有权和经营权相分离,利于提高经营管理效率,增加保险利润,进而拓展保险业务,使风险更为分散,经营更加安全。改革开放以来,我国新设立的保险公司基本上采用这种组织形式。

(三)合作保险组织

合作保险组织,即由共同风险的单位或个人共同集资设立的保险经营组织,这种组织形式充分反映了保险的互助性。合作保险组织分为相互保险公司和相互保险合作社(保险社)。

1. 相互保险公司

相互保险公司又称保险相互公司,是一种由所有参加保险的人自己设立的保险法人组织,是保险业特有的公司组织形式。其特点是被保险人同时也是保险人,保险资本通过成员认缴的方式聚集,并接受外部参股资本。相互保险公司的经营目的是提供低成本的保险产品,而不是追逐利润。相互保险公司和股份制保险公司在很多方面都存在差异,主要体现在公司所有人、决策机关、保费的形式以及公司性质等方面,如表6-1所示。

表6-1 相互保险公司与股份制保险公司的比较

比较项目	股份制保险公司	相互保险公司
公司性质	营利性法人组织	非营利性法人组织
决策机关	股东大会	成员大会或成员代表大会
保费的形式	保险有剩余时计入盈余,不足时由股东设法填补,投保人无须承担追缴保费的义务	不定额保险费制,有剩余时摊给社员,不足时再临时要求社员补交
损益归属	股东	社员
公司所有人	股东	社员
保险关系	基于保险合同建立	保险关系和成员关系同时存在

2. 相互保险合作社

相互保险合作社(简称相互保险社)是同一行业的人员,为了应付自然灾害或意外事故造成的经济损失而自愿结合起来的集体组织。相互保险社是最早出现的保险组织,也是保险组织中最原始的状态,如英国的"友爱社"、美国的"同胞社"等。

与相互保险公司相比较，相互保险社具有以下特征：参加相互保险社的成员之间互相提供保险，即每个社员为其他社员提供保险，同时又获得其他社员提供的保险；相互保险社无股本，其经营资本的来源仅为社员缴纳的分担金；相互保险社一般在每年年初按暂定分摊额向社员预收，在年度结束计算出实际分摊额后再多退少补；相互保险社保险费采取事后分摊制，相互保险社事先并不确定，其最高管理机构是社员选举出来的管理委员会。

2015年1月，原保监会发布《关于印发〈相互保险组织监管试行办法〉的通知》（保监发〔2015〕11号）（以下简称《试行办法》），确立了我国相互保险组织的监管框架，并于2016年6月批准众惠财产、汇友建工和信美人寿3家相互保险社筹建。2017年国务院发布的《中共中央　国务院关于深入推进农业供给侧结构性改革　加快培育农业农村发展新动能的若干意见》也提出鼓励发展农业互助保险。

案例：阳光相互农业保险公司的经营

二、保险公司组织结构和职能部门

保险公司能否顺利实现企业目标，在很大程度上取决于组织结构的完善程度。保险公司的组织结构是为了达成有效管理的目标，在职务范围、责任和权利等方面所形成的结构体系。例如，股份制保险公司的内部组织机构主要由决策机构、执行机构和监督机构三部分组成。主要有股东大会、董事会、监事会和高级管理人员。某股份制保险公司的组织结构图如图6-1所示。

为了履行保险公司的赔偿给付职能，保险公司内部必须设有与此相适应的职能部门。保险公司的内部各职能部门的设置往往因业务范围、经营规模和经营方式的因素而异，一般包括以下主要职能部门。

（一）营销部

营销部的职责主要是进行市场调查，和公司其他部门一起开发新产品和改进现有产品以适应客户的需要，准备广告促销活动，建立和维持公司产品的销售体系。公司根据险种可细分为个险事业部、银保事业部、创新事业部、意外及健康险事业部等。

（二）精算部

精算部的职责是负责确保公司在精确的数理基础上运作。它要在研究预期死亡率、发病率或损失率的基础上厘定费率、确定公司的准备金，建立风险选择标准，确定公司产品的盈利水平。

（三）投资部

投资部根据公司董事会和投资委员会制定的方针管理投资活动。投资部的授权职员可以买卖股票、债券及抵押贷款、不动产和其他资产。当公司计划

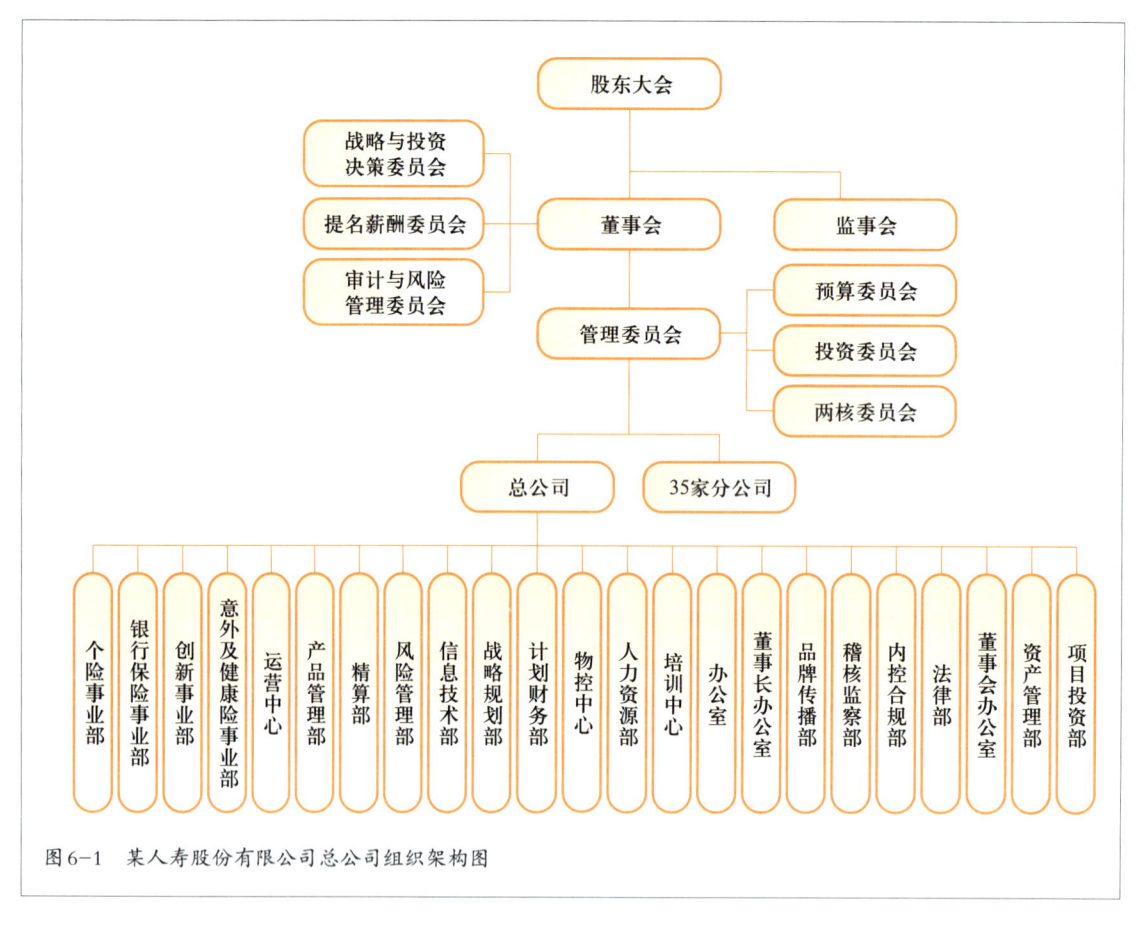

图 6-1　某人寿股份有限公司总公司组织架构图

兼并或收购时，他们也可以担任总裁和董事会的顾问。

（四）计划财务部

计划财务部（计财部）负责保存繁杂的公司财务结果和公司有效运作的记录，准备财务报表，控制收支，监督公司的财务预算程序，管理公司职工薪金，和法律部一起确保公司遵守政府法规和税法。

（五）法律部

法律部负责确保公司的运作遵守政府的各项法律和法规，研究现有或即将颁布的法律以确定它们对公司运作的影响。当理赔出现争议时，向理赔人员提供建议，和计财部一道确定公司运作的纳税责任，在任何诉讼中代表公司，处理投资协议、保单转让和所有权的确认，帮助设计保单格式等。

（六）人力资源部

人力资源部规定有关雇用、培训和解聘员工的制度，决定员工的福利水平，确保公司遵守政府的劳工法，管理雇员福利计划等。

（七）信息部

信息部负责开发和维护公司的计算机系统，运用计算机档案保存公司记录，帮助提供准备财务报表所需数据，对公司所使用的各类程序和系统进行分析。

（八）风险管理部

风险管理部负责公司的全面风险框架与操作风险管理、保险风险管理、投资风险监控、资产负债风险管理、模型管理等，监控公司各类风险，建立风险评估模型，提出解决方案，确保公司正常运营；建设全面风险治理体系，协调和督导各单位开展全面风险管理工作。

（九）产品管理部

产品管理部负责制定公司产品发展战略，产品的市场研究和开发管理、产品定价假设、利润目标等项目的研究，追踪、分析公司产品的销售状况，适时修改产品设计，调整产品策略和产品品种，以降低产品的内涵风险和改进产品的利润率。

（十）运营中心

运营中心包括核保部、核赔部和客户服务部三个部门。

（1）核保部的职责是确保被保险人的死亡率或发病率（寿险公司）、保险标的的损失率（财险公司）不超过费率厘定时预期的水平。核保部和精算部共同建立评估投保的准则。此外，核保部还参与再保险合同的协商和管理。

（2）核赔部的主要职责是负责全国理赔案件的集中审核及管理，通过不断完善核赔管理制度、开发核赔系统、优化核赔流程、提高数据分析能力、加强分支机构的核赔管理，实现业务风险的有效管控；负责理赔服务方案的策划及组织，通过不断创新服务方式、提升服务时效与服务水平，提高客户满意度，打造强大后援理赔服务体系。

（3）客户服务部的基本职责是为公司的客户——代理人、经纪人、保单所有人和受益人等提供服务。客户服务部的人员负责提供信息咨询，帮助解释保单措辞，回答有关保障的问题，应保单所有人的要求进行住址、受益人或保费缴纳方式等的变更，计算和处理保单贷款、不丧失价值选择权和红利。在有些公司，客户服务部还负责处理公司代理人的佣金支付，寄送缴纳保费通知，收取保费，进行一些理赔管理等。

任务二 保 险 监 管

【任务情景】

2019年1月3日因三家保险公司的分支机构存在违法违规行为，银保监会

教学视频：
保险监管

向其开出行政处罚决定书。

从处罚情况来看，银保监会某监管局对A公司处以8万元罚款，并责令改正违法行为。此外，B公司存在给予或者承诺给予投保人、被保险人、受益人保险合同约定以外的保险费回扣或者其他利益的违法行为。银保监会某监管局对C公司处以24万元罚款，并对公司相关负责人给予警告和罚款处罚。

你认为保险监督管理应该包括哪些内容？可以通过哪些方法实施？

【知识平台】

一、保险监督管理的含义

保险监督管理是指政府的保险监督管理部门为了维护保险市场秩序，保护被保险人及社会公众的利益，对保险业实施的监督和管理。

我国保险监督管理机关——中国保险监督管理委员会，最早成立于1998年11月，是全国商业保险的主管机关。为深化金融监管体制改革，解决现行体制存在的监管职责不清晰、交叉监管和监管空白等问题，2018年的国务院机构改革方案提出，将中国银行业监督管理委员会和中国保险监督管理委员会的职责整合，组建中国银行保险监督管理委员会，作为国务院直属事业单位。2018年4月8日，中国银行保险监督管理委员会正式挂牌，其主要职责是依照法律法规统一监督管理银行业和保险业，维护银行业和保险业合法、稳健运行，防范和化解金融风险，保护金融消费者合法权益，维护金融稳定。

二、保险监督管理的原则

保险监督管理应该遵循以下原则。

（一）依法监管原则

保险监督管理部门必须依照有关法律或行政法规实施保险监督管理行为。保险监督管理行为是一种行政行为，不同于民事行为。保险监督管理部门不得超越职权实施监督管理行为，同时，保险监督管理部门又必须履行其职责，否则属于失职行为。依法监管原则是市场经济的客观要求。

（二）独立监管原则

独立监管原则是指保险监督管理部门应独立行使保险监督管理的职权，不受其他单位和个人的非法干预。当然，保险监督管理部门实施监督管理行为而产生的责任（如行政赔偿责任）也由保险监督管理部门独立承担。

（三）公开性原则

公开性原则是指保险监督管理需体现透明度，除涉及国家秘密、企业商业秘密和个人隐私以外的各种监管信息应尽可能向社会公开，这样既有利于提高保险监督管理的效率，又有利于保险市场的有效竞争。

（四）公平性原则

公平性原则是指实施保险监督管理部门对各监管对象要公平，监管对象在法律面前平等，在服从监管的问题上平等。市场经济要求公平竞争，保险监管部门对各保险公司和各保险中介人必须采用同样的监管标准，创造公平竞争的市场环境。

（五）保护被保险人利益原则

保护被保险人利益原则是指保险监管的目标是保护被保险人利益和社会公众利益。保护被保险人利益和社会公众利益应当是保险监管各项工作的出发点，同时也是衡量保险监督管理部门工作的最终标准。

（六）不干预监督管理对象的经营自主权的原则

保险监督管理的对象是自主经营、自负盈亏的独立企业法人，在法律、法规规定的范围内，独立决定自己的经营方针和政策。保险监督管理部门对监督管理对象享有实施监督管理的权利，负有实施监督管理的职责，但不得干预监督管理对象的经营自主权，也不对监督管理对象的盈亏承担责任。

三、保险监督管理的内容

按照目前保险监督管理的模式，我国保险监督管理的内容主要包括三大方面：保险市场行为监管、保险公司治理结构监管和偿付能力监管。

（一）保险市场行为监管

保险市场行为监管是指对保险公司经营活动所进行的监管，包括保险机构的设立、高级管理人员的任职资格，以及对经营范围与保险费率、保险条款、保险资金运用等经营行为的监督管理。以下介绍其中的四个方面。

1. 保险机构设立的监管

（1）市场准入的资格审定。保险机构作为以风险作为经营对象的金融性法人，其设立必须经政府的金融监管部门批准，取得经营许可证，并经工商行政部门办理登记注册，取得营业执照，方能经营保险业务。

（2）对保险人的组织形式的限制。保险人以何种组织形式进行经营，各个国家和地区根据本国国情均有特别规定。一般包括股份有限公司、国有独资公司、自保公司、保险合作社、保险相互社等。股份有限公司是保险机构普遍采用的组织形式。

（3）保险市场退出监管。政府对保险企业监督管理的目的是保证保险公司稳健经营，始终具备充足的偿付能力，避免保险企业破产，以保证被保险人的合法利益不受侵害。如发现保险公司存在某些违反保险法的行为，可以责令保险公司限期改正，若保险公司在限期内未改正，保险监督管理机关可以决定对保险公司进行整顿；对于违法、违规行为严重的公司，保险监督管理机关可对其实行接管；被接管公司已资不抵债的，经保险监管机关同意可依法宣告破产。

2. 经营范围的监管

经营范围的监管，是指政府通过法律或行政命令，规定保险企业所能经营的业务种类和范围，一般表现为两个方面：一是保险人能否兼营保险以外的其他业务，非保险人可否兼营保险或类似保险的业务，即兼业问题；二是同一保险企业内部，是否可以同时经营性质不同的业务，即兼营问题。保险公司的经营范围由保险监督管理部门核定，保险公司只能在被核定的经营范围内从事保险业务活动。

我国《保险法》第95条规定："保险公司的业务范围：（一）人身保险业务，包括人寿保险、健康保险、意外伤害保险等保险业务；（二）财产保险业务，包括财产损失保险、责任保险、信用保险、保证保险等保险业务；（三）国务院保险监督管理机构批准的与保险有关的其他业务。保险人不得兼营人身保险业务和财产保险业务。但是，经营财产保险业务的保险公司经国务院保险监督管理机构批准，可以经营短期健康保险业务和意外伤害保险业务。保险公司应当在国务院保险监督管理机构依法批准的业务范围内从事保险经营活动。"

3. 保险条款的监管

保险条款是保险人与投保人双方关于保险权利与义务关系的约定，是保险合同的核心内容。保险监督管理部门对保险条款的监管，既可以保护投保人和被保险人、受益人的利益，又可以保证保险人具有足够的偿付能力。对保险条款的监管内容包括对保险标的、保险责任和责任免除、保险价值与保险金额、保险费率、保险期限等的监管。

4. 保险费率的监管

保险费率的厘定和执行是保险监管的重要内容，目的在于确定合理的费率水平，促使保险人提高经营效率，既避免费率偏高损害投保人利益，又避免出现偿付能力不足，维护被保险人的权益。保险费率的监管方式可以分为强制费率、规章费率、事先核定费率、事先报批费率、事后报批费率和自由竞争费率等。多数国家对人寿保险费率并不直接管理，每个保险企业之间因竞争费率有高有低是正常的，但间接控制还是普遍存在的。至于财产保险费率的订立和调整，各国政府多数都规定只有先经核定后才可使用。有些国家规定，财产与责任保险费率的采用不必事先报批。

我国《保险法》第135条规定："关系社会公众利益的保险险种、依法实行强制保险的险种和新开发的人寿保险险种等的保险条款和保险费率，应当报国务院保险监督管理机构批准。国务院保险监督管理机构审批时，应当遵循保护社会公众利益和防止不正当竞争的原则。其他保险险种的保险条款和保险费率，应当报保险监督管理机构备案。保险条款和保险费率审批、备案的具体办法，由国务院保险监督管理机构依照前款规定制定。"

（二）保险公司治理结构监管

保险公司治理结构是指保险公司建立的以股东大会、董事会、监事会、高级管理层等责任明确、相互制衡的组织架构，以及一系列维护股东、高管人员、被保险人等相关利益者利益的内外部机制。对保险企业来说，公司治理结构的关键是明确保险公司内部决策的权利与义务关系，有一套确保董事会和高级管理层对保险公司的生存发展负主要责任的法律体系和规章制度体系。公司治理结构监管是指保险监管机构对保险公司在公司治理中的相关问题进行监督管理的整体规范。目前，国际上对加强保险公司治理结构建设和监管主要有四个方面的内容：强化董事会职能、严格追究责任、加强信息披露、控制关键岗位。

（三）偿付能力监管

保险公司的偿付能力是指在任何时候，保险公司履行其所有合同下义务的能力。它体现了保险公司资产和负债之间的一种关系。保险公司的偿付能力涉及保险公司运营的多个方面，主要包括资本额和盈余要求、定价和产品、投资、再保险、准备金、资产负债匹配、与子公司的交易、公司管理等。

偿付能力的大小以偿付能力充足率表示。偿付能力充足率及资本充足率，是指保险公司的实际资本与最低资本的比率。其中，最低资本是指保险公司应对资产风险、承保风险等对偿付能力的不利影响，依据保险监管部门的规定而应当具备的资本数额；实际资本是指认可资产与认可负债的差额。保险公司应当具有与其风险和业务规模相适应的资本，确保偿付能力充足率不低于100%。

中国银保监会根据保险公司偿付能力状况将保险公司分为三类，实施分类监管：不足类公司，指偿付能力充足率小于100%的保险公司；充足Ⅰ类公司，指偿付能力充足率在100%～150%的保险公司；充足Ⅱ类公司，指偿付能力充足率在150%以上的保险公司。

对于偿付能力不足的保险公司，银保监会应将其列为重点监管对象，根据具体情况采取以下监管措施。

（1）对偿付能力充足率在70%以上的公司，中国银保监会可要求该公司提出整改方案并限期达到最低偿付能力额度要求，逾期未达到的，可对该公司采取要求增加资本金、责令办理再保险、限制业务范围、限制向股东分红、限制固定资产购置、限制经营费用规模、限制增设分支机构等必要的监管措施，直至其达到最低偿付能力额度要求。

（2）对偿付能力充足率在30%～70%的公司，中国银保监会除采取前款所列措施外，还可责令该公司拍卖不良资产、责令转让保险业务、限制高级管理人员的薪酬水平和在职消费水平、限制公司的商业性广告、责令停止开展新业务以及采取中国银保监会认为必要的其他措施。

（3）对偿付能力充足率小于30%的公司，中国银保监会除采取前两款所列措施外，还可根据《保险法》的规定对保险公司进行接管。

延伸阅读：从监管机构接管险企说起

模块练习

一、单选题

1.（　　）是国家授权投资机构或国家授权的部门单独投资设立的保险有限责任公司。

　　A. 国有独资保险公司　　B. 相互保险公司
　　C. 股份有限公司　　　　D. 保险合作社

2. 将全部资产分成等额股份，其性质为组织资合性、资本股份性的是（　　）。

　　A. 国有独资保险公司　　B. 相互保险公司
　　C. 股份有限公司　　　　D. 保险合作社

3.（　　）负责公司的全面风险框架与操作风险管理、保险风险管理、投资风险监控、资产负债风险管理、模型管理等。

　　A. 风险管理部门　　　　B. 营销部门
　　C. 产品管理部门　　　　D. 客户服务部

4.（　　）不是我国的保险公司采取的组织形式。

　　A. 国有独资保险公司　　B. 保险股份有限公司
　　C. 行业自保组织　　　　D. 个人保险人

5.（　　）不是保险监督管理的内容。

　　A. 市场行为监管　　　　B. 对受益人的监管
　　C. 治理结构监管　　　　D. 偿付能力监管

二、判断题

1. 保险费是投保人为获得保险保障，向保险人交付的费用。（   ）
2. 精算部门的职责是确保公司在精确的数理基础上运作。（   ）
3. 偿付能力充足率低于100%的保险公司需要接受监管部门的一般监管。（   ）
4. 偿付能力充足率为实际资本/最低资本。（   ）
5. 保险治理是指政府保险监管部门为了维护保险市场秩序，保护被保险人及社会公众利益，对保险业实施的监督与管理。（   ）

模块二 保 险 营 销

任务一 认识保险营销

【任务情景】

安妮是一位保险代理新人，近期遇到客户张大姐。张大姐很抵触保险，因为很忌讳一些不吉利的话题，认为不买保险倒没事，一买了保险没准风险就找上门了。安妮接触了几次张大姐，每次都是无功而返。安妮感到很困惑，怎样才能消除张大姐认为保险不吉利的想法呢？

你认为张大姐抵触保险的原因是什么？分析什么是保险营销？保险营销的内容涉及哪些方面？

教学视频：保险营销的认知

【知识平台】

一、营销与保险营销

（一）营销的概念

什么是营销？对此许多学者和专家都下过不同角度和观点的定义。20世纪美国著名的营销学大师菲利普·科特勒在其营销界的权威著作《营销管理：分析、计划、执行和控制》中定义：营销是个人和集体通过创造，提供出售，并同别人交换产品和价值，以获得其所需所欲之物的一种社会和管理过程。

（二）营销涉及的管理层次

从营销的定义出发，我们可以看到，营销涉及下列管理层次。

1. 消费者需求

需求是指针对某种商品，消费者在特定时期、在一定的价格水平下，愿意并且能够购买的商品的数量。只有市场上存在消费者的需求，才会产生对该种商品的购买行为，才会有效形成商品的供给和生产企业或厂家的收益，才会产生市场的交易行为，所以消费者需求是一切市场行为的起点，是市场营销的最原始动力和营销管理的出发点。

2. 商品供给

商品供给是针对需求而言的。供给是指在特定时期内，针对某种商品或服务，在一定价格水平下，厂商愿意并且能够提供的商品的数量。有需求有供给才能产生交易，两者缺一不可。

3. 市场交易

市场是一个广泛的概念，不能局限于地域、市场，就是卖者与买者的集合，只要有交易双方和交易行为，就是一个市场，所以通过网络、视频、电话等进行交易的行为都可以成为一种市场形式。市场交易是在市场经济体制下，成功有效地实现资源的最优配置，从而提升社会总体福利和效率的行为方式。

4. 消费者满意度

消费者在消费过程中要获得满足和相应的效用，这是驱使其进行消费的原动力。消费者满意度的高低直接决定了其是否会持续进行这种特定的交易或消费行为。

5. 营销主体

任何一种市场或管理行为，都离不开人，营销主体就是在市场上积极主动进行销售活动的相关个人或单位，相应的对象就是消费者或者叫顾客。但两者的地位要看具体的市场情况而定，在供大于求的卖方市场上，商品的提供者是营销者，他们想方设法地把商品转移到消费者手中以换取收益，而在供不应求的买方市场上，情形就反过来了，消费者为获得自己想要的商品，会想方设法的竞争取得。

(三) 保险营销的概念

保险营销，就是将营销学原理运用于保险公司经营管理和保险商品的开发、生产与销售，以满足被保险人的需要为目的，从而实现保险企业目标的一系列活动的总称。它不是简单的保险推销或促销，而是包括保险产品开发与创新、保险商品的定价、保险商品销售渠道选择、保险客户关系管理、保险营销服务等内容，以及保险产品的售前、售中和售后的一切活动，其核心就是满足保险客户对风险管理的需要。

二、保险营销的核心内容

保险营销通过认知人们对风险管理的态度，挖掘人们对保险商品的需求，设计和开发出满足投保人需求的各种保险产品，并通过各种沟通手段使投保人接受和购买，从中得到最大的消费满足。综观这一过程，其核心内容包括以下几点。

（一）保险营销的起点是投保人的需求

马斯洛的需求层次理论为我们阐明了人类的需求要素与需求层次、需求取向，在人们满足了基本的生存需求后，就有了对安全的需求。而保险，正是为了满足人类在社会工作与生活中所产生的对各种风险的恐惧和对人身与财产安全的寻求这样一种心理需求而产生的。

（二）保险营销的核心是社会交往活动

保险营销活动离不开市场交易活动，它是以保险商品为交易对象，以保险市场交易活动为中心的一系列实现保险企业目标的管理行为，所以保险营销要能顺利实现，其核心是在能够提供满足保险客户需求的保险商品的基础上，在公平合理的交易原则下进行市场交易，从而实现保险商品和保险费的成功交换与转移。

（三）现代的保险营销是整体营销

整体营销是指不能把现代营销的各个环节割裂开来，把营销仅仅当成保险促销或推销，或是某一项临时性的突击活动，而应该把保险营销作为一项长期性的、固定的、细致的工作来进行，它是保险企业的战略计划贯彻执行和长期性战略行为，保险营销是全方位的，包括了保险市场调研和预测、保险市场分析、保险产品定价等一系列的保险营销活动。

（四）保险营销的宗旨是顾客满意

保险营销的目的是在为客户提供满意服务的前提下，为保险公司赢得利润。只有拥有了比较稳定的客户群体，才能保证保险公司永续经营，形成良性循环。

波士顿咨询公司的调查显示，留住一位老顾客只需花费一位新顾客的1/5的成本。这说明，通常吸引一个新顾客要比保持一个老顾客花费更多的时间和精力。而且，实践表明，那些保险营销做得成功的精英人士，其70％以上的新客户都是通过转介绍而来的，这说明了让既有顾客满意在现代保险营销中的重要性。

三、现代保险营销理念

现代保险营销理念在以下方面不断创新发展：更加注重保险企业外部各种关系的协调，更加注重为客户提供优质服务，更加注重社会责任的承担，更加注重高科技信息技术的应用。

(一) 关系营销理念

关系营销理念兴起于20世纪90年代初,其核心理念是企业应与客户发展长期、稳定的关系,使客户保持忠诚。1994年以后,关系营销理念涵盖范围进一步拓展,扩大到与企业营销活动相关的所有个人和组织,认为营销是一个与客户、竞争者、供应商、分销商、政府部门和社会组织发生互动作用的过程,正确处理与这些个人或组织的关系是保险企业营销的核心与成败关键。

(二) 绿色营销理念

随着生态经济和可持续发展理念的深入人心,全球环保呼声越来越高涨,绿色营销成为21世纪市场营销的重要变革趋势。绿色营销理念的基本思想是企业应以环境保护为要旨,以满足消费者的绿色消费为中心和出发点,在化解环境危机的过程中获得商业机会,在实现企业利润和消费者满意的同时,实现人与自然的和谐相处、共存共荣。

(三) 网络营销理念

因为网络的方便快捷性、一定的身份隐藏性(客户会有一定的安全感),以及大众客户对保险认识的自主性的日益加强,保险网络营销的市场环境日益成熟,也可以预见保险网络营销的方式将会成为以后的保险营销方式的主导。

(四) 个性化营销理念

保险营销本身就是针对每个独特个体来设计保险产品组合以满足投保人或被保险人需求的一种营销活动,让客户主动参与、积极投身于保险产品的设计和营销过程中,从而实现其个性化保险需求的满足,将是未来保险营销的发展趋势。

延伸阅读

整 合 营 销

整合营销(Integrated Marketing)是一种对各种营销工具和手段的系统化结合,根据环境进行即时性的动态修正,以使交换双方在交互中实现价值增值的营销理念与方法。整合就是把各个独立的营销综合成一个整体,以产生协同效应。这些独立的营销工作包括广告、直接营销、销售促进、人员推销、包装、事件赞助和客户服务等。战略性地审视整合营销体系、行业、产品及客户,从而制定出符合企业实际情况的整合营销策略。

整合营销技巧细分可分以下几点:

1．整合营销要融入搜索思维。在互联网时代下，人们已经习惯使用搜索引擎来获取信息，所以如软文营销、论坛营销、微博、视频、社会化媒体营销、网络公关等营销方式都要融入搜索营销的思维。

2．新闻营销和社会媒体相结合。一个事件出来，可以先采取新闻报道的形式加以推广，之后再以新闻为由头在社会化媒体进行传播，而社会化媒体的言论又可作为新闻营销的内容源头。

3．视频营销和广告营销相结合。视频营销采用"润物细无声"的方式予以传播，而硬广告则以重复式方式传播。将两种方式予以结合，达到事半功倍的效果。

资料来源：根据百度百科资料编辑整理。

任务二　保险营销渠道选择

【任务情景】

作为一家寿险公司的保险代理人，小谭除了正常工作外，近期多了一项任务，就是要在自己的朋友圈推广公司的保险产品，通过朋友圈为公司的微信公众平台引流，本月的任务是至少要通过微信渠道成交三单。

你认为小谭是采用的是哪种保险营销渠道类型？这种类型的营销渠道的内涵是什么？除此之外，你还知道哪些保险营销渠道呢？

教学视频：保险营销渠道

【知识平台】

一、保险营销渠道的含义

保险营销渠道又称分销渠道，是指保险商品的所有者由保险公司向投保人转移过程中的具体通道或路径。保险营销渠道是保险公司和客户之间的桥梁，更是保险商品顺利流通、交换的关键，营销渠道的选择直接制约和影响着其他营销策略的制定和执行效果。理解保险营销渠道应把握以下几点。

（1）保险营销渠道的起点是保险公司，其终点是保险消费者，即投保人。

（2）在保险营销渠道中，保险产品从保险公司向投保人的转移是以保险产品所有权的转移为前提的。在特殊情况下，保险公司可能将险种直接销售给投保人。但在大多数情况下，保险产品从保险公司转移给投保人要经过保险中介进行多次转移。

（3）保险营销渠道的环节是那些参与或帮助保险产品转移的组织和个人

的集合，包括所有保险中介，如保险代理人和保险经纪人。

二、保险营销渠道的类型

根据产品从生产向目标客户转移过程中所经过的层次或环节来对营销渠道分类，保险营销渠道可以分为直接营销渠道和间接营销渠道。

直接营销渠道是保险公司利用业务人员对投保人进行的直接提供给保险产品的销售和服务的过程，包括个人营销、团体直销和职团开拓。间接营销渠道也称中介代理渠道，是保险公司通过银行、保险代理人和保险经纪人等建立合作关系销售保险产品，保险公司向中介机构支付手续费，中介机构在保险公司的授权范围内开展保险产品的销售工作。除此之外，近年来，保险公司还采用了一些新型的营销渠道，如电话营销，信函、邮件营销，网络营销，公共媒体营销和保险零售店等。保险营销渠道的类型如图6-2所示。

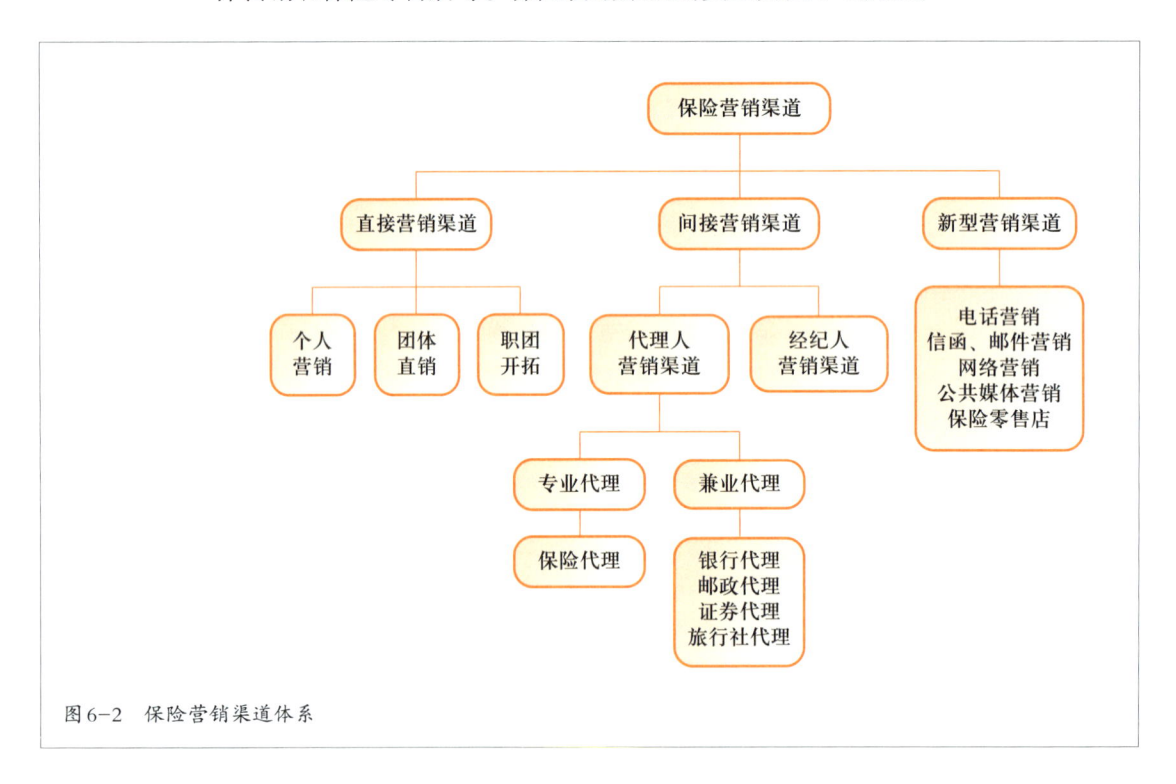

图6-2 保险营销渠道体系

（一）个人代理渠道

个人代理渠道采用的是个人营销制，即通过保险个人代理人针对分散型个人客户销售个人保险产品。保险公司向代理人支付佣金，代理人在保险公司的授权范围内销售保险产品。个人代理渠道是目前寿险公司产品销售的主要方式，其所创造的业务大致占总业务的一半。

在个人代理渠道下，保险公司对代理人进行统一管理和培训，代理人展业时一对一地面对客户，通过与客户交流，能及时得到客户对产品、公司、后续服务等的想法，获得市场最新的信息反馈，有利于渠道及时调整销售策略，向后援部门提供新产品开发的建议，并对客户服务进行改进。同时，个人代理渠道的产品丰富，通过代理人的推销和宣传能催醒公众的保险意识，满足客户的不同需要。但个人代理渠道的营销人员流失率较高，素质参差不齐，为客户提供的服务质量难以控制，同时由于利益驱动，其招揽的保单的质量有时会存在问题，甚至会产生欺诈行为。

延伸阅读

独立保险代理人制度

独立保险代理人是指同时独立地为一家或者多家保险公司代理保险业务的代理人。其独立性表现在两个方面：（1）从隶属关系上来说，独立保险代理人持有个人从业资质，不隶属任何保险公司或保险中介机构；（2）从业务代理关系上来说，独立保险代理人可以选择接受多家保险公司的委托，代理销售多家保险公司的保险产品。在美国，许多情况下，代理人在获得一张执照后，即可以作为独立保险代理人，为多个保险人销售保险产品。

独立保险代理人因为独立，可以避免组织管理约束，不再有指标压力，从而拥有更多的活动自由和独立判断权利，不需在保险公司和客户利益之间作抉择，得以以客户利益为中心，在客户需求基础上进行规划，选择最适合客户的产品进行销售；同时避免了由组织管理而产生的费用抵扣，可以得到较完整和较多的佣金。

2015年9月，原保监会发布的《中国保监会关于深化保险中介市场改革的意见》明确提出，推进独立个人代理人制度。要坚持以有利于个人代理人职业规划、有利于保险业务发展、有利于有效监管为原则，支持保险公司和保监局大胆先行先试，探索鼓励现有优秀个人代理人自主创业、独立发展。鼓励保险公司积极改革现行个人代理人模式，缩减管理团队层级，完善以业务品质为导向的佣金制度和考核机制。

2018年7月，银保监会又在《保险代理人监管规定（征求意见稿）》中首次对"独立个人保险代理人"进行了定义，并就独立个人保险代理人执业登记问题做出了规定。随着2019年《保险代理人监管规定》正式颁布实施，中国保险中介行业将迎来中国特色独立保险代理人制度落地元年。

资料来源：根据搜狐网、《中国保监会关于深化保险中介市场改革的意见》等资料编辑整理。

（二）团体保险渠道

团体保险渠道，是指保险公司利用自己的内部员工针对团体客户销售保险产品。团体保险是我国保险行业的传统营销渠道，是保险公司介入员工福利计划的重要途径。在我国恢复保险业之初，团体保险占整个市场80%的份额，其经营模式是通过政府发文、依靠行政力量参与和推动，对客户进行公开或隐蔽的强制销售。个险渠道的引入和银行保险渠道的异军突起，使团体保险市场份额急剧下降，比例降至目前的10%左右。但随着人口老龄化的加剧、经济与社会的快速发展，通过团体保险为雇员提供良好的福利保障逐渐成为企业提高竞争力的重要手段。

（三）银行保险渠道

银行保险渠道，狭义上是指通过银行代理销售保险产品，即通常说的"借助银行卖保险"。广义上是保险公司或银行采用一种相互渗透和融合的战略，通过客户资源的整合与销售渠道的共享，提供与保险有关的金融产品服务，以一体化的经营形式来满足客户多元化的金融服务需求。

（四）新型营销渠道

随着信息和网络技术的发展，电子营销成为寿险公司新兴的营销渠道。电子营销是指借助现代通信手段，利用计算机通信技术、数字交互式媒体，以及现代通信技术来实现营销目标的一种营销方式。保险电子营销主要包含以下几种形式。

1. 网络在线营销

网络在线营销是保险公司为了实现整体经营目标所进行的以互联网为基本手段营造网上经营环境的各种活动。其经营宗旨是建立一个面向客户进行宣传、推销保险的平台，进行网络销售，并提供保险后续或外延服务，如网上查询、更改资料等。其主要手段是网站、博客和微信公众号营销。

2. E-mail营销

E-mail营销是在用户事先许可的前提下，通过电子邮件的方式向目标客户传递有价值信息的一种网络营销手段，可根据公司或营销组织所掌握客户信息，明确目标客户，并将符合目标客户要求的保险服务信息发送到客户邮箱。由于这种营销是经过分析、有针对性的，可大大提高保险公司的工作效益。

3. 电话、手机短信以及即时信息营销

随着市场的不断深入和发展，短信无线数据服务已日益渗透到人们生活的方方面面。保险公司或营销组织以电话、手机短信和即时信息为平台，进行保险销售也是大势所趋。

微课：当保险遇到互联网

任务三　保险展业

【任务情景】

小陈是一名人寿保险公司的保险代理新人，近期遇到客户张先生。通过初步了解得知客户的信息：张先生和妻子都是公务员，家庭美满幸福，有一个8岁的孩子。每月有固定的工资和奖金，除去日常开支外还有些盈余。该人寿保险公司最新推出的一款两全保险，小陈觉得非常适合张先生，所以希望能够将这款产品成功推销给张先生。

如果你是小陈，如何开展保险展业？在展业过程中有哪些注意事项？

教学视频：
保险展业

【知识平台】

一、保险展业的含义

保险展业是指保险的销售活动，即拓展保险市场，推销保险业务。保险展业包括两大渠道：直接展业和代理展业（保险代理人展业和保险经纪人展业）。

二、保险展业的主要方式

保险展业的主要方式包括直接展业、保险代理人展业和保险经纪人展业。

（一）直接展业

直接展业是指保险公司依靠自己的业务人员去争取业务。这适合于规模大、分支机构健全的保险公司以及金额巨大的险种。

（二）保险代理人展业

如果保险公司单靠直接展业，就必须配备大量的展业机构和人员，这会增加工资和费用支出，势必提高成本，而且展业具有季节性特点，在淡季时人员会过剩。因此，国内外的大型保险公司除了使用直接展业外，还广泛地建立代理网，利用保险代理人和保险经纪人展业。

（三）保险经纪人展业

保险经纪人不同于保险代理人，保险经纪人是投保人的代理人，对保险市场和风险管理富有经验，能为投保人制定风险管理方案和物色适当的保险人，是保险展业的有效方式。

三、保险展业流程

保险展业流程也称保险销售循环，是指保险业务员从客户定位、客户拜访一直到完成保险合同签订等所经历的工作环节，是保险销售工作各环节的规范化和指引。熟练掌握保险展业流程，可以协助保险业务员掌握销售节奏、提升工作效率、节约成本。保险业务员如果想要知道自己的目标客户是谁、如何接触目标客户、如何进行有效沟通直至成功签订保险合同，就必须了解保险展业流程，理解和掌握流程中的要点，并以此指导自己的日常销售工作。

保险展业流程一般包括准客户开拓—电话约访—销售面谈—销售促成—递送保单环节，并构成一个循环。保险展业流程如图6-3所示。

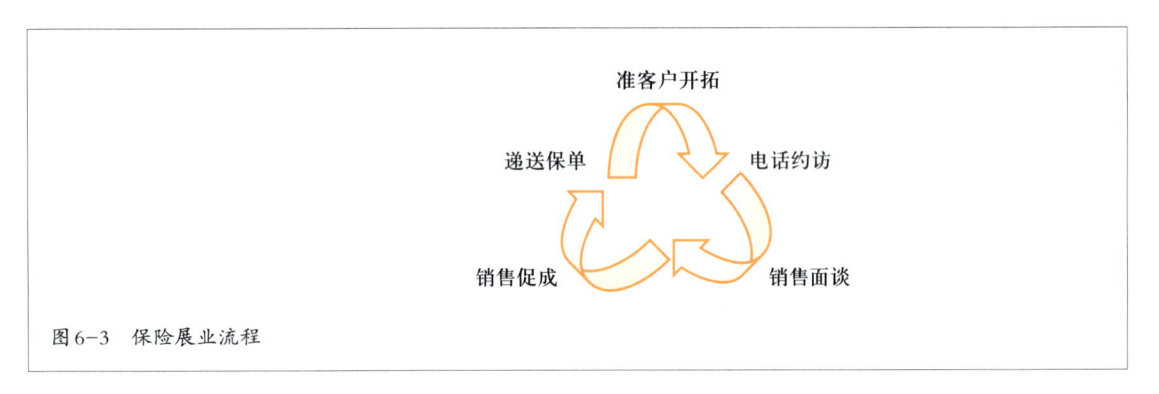

图6-3 保险展业流程

（一）准客户开拓

准客户开拓是指保险业务员寻找符合准客户条件的客户群体，并且持续不断地获得准客户名单的过程。准客户开拓既是开展保险销售的第一环节，又是推动销售事业持续发展的动力和源泉。由于客户的行为特征和个性化需求千差万别，所以展业人员应当综合考虑各种因素，结合自身的知识结构、工作和生活经历、个人偏好、所销售保险产品的特点和所在地区消费者的行为特征等，选定自己的主要展业准客户，做到有的放矢，事半功倍。

准客户开拓过程中需要与客户进行双向沟通，为了避免沟通过程中出现客户问而不答、销售人员独唱主角的尴尬，销售人员必须要激发客户表达的欲望，让客户在表达、分享和认同过程中缩短与销售人员的距离，为下一步的电话约访奠定信任基础。可以从激发自尊心、消息、利益与兴趣四个方面选定沟通主题和内容，激发客户表达欲望的主题和内容见表6-2。

表6-2 激发客户表达欲望的主题和内容

自尊心	消息	利益	兴趣
1. 给予对方讲述得意事的机会 2. 称赞对方扩大化的自我 3. 倾听对方的创业史和成功史 4. 尽量了解对方	1. 热门消息 2. 同等消息 3. 详尽的内幕 4. 向对方打听人人关心的事	1. 赚钱的办法 2. 省钱的办法 3. 合理化建议 4. 治病良方 5. 股票、国债、利率调整等	1. 体育比赛 2. 运动 3. 流行时尚 4. 食物 5. 旅游 6. 游戏

（二）电话约访

电话约访是通过打电话的形式与客户（准客户）建立联系，确定与客户见面的时间、地点和相关信息的过程。电话约访的目的就是跟客户见面，不仅是与客户建立联系的开始，也是成功销售的重要环节。成功的电话约访往往预示着销售成功了一半，可见电话约访的重要意义。但是在实际销售中，很多保险销售新人的电话约访率很低，所以需要注意电话约访的原则、注意事项和相关技巧。

1. 电话约访的原则

（1）要铭记打电话的主要目的：预约见面的时间和地点。

（2）打电话不要超过5分钟。

（3）根据不同类型的客户，随机调整约见时间。

（4）不要在电话中谈论有关保险的话题。

2. 电话约访的注意事项

（1）拨电话之前仔细核对有关资料。

（2）放松心情，语气平和，彬彬有礼。

（3）通话时语言要简明扼要，突出主题，切忌顾左右而言他，词不达意。

（4）选择时机，事半功倍。电话随时可打，但要考虑对方是否方便接听。

3. 电话约访的技巧

（1）预先准备。打电话前做好准备，如笔、记录本、有关准保户的资料、保险条款的有关信息资料等，都要放在电话机旁，一旦需要可随时取用。

（2）通过声音表现出人品。由于在电话交谈中，彼此都看不到对方的面容、服装与神态，因此保险销售人员只能通过声音来表现出自己的人品。尽可能使自己的声音温和、真诚，必须认真斟酌，要词句清晰、语调明朗，让客户听起来觉得你是一个可靠和积极的人，从而能够理解和接受。

（3）充分发挥销售技术。要把所讲的重点按先后顺序合理安排，重要的事情先讲，次要的事情后讲。尽量避免引起客户的反感，并在客户提出疑问之前就予以说明，使其理解，让客户觉得有必要见一面。

（4）给客户留下好印象。不论客户是否答应约见，在放下电话之前，都应对客户表示感谢，并就占用了客户的时间表示歉意，这样，可使客户在放下话筒之后，在脑海中留下一个好印象。

典型案例

电话约访典型范例

<u>案情介绍</u>

张先生是一家连锁餐饮企业的老板,平时工作非常忙,性格急躁,不喜欢拖泥带水。业务员小王通过客户李女士得到了张先生的联系方法,决定通过电话进行第一次约访。

业务员小王:"您好,请问是张先生吗?请问您现在讲话方便吗?"

张先生:"我现在没空!"

业务员小王:"请问我过多久打电话给您比较方便?"

张先生:"半个小时以后吧。"

业务员小王:"好的,我过40分钟再打电话给您。"

40分钟后再一次电话。

业务员小王:"是这样的,我是人寿保险公司的业务员小王,您的朋友李女士是我的客户,她是我们公司的VIP客户,对我们公司的服务非常满意。所以她向我推荐了您这样一位成功人士,希望我能为您提供优质服务。所以想跟您约一个合适的时间见面,不知道您明天下午2点还是4点比较方便呢?"

张先生:"我对保险没兴趣!"

业务员小王:"是这样的,我们这次见面不是为了要您买保险,而是为您提供风险管理和理财方面的规划,如果您觉得我提供的服务不满意,以后绝对不会打扰您的!您看是明天下午2点还是4点比较方便呢?"

张先生:"下午4点吧,到我的办公室来!"

业务员小王:"好,张先生,谢谢您,我们明天下午4点见,再见!"

<u>案情分析</u>

业务员小王通过李女士的转介绍,消除了张先生对陌生人的不信任感,然后简单说明见面的目的,最终明确了见面的时间和地点。约访过程中始终围绕见面的时间和地点进行沟通,目标明确且有效达成。约访过程中当客户说明没时间时,果断确定下次打电话的时间,并按约定时间顺利接通二次电话,向客户展示守时守信的良好品德,同时并没有在电话中展开保险话题,有效规避了不必要异议的发生。

(三) 销售面谈

保险销售面谈是保险业务员最重要的工作之一,也是实现保险交易的过程和手段。面谈的效果如何,最后能否实现交易,往往取决于保险业务员在面

案例:保险营销话术

谈中的表现，这也就是保险业务员常讲的"面谈定江山"。因此，每个保险业务员都必须研究和掌握保险销售面谈的技巧。

在销售面谈前，先得好好考虑如何吸引准客户的注意；必须提出一些特定的利益，并注意谈话的内容与方式；思考如何以行动或资料吸引他们，如何引起客户的好奇心；每个人都喜欢听恭维的话，还要想出准客户值得真心赞美的地方。

1. 销售面谈的步骤

（1）自我介绍。

（2）建立轻松良好的关系。

（3）说明来意，激发客户的兴趣。

（4）介绍公司背景。

（5）收集资料，发掘客户需求。

（6）重申客户的需要及预算。

（7）确定下次会面的时间及目的。

2. 面谈的注意事项

面谈时的紧张气氛只会造成准客户的不安，从而加强其抗拒心理，因此要首先让准客户放松下来，消除其心理障碍，建立一种融洽的面谈气氛。面谈的注意事项有以下几个。

（1）充分准备洽谈的内容。

（2）与决策者打交道。

（3）用含义清晰的语言来清除客户的戒备心理。

（4）选择客户感兴趣的话题。

（5）注意倾听，同时注意专注和反馈。

（6）避免客户敏感的话题。

（7）主题突出，不要东拉西扯。

典型案例

保险销售面谈范例

案情介绍

张先生是一家私企老板，性格直爽，不喜欢拖沓，作为一家之主，是全家的经济支柱。业务员小李前几天通过电话约访客户张先生，确定今天在张先生家中进行面谈。如果你是小李，请针对张先生的职业、性格及家庭特点，通过自我介绍、说明来意、分析需求等几个环节进行销售面谈，言简意赅，主题突出，有效消除客户对于保险的误解。

业务员小李："张先生您好！我是保险公司的业务员小李，很感谢您给我时间，您的朋友王经理对我很信任。看得出来你们的关系也不错，所以我才有机会坐在这里。"

张先生："我对保险的感觉不太好，总感觉像是传销啊！"

业务员小李："我知道很多人对保险的印象不太好，我们调查过，很多客户是不喜欢保险业务员才不买保险的。确实过去我们做得不太好，有些人缠着客户不放，让客户很烦。我今天来，就是想给您做个分析，买不买没有关系，您听我讲的有没有道理，也许能改变您过去对我们保险业务员的印象，我大约占用您20分钟的时间，帮您做一个家庭保障分析（边说边拿出需求分析表）。"

张先生："好吧，说来听听！"

业务员小李："您是一家之主，在您的呵护下，您的太太和孩子生活得无忧无虑，但世界上有许多意想不到的事情会发生，您的家庭也有可能遇到意想不到的后果，如果您发生什么事情，那时您的太太和孩子失去的不仅仅是丈夫和父亲，还失去了家庭稳定的收入来源。每个人都有积累财富的目标，可我们存钱会买房买车，总也达不到储蓄的目标，只有人寿保险才能使您积累起一笔资产，您有了这笔资产养老就不用愁啊！"

张先生："说得挺有道理！"

案情分析

业务员小李通过王经理的转介绍，消除了张先生对陌生人的不信任感，然后简单说明本次面谈的目的，并且通过专业的家庭保障分析获得了客户的肯定。面谈过程中主题突出，没有东拉西扯，始终围绕家庭保障分析展开，逻辑清晰、语言简洁，为下一步保险促成打下了良好基础。

（四）销售促成

签单是保险销售中的最重要环节，保险业务员一定要掌握好促签的时机，顺利完成交易。

1. 保险销售促成的技巧

（1）假设成交法：采用一些反问语句。

（2）激将法。

（3）二择一法：能使客户回到保险业务员事先预设的轨道。

（4）利益诱导法：以一些利益诱导来促成客户签约。

（5）行为促成法：利用一些可以达成共识的动作来达到促成效果的方法。

（6）举例法：用客户所熟悉的人或事物作比较。

2. 保险销售促成的注意事项

由于文化教育背景不同，不同的客户在洽谈与成交的过程中，可能存在一些忌讳。保险销售促成的注意事项有以下几项：

（1）尽量使用中性与积极性的词语，避免过多使用死、伤、残、病等人人忌讳的字词。选择合适的位置进行洽谈。

（2）事先准备好投保书与收据。

（3）指导客户通过查表和测算，自己决定保额。

（4）制造一对一的促成环境。

（5）促成失败时，要努力创造复访机会。

（6）请对方介绍新的客户。

（7）祝贺对方。

延伸阅读

促签时机的把握

成交是保险业务员最向往的时刻，它意味着保险业务员的努力终于有回报了。保险业务员可以在以下时机出现时提出签单：

（1）当准客户产生异议，而保险业务员合情合理地解决了异议并使其满意时。

（2）把为客户量身定做的保险建议书向客户讲解清楚后，客户也认同时。

（3）客户好像已经拥有了这份保险，在商讨如何细化与保全时。

（4）客户要求你就某一细节问题讲解清楚并再次确认公司的相关情况时。

（5）客户全身放松，身体向前倾斜，认真倾听，表情愉快，频频点头，称赞产品时。

（6）客户忽然非常专心地听你讲解，当客户向家里或公司里的其他人征求意见时。

（7）客户就下列方面一直提问并非常殷切地想了解清楚时：关于保险金额、缴费的方法、支付保费的方式等；保障范围有哪些及理赔的手续与过程等；有关手续回扣问题；体检的方式与范围；今后的售后服务等。

（五）递送保单和要求转介绍

递送保单需要重申保险利益，告诉客户发生合同约定的事故应当如何处理，需要让客户很安心地接受保险产品，同时要注意进行转介绍，这是准客户开拓的重要手段。转介绍是下一个销售周期的开始，决定着业务员的保险销售工作是否可以持续进行。一个成功和有经验的保险业务员，其80%的新客户名单都来源于20%的老客户。保险业务员都乐于运用客户转介绍来获取新的准客户名单，而且认为这是最有效的方法。

1. 递送保单的重要性

（1）制造机会。

（2）建立个人信誉。

（3）维系感情。

（4）提高续保率。

2. 递送保单前的准备

（1）再次确认保单，以免有误。

（2）确保保单已经在你的客户管理系统之中。

（3）准备保单与封套。

（4）预约时间。

（5）对保单条款进一步进行详细分析与了解。

（6）填写《递送保单备忘录》。

（7）出发并再次对整个资料进行检查。

3. 递送保单的流程及注意事项

（1）祝贺客户。

（2）强调此保单能充分地满足客户的需求。

（3）对保单的一些重点内容进行解说与确认。包括保单号、保单签发日期、保险期限、投保年龄、性别、受益人、投保人、被保险人、基本保额、保费、缴费方式、缴费年限、应尽义务等。

（4）重点解释保单条款。包括本条款的内容、宽限期、犹豫期、减额交清、现金价值、展期保险、保险责任与责任免除、保险金申请方式与手续、保单贷款、红利领取、自杀条款、年龄误告条款等。

（5）确认客户对保单的了解程度。

（6）让客户对你的服务进行评估。

（7）争取让客户介绍新的客户。

模块练习

一、单选题

1. 市场营销活动的核心是（　　）。

　　A. 销售　　　　　　　　　　B. 购买

　　C. 交易　　　　　　　　　　D. 交换

2. 下列不属于直接营销渠道的有（　　）。
   A. 保险公司外勤人员销售　　B. 保险门市部销售
   C. 保险公司分支机构销售　　D. 保险代理人销售
3. 保险直销方式不包括（　　）。
   A. 网络营销　　　　　　　　B. 电话营销
   C. 直接邮件营销　　　　　　D. 保险代理人营销
4. 保险代理人制度的优势不包括（　　）。
   A. 有利于保险企业降低保险成本，提高经济效益
   B. 有利于提高保险企业的供给能力，促进保险商品销售
   C. 有利于提高保险企业的服务质量，增强其在市场竞争中的实力
   D. 能在客户中树立公司良好的外部形象
5. 以下不是保险促成的注意事项的是（　　）。
   A. 指导客户通过查表和测算，自己决定保额
   B. 请对方介绍新的客户
   C. 尽量使用中性与积极性的词语
   D. 营销员可以代替投保人签名

二、判断题

1. 在保险展业过程中，促成的时机在任何一个阶段都有可能出现，营销人员应当仔细观察，及时把握。（　　）
2. 营销人员促成保单后，保险营销即告终止。（　　）
3. 转介绍是下一个销售周期的开始，它决定着业务员的保险销售工作是否可以持续进行。（　　）
4. 递送保单时不需要再次重点解释保单条款，以免客户反悔。（　　）
5. 保险营销就相当于推销，只要把产品销售给客户就是成功。（　　）

模块三　保险核保

任务一　认识保险承保与核保

【任务情景】
李女士曾经患有乳腺结节，手术后进行了切除，之后没有出现过明显症状。李女士希望能够投保一份重大疾病保险，但在某保险公司投保时，要求其

在正规医院进行体检，并且待体检结果出来以后再决定是否承保。李女士感到很郁闷，为何买个保险这么麻烦？

如果你是该保险公司核保人员，请向客户解释为何要进行核保。

【知识平台】

一、保险承保与核保

保险承保就是保险合同的签订过程，是保险公司承保人员对投保人的投保要约，依据有关法律、法规、条款和自身经验，进行研究和审核，并最终签订保险合同的过程。从广义上讲，保险活动中的要约、承诺、审核、定费、最终签订保险合同都属于承保工作，其中最核心的环节是核保。如图6-4所示。

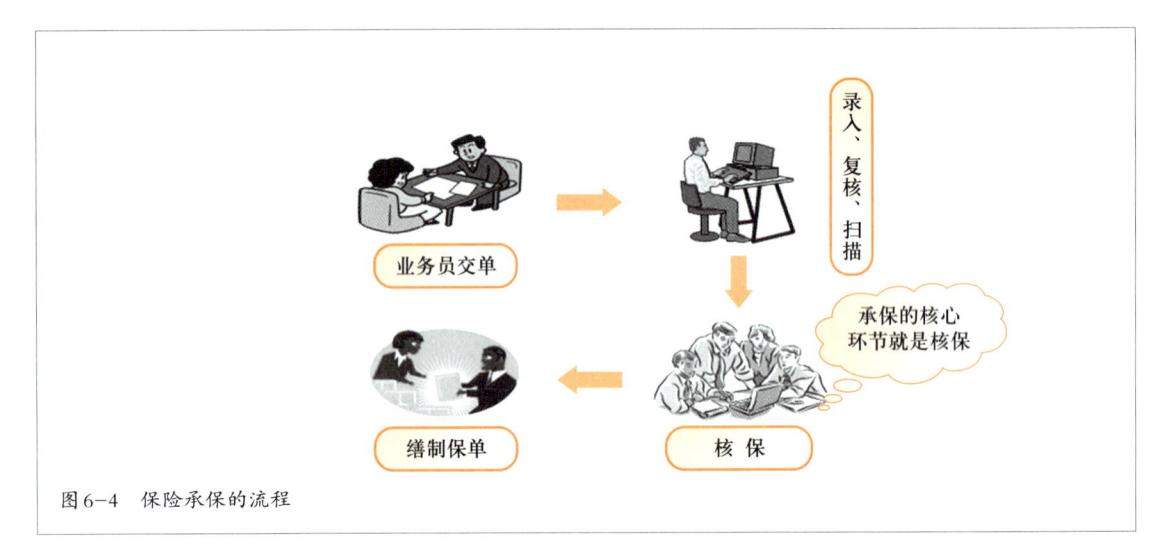

教学视频：保险承保

图6-4 保险承保的流程

核保又称风险选择，是指对投保人的投保单进行审核，对风险进行研究，以决定是否接受投保申请，以及在接受投保申请的条件下，确定以何种费率承保的过程。保险人通过核保将不同风险程度的标的物或人群进行分类，分析与评估其风险情况，辨别投保风险的优劣，排除不合格的被保险人和保险标的，对保险经营中出现的逆选择现象也能有效地加以控制。通过核保，使可保风险的品质趋于同一，即对不同风险程度的风险单位进行分类后按不同标准进行承保和制定费率，从而保证承保业务的质量和公司经营的财务稳定性。

二、保险核保的意义

保险核保在保险经营中具有十分重要的意义，主要体现在以下几个方面。

（一）公平性——维持差别费率的公平原则

保险费计算和收取的公平是保险经营的原则之一。保险费的公平合理包括两方面：一方面是保险费率的制定合理；另一方面是保险费率的运用合理。前者是费率如何制定的问题，后者是对指定的保险费率如何运用的问题。保险公司根据被保险人危险程度赋予对应保费，使得危险高者多交纳保险费，危险低的客户按低的标准缴费。各被保险人之间不因某一人危险程度较高而损害其他人的利益。

（二）预防性——防范逆选择和道德风险

逆选择也称不利选择或不利于保险公司选择，指遭受损失的可能性大于平均概率的人投保或寻求保险保障的倾向，如年老体弱者愿意投保死亡保险等。道德风险的产生一般有两种情况：一是投保人基于欺诈的目的而订立保险合同；二是在保险合同订立后，被保险人或受益人蓄意制造保险事故以骗取保险金。因此，必须在核保过程中对有逆向选择倾向的投保加以甄别，通过使用限制投保甚至拒绝投保的方式防范逆向选择和道德风险的发生。

（三）安全性——维持稳健经营及提高承保利润

以营利为目的是商业保险公司的基本经营特征。保险公司的经营利润来自两方面：承保利润和投资利润。保险公司的承保利润虽然在很大程度上是精算师所确立的费率的组成部分，但对于公司承保群体的实际死亡率是否能够控制在预定死亡率范围之内，即是否可以实现预定的承保利润，核保人员起着重要作用。

延伸阅读

核保成长史

15世纪末，奴隶贩子将奴隶作为货物投保海上保险，这是以人的生命和身体作为海上保险的保险标的，人身保险就此起源。1583年，第一张人寿保险保单正式签发。但是，由于缺乏对核保与精算知识的了解，对风险没有明确的认知与管理，大多数承保公司均无法维持正常的经营而相继倒闭。后来的寿险经营者认识到对投保人不能来者不拒，便开始根据投保人年龄、健康等来进行选择。

1762年，生命表首次被应用于计算人寿保险的费率，至此，现代人寿保险拉开了序幕。保险公司开始出现精算人员，由他们依据生命表计算保费，但因为精算人员缺乏足够的医学知识及经验，对于健康状况异常的人大多采用拒保的方式。

1794年北美保险公司首先为被保险人做一般普通体检，将体检结果作为核保的依据，此后各保险公司逐渐将体检作为核保的必要项目。

1811年，苏格兰寡妇保险公司开始了保险公司的体检医师制度，为医学核保的查定工作奠定了基础。当时对于次标准体一律征收10%的特别保费。这种处理方式虽然是避免逆选择的有效措施，但这种千篇一律的做法是不合理的，致使保险公司流失了大量投保人。

随着医学水平的提高与研究的进步，保险公司的核保手段逐渐规范化与科学化。引入了额外变动死亡率的概念，即在病变的整个过程中，随时间的推移额外死亡率是变化的。同时，核保手册的制定代表核保已经成为一种制度并得到普及。这一方法的确立，让核保的过程更加科学，但实际操作中，核保人员更多是结合核保手册及经验判断来做出核保决定。

资料来源：根据搜狐网运营微百科《核保成长史》编辑整理。

任务二　保险核保业务处理

一、财产保险核保

（一）财产保险的核保资料

1. 投保单

投保单是投保人对保险公司提出书面要约的重要凭证，是保险合同的重要组成部分。投保单中有关于保险标的的重要内容，是保险公司进行核保的重要原始资料。

2. 保险代理人或经纪人的意见

代理人、经纪人日常要与投保人打交道，对保险标的风险状况比较了解，所以他们的意见很重要。核保人员在核保时应注意听取代理人或经纪人的初步审核意见，以作为核保的参考。

3. 调查报告

对于保额较大或风险因素较复杂的某些保险标的进行实地调查是非常必要的，核保人员可从中获得第一手资料。在西方财产保险市场上，这项工作一般由公司的风险管理部或工程部的高级工程师完成。这些工程师对本行十分精通，他们所提供的实地调查报告可以作为核保的重要资料。

4. 其他资料来源

除上述核保资料来源外，核保人员还可将保险标的周围环境、最近的损失记录、被保险人的道德因素和管理水平等因素作为核保的重要资料。

（二）财产保险核保的流程

财产保险核保分为事先选择和事后选择两种方法。前者是解决签发保险单以前如何选择新业务的问题；后者是在保险合同订立后所作的淘汰性选择。财产保险核保的事先选择流程如下：

（1）审核单证及投保条件。接到客户的投保申请后，核保人员应首先审核投保单及其他单证（如车辆驾驶执照、船舶适航证明、财产所有权证明等）要素的真实性和正确性；审核投保人的权利能力和行为能力以及是否具有保险利益等资格；审核投保标的是否属于保障范围内的财产。对于不符合保险条款规定的投保人和财产，在初审后即可拒保。

（2）风险评估。核保人员根据所掌握的核保资料以及现场调查报告进行风险评估。掌握风险的性质、风险程度、安全管理状况、可能造成的最大损失等。

（3）确定承保条件及费率。对于"标准风险"，按标准保单费率承保；对于风险低于平均水平的，则以较低的保费和相同的保险责任承保；对于风险高于平均水平的，可以设置比标准保障更多的限制性条件，包括设定自负额，或者给予标准保障，按高于标准保单的费率承保。对于那些即使修改某些条件或费率仍不合格的要保人，则予以拒保。另外，在承保前或承保后根据需要安排再保险或共同保险。

（4）审批。专业核保人员审核完毕并签字后，经业务负责人或主管领导审批，如需修改条件，则可反馈回去，再审核并做出抉择。对于某些标的，有时为了争取时间，可先签发暂保单，经反复审核后，再换发正式保单或终止暂保单。

核保的事后选择包括两方面内容：一是对于投保人隐瞒、欺诈等严重违约行为，一旦发现可以解除未满期契约；二是拒绝续保。一般来说，财产保险所签发的保单都是不保证续保的，如果保险人发现某一不良风险，可能以收取高保费为条件续保这一风险，也可能拒绝续保，保险人应向被保险人说明其理由。机动车辆保险核保流程如图6-5所示。

图6-5 机动车辆保险核保流程

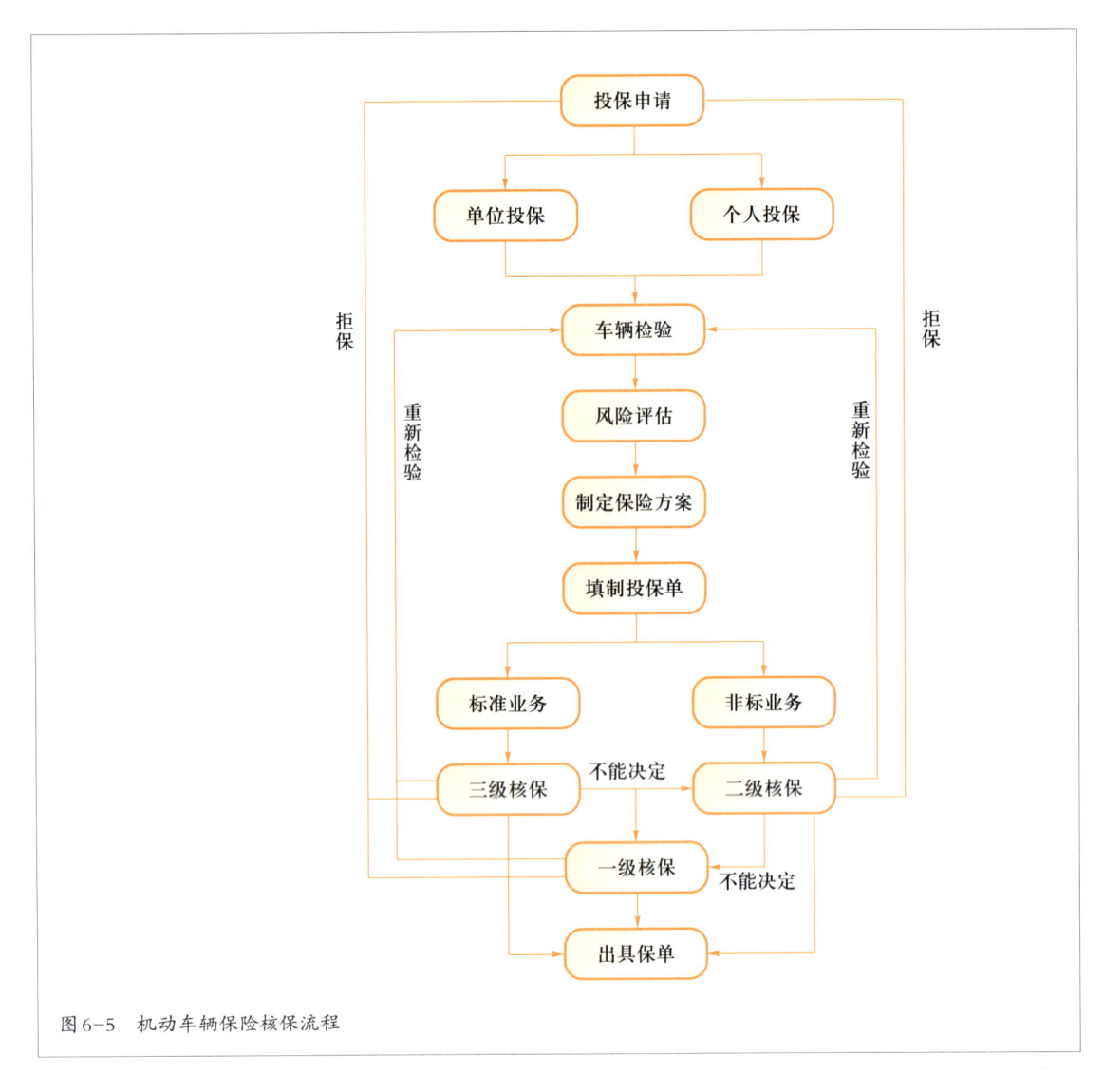

二、人身保险核保

（一）人身保险核保资料

1. 投保单

投保单是核保的第一手资料，也是最原始的风险选择记录。投保单是投保人申请保险的一种书面形式，由保险人提供，投保人填写。保险人从投保单的各项填写内容可以了解保险标的、投保人和被保险人一般情况及投保人、被保险人、受益人之间的关系等重要风险情况。因此，投保单是核保的重要信息来源，是核保过程中的重要法律依据。

2. 业务员报告书

业务员日常与投保人打交道，对投保人的风险状况比较了解，需要按照保险公司的要求填写业务员报告书。业务员报告书虽然不是保险合同的组成部分，但能够对投保单以外的信息加以补充说明。一份及时、准确、客观、详实的业务员报告书对核保的帮助极大，它可提醒核保人员注意重要细节、避免遗漏并提示调查方向，以做出正确的核保结论。

3. 体检报告书

每家保险公司都有各自的体检规定，并非对所有被保险人均要求体检。体检的内容与被保险人的年龄、保额有关，体检后应填写体检报告书，包括三部分内容：体检医师对被保险人的书面健康陈述；体检医师对被保险人进行体检结果的记载；体检医师对被保险人的综合健康评价。

4. 病史资料

疾病由于某些特性，即便在一定时期内被治愈但仍有可能复发，或给人留下后遗症等，因此增加了危险因素。但能彻底治愈而又不会复发或无后遗症的疾病则对寿险评估无任何影响。对于前者由于在当期可能无法觉察，就得靠查阅以往病历来了解，确定其风险程度。通过查阅病历，有可能了解投保客户更多的客观情况，可以帮助核保人员提高对被保险人的健康状况和危险程度评估的准确度，尤其是那些投保人无法详尽告知的情况，更加适用这种方式。核保员可能在以下情况索要病史资料：告知近期有常规体检史；告知有特定疾病；根据各公司核保规程的要求，符合一定保额的高额保件；某些保险公司还会在核保规程中要求超过一定年龄的被保险人提供病史资料。

5. 生存调查报告

由于部分投保人对重大告知事项有可能隐瞒，或保险金额较大或保险人认为需要对被保险人的有关情况做进一步的了解，在此情况下，需要进行生存调查，保险公司通过对被保险人直接或间接调查来获得投保人、被保险人的资料，包括投保动机、财务状况、健康状况及职业等有关信息，并形成生存调查报告。

6. 各类问卷及补充告知

各类问卷包括婴幼儿问卷、财务问卷、残疾人问卷、职业及驾驶问卷及特定疾病问卷等。这些问卷有些是在投保时必须填写的，如职业及驾驶问卷、婴幼儿问卷等；有的是在核保过程中或体检中填写的，如财务问卷、特定疾病问卷等。核保人员可从这些问卷中进一步了解被保险人有关健康、职业、爱好及财务等方面的情况，为准确做出评估提供了更详尽的资讯。

(二) 人身保险核保流程

人身保险核保流程如图6-6所示。

案例：人身保险的核保要素和流程

图6-6 人身保险核保流程

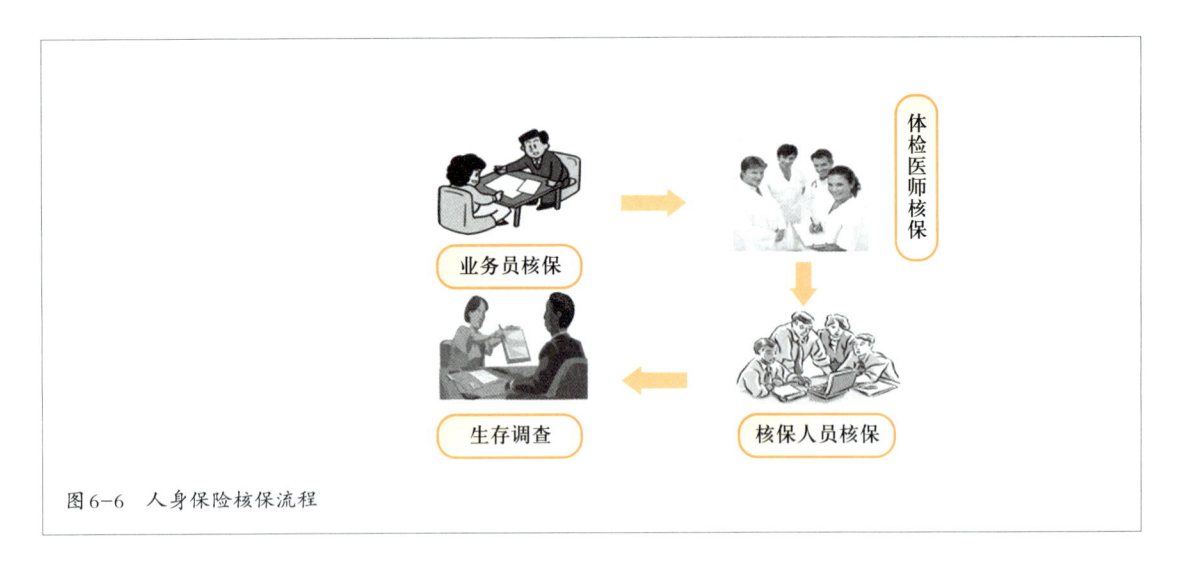

1. 业务员核保

业务员核保称为"第一次风险选择"。营销人员在推销保单的过程中，直接与投保人、被保险人接触，对其职业、生活环境及健康状况等有较直观的了解，因此他们对保险标的的初步选择和向保险公司的核保人员提供的信息在核保过程中起着重要的作用。业务员核保的步骤如下。

第一步，面晤。业务员通过与客户面晤，从而可以：① 了解投保人的投保动机；② 确定投保人、被保险人和受益人之间的关系；③ 指导投保人填写投保单；④ 明确健康声明及告知事项必须由被保险人填写；⑤ 被保险人、投保人签字。

第二步，观察。详细观察被保险人的健康状况和生活环境，主要包括：① 被保险人的体格、外观、脸色、行动是否正常；② 被保险人有无残疾、智力和功能障碍；③ 被保险人的家庭情况、工作、居住环境。

第三步，询问。对被保险人的健康情形、职业及告知等作技巧性的询问，主要包括：① 投保的目的、投保的历史（总投保金额、既往有无被加费、限额、延期、拒保）；② 被保险人的既往病史、家族史；③ 被保险人的职业及使用工具的具体情况；④ 在可能的情况下，了解其收入和资产的情况。

第四步，报告。在完成上述的三个步骤后，业务员根据此次观察询问的情况，据实完成业务员报告书，然后提供给核保人员。

2. 体检医师核保

体检医师核保是"第二次风险选择"，是体检医师从保险医学的角度出发，对被保险人的健康状况进行的风险选择。这一环节实际上是对被保险人的健康风险进行评估、筛选、分类，为确定被保险人的死亡率提供最有价值的资料及意见，是确定投保人或被保险人健康风险的最重要方法。体检医师核保对准确判定被保险人的健康风险具有重要意义，因为一般情况下在诸多风险因素中，健康危险因素对死亡率的影响最大，且这种危险因素往往导致逆向选择而不易被察觉，故只有通过体检医师的专项检查才能做出正确的判断。体检医师核保的步骤如下。

第一步，听取被保险人的告知。体检医师在进行体检时首先要了解被保险人的年龄、既往病史、家族史、现病症、职业、生活环境、医疗状况及常用药物等对其身体健康状况及预期死亡率有影响的各种健康方面的因素。在听取被保险人告知的同时进行询问，以得到明确详细的相关信息。

第二步，进行身体检查。体检医师通过仔细观察被保险人体型、体质、面色、皮肤、精神状态、言谈举止、步态等了解其一般状况。再通过身高、体重、血压、脉搏及身体各部位的物理诊查，验血、验尿及必要的化验辅助检查后，准确掌握被保险人的健康状况，避免逆选择。

第三步，完成体检报告，提出核保建议。体检报告书是体检医师工作内容的记录，是对被保险人健康状况的具体描述，通过参照体检报告书，较全面准确地了解被保险人的身体机能，是核保人员医学查定的主要依据。体检医师在完成体检报告书后，还应提出自己的核保建议，为核保人员决定是否承保及适用何种费率承保提供依据。

3. 核保人员核保

核保人员核保是"第三次风险选择"，是指核保人员根据前面环节提供的资料及报告书，经过综合分析，决定是否承保以及以何种条件承保的过程。专职核保人员核保的步骤如下。

第一步，初步审核。核保人员根据投保资料，按照公司的投保规则及相关要求，对其进行初步的审核，以确定资料是否完备齐全，是否需要做进一步资料收集，客户的投保需求是否得当等，以保证核保结果正确。

第二步，进一步详细资料的收集。对投保金额过高，告知声明遗漏或核保人员认为有疑点的保件，有必要做进一步资料的收集。

第三步，综合分析，确定承保条件。当资料收集完备后，核保人员应对影响被保险人死亡率的因素进行综合分析，依据核保手册对被保险人的风险进行评估，决定承保条件。对于标准体以标准费率承保，次标准体则依据其危险程度、额外死亡率做出加收特别保费、特别约定除外责任、降低保额、增加免责期限或缩短保险期限等核保决定。对于拒保体或延期体的则发出拒保或延期通知书，但在使用这一方法时应谨慎行事。

第四步，上报审批。一般而言，保险公司对其核保人员可做某种决定的范围的权限进行限定，这在核保上称为核保权限。因此，对于超过本公司核保权限的高额保件或疑难件等，应按要求予以逐级上报。

4. 生存调查

生存调查是"第四次风险选择"，是指保险公司为了解被保险人可否承保、以何种条件承保或为排除道德危险及逆向选择的投保者加入被保险人集团，而对生存中的被保险人实施的调查。生存调查是危险选择的重要步骤，其目的仍在于维持保险的公平原则，维护保险经营的安全性。

（三）人身保险的核保结论

核保是一个审核决定的过程，即根据投保申请书、业务人员报告书、体检报告书、生存调查提供的有关投保人、被保险人的信息资料，由核保人员进行综合分析，运用数理查定法，对被保险人的危险加以量化，依其危险程度，做出是否承保以及以何种条件承保的决定，这种决定就是核保结论。人身保险的核保结论主要有四种。

1. 标准体

标准体是以标准保险费率承保的被保险人群体的总称。人寿保险的标准保费是由精算部门根据预定死亡率订立的，预定死亡率一般来自保险公司既往的经验数据，即经验生命表。大部分欲参加保险的被保险人，其实际死亡率与预定死亡率是大致相符的，即为标准体。通常保险公司90%以上的被保险人是标准体，其比率依年龄、地区而有所差异。

2. 次标准体

次标准体又称弱体，是指被保险人面临健康或非健康损害因素，致使其死亡率超出标准死亡率一定比例以上的投保体的总称。由于次标准体的危险程度较高，保险公司不能直接按标准费率承保，但考虑到业务竞争等因素，也不宜拒保，通常依据次标准体所面临的特别风险程度，附加特别条件予以承保。

3. 延期体

当被保险人危险程度不明确或不确定，无法给予准确合理的风险评估时，核保人员常采用暂时不予承保即延期处理的方式。通常包括以下几种情况：被保险人的预期死亡率较高，但对其死亡率的确切评定极为困难；因可能获得的被保险人的资料很少，且需要很多时间及费用才可能获得足够的核保资料，短期内对死亡率难以评定；暂时性疾病，短期内有非常不确定的高死亡率变化者，如外伤手术后等；对近期无法判定其预后的疾病，如外伤后肢体功能障碍、脑血管意外等。对于延期承保的投保申请，可在到达延期年限后或资料依据齐备的情况下，能够供核保人员正确评估被保险人风险时重新投保。

4. 拒保体

拒保体是指被保险人的预期死亡率超过了通常可以接受的范围，其危险程度超过了次标准体的危险程度。在采用拒保方式处理保件时会给被保险人造成较大伤害，核保人员要慎之又慎，除非万不得已，一般不予采用。常见的拒保情况有：癫痫、智力障碍者、精神病患者；恶性肿瘤；慢性活动性肝炎、肝硬化；慢性肾功能不全、尿毒症、曾接受过肾脏移植者；严重心脏病和脑血管疾病患者；性病、艾滋病或HIV抗体阳性；核保人员根据核保规则认为不能承保的。

模块练习

一、单选题

1. 承保流程包括业务员交单、录入复核扫描、（　　）、缮制保单。
   A. 面谈　　　　　　　　B. 客服
   C. 核保　　　　　　　　D. 理赔

2. 下列险种核保时最应该重点考虑职业因素的是（　　）。
   A. 重大疾病险　　　　　B. 住院医疗险
   C. 意外伤害险　　　　　D. 死亡保险

3. 一般情况下，保险公司90%以上的被保险人是（　　）。
   A. 标准体　　　　　　　B. 次标准体
   C. 延期承保体　　　　　D. 拒保体

4. 刘先生在某保险公司的工作主要是对投保人所提出的投保申请进行审核，并对是否承保提供决策依据。刘先生的工作属于（　　）范畴。
   A. 保险规划　　　　　　B. 风险控制
   C. 保全服务　　　　　　D. 核保

5. 在人寿保险中，对于在健康和其他方面存在缺陷的，应按照（　　）标准的费率予以承保。
   A. 等于　　　　　　　　B. 高于
   C. 低于　　　　　　　　D. 与标准费率无关

二、判断题

1. 人身保险核保可以一定程度防范逆向选择风险。（　　）
2. 职业是影响死亡率的主要因素，因此是人身保险核保中的健康风险因素。（　　）
3. 以死亡为保险事故保单的保费，女性比男性要高。（　　）
4. 拒保体是指被保险人的预期死亡率超过了通常可以接受的范围。（　　）
5. 标准体是以标准保险费率承保的被保险人群体的总称。（　　）

模块四 保险理赔

任务一 认识保险索赔与理赔

【任务情景】

2020年12月，姜某为自己的爱车投保了机动车商业第三者责任险，保险期限为一年。不料一个月后在高速路上发生交通事故，姜某的车为了躲避超车车辆，与另一辆车发生碰撞，致使一人重伤。姜某在出险后手忙脚乱，不知如何处理，赶紧拨打了保险公司的报案电话。

如果你是保险公司的理赔人员，应让姜某准备哪些索赔资料？

【知识平台】

教学视频：
保险理赔

一、保险索赔与理赔的定义

保险索赔是指被保险人在保险标的遭受损失后，按照保单有关条款的规定，向保险人要求赔偿损失的行为。

保险理赔是指保险人在保险标的发生风险事故后，对被保险人或受益人提出的索赔要求，按照有关法律、法规的要求和保险合同规定进行赔偿处理并支付保险金的行为。

索赔和理赔是一个问题的两个方面，它们都直接体现了保险的职能。索赔是保险合同关系人获得实际保障并实现其保险利益的具体体现。理赔是保险人履行其保险赔偿义务的具体体现。二者都是保险合同主体履行义务、实现权利的关键环节。

二、保险索赔的程序

被保险人或受益人向保险公司提出索赔需要遵循的步骤如图6-7所示。

三、保险索赔需要的资料

（一）人身保险索赔时所需要的资料

人身保险索赔时，投保人或被保险人需填写索赔申请书，并提供相应资料。人身保险理赔申请书样例如表6-3所示。

项目六 保险公司经营管理

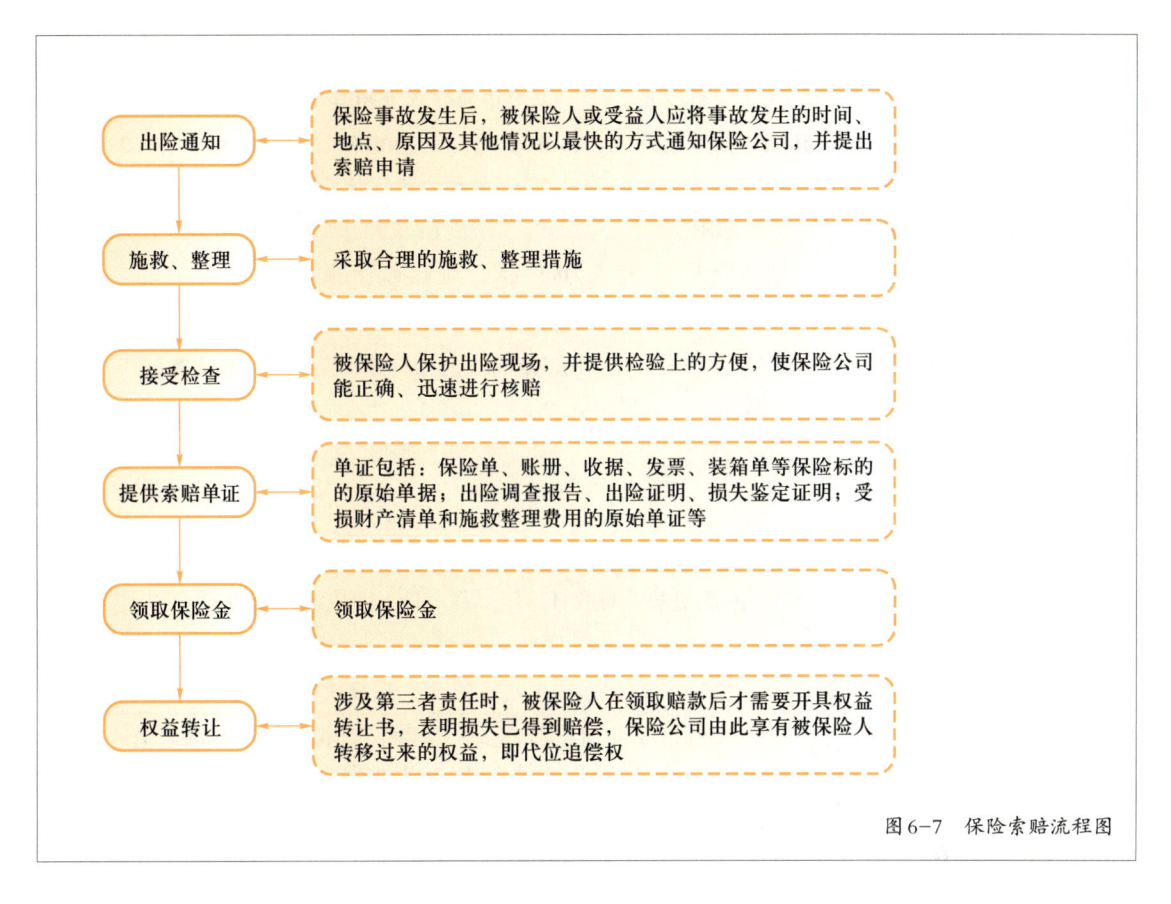

```
出险通知 —— 保险事故发生后,被保险人或受益人应将事故发生的时间、
           地点、原因及其他情况以最快的方式通知保险公司,并提出
           索赔申请

施救、整理 —— 采取合理的施救、整理措施

接受检查 —— 被保险人保护出险现场,并提供检验上的方便,使保险公司
           能正确、迅速进行核赔

提供索赔单证 —— 单证包括:保险单、账册、收据、发票、装箱单等保险标的
               的原始单据;出险调查报告、出险证明、损失鉴定证明;受
               损财产清单和施救整理费用的原始单证等

领取保险金 —— 领取保险金

权益转让 —— 涉及第三者责任时,被保险人在领取赔款后才需要开具权益
           转让书,表明损失已得到赔偿,保险公司由此享有被保险人
           转移过来的权益,即代位追偿权
```

图6-7　保险索赔流程图

表6-3　人身保险理赔申请书样例

中国人寿保险股份有限公司
China Life Insurance Company Limited

理赔申请书

填写前请您阅读本申请书黑体字及背面权益提示　　　　　　　　　　　　报案编号:

申请人信息	姓名	张艳	性别		与出险人关系	□本人　□配偶　☑父母　□子女　□其他:
	证件类型	☑身份证　□其他			证件号码	43011*****82748202
	保险金达到1万元人民币或1 000美元请填写本行				证件有效期限	年　月　日　　国籍　　　职业
	固定电话	—			手机	1380731****　电子邮箱
	联系地址				北京 省/直辖市　市　海淀区 区/县	
	领款方式	☑银行转账　□现金			开户银行	北京银行***支行
	银行账号				0024******08890	

287

续表

出险人	姓名	田贝贝	性别	男	联系地址	北京市海淀区玉渊潭公园路颐源居2#304			
	证件类型	☑身份证 □其他			证件号码	11010******09071211			
	保险金达到1万元人民币或1 000美元请填写本行				证件有效期限	年　月　日	国籍		职业
	提示：若出险人与申请人为同一人，则无须填写本栏。								

事故经过	时间：2019年8月17日　时	地点：
	详细经过：（如曾住院，请填写住院资料，如：医院名称、起始日期、疾病诊断名称等。） 肺炎，儿童医院住院治疗一星期	
出险人现状	□治疗中　☑治疗结束　□身故（身故日：年　月　日）□残疾（失能）	

	保险合同号码	授权变更项目
1	2016-******-00000044-8	□固定电话　□手机　□电子邮箱　□联系地址 □连带变更本人其他保险合同的上述项目
2		□固定电话　□手机　□电子邮箱　□联系地址
3		□固定电话　□手机　□电子邮箱　□联系地址
4		□固定电话　□手机　□电子邮箱　□联系地址

保险合同变更授权：若本申请书载明的本人固定电话、手机、电子邮箱或联系地址与本人保险合同相关项目不一致，本人同意贵公司按本申请书内容变更保险合同相关项目。

□出险人在其他保险公司投保	承保公司	
□出险人已获第三方报销（赔偿）	给付机构	

申请人声明及授权：

1. 本人承诺本申请书内容完全属实，并授权贵公司选择任意联系方式向本人发送各类通知并保留相关录音、回执或电子文档；若因本申请书填写不准确导致贵公司无法及时、准确给付保险金或送达各类通知书，贵公司不承担责任。
2. 本人承诺向贵公司提交符合保险合同约定且完整、真实、有效的理赔资料，否则贵公司有权拒绝受理理赔申请。
3. 本人承诺在向贵公司提交本申请书时，同时提供本人及委托人身份证明原件，否则贵公司有权拒绝受理理赔申请。
4. 本人谨此授权凡知道或拥有任何有关被保险人健康及其他情况的任何医生、医院、保险公司、其他机构或人士，均可将所需的有关资料提供给贵公司，此申请书的影印本具有同等效力。

申请人签名：		申请日期：2019年8月26日		
受理人签名：	作业流水号：	受理日期：	年　月　日	

人身保险索赔资料如表6-4所示。

表6-4 人身保险索赔资料清单

申请项目		应备资料编号（括号表示若有时提供）	资料内容
医疗	意外门诊	5、7、9、11、（12）	1. 保单； 2. 理赔申请书； 3. 被保险人的身份证明（被保险人未成年需提供户籍证明或出生证明，同时提供监护人身份证明）； 4. 受益人身份证明、与被保险人的关系证明； 5. 门（急）诊病历； 6. 出院小结； 7. 医疗费用收据原件、费用清单（处方）原件； 8. 医疗费用收据复印件； 9. 诊断证明（癌症、重大疾病诊断证明书需同时提供相关检查、检验结果资料）； 10. 手术证明； 11. 意外事故证明（若发生交通事故或刑事案件需要提供交通事故责任认定书或公安出具的证明）； 12. 机动车驾驶证/行驶证； 13. 残疾鉴定书（法医学鉴定书或医院鉴定诊断书）； 14. 身故证明材料：死亡证明书、户口注销证明、丧葬火化证明； 15. 法院出具的宣告死亡证明文件； 16. 银行卡/存折复印件
	意外住院	5、6、7、9、11、（12）	
	疾病住院	5、6、7、9	
津贴	一般住院	5、6、8	
	癌症住院	5、6、8、9	
	手术	5、6、8、10	
重大疾病	重大疾病	5、6、9、（10）	
	因患癌症的保费豁免	5、6、9、（10）	
	生命尊严提前给付	1、2、3、16	5、6、9	
残疾（失能）	疾病残疾（失能）	5、6、13	
	意外残疾（失能）	5、6、11、（12）、13	
身故	疾病身故	4、5、6、14	
	因疾病身故的保费豁免	4、5、6、14	
	意外身故	4、(5)、(6)、11、（12）、14	
	因意外身故的保费豁免	4、(5)、(6)、11、（12）、14	
	宣告死亡	4、15	

（二）财产保险索赔时所需要的资料

财产保险的险种繁多，保险标的及出险的情况也复杂多样，不同的险种索赔材料的要求也不同。

1. 机动车辆保险索赔资料

机动车辆保险索赔时所需资料清单如表6-5所示。

2. 企业财产保险（包括工程保险）索赔时所需的资料

（1）保险单正本、批单以及保费交纳凭证。

（2）出险通知书。

表6-5 机动车辆保险索赔资料清单

	单证名称		涉及财产损失赔案	涉及人员伤亡赔案	获取渠道	相关要求和适用范围
共用单证	保险单正本		√	√	被保险人提供	查验原件
	索赔申请书		√	√	保险公司提供，被保险人填写	须由被保险人签字确认（被保险人为个人），或加盖单位公章（被保险人为单位）
	事故证明（不同事故对应不同证明）	事故证明	√	/	路政、交管、气象、消防等部门	未经保险公司查勘核实的单方事故
		事故责任认定书、调解书		√	公安交管部门	通过交警处理的事故
		自行协商处理协议书			当事人填写	双方当事人依法自行协商处理的事故
		判决书或裁决书或调解书或仲裁书			法院、仲裁机构	法院审理的诉讼案件或仲裁机构审理的仲裁案件
	驾驶员驾驶证，营运客车驾驶员提供资格证，专用机械车/特种车驾驶员提供操作证		√	√	当事驾驶人提供	查看原件，留存复印件或照片
	机动车行驶证		√	√	被保险人提供	查看原件，留存复印件或照片
	向第三方支付赔偿费用的过款凭证或法院执行凭证		√	√	公安交管部门、法院、仲裁机构	涉及第三方赔偿时，须由事故处理部门签章确认
车辆/财产损失	车辆修理发票		√	/	修理厂（二类以上修理资质）	涉及车辆损失时
	施救费（拖车、吊车费用）发票及清单		√	/	拖车、吊车提供机构	涉及车辆施救时
	财产损失清单（设备总体造价及损失程度证明或工程预算等）		√	/	被保险人和专业机构提供	涉及财产损失时
	购置、修复受损财产的费用单据		√	/	公安、路政管理等部门	

续表

	单证名称	涉及财产损失赔案	涉及人员伤亡赔案	获取渠道	相关要求和适用范围
医疗及其他费用	伤者住院、出院证明（住院病历）	/	√	医疗机构	须由县级（含）以上医院出具
	伤者医院诊断证明	/	√	医疗机构	须由县级（含）以上医院出具
	伤者医疗费报销凭证及费用明细	/	√	医疗机构	须附处方及检查、治疗、用药明细清单
	伤者需要护理的证明、护理人员误工及收入证明	/	√	护理证明：医疗机构　收入证明：护理人单位	涉及护理费赔偿时，收入超过纳税起征点的应提交纳税证明
	伤、残人员，亡者处理事故人员误工证明及收入情况证明、纳税证明	/	√	误工证明：医疗机构或有资质的医疗鉴定机构和所在单位　收入证明：伤者单位	涉及误工费赔偿时。有固定工作单位的，应加盖单位公章或人事劳资部门印章，证明收入实际减少数额。收入超过纳税起征点的应提交纳税证明
	残者法医伤残鉴定书	/	√	有资格的伤残鉴定机构	涉及残疾补助费赔偿时
	残者、亡者家庭情况证明、户籍证明、被扶养人丧失劳动能力证明	/	√	户籍证明：公安机关　丧失劳动能力证明：民政部门、司法鉴定机构	涉及被扶养人生活费赔偿时
	亡者医学死亡证明或户籍注销证明或尸检报告或火化证明	/	√	死亡证明：医疗机构　户籍证明：公安机关　尸检报告：公安机关　火化证明：殡葬机构	涉及死亡补偿时，须提供其中一项证明
	交通费、住宿费用报销凭证	/	√	交通、住宿提供单位	涉及住宿费、交通费赔偿时

续表

	单证名称	涉及财产损失赔案	涉及人员伤亡赔案	获取渠道	相关要求和适用范围
领取赔款	被保险人身份证明	√	√	被保险人提供	查看原件，留存复印件
	领款人身份证明	√	√	领款人提供	查看原件，留存复印件
	领取赔款授权书	√	√	保险公司提供，被保险人填写	被保险人委托他人领取赔款时
	赔款收据	√	√	保险公司提供	由被保险人签字或签章

涉及机动车辆盗抢赔案需提供的资料：
1.保险单正本；2.机动车行驶证；3.机动车登记证书；4.机动车来历凭证（车辆销售或交易发票）；5.车辆购置税完税证明（车辆购置附加费缴费证明）或免税证明；6.车辆管理所出具的车辆停驶手续；7.出险当地县级以上公安刑侦部门出具的盗抢立案证明；8.被保险人出具的权益转让书；9.车辆修理发票（涉及车辆修复时）。

（3）索赔申请书。

（4）事故证明材料（公安、消防、气象等相关部门的证明或专家鉴定报告、事故现场照片等）。

（5）直接财产损失清单，各项施救、保护、整理费用清单及相关支持材料；根据承保及损失情况提供资产负债表以及明细、固定资产卡片等相应的财务资料。工程保险还须提供设计资料、工程承包合同、施工日志、监理日志、工程预决算书等资料。

（6）权益转让书及相关追偿文件（损失涉及其他责任方时）。

（7）对于特殊案件，经双方共同协商后，被保险人应提供其他所需要的有关资料。

3. 家庭财产保险索赔时所需的资料

（1）保险单正本。

（2）出险通知书/索赔申请书。

（3）事故证明材料（公安、消防、气象等相关部门的证明和事故现场照片等）。

（4）财产损失清单、发票和费用单据；施救费用清单和票据。

（5）受损财产需评估时，须提供具备资质的机构出具的损失财产技术鉴定书。

（6）权益转让书（如涉及追偿）。

4. 货物运输险索赔时所需的资料

（1）保险单正本、预约保险合同、批单。

（2）索赔函（包括索赔清单）。

（3）买卖合同、提单（运单）、发票。

（4）装箱单、磅码单、货损货差证明。

（5）检验报告（包括但不限于商检、船检、公估）、共同海损理算报告、相关事故照片及索赔清单。

（6）如涉及第三者责任，还须提供向责任方索赔的有关函电及其他必要单证或文件。

（7）其他必要单证或文件。

5. 船舶保险索赔时所需的资料

（1）保险单或保险协议正本、批单。

（2）索赔函、损失清单。

（3）船舶所有权证书、船舶检验证书簿、适航证书、年检证书、最低安全配员证书、载重线证书、在船船员名单及职务船员的适任证书，船舶进出港签证、装载记录。

（4）本航次的航海日志、轮机日志、电台日志，船长海事申明、事故主管机关的调查结论、船员陈述笔录、检验报告、相关气象证明材料。

（5）船舶修理工程单、结算单、发票，救助合同、打捞合同及相关发票。

（6）碰撞触碰事故的调解书、协议书、判决书及相关支付证明，共同海损理算报告、被保险人其他损失的支付证明。

（7）船舶历史维修记录、相关设备的维护保养记录、船级证书、船级社检验报告、相关法律法规要求提供的其他资料等。

6. 农业保险索赔时所需的资料

（1）保险单正本。

（2）出险通知书。

（3）保险费发票。

（4）索赔申请书。

（5）报损清单及相关凭证。

（6）事故证明包括：①气象证明、火灾证明（种植业保险）；②防疫证明和饲养记录、牲畜死亡原因证明、财政补助证明（养殖业保险）；③因意外事故导致的损失，需提供相关政府部门出具的真实、合法证明（养殖业保险）。

7. 责任保险索赔时所需的资料

（1）保险单正本。

（2）出险通知书/索赔申请书。

（3）损失清单。

（4）权益转让书。

（5）证明文件包括：① 事故证明：政府主管部门事故调查报告、交通事故责任认定书或医疗事故鉴定等；② 赔偿协议、仲裁裁决、法院调解书或判决书；③ 受害人身份证明；④ 死亡伤残证明：死亡证明和户口注销证明、残疾鉴定；⑤ 医疗证明：病历、诊断证明、住院证明、医疗费用清单、医疗费用收据原件；⑥ 财产损失证明；⑦ 相关费用单据；⑧ 有关经济合同。

8.意外伤害保险索赔时所需的资料

（1）保险单正本。

（2）保险金给付通知书。

（3）授权委托书。

（4）索赔申请人的户籍证明或者身份证明。

（5）受益人的身份证明。

（6）证明文件包括：① 事故证明；② 残疾、烧伤保险金索赔时需提供保险公司指定或认可的医疗机构、司法机关或其他鉴定机构出具的残疾、烧伤程度证明；③ 身故保险金索赔时需提供死亡证明及户口注销证明，或法院宣告死亡判决书；④ 医疗费用索赔时需提供病历、诊断证明、住院证明、医疗费用清单、医疗费用收据原件或医疗费用分割单等。

（三）保险索赔时效

保险索赔时效是指保险事故发生后，被保险人或受益人有权向保险人请求赔偿或保险金给付的期限。超过这一期限，被保险人或受益人的索赔权利就会丧失。

我国《保险法》第26条规定："人寿保险以外的其他保险的被保险人或者受益人，向保险人请求赔偿或者给付保险金的诉讼时效期间为二年，自其知道或者应当知道保险事故发生之日起计算。人寿保险的被保险人或者受益人向保险人请求给付保险金的诉讼时效期间为五年，自其知道或者应当知道保险事故发生之日起计算。"

任务二　保险理赔业务处理

【任务情景】

张先生在下班途中行走时意外摔倒，导致颅内损伤，之后被送往医院抢救无效身亡。张先生生前购买了一份终身寿险，于是张太太向保险公司申请理赔。保险公司得到消息之后，经过调查和审核，确认张先生的情况属于保险理赔范畴，于是保险公司迅速结案，并将赔款打入张先生受益人账户。

若你是保险公司理赔人员，应该遵循哪些原则来开展保险理赔？理赔的流程包括哪些环节？

【知识平台】

一、保险理赔的基本原则

（一）重合同、守信用原则

在保险合同中，明确规定了合同双方的权利与义务，合同双方都应该恪守合同约定，保证合同顺利实施。对于保险公司来说，处理理赔案件时，一切应从事实和证据出发，不得主观臆断，应严格按照合同的条款规定受理赔案。

（二）实事求是原则

保险条款虽然对保险责任做了原则性的规定，但实际发生的案情却是千变万化的，因此，在理赔工作中，一方面要按合同办事，另一方面要具体情况具体分析，根据条款实事求是地按照具体情况，合情合理地加以处理。

（三）效率原则

理赔必须主动、迅速、准确、合理。理赔人员在处理理赔案件时应积极主动受理，不推诿，不拖延，分清责任，合理定损，准确履行赔偿义务，对于不属于保险责任的案件，也应当及时向被保险人发出拒赔的通知，并说明不予赔付的理由。

二、保险理赔的程序

（一）人身保险理赔流程

人身保险理赔是保险人按照《保险法》的规定和保险合同的约定，对被保险人发生的死亡、伤残、疾病等事故决定是否承担保险责任以及如何承担保险责任的处理过程。在实务中，人身保险理赔分为报案受理、立案、初审、调查、理算、复核审批、结案归档七个环节。如图6-8所示。

微课：说说保险理赔那些事

1. 报案受理

报案是指在被保险人发生保险事故后，知情人将该事故情况通知保险公司的行为。报案人的身份没有具体的限制，可以是被保险人本人，也可以是其他知情人，但报案是投保人、被保险人的法定义务。报案的方式可以分为上门报案、电话报案、传真报案等。报案人应在相应保险条款规定的时间

图6-8 人身保险理赔流程图

内,及时将出险人的姓名、身份证号码、身份(是投保人还是被保险人)、出险人持有的保险合同号、险种名称、出险时间与地点、就诊医院以及报案人姓名、与出险人关系、联系地址及电话等重要信息通知保险人。

2. 立案

立案是指保险公司核赔部门受理客户索赔申请,按照一定的规则对索赔案件进行登记和编号的过程,以使案件进入正式的处理阶段。接案人员收到申请人提交的理赔申请书、资料交接凭证及相关证明材料后,审核理赔申请书、资料交接凭证填写是否符合要求,证明材料是否齐全。

3. 初审

初审是指核赔人员审定保险事故及保险责任的行为与过程,初审的主要内容包括:审核出险时保险合同是否有效;审核出险事故是否为保险责任范围内的事故;审核申请人所提供的证明材料是否完整、有效;审核出险事故是否需要理赔调查。

4. 调查

调查人员接到调查通知后,应根据理赔调查通知书提示的调查重点,采取适当的形式与方法,对该案件勘察取证。

5. 理算

理赔计算即理算,应按赔案编号逐单进行,同一保险合同号码项下的主附险在同一计算书内计算;对保险金额逐年递增的赔案,理算时应注意金额的变化;主险、附加险同处在宽限期间,申请附加险给付的赔案,在理算时主附险欠缴保费应同时扣减;如投保年龄或性别与实际情况不符,导致实缴保费小于应缴保费,应按比例赔付;如实缴保费大于应缴保费,应按实际保额计算给付,并无息退还多缴的保费;赔付后合同继续有效的,续期保费按实际年龄对应的缴费标准收取。

6. 复核审批

复核的内容包括:出险人的确认;保险期间的确认;出险事故原因及性质的确认;保险责任的确认;证明材料完整性与有效性的确认;理赔计算准确性与完整性的确认。根据复核结果,复核人员对理赔案件分别做下述处理:证明材料不齐全的理赔案件,告知理赔计算人员通知申请人补齐证明材料。尚有疑义的案件,如需进一步调查的,通知调查人员继续调查。对于理赔计算有误的案件,应退回理赔处理人员重新理算。对于复核通过的案件,复核人员予以确认。超过复核人员理赔权限的案件,复核人员应将案卷呈送主管审批。

7. 结案归档

结案人员收到复核人员递交的理赔卷宗后,应及时进行案卷移入登记,将已结案的理赔案件的所有材料按规定的顺序排放和装订,并按业务档案管理的要求进行归档管理,以便将来查阅和使用。

(二)财产保险理赔流程

财产保险的理赔流程包括案件受理、审核保险责任、损失调查、赔款理算和结案归档。每个环节都有不同的处理要求和规定,以保证理赔有序和高效地进行。

延伸阅读:英大泰和人寿理赔流程

1. 案件受理

案件受理是指保险财产发生损失后,被保险人根据保险条款的规定及时通知保险人,保险人登记相关保险信息,核对被保险人投保情况,并做出是否派员赴现场查勘的过程。案件受理流程如图6-9所示。

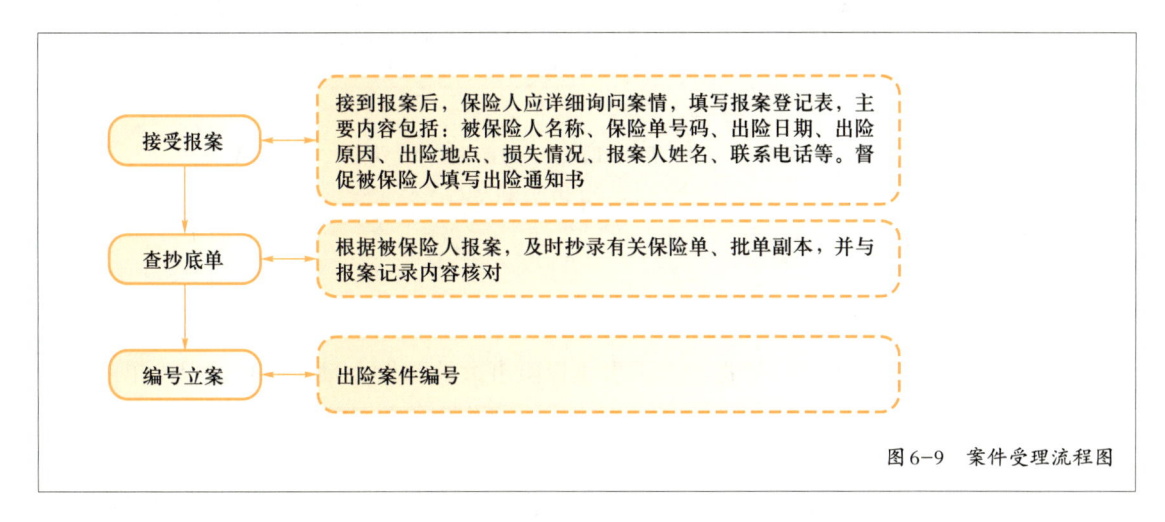

```
接受报案 → 接到报案后,保险人应详细询问案情,填写报案登记表,主要内容包括:被保险人名称、保险单号码、出险日期、出险原因、出险地点、损失情况、报案人姓名、联系电话等。督促被保险人填写出险通知书

查抄底单 → 根据被保险人报案,及时抄录有关保险单、批单副本,并与报案记录内容核对

编号立案 → 出险案件编号
```

图6-9 案件受理流程图

2. 审核保险责任

当保险人收到出险通知以后,确定保险责任:保单是否仍有效力;被保险人提供的单证是否齐全和真实;损失是否由所保风险引起;已遭受损失的财产是否为保险财产;保险事故发生的地点是否在承保范围之内;保险事故发生的结果是否构成要求赔偿的条件;请求赔偿的人是否有权提出赔偿请求;损失发生时,投保人和被保险人是否对于保险标的具有保险利益。

297

3. 损失调查

保险人审核保险责任后，应派人现场查勘，了解事故情况，以便分析损失原因，确定损失程度。现场查勘是指当保险标的遭受保险事故时，保险人到灾害事故现场实地了解出险情况和核定损失的工作。现场查勘流程如图6-10所示。

现场调查	了解被保险人相关情况、事故原因及经过，必要时制作询问笔录，或让当事人、目击者书写出险经过，并签字确认
拍摄事故照片	事故照片应能反映现场全景、受损标的的损失状态、事故地点，并尽可能绘制现场草图，配以文字说明
现场施救处理	查勘人员赶到现场，应立即督促和协同被保险人进行现场施救，并对受灾现场进行清理，了解施救项目和费用
查对财会账表	查对有关财务账册，通过查阅总账、明细分类账、资产登记簿、资产卡片、仓库保管账、出入库单据和记录等，可落实受损标的项目、账面数额
估算受损财产	及时索取损失清单，按类别和受损程度，与被保险人共同清点受损财产并确认清点结果，编制受损标的损失核定表、施救费用核定表，估算损失、残值
缮制查勘报告	缮制查勘报告，内容完整、情节清楚、文字简练

图6-10 现场查勘流程图

4. 赔款理算

保险人赔付被保险人因发生保险事故的赔偿金额以不超过保险单明细表中载明的保险金额或责任限额为准。保险金给付计算完毕，理赔人员应立即缮制理赔计算书。缮制理赔计算书时，应注意的事项有：应对有关单证进行清理，列出清单，然后录入计算机生成理赔计算书；理赔计算书对赔偿计算一栏应按分项分列清楚；未超过本级公司理赔权限的赔案，理赔计算书一式三份；超过本级公司理赔权限的赔案，应根据上级公司要求增加份数；理赔计算书缮制完毕，经办人员、理赔负责人应分别签章并注明缮制日期后，及时送交核赔人审核。

5. 结案归档

赔案材料的缮制和收集整理工作完成以后，理赔人员应对全案进行检查，经检查无误并签注经办人意见后,送负责人进行审批或报批。赔案的核批,应根据上级公司规定的核批权限,按规定核批,不可越权批案。赔案一经审批,理赔人员应在赔案登记簿上进行登记,并迅速将赔案送财会部门支付赔款。

最后,将理赔的各项单证材料按要求进行装订、归档,做好理赔档案的管理工作。

模块练习

一、单选题

1. 我国《保险法》规定:保险人收到被保险人或者受益人的赔偿或者给付保险金的请求,应及时做出核定,情形复杂的,应当在(　　)日内做出核定,但合同另有约定的除外。

　　A. 10　　　　　　　　　　B. 30
　　C. 60　　　　　　　　　　D. 90

2. (　　)是指当保险车辆受损后,未达到"整体损毁"或"推定全损"程度的局部损失的情况。

　　A. 部分损失　　　　　　　B. 全部损失
　　C. 施救费用　　　　　　　D. 第三者责任赔款

3. (　　)是指保险车辆在保险事故中发生整体损害或受损严重已失去修复价值。

　　A. 部分损失　　　　　　　B. 全部损失
　　C. 施救费用　　　　　　　D. 第三者责任赔款

4. 现场查勘的内容包括现场调查、拍摄事故照片、现场施救处理、查对财会账表、(　　)和缮制查勘报告。

　　A. 查出险时间　　　　　　B. 查出险原因
　　C. 估算受损财产　　　　　D. 收集证明材料

5. 保险人在保险标的发生风险事故导致损失后,对被保险人提出的索赔请求进行赔偿处理的行为被称为(　　)。

　　A. 保险理赔　　　　　　　B. 承保
　　C. 保险赔付　　　　　　　D. 核保

二、判断题

1. 保险理赔是指受益人在被保险人发生保险事故造成人身伤亡和财产损失时,根据保险条款请求保险公司给付保险金的法律行为。　　　　(　　)

2. 保险理赔应遵循主动、迅速、准确、合理的原则。（   ）
3. 保险公司只需要在保险责任范围内承担给付责任，没有理赔时效的要求。（   ）
4. 在保险人的各项义务中，最主要、最基本的合同义务是提供保险投资服务。（   ）
5. 人身保险理赔一般分为报案受理、立案、初审、调查、理算、复核审批、结案归档七个环节。（   ）

模块五　保险客户服务

任务一　认识保险客户服务

【任务情景】

高女士是一个很有保险意识的人，想要购买一款适合自己的保险产品，在听了多家保险公司业务员的介绍后，觉得每家保险公司的保险产品差不多。产品是银，客服是金，明智的高女士想最终选择一家客户服务好的保险公司。

若你是保险公司的工作人员，应该如何介绍公司的客户服务？

【知识平台】

一、保险客户服务的内涵

保险客户服务是指保险人在与现有客户及潜在客户接触的阶段，通过畅通有效的服务渠道，为客户提供产品信息、品质保证、合同义务履行、客户保全、纠纷处理等项目的服务以及基于客户的特殊需求和对客户的特别关注而提供的附加服务内容。对保险这种无形商品而言，服务本身就是商品。保险业作为金融服务产业，所提供的产品就是风险管理和金融理财服务，服务品质就是商品品质。

客户服务从广义上可理解为以先进的技术支持系统为硬件，以产品开发、机构网点发展为支撑，以融合了管理创新的营销服务推广、提高从业人员素质、扩展服务功能为软件，把提高业务竞争力和扩大并稳定市场占有率从而提高公司的品牌和市场价值、建立良好的社会形象作为终极目标的系统工程。客户服务主要包括以下几层含义。

(一) 基础性服务

在基础性服务方面，以开发满足消费者个性化、多样化需求的保险产品为龙头，以完善、高效的技术服务系统为手段，以设置合理的组织机构和网点布局为支撑点，在立足市场、提高服务水平的前提下实现更高层次的服务。其目标是扩大保险产品的保障与服务功能，吸引客户群体，激发其保险需求欲望，通过提高购买保险产品的便利性和客户服务质量，提高公司业务竞争力。

(二) 管理性服务

在管理性服务方面，建立适应市场的营销系统与高效的营销管理体制，培养高素质的展业队伍，拥有方便客户、体现客户和公司双方利益、健全的业务管理（核保、承保、理赔等）制度体系，以及实现上述服务功能的高效的员工队伍等。其目的是促成业务规模（保费收入和资产管理规模）增长，提高契约继续率，降低公司经营风险，稳定并扩大市场占有率，提高资产经营效益。

(三) 保险延伸服务和附加价值服务

保险产品趋同的差异化服务战略要求保险公司在提供保险保障的同时提供相关的延伸服务和附加价值服务。保险延伸服务是指保险公司利用自己的资源技术优势，为保户提供的保险责任以外的服务，它是普通保险服务的延伸。我国的一些保险公司结合我国的实际情况，开展了一些符合现实需求、具有自己特色的延伸服务。比如，现阶段中国医疗、养老制度正在进行重大改革，医疗和养老方面的广泛、优质服务，已经成为群众的迫切要求，保险公司在做好医疗、养老保险常规服务的同时，可以大力开展这方面的延伸服务，如免费体检、附加康复护理及健康咨询等，还可为保户提供与教育、再就业、家庭理财等方面相关的边缘服务，不断延伸和拓展客户群体。

二、保险客户服务的内容

服务是产品的有机组成部分，服务和产品是不可分割的，保险客户服务不应仅局限于售后服务，还应体现在产品设计中，体现在营销中，体现在公司经营的各个方面，主要包括售前服务、售中服务和售后服务。

(一) 保险售前服务

保险公司能够提供给客户的售前服务主要是咨询服务。准保户在投保以前，必须掌握有关人身保险的知识和险种类别、保费、一旦发生事故的赔付金、保单分红、缴费方式、保障责任、除外责任等方面的信息。

除了通过各种人员和非人员的宣传来提供其产品服务以外，还要为客户提供信息咨询服务。咨询服务是保险销售的第一步，也是准客户了解产品和保险公司的第一步。从目前来看，保险公司提供的咨询服务可以通过以下几种方式来实现。

（1）电话咨询。准客户可以通过拨打保险公司或中介机构的电话了解保险信息和基础知识。

（2）窗口咨询。准客户可以直接到保险服务大厅的窗口与保险营销人员进行面对面的交流，索取有关资料和信息。

（3）网上咨询。目前，几乎每家保险公司都提供网上咨询服务。通过互联网，准客户可以查询到自己感兴趣的保险信息，甚至可以直接在网上与服务人员交流，解决疑问，并且可以与其他客户进行沟通和信息互递。

（二）保险售中服务

保险售中服务是指保户决定投保后，营销人员在合约的签订过程中提供的各项服务，其中的关键服务是以下两项。

（1）指导投保人正确填写投保书。投保书是人身保险合同的重要组成部分，一般的投保人对于它的填写并不十分了解，因此，需要营销人员以专业水准指导投保人准确完成，并且要把投保后的利益和责任详细告知投保人，不可以只介绍利益，不讲解责任，使投保人的权益得不到正常的维护。

（2）从客户的需要出发，通过分析客户的收入情况、职业特点、家庭保险需求等多维度多层次的需求，科学建议客户的投保总额以及保险产品组合计划。

（三）保险售后服务

保险售后服务，就是保单出售之后，保险公司及其业务人员为投保客户提供均有利于保护客户权益的各种服务。保险售后服务体现在公司经营的各个方面，包括简洁流畅的操作流程、迅速通畅的沟通渠道、专业规范的服务代表、以客户为中心的网络技术平台、强大的投资管理和综合性金融理财能力等。保险售后服务作为客户服务的重要组成部分，其质量的好坏决定了客户服务的成败。

案例：开启智能客服时代

任务二　保全业务处理

【任务情景】

王先生为其妻子购买了某保险公司的一款终身型的重大疾病保险，保额20万元。去年，王先生由于出差在外，没有及时缴纳保险费，很担心保险合同的效力因此终止。

保险合同的效力是否会因欠缴保费而终止？如果会终止，保险合同的效力是否可以恢复？若你是保险公司的客服人员，应如何帮助客户？

【知识平台】

一、保全的概念

保全是指保险公司为了使现有的人身保险合同持续有效，根据合同条款约定及客户要求而提供的一系列售后服务。

教学视频：
保险保全

二、保单的状态

保单所处的状态不同，可进行的保全操作的内容也不同。一般来说，保单的状态有以下几种。

（一）标准状态

标准状态是指保险责任尚未终止且保险合同依然有效，投保人也未申请迁出、保额变更等的保险单。在此状态下，保险公司可受理投保人各项保全申请，变更各项信息，如养老金领取、满期给付、保单补发、续期缴费、转换险种等。

（二）退保状态

退保状态指在保险合同自然终止前，投保人提出提前终止保险合同，并领取保单的现金价值，保险人不再承担相应责任。在此状态下，保险公司不受理任何保全申请。

（三）终止状态

终止状态指保险合同所约定的保险期限已届满，保险合同自然终止。在此状态下，保险公司不受理任何保全申请。

（四）失效状态

失效状态指对于非趸缴保单，投保人因各种原因而欠缴保费，在超过约定的宽限期（一般为60天）后，保单暂时失去效力。在此种状态下，保险公司接受投保人在失效两年内提出的复效申请，其他保全服务不受理。

（五）迁出状态

迁出状态指在被保险人因工作或其他原因从一地迁往异地，为缴费和领取保险金方便，向保险公司提出变更托管公司的状态。在此状态下，保险公司不受理其他任何保全申请。

（六）领取状态

领取状态指年金类保单和其他返还性保单已经进入领取期的状态。在此状态下，除可受理领取方式的变更和基本信息变更外，不受理其他变更操作。

三、保全业务内容

合同保全是为了维护已生效的人身保险合同，保险公司根据合同约定和客户需求所提供的一系列服务举措。保险公司在合同成立后的不同阶段可提供相应的保全服务项目，具体保全服务内容如表6-6所示。

表6-6 保全服务项目表

序号	保全服务项目	保险公司提供服务的时间		
		保险期限内		年金给付期内
		交费期限内	非交费期限内	
1	通信地址/住所变更	—	—	—
2	文字变更	—	—	
3	证件类别及号码变更	—	—	
4	性别错误更正	—	—	
5	出生日期错误更正	—	—	
6	更换投保人	—	—	
7	受益人变更	—	—	
8	增加附加险	—	—	
9	附加险续保	—	—	
10	投保要约的确认	—	—	
11	保险合同补/换发	—	—	
12	解除合同	—	—	
13	保险关系转移	—	—	
14	保单借款	—	—	
15	续期交费通知	—		
16	保费抵交	—		
17	保费自动垫交	—		
18	交费方式变更	—		
19	授权账号变更或撤销	—	—	
20	减保	—	—	
21	保额增加权益	—		

续表

序号	保全服务项目	保险公司提供服务的时间		
		保险期限内		年金给付期内
		交费期限内	非交费期限内	
22	减额交清	—		
23	可转换权益	—	—	
24	合同效力恢复（复效）	—	—	
25	利差返还	—	—	—
26	红利给付			
27	生存金领取通知	—	—	
28	年金领取方式变更	—	—	
29	年金领取年龄变更		—	
30	犹豫期撤单	投保人签收合同的10天内		

四、保全业务的一般作业流程

合同保全是对保险合同效力的维护。保险公司一般经过客户申请、受理初审、经办、复核、单证缮制与清分、日结、归档六个处理阶段。如图6-11所示。

（一）客户申请

客户申请是指客户就其投保的保险合同，向保险公司提出变更合同内容、变更通信地址、变更住所或联系电话、解除保险合同等愿望或请求，并按合同约定提交相关资料的过程。客户申请既是客户向保险公司请求服务的过程，也是合同保全服务的开始。

（二）受理初审

受理初审是指保险公司保全人员根据客户提交的申请书和相关资料，判断客户是否有申请权利，申请书填写是否完整、清晰，递交资料是否齐全等，以决定是否受理客户申请的过程。保全人员在受理客户申请时，最重要的是要全面、真实、准确地了解客户意图，这是做好合同保全服务的基础。

（三）经办

经办是指保全人员录入客户申请资料，并根据客户申请进行保险合同变更处理的过程。经办是合同保全服务的关键环节，保全人员不仅要检查客户提交资料是否与系统数据一致，还要保证经办过程是否符合合同约定和公司的保全规定。

图6-11 保全业务流程图

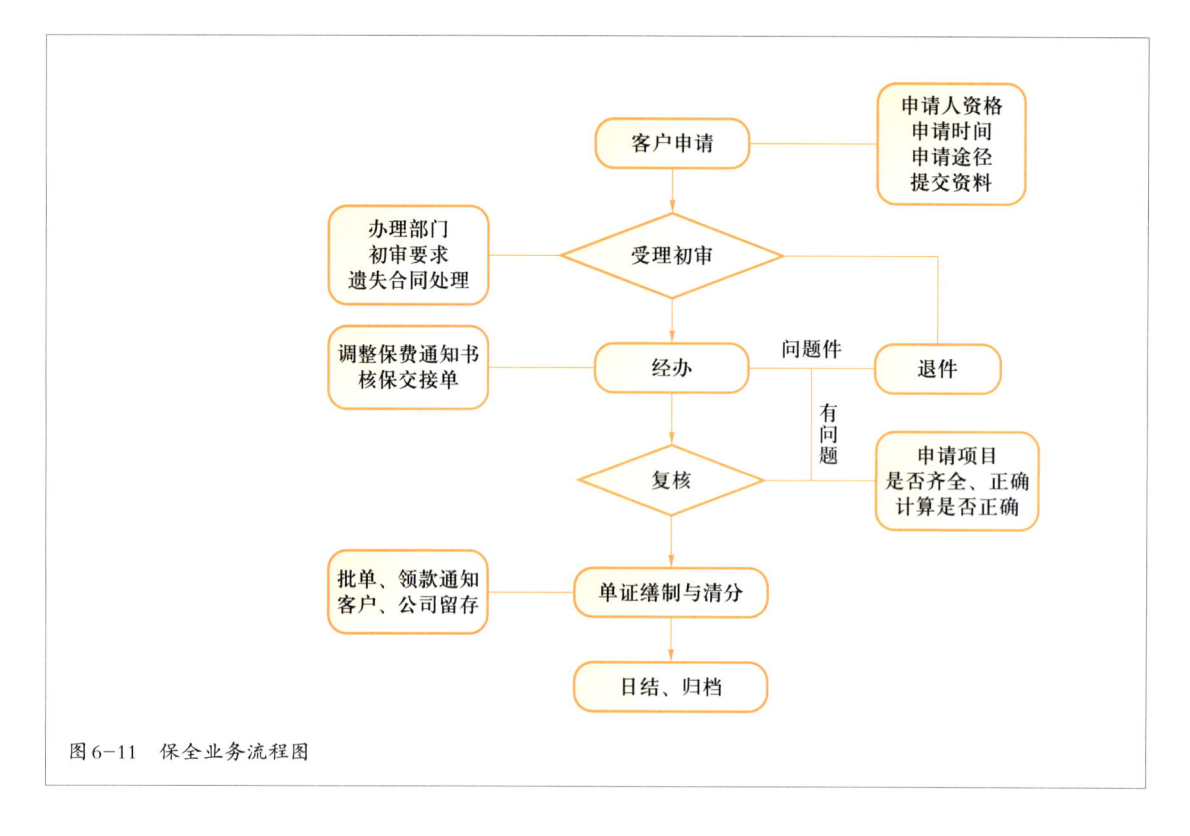

(四)复核

复核是指保全审核人员通过核查客户提交的申请资料、保全经办结果等,以决定合同变更处理结果是否准确,且合理合规,并签署审核意见的过程。复核是对经办结果的审核,同时也是对经办人员处理时效的监督。

(五)单证缮制与清分

单证缮制与清分是指经办处理意见经审核通过后,由保全人员制作批单或打印批注,并将变更后的保险合同按营业单位分类、整理后送交业务员的过程。批单或批注是保全处理结果的书面反映,将是保险合同的理赔依据。保全人员在制作过程中需仔细审核批单的打印、盖章、粘贴、清分等每一道工序,确保正确无误。

(六)日结、归档

日结、归档是指保全人员每日营业终了,核对、整理当日保全处理资料,打印保全业务处理清单。并定期将整理好的客户资料与业务处理资料随同归档清单送交档案保管部门的过程。日结与归档是合同保全服务的终结,保全资料应及时整理、分类归档。做到资料完整、保存有序、查询有据。

延伸阅读

保单复效业务处理

1. 复效保全业务的申请

保单复效保全业务的申请人为投保人，投保人申请时需填写保险合同变更申请书，注明原先失效的保单号、投保险种名称、缴费标准及最后一次缴费日期等信息，提供原保单正本、最后一次缴费收据、健康告知书（须经投保人、被保险人签字）和其他文件，并提交相关资料。

2. 复效保全业务的受理初审

由保全经办岗确认申请人是否具有资格，确认申请时间是否有效；检查申请资料是否齐全，填写是否正确；查验相关人员的身份证件；查询保险合同状态，并根据保全申请的保险合同号查询保险合同当前状态，决定是否受理客户申请。有问题件的做退件处理。初审通过后，保全人员按客户申请的保全项目要求收取相关资料，出具资料交接凭证，并盖章、签名。

保全资料交接凭证一式三联，一联保险公司留存，一联业务员留存（如果客户通过业务员办理），一联客户留存，作为客户领回保险合同及相关资料的凭证。

中邮人寿保险股份有限公司
CHINA POST LIFE INSURANCE COMPANY LIMITED

保全资料交接凭证

保险单号	1. _____ 2. _____ 3. _____	
申请人	□投保人 □被保险人 □受托人 □其他 _____	
申请事项	□犹豫期撤单 □退保 □合同信息变更 □复效 □生存领取 □补发保险合同 □保险单迁移 □保险单质押借款/还款 □其他 _____	共二联 第一联 公司联
交接资料	□保险合同 □保险合同变更申请书 □保险单质押借款申请书 □首期交费凭证 □授权委托书 □投保人身份证件复印件 □被保险人身份证件复印件 □受托人身份证件复印件 □银行卡折复印件 □遗失责任声明书 □	
	共计 ____ 件 ____ 页	
申请人签名：	代理机构/保险公司经办人签名：	
日期： 年 月 日	日期： 年 月 日	
申请人联系电话：	经办机构签章：	

注：本交接凭证中未列资料，请在交接资料栏中手工填写资料名称。本凭证一式二联，客户、代理机构或保险公司各一联。

3. 复效保全业务的经办

（1）保全经办岗核对变更申请书上的有关信息，在业务系统保全模块中按照复效申请的相关信息进行录入，判断是否已失效两年以上，两年以上的做退件处理。

（2）保全经办人员在录入基本信息后，将相关资料交核保部门对投保人的健康状况进行核保。

（3）核保部门出具书面的核保意见。如核保通过，则保全经办岗人工输入相应的利率（为保单的条款规定的利率），由系统自动计算应补缴利息，生成暂存数据。

（4）保全经办人员根据核保意见，生成暂时的批单内容。同意恢复或有条件恢复合同效力的，生成合同变更建议书批单内容；核保意见拒绝恢复申请的，生成拒绝复效通知书批单内容。

4. 复核

检查客户提交资料，审核经办内容。如检查通过，则做确认标志。如果检查不通过，属于经办错误的，退经办人员重新处理。属于拒绝客户申请的，注明原因后退件。

5. 单证的缮制与流转

（1）保全经办人员根据复核结果打印应补缴保费和相关利息的付款通知书交投保人付款。投保人持付款通知书到业务出纳处补交保险本金及利息。

（2）业务出纳核对付款通知书和投保人身份，并接受付款，打印保险费收据，一式三联，盖章后一联交投保人存执，一联返回保全经办岗留底存档，一联留存，作日结凭证。

（3）保全经办人员收到业务出纳开具的保险费收据后，进行复效确认变更提交，打印合同变更建议书，交投保人签字认可保险公司的处理意见；打印变更批单，一式两份，一份粘贴在保单正本上，加盖骑缝章，交还投保人；另一份连同保费发票业务联和复效申请书等一起归档。

（4）将保险合同状态置为"有效"。

6. 每日业务结束，打印合同效力恢复清单

模块练习

一、单选题

1. 保险客户服务中，保险人为客户提供的客户保全、保险赔付等服务活动属于（　　）。

  A. 售前服务   B. 售中服务

  C. 附加服务   D. 售后服务

2. 寿险保单在失效状态下可以办理（　　）业务。

　　A. 保单贷款　　　　　　　B. 复效

　　C. 受益人变更　　　　　　D. 保单迁移

3. 保险客户服务体现在公司经营的各个方面，根据客户签订合同的整个流程，可将保险客户服务分为售前服务、（　　）、售后服务。

　　A. 保单贷款　　　　　　　B. 复效

　　C. 售中服务　　　　　　　D. 保单迁移

4. 下列不是保全业务中需要审核的内容的是（　　）。

　　A. 投保人是否按期缴纳保险费

　　B. 申请人是否具有资格

　　C. 申请时间是否有效

　　D. 产品是否符合客户投保需求

5. 保单（　　）是指保险合同所约定的保险期限已届满，保险合同自然终止。在此状态下，保险公司不受理任何保全申请。

　　A. 退保状态　　　　　　　B. 延期状态

　　C. 终止状态　　　　　　　D. 标准状态

二、判断题

1. 对于非趸缴保单，投保人因各种原因而欠缴保费，在超过约定的宽限期（一般为90天）后，保单处于失去效力状态。（　　）

2. 售后服务作为客户服务的重要组成部分，其质量的好坏决定了客户服务的成效。（　　）

3. 在保单失效状态下，保险公司可接受投保人在失效三年内提出的复效申请。（　　）

4. 在退保状态下，保险公司不受理任何保全申请。（　　）

5. 合同保全是对保险合同效力的维护，保险公司一般经过客户申请、受理初审、经办、复核、单证缮制与清分和日结、归档六个处理阶段。（　　）

模块六　保险资金运用

任务　认识保险投资

【任务情景】

湖南省地方金融监督管理局于2012年启动保险资金投资的"险资入湘"

项目，有力拓宽了融资渠道。近几年来，保险资金通过信托、债权计划、投资不动产等途径，在湖南省交通、能源、环保、市政行业、保障房和棚户区改造等项目融资上发挥了重要作用，落地资金达410.3亿元。湖南省政府还与国寿、太保、泰康、太平等保险集团建立战略合作关系，在保险业务创新、保险资金运用、支持湘企融资等方面积极合作。

请问：保险公司投资的方式是什么？投资的资金从何而来？还要哪些其他的投资方式？

【知识平台】

一、保险投资的概念

保险投资指保险企业在日常经营管理和组织经济补偿过程中，将积聚的各种保险资金加以运用，使其保值和增值的一种资金运用活动。保险资金的合理运用能增加收入、提高赔付能力，使保险资金进入良性循环的轨道。

二、保险投资的原则

保险投资是保险公司通过将其闲置资金进行合理运用实现资产保值增值的重要途径。在保险投资过程中要遵循安全性、收益性、流动性原则，简称"三性"原则。

（一）安全性原则

安全性是指要确保保险投资的所有资产可实现价值不少于保险公司总负债的价值，即能够保证保险投资资金的返还。对保险公司而言，保险公司的利润或盈余不能简单地认为是保险费收入与保险赔偿的差额，由保险费收入所形成的保险资金是保险人对投保人的负债。如果保险公司投资失败，就会影响保险公司的偿付能力。所以在保险投资过程中一定要遵循安全性原则。安全性原则是保险投资的最基本原则。

（二）收益性原则

收益性是指保险公司从事保险投资活动获取投资收益的能力。收益性原则要求保险资金运用应获得最大的使用效果。获得最大的资金运用收益是保险公司资金运用的主要目的。

（三）流动性原则

流动性是指在不损失资产价值的前提下投入资金的变现能力。由于保险期限内保险事故的发生具有随机性，为随时满足保险赔偿和给付的需要，保险投资必须具有较强的流动性。

三、保险投资资金来源

我国《保险资金运用管理办法》第3条明确指出："……保险资金，是指保险集团（控股）公司、保险公司以本外币计价的资本金、公积金、未分配利润、各项准备金以及其他资金。"

（一）资本金

资本金是指成立保险公司时由股东认缴的股金或由政府拨款的金额，以及个人拥有的实际资本。

（二）责任准备金

责任准备金是指保险公司为保障被保险人的利益，从收取的保费中按期和按一定比例提留的资金，属于保险公司的负债。主要的类别有：未到期责任准备金、未决赔款准备金、长期准备金等。

（三）公积金

公积金是保险公司的自有资金，是从保险公司的税后利润中提取的，用于预防因巨额损失赔付而累积的资金。

（四）其他资金

通常包括保留盈余以及结算中形成的短期负债等资金。

四、保险资金的运用形式

（一）银行存款

保险资金存入银行等金融机构的安全性和流动性都较高，但收益率相对较低。从国外保险公司的投资实践看，银行存款不是主要的投资形式。保险公司通常运用银行存款作为正常赔付或寿险保单期满给付的支付准备，以及临时性的机动资金准备，而不是作为获取投资收益的投资形式。

（二）债券

包括政府债券、金融债券和公司债券。政府债券包括国家和地方政府发行的公债，定期偿还本金和支付预定利息，信用等级高，并有税收优惠。金融债券是由金融机构（主要是银行）发行的债券。公司债券是公司为筹集资金而发行的债务凭证。一般来说，债券的违约风险较低、流动性较高的特点使其成为合适的保险投资工具。各国保险公司都将它作为较重要的投资工具。但必须看到，债券投资存在着利率风险、信用风险和流动性风险。

（三）股票

股票是一种高风险、高收益、高流动性的金融资产。国外的保险资金运用中，股票一般占有较高的比例。

(四)证券投资基金

证券投资基金是指通过发行基金证券集中投资者的资金,交由专家从事股票、债券等金融工具的投资。但它与股票市场一样,也存在着系统性风险和非系统性风险。

(五)抵押贷款

抵押贷款包括不动产抵押贷款、有价证券质押贷款和银行担保贷款等。选择恰当的抵押贷款种类可使保险公司获得较安全、稳定的收益。国外一些保险公司对住宅楼宇长期抵押贷款往往采取分期偿还、本金递减的方式,收益较为理想。

(六)不动产

投资于不动产是指保险资金用于购买土地、建筑物或修建住宅、商业建筑、基础设施的投资。不动产投资具有占用资金量大、投资期限长的特点,是比较适合于寿险资金运用的一种投资方式,收益一般较高,但流动性差。但投资期限长将难以预期经济形势和宏观政策变化对投资于不动产的影响,因此,这种投资形式存在着价格风险。各国保险立法对投资于不动产有严格的比例限制。

我国《保险法》第106条规定:"保险公司的资金运用必须稳健,遵循安全性原则。保险公司的资金运用限于下列形式:(一)银行存款;(二)买卖债券、股票、证券投资基金份额等有价证券;(三)投资不动产;(四)国务院规定的其他资金运用形式。保险公司资金运用的具体管理办法,由国务院保险监督管理机构依照前两款的规定制定。"

我国《保险资金运用管理办法》于2018年4月1日起正式实施。旨在规范保险资金运用行为,防范保险资金运用风险,保护保险当事人合法权益,维护保险市场秩序。该办法明确规定保险资金运用应当坚持独立运作,保险集团(控股)公司、保险公司的股东不得违法违规干预保险资金运用工作。

> **延伸阅读**
>
> 我国保险资金运用改革发展40年:回顾与展望
>
> 改革开放的40年,也是保险业从复业到发展、从弱小到强大的40年。当前,中国已经成为仅次于美国的世界第二大保险市场,中国保险业市场体系不断完善,风险管理和保障功能日益发挥。伴随保险业的改革发展创新,保险资金运用同样经历了一条不平凡的发展道路。进入新时代,保险资金运用必将更好地发挥优势和能力,更好地支持保险主业,更好地服务经济高质量发展和人民美好生活。
>
> ——中国银保监会资金运用监管部 任春生

回首历史,保险资金运用经历了20世纪80年代到90年代中期的混乱阶段,迎来了1995年《保险法》颁布后的逐步正规化和专业化,经受住了2008年全球金融危机的考验,同时也面对了2016年激进发展带来的问题。在每一个重要关口,保险资金运用能够不断适应形势变化,持续全面深化改革开放,不忘初心、砥砺前行,确保行稳致远。1979年保险业复业至今,保险资金运用经历以下四个重要的发展阶段。

(一)第一阶段是"探索起步"时期(1980年至2003年)

80年代至90年代中期,保险资金运用刚刚起步,分散在总公司、分公司和各级机构,投资业务简单粗放,人员参差不齐,投资领域没有限制,市场混乱无序,积累了大量不良资产。1995年,《中华人民共和国保险法》出台,严格将保险资金投资范围限定在银行存款、国债和金融债等领域,保险资金运用由大乱转为大治,安全性为上,但同时也带来投资渠道单一、投资能力低下、体制机制滞后等问题。

(二)第二阶段是"拓渠道和严管控"时期(2003年至2012年)

2003年7月,首家保险资产管理公司成立,标志着保险资金运用开启集中化、专业化运作。此后,股票、企业债、未上市股权、不动产等投资渠道陆续放开。2008年全球金融危机爆发,金融市场大幅波动,保险资金运用风险加大,监管部门实施一系列严格管控风险的监管措施。

(三)第三阶段是"市场化改革"时期(2012年至2017年)

2012年,一方面我国金融市场创新发展提速,另一方面保险机构自主发展动力不足,市场竞争力较弱,投资收益率持续偏低。在此背景下,保险资金运用市场化改革启动,"放开前端、管住后端",进一步拓宽投资范围和领域,把更多决策权、选择权和风险责任交给市场主体。在此期间,行业规模快速增长,市场活力明显增强,但行业所面临的内外部风险形势日趋复杂。

(四)第四阶段是"规范发展和严监管"时期(2017年至今)

深刻反思过去一个时期个别保险机构激进经营和激进投资问题,坚决打击乱象,切实防范风险,及时弥补监管短板和风险漏洞。深入贯彻落实全国第五次金融工作会议精神,紧紧围绕服务实体经济、防控金融风险、深化金融改革三项任务,不断加强和改进保险资金运用监管工作,保持保险资金运用稳健有序发展。

资料来源:任春生.我国保险资金运用改革发展40年:回顾与展望.保险研究,2018(12).

模块练习

一、单选题

1. 保险投资指保险企业在日常经营管理和组织经济补偿过程中，将积聚的各种（　　）加以运用，使其保值和增值的一种资金运用活动。
   A. 保险资金　　　　　　B. 成本费用
   C. 营业费用　　　　　　D. 保险费

2. 保险资金存入（　　）等金融机构的安全性和流动性都较高，但收益率相对较低。
   A. 股票市场　　　　　　B. 银行
   C. 房地产市场　　　　　D. 基金公司

3. 以下不属于保险投资的原则的是（　　）。
   A. 安全性　　　　　　　B. 收益性
   C. 流动性　　　　　　　D. 高回报性

4. 保险资金的运用形式不包括（　　）。
   A. 动产投资　　　　　　B. 股票投资
   C. 不动产投资　　　　　D. 政府债券投资

5. （　　）是指保险公司为保障被保险人的利益，从收取的保费中按期和按一定比例提留的资金。
   A. 公积金　　　　　　　B. 责任准备金
   C. 证券基金　　　　　　D. 资本金

二、判断题

1. 银行存款一直是保险资金追求收益的良好选择。（　　）

2. 证券投资基金是指通过发行基金证券集中投资者的资金，交由专家从事股票、债券等金融工具的投资。（　　）

3. 流动性是指在不损失资产价值的前提下投入资金的变现能力。（　　）

4. 保险资金的合理运用能增加收入、提高赔付能力，使保险资金进入良性循环的轨道。（　　）

5. 不动产投资具有占用资金量大、投资期限长的特点，是比较适合于财险资金的一种投资方式。（　　）

专业能力训练

◆ 思考讨论

1. 被保险人陈香兰，女，55周岁，农村家庭妇女，丈夫已身故。投保单中健康告知无异常，家族史异常。投保人赵玲，是陈香兰的女儿，职业为农民，家庭年收入约3万元，之前无任何投保经历。投保单中指定受益人为赵玲，年交保费6 100元。

投保计划：（1）泰康人寿世纪长乐终身保险（分红型），保额10万元，附加意外伤害保险，保额10万元；（2）泰康人寿吉祥相伴定期保险，保额10万元。

请讨论业务员通过展业接触进行第一次风险选择的过程。

2. 王先生早在2002年为自己投保了太平洋寿险公司的太平盛世·万全终身重大疾病保险附加意外伤害保险，同时给6岁的儿子投保了少儿乐两全保险一份，年交保费共5 320元。2016年王先生的工作地点由湖南湘潭市变动到了广东珠海市。

请分析由于地址变更，应如何正确处理两份保单？

◆ 综合实训

1. 实训项目：保险展业综合演练

实训资料：

你的一个客户刘先生把你介绍给他的老同学张先生，但客户刘先生并不愿意让你提及他的名字。张先生是一家大型酒店的客房部经理，已经结婚，爱人是公务员，有一个儿子，家庭年收入有20万元左右。但他之前没有打算购买保险，也没有什么兴趣，你想给他推销公司的主打产品某分红型保险。保险业务员按保险展业流程将保险产品推销给客户。

实训要求：

（1）分组演练保险销售电话约访。请按照电话约访的流程和注意事项对客户进行约访，让客户同意与你面谈，并约定具体见面时间和地点。

若在电话约访中遇到了以下拒绝问题：① 我很忙，没有时间；② 你就在电话里跟我讲吧；③ 只要你把资料寄给我就行了；④ 我对保险没有兴趣。请做出拒绝处理。

（2）分组演练保险销售面谈。你与张先生已经约访成功，约好到办公室面谈，但他之前对保险不感兴趣，也没有打算购买。请通过销售面谈，改变张先生对保险的看法，激发张先生购买保险的兴趣，同时根据张先生的具体情况设计一份保险计划。

若在销售面谈中遇到以下拒绝问题：① 对不起，现在是办公时间，不能接待你；② 保险都是骗人的；③ 我不需要买保险；④ 我的钱有其他用途，不想买你们的保险。请进行异议处理。

（3）分组演练保险销售促成。通过面谈，张先生已经有了购买保险的意愿，同意你帮他设计一份保险计划，张先生希望年交保费不超过5 000元，但你的保险计划的总保费支出为10 000元。在经过再次约访成功后，请利用这次机会进行保险促成签单。

若在促成中遇到以下拒绝问题：① 我等下个月再买；② 以前没有保险都过了，现在不买也一样过；③ 我要再考虑考虑；④ 留下资料，我看过再与你联系。请对异议进行处理。

（4）分组演练保险客户转介绍。通过你的努力，张先生已成功签约一份保险计划，你到他家递送保单，请利用递送保单的机会要求转介绍。

若在提出转介绍要求时，张先生表示不太愿意，提出了以下拒绝原因：① 不要……不太好吧；② 保险是我个人的事，这不需要我的朋友知道；③ 我的朋友对保险可能有忌讳；④ 我想先问朋友一下，下次再给你名单。请进行拒绝处理，请客户为你进行转介绍。

2. 实训项目：车险查勘报告的填写与赔偿计算

实训资料：

2020年9月20日，被保险人彭苗驾驶车辆湘ABF0014（虚拟信息）至长沙市青山祠（地址：白沙路劳动西路路口西259米，裕景大厦附近）东向北行驶，因疏忽撞上一辆南向北行驶牌号为湘AG1234（虚拟信息）的雪铁龙轿车，彭苗的车前面受损，对方车前部受损，无人员伤亡。经交警判定彭苗的车负全责，两车修理费用由彭苗负责。本车（湘ABF0014）损失核定为2 250元，三责车（湘AG1234）损失核定为2 500元。填写车险查勘报告与赔偿计算书。

实训要求：

（1）审核车辆保险报案记录代抄单（见表6-7）。

（2）填写车险查勘报告书（见表6-8）。

（3）车险赔偿计算（见表6-9）。

表6-7　机动车辆保险报案记录（代抄单）

报案号：60501******0000044896

交强险保单号：805072******1980000123	商业险保单号：80501******1980000123
交强险承保公司：	保险期限：2019-10-20—2020-10-19
厂牌型号：中顺SZ***355轻型客车	号牌号码：湘ABF0014
报案人：彭苗	被保险人姓名：彭苗
报案人与被保险人的关系：	报案方式：□9551×电话　□柜台　□电报传真　□信函　□交警　□网上　□电话　□上门　□传真　□电子邮件　☑其他
驾驶员姓名：彭苗　　准驾车型：	驾驶员号码：
出险时间：2020-09-20　9：00：00	出险原因：碰撞
出险地点：长沙市青山祠（地址：白沙路劳动西路路口以西259米，裕景大厦附近）	出险区域：☑市内　□市外　□省内　□省外　□港澳　□乡村边道　☑中国境外　□其他
出险地点分类：□高速公路　□省道　□国道　□普通公路　□城市道路　□乡村边道　□场院　□渡口　☑其他	
是否是第一现场报案：☑是□否	伤亡人员：□第三者（伤0人，亡0人）　☑车上人员（伤0人，亡0人）
事故处理部门：☑交警　□派出所　□消防部门　□保险公司　□自行处理　□其他	
出险经过及损失情况：2020年9月20日，被保险人彭苗驾驶本车辆（湘ABF0014）至长沙市青山祠（地址：白沙路劳动西路路口以西259米，裕景大厦附近）东向北行驶撞上一辆南向北行驶牌号为湘AG123的雪铁龙轿车，本车前面受损，对方车前部受损，无人员伤亡。	

	序号	承保险种（代码）	保险金额/责任金额	序号	承保险种（代码）	保险金额/责任金额
保险基本信息	1	交强险	200 000.00		机动车损失保险	46 800.00
	3	第三者责任险B	100 000.000		车上人员责任险（驾驶员）D11	100 000.00
	5	车上人员责任险（乘客）D12	50 000.00			
	特别约定	未投保指定专修厂条款，保险车辆未投保指定专修厂特约条款，机动车辆损失险出现后到专修厂修理的，被保险人自行承担专修厂与非专修厂定损价格差额部分，使用性质特别约定家庭自用及非营业车辆如从事营业性运输，发生事故，本公司不负责赔偿。协议正文：发生保险事故，请被保险人保护好现场并及时向9551×报案，请被保险人妻子参与办理索赔，我公司不受理汽车修理厂等机构的代理索赔					

收集本车及三责车被保险人及车辆信息：（以下身份信息均为虚拟信息）

身份证与行驶证样本

样本一

姓名：彭苗
性别：男　民族：汉
出生：1982年10月24日
住址：长沙市天心区中豹塘路260号

公民身份号码：430104198210241513

中华人民共和国机动车行驶证

车牌号码　湘ABF0014　车辆类型　小型轿车
所有人　彭　苗
地址　长沙市天心区中豹塘路260号
使用性质　非营业　车牌型号　中顺SZ650355轻型客车

湖南省长沙市公安局交通警察支队

车辆识别码　LDC2CC32P46J008420
发动机号码　824048
登记日期　2009-05-20　发证日期　2009-05-21

中华人民共和国居民身份证

签发机关　长沙市天心区公安局
有效日期　2006.8.21~2026.8.21

号牌号码　湘ABF0014　档案编号
核定载人数　6人　总重量　2285kg
整备质量　1670kg　核定载质量
外部尺寸　5070×1700×2066　准牵引总质量
备注
检验记录

样本二

姓名：罗桂英
性别：女　民族：汉
出生：1974年11月12日
住址：长沙市雨花区井圭路234号

公民身份号码：430123197411120348

中华人民共和国机动车行驶证

车牌号码　湘AG1234　车辆类型　小型轿车
所有人　罗桂英
地址　长沙市雨花区井圭路234号
使用性质　非营业　车牌型号　东风雪铁龙牌DC7163DD

湖南省长沙市公安局交通警察支队

车辆识别码　LDC1032C368080933
发动机号码　9516238
登记日期　2008-09-14　发证日期　2008-09-15

中华人民共和国居民身份证

签发机关　长沙市雨花区公安局
有效日期　2005.11.21~2025.11.21

号牌号码湘　AG1234　档案编号
核定载人数　5人　总重量　1525kg
整备质量　1156kg　核定载质量
外部尺寸　4367×1768×1431　准牵引总质量
备注
检验记录

表6-8　车险查勘报告书

被保险人		驾驶证号码	
发动机号码		车型	
保单号码		险别	
保险金额		出险地点	
保险期限		出险日期	
出险原因经过：			
损失情况：			
查勘处理意见：			

查勘日期：____年____月____日　　　　　保险人：　　　　　查勘人：

表6-9　×××财产股份有限公司机动车辆保险赔款计算书

承保公司（签章）

被保险人				责任交强险赔偿情况	
商业保险单号		交强险保单号		医疗费用赔偿限额	
厂牌型号		号牌号码		死亡伤残赔偿限额	
新车购置价		事故责任		财产损失赔偿限额	
出险原因		责任免赔率		责任比例	
出险时间		绝对免赔率		赔偿比例	
指定驾驶员		绝对免赔额		赔案类别	
出险驾驶员		出险地点			
行驶区域		出险区域类别			

续表

事故处理部门		人员伤亡情况		
损失程度		保险期限		
分险种赔款计算公式				
已预付次数		已预付金额：　　元		损余物资/残值金额：　元
检验费		代查勘费：　　元		诉讼、仲裁费：　元
查勘费		公估费：　　元		其他费用：　元
本次实付赔款（人民币大写）：				
赔款总计（人民币大些）：				
初级核赔人员意见： 年　　月　　日		中级核赔人员意见： 年　　月　　日		高级核赔人员意见： 年　　月　　日
备注：				
上级审核意见：				

理算员：　　　　　　　　　　　　　　　　　　　打印日期：　年　月　日

项目七 互联网保险

学习目标

【知识目标】

- 掌握互联网保险的概念，理解互联网保险的特征
- 理解互联网保险产品的特征，熟悉互联网保险产品的种类
- 熟悉互联网保险的不同模式和特点
- 理解互联网环境下，保险科技的发展对保险产品定价、保险承保和理赔的影响

【技能目标】

- 能辨析和解读互联网保险产品

【素养目标】

- 通过互联网保险发展和前景的学习，引导学生树立对职业的美好愿景与职业自信

【知识结构】

```
                              ┌── 任务一  初识互联网保险
              ┌── 模块一 认识互联网保险 ── 任务二  了解互联网保险的商业模式
              │               └── 任务三  解读互联网保险产品
项目七 互联网保险 ┤
              │                         ┌── 任务一  互联网环境下的保险产品定价
              └── 模块二 互联网环境下保险 ── 任务二  互联网环境下的保险承保
                       公司的运营         └── 任务三  互联网环境下的保险理赔
```

案例导读 智能机器人从投保到理赔全程无纸化操作

Lemonade Insurance Company（柠檬水财险）是一家2016年9月成立于纽约的财产保险公司，主要为房屋、公寓、合作产权公寓和独立单位公寓的房东和租户提供财产保险。Lemonade的母公司Lemonade.Inc于2015年12月获得红杉资本和Aleph1.3亿美元的种子轮融资；2016年8月公司获得3.4亿美元的B轮融资，由美国著名风投机构General Catalyst领投，Thrive Capital、Tusk Ventures和谷歌风投跟投；2017年12月公司获得日本软银集团12亿美元C轮融资。

Lemonade之所以受到知名风投机构的密切关注和高度认可，在于其将人工智能及其背后的机器学习与保险流程深度结合，从而让保险变得简单、透明和高效。投保方面，Lemonade基本实现无中介和无纸化操作，直达C端。客户可以利用计算机或移动终端的应用软件，通过与智能机器人聊天，回答一系列简单的问题，即可完成投保。

从注册到支付保费，一般客户只需2～3分钟即可完成；承保方面，为了控制风险，降低损失比率，Lemonade借助深度学习技术，对投保单进行甄别，拒绝部分高风险的投保单，仅2017年该平台就拒绝了价值超过千万美元的业务；理赔方面，Lemonade需要客户上传一段视频，说明财产遗失或者损坏的情况。智能机器人通过算法进行核对保单以及反欺诈核查后，决定是否赔付。2016年，一位客户通过移动终端报案，对一套丢失的外套进行索赔，在回答几个问题之后，Lemonade理赔机器人仅三秒便通过审核，进而完成了赔款程序，创造了世界纪录。

　　Lemonade一改保险行业过去广为诟病的理赔难、不透明和效率低等问题，利用人工智能背后的深度学习技术，改善保险经营环节，从而带来了优质的客户体验，快速占领了保险细分市场。2018年Lemonade实现营业收入5.7亿美元，客户数量达到425 000人，其中75%的客户不到35岁，90%的客户是第一次购买房屋财产保险。由此可见，其轻便、高效、省心省时的保险操作流程获得了年轻群体的喜爱以及风险资本的青睐。

　　资料来源：http://chsh.sinoins.com/2019-05/28/content_292612.htm.

【项目概述】

　　2014年8月10日国务院印发的《关于加快发展现代保险服务业的若干意见》（简称"新国十条"）中明确指出："支持保险公司积极运用网络、云计算、大数据、移动互联网等新技术促进保险业销售渠道和服务模式创新。"同时，互联网成本低、覆盖面广等自然属性也决定了互联网保险将成为保险公司实现跨越式发展的重头戏。在上述因素的刺激下，我国互联网保险迅猛发展。在互联网、大数据、人工智能等技术的快速发展下，不论是传统保险公司还是新型互联网保险公司，都力求在新技术的驱动下，优化保险经营流程，改善客户在保险报价、承保和理赔等过程中的体验，让保险变得简单、透明、高效。

模块一　认识互联网保险

任务一　初识互联网保险

【任务情景】

　　"0元加入，先享保障；一人生病，众人均摊；30万保障，帮一个家。"2018年11月，支付宝上线的一款名为"相互保"的互联网保险突然走红。这款产品由蚂蚁保险和相互制人寿保险机构——信美相互一起推出。在上线不到半个月的时间里，用户数就突破1 300万。

　　刘小姐在网络上查询保险产品信息时也注意到了相互保。和许多投保人一样，刘小姐感到疑惑：0元加入真的保险吗？什么是互联网保险，与传统保险相比有何区别？

【知识平台】

一、互联网保险的含义

目前，我国对互联网保险没有形成一个统一的定义。2014年，保险业协会编著的《互联网保险行业发展报告》中将互联网保险界定为："互联网保险是指保险企业或保险中介机构通过互联网为客户提供产品及服务信息，实现网上投保、承保、核保、保全和理赔等保险业务，完成保险产品的在线销售及服务，并通过第三方机构实现保险相关费用的电子支付等经营管理活动。"2020年12月7日，中国银保监会发布《互联网保险业务监管办法》，该办法将互联网保险业务定义为："保险机构依托互联网订立保险合同、提供保险服务的保险经营活动。"不管如何定义互联网保险，对互联网保险含义的理解均需要从以下几个角度出发：

（1）在线销售保险产品。即借助网络平台展示和销售保险产品，这时的互联网保险可以理解为保险公司的销售渠道。

（2）在线经营保险业务。在线经营保险业务，将保险产品信息展示、承保、客户服务和理赔等业务网络化，代替传统电话服务和纸质服务。

（3）使用互联网技术和互联网思维经营管理保险企业。保险企业在互联网思维背景下制定相关经营战略，建立全新的经营体系，将开放和协作等互联网精神贯穿于保险经营管理的全过程中，为客户提供更满意的服务。

以上关于互联网保险含义的不同界定代表了我国互联网保险发展的不同阶段和互联网环境下不同保险业务模式的创新。

二、互联网保险的特征

互联网保险作为互联网与保险的结合体，既有传统保险的一些共同点，又具有互联网的一些特点。正是互联网保险自身的这些特点构筑了互联网保险独一无二的优势，促进了互联网保险的爆炸式增长。

（一）虚拟性

互联网保险中不存在面对面式的柜台交易，而是将交易以电子商务的形式在网上完成，这跟传统保险的人员销售和理赔完全不同。互联网保险的咨询、投保、承保等若干环节在互联网上实现，保险活动的往来体现为数字化的虚拟性特征，这在很大程度上降低了保险机构的运作成本。

（二）时效性

互联网的普及使得人们生活和工作效率极大提高，而移动互联网的发展则使人们能够随时随地处理公私事务。这些习惯使人们逐渐地不依赖于线下实体店以及正常营业时间。互联网保险同时免去了代理人和经纪人等中介环节，大大缩短了投保、承保、保费支付和保险金支付等进程，提高了销售、管理和理赔的效率，规模经济更加突出。

（三）交互性

互联网保险拉近了保险公司与客户之间的距离，增强了双方的交互式信息交流。客户可以方便快捷地从保险服务系统获得公司背景和具体险种的详细情况，还可以自由选择、对比保险公司产品，全程参与到保单服务中来。通过保险公司和客户的这种交互式信息交流，客户随时可以提出自己的意见，甚至间接参与保险产品的设计。而且在投保后轻松获得在线保单变更、报案、查询理赔状况、保单验真、续保、管理保单的服务，互联网保险能够切实体现客户为中心的服务理念。

（四）风险性

互联网本身具有风险性，使互联网保险本身体现出不同于传统保险的风险性特征。互联网发展进步的前提必须是安全性得到可靠的保障。客户信息安全、账户安全、交易安全以及系统运行安全等是互联网保险发展中必须慎重解决的重大问题。

三、我国互联网保险的总体情况

（一）政策保障促进互联网保险业务的发展

互联网保险是信息化时代下的新生事物。近年来，国家层面的政策支持给予了互联网保险快速发展的空间。为促使互联网保险更快更好地健康发展，2011—2020年，国务院及有关部门相继出台了一系列部门规章，一方面鼓励互联网保险的创新发展，另一方面坚持防范风险，坚持底线，根据互联网保险业务的特点，明晰监管规则。总体而言，原保监会早期监管一直坚持鼓励创新、防范风险、保护消费者权益的基本原则，这为我国互联网保险产品创新提供了极大的政策支持，也是我国互联网保险在短短20年中快速发展的重要原因之一。表7-1是近年来监管部门发布的有关互联网保险的相关法律法规。

表7-1　互联网保险相关监管法规

监管部门	发文时间	监管法规	相关内容
全国人大常委会	2004-08-28	中华人民共和国电子签名法	电子签名与手写签名或印章具有同等法律效力
原保监会	2011-08-18	中国保险业发展"十二五"规划纲要	大力发展保险电子商务，推动电子保单以及移动互联网、云计算等新技术的创新效用

续表

监管部门	发文时间	监管法规	相关内容
原保监会	2011-09-11	保险代理、经纪公司互联网保险业务监管办法（试行）	促进保险代理、经纪公司互联网保险业务规范、健康、有序发展，切实保护投保人、被保险人和受益人的利益
	2012-05-16	关于提示互联网保险业务风险的公告	强调除保险公司、保险代理公司、保险经纪公司外，其他单位和个人不得擅自开展互联网保险业务
	2013-09-03	关于网络保险公司开业验收有关问题的通知	针对专业网络保险公司开业验收制定了有关补充条件
	2015-07-27	互联网保险监管业务暂行办法	对互联网保险发展的经营主体、经营范围、门槛等做出了明确规定
	2015-11-03	保险小额理赔服务指引（试行）	推行单证电子化。要求保险公司建立健全营业网点、电话、互联网等多样化服务渠道
	2016-10-13	互联网保险风险专项治理工作实施方案	规范互联网保险经营模式，优化市场发展环境，完善监管制度规则，实现创新与防范风险并重，重点整治互联网高现金价值业务、保险机构依托互联网跨界开展的业务、非法经营互联网保险业务等
	2017-07-10	保险销售行为可回溯管理暂行办法	开展互联网保险业务的保险公司、保险中介机构应依照互联网保险业务监管的有关规定开展可回溯管理
银保监会	2020-06-30	关于规范互联网销售行为可回溯管理的通知	明确互联网保险销售行为可回溯管理的定义和范围；明确销售页面和销售页面管理的定义；对保险机构互联网销售过程管理作出要求；明确可回溯内控管理；明确对融合业务和自助终端业务的管理要求，以及相关法律责任和实施时间
	2020-12-14	互联网保险业务监管办法	厘清互联网保险业务本质，明确制度适用和衔接政策；规定互联网保险业务经营要求；规范互联网保险营销宣传，规定管理要求和业务行为标准；全流程规范互联网保险售后服务，改善消费体验；按经营主体分类监管；创新完善监管政策和制度措施，做好政策实施过渡安排

（二）互联网保险业务经营主体增加，参与主体呈多元化态势

根据银保监会2020年12月14日颁布的《互联网保险业务监管办法》的规定，互联网保险业务的参与主体包括保险机构和第三方网络平台，其中保险机构指持牌保险公司与保险专业中介机构（含保险专业代理、经纪和公估机构）。同时，该办法还规定互联网保险业务的销售、承保、理赔、退保、投诉处理就客户服务等保险经营行为，应有保险机构管理负责，第三方网络平台可以为消费者和保险机构提供网络技术支持服务。

从业务模式上来看，目前市场上互联网保险业务的参与主体主要分为五类：传统保险公司、专业互联网保险公司、跨界平台型互联网保险公司、保险垂直领域互联网公司以及保险中介机构，呈现多元化发展态势。

1. 传统保险公司

中保协数据显示，截至2020年年底，行业布局互联网财产险市场的保险公司共计72家，其中开展互联网车险业务的保险公司42家，开展互联网非车险业务的保险公司70余家。

2. 专业互联网保险公司

2013年起，原保监会有序推进专业互联网保险公司试点。同年9月，由阿里巴巴、腾讯、平安等国内知名企业发起的首家互联网保险公司"众安在线"成立，是国内第一家不设线下机构、业务流程完全线上化的财产保险公司。随后陆续有泰康在线、易安保险和安心保险三家专业的互联网保险公司开业。另外，京东设立京东互联网理财保险公司，百度合资组建百安保险，苏宁设立金诚保险，大型互联网电商设立互联网保险公司逐步成为推动互联网保险市场发展的重要力量。

3. 跨界平台型互联网保险公司

随着新经济的快速发展，市场上产生了BAJT等多家平台型互联网保险公司，基于资本、用户、数据等多方面的优势，将业务触角延伸至包含保险在内的诸多行业。平台型互联网公司可以通过参与保险产品营销环节、投资互联网保险机构、提供保险科技服务等多种形式直接或间接参与互联网保险业务。

4. 保险垂直领域互联网公司

互联网保险行业的潜力已得到广泛认可，因此，近年来大量专注于保险垂直领域的初创型互联网公司纷纷设立，力图推动保险行业的转型升级。因服务对象不同，可将保险垂直领域互联网公司分为：C端营销服务、代理人服务、技术与数据服务、类保险社交化互助组织。如表7-2所示。

表7-2 提供保险垂直领域服务的互联网公司

公司分类	商业模式	典型企业
C端营销服务	通过深耕保险领域，直面用户保险需求，提供保险相关的营销服务；基于是否有保险牌照，可分为保险超市模式和比价模式。核心区别在于比价模式无保险中介牌照，仅提供信息展示，销售环节需在合作的保险公司或保险中介系统中完成	保险超市：慧择保险网、中民网、大特保、小雨伞
		比价模式：OK车险
代理人服务	借助互联网工具代理人更好展业，提升销售业绩	保险师、最惠保
技术与数据服务	科技公司面向保险产业链中后台，提供技术与科技服务，帮助保险公司降本提效	车挣（汽车数据收集）
		评驾科技（驾驶数据分析）
		合金在线（提高理赔效率）
		豆包网（保险中介SaaS服务）
		保准牛（场景定制服务）
类保险社交化互助组织	通过社区运营，将一批有共同要求、面临同样风险的用户组织起来，通过预交风险分摊金，建立社交互助组织，提供类保险的风险分担服务	抗癌公社、水滴互助

资料来源：众安金融科技研究院.新保险时代——金融科技重新定义保险新未来.北京：机械工业出版社，2018.

5. 保险中介机构

在"互联网+"的浪潮下，传统保险中介公司纷纷转型升级，尝试通过互联网与移动端展业。同时，作为牌照持有者，保险中介的价值得到了跨界和垂直互联网公司的广泛认可，用于承载业务，保障业务的合规性。

（三）互联网保费规模由高速增长态势趋向稳步增长

在互联网普及、基础设施完善和政策利好的作用下，催生了互联网保险的高速发展。2011以来，我国互联网保费收入不断增长，从100多亿元增长到近2 000亿元，其中，2013年和2014年保费增速最快，分别达到187.6％和169.8％。从渗透率来看，2012—2015年也是不断攀升，从2012年的0.7％上升到2015年的9.2％。但2015年互联网保险在经历了爆发式增长之后，2016年开始，互联网保费规模的增长陷入停滞并开始减少，保费收入增速大幅下滑。2016年互联网保险保费收入同比增长5％，2017年互联网保险保费收入1 876.69亿元，同比下降18.4％。保险渗透率也连年下滑，2016年为7.5％，到了2018年渗透率仅有5％。究其主要原因是受保险业政策影响，给互联网保险行业发展带来了短期阵痛，但从长远发展来看，政策调整后的互联网保险行业能够更加健康地发展。2018年之后，受益于百万医疗等短期健康险的畅销，互联网保费再次快速增长。2020年上半年，互联网保险规模保费1 766亿元，同比增长9%。如图7-1所示。

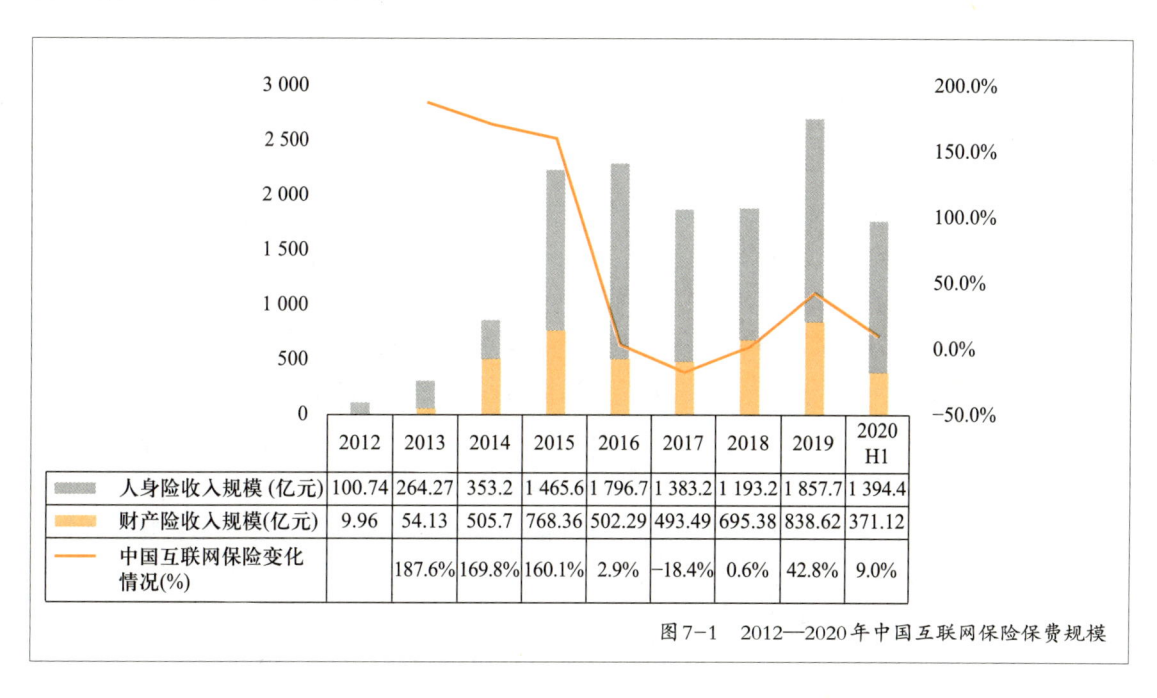

	2012	2013	2014	2015	2016	2017	2018	2019	2020 H1
人身险收入规模（亿元）	100.74	264.27	353.2	1 465.6	1 796.7	1 383.2	1 193.2	1 857.7	1 394.4
财产险收入规模（亿元）	9.96	54.13	505.7	768.36	502.29	493.49	695.38	838.62	371.12
中国互联网保险变化情况(%)		187.6%	169.8%	160.1%	2.9%	-18.4%	0.6%	42.8%	9.0%

图7-1　2012—2020年中国互联网保险保费规模

互联网保险市场中不同险种发展呈现分化格局。根据中国保险行业协会统计，2018年全国共有62家人身险公司开展互联网保险业务，全年累计实现规模保费1 193.2亿元，同比下降13.7%，连续两年负增长。人寿保险虽然仍是互联网人身保险市场的主力险种，但在短期医险的驱动下，健康险增长迅猛，2018年保费增长108%，成为互联网保险领域发展的一个亮点。在政策的调整和规范下，2019年互联网人身保险恢复增长，保费规模也再上新高，显现出长期向好发展的趋势。2019年我国互联网人身保险累计实现规模保费1 857.7亿元，较2018年同比增长55.7%。2020年上半年，我国互联网人身保险保费收入达1 394.4亿元，较2019年同期增长12.2%。

相比互联网人寿保险市场，互联网财产保险市场结束了持续两年的负增长状态，较同期发展回暖，且保持平稳增长。2018年上半年，互联网财产保险业务实现累计保费收入326.40亿元，同比大增37.3%。在业务结构方面，2018年上半年，车险产品仍占据一半以上的份额，达到55.25%；非车险业务保持着快速增长，非车险业务在互联网财产险中的占比已接近50%，这很大程度上得益于互联网财产险向更多场景进行渗透以及意健险的高速增长。但2019年车险保费收入再次出现负增长，2019年互联网车险业务保费收入为274.52亿元，同比下降25.55%，2020年上半年，互联网车险保费收入共111.72亿元，同比负增长24.34%。不过，车险作为财产险中最重要的部分，未来被互联网化改造仍是大概率事件。随着保险科技以及车联网的应用，互联网车险有望迎来新一轮增长。

延伸阅读

我国互联网保险的发展阶段

我国互联网保险已有20多年的发展历程，大致可以分为四个阶段：

（1）萌芽期：1997—2004年。

1997年我国第一个面向保险的信息化专业网站——中国信息网诞生，意味着中国开始了互联网保险之路。2000年3月，"网险网"首次实现了网上投保功能。此阶段互联网保险作为销售代理而存在，各大保险公司都建立了自己的官方网站。但由于互联网金融规章制度尚未健全，法治环境尚不成熟，人们对于互联网保险认识不足，互联网保险对于保险公司业务主要起到宣传及普及保险知识的作用。

（2）探索期：2005—2011年。

2005年4月正式实施的《中华人民共和国电子签名法》标志着互联网保险进入加速发展阶段。一批以保险中介和保险信息服务为定位的保险网站，如慧择网、向日葵网、优保网等纷纷涌现。

此阶段，随着互联网用户的迅速增多，人们越来越倾向通过互联网来获取金融保险产品和服务，同时各保险机构也致力于通过创新实现新的网络渠道的营销，逐步探索保险电子商务营销方式，但由于保险公司电子商务保费规模相对较小，电子商务渠道的战略价值还没有完全体现出来，未能得到各公司决策者的充分重视。

（3）全面发展期：2012—2013年。

2012年我国保监会颁布的《保险代理、经纪公司互联网保险业务监管办法》，标志着互联网保险走向专业化以及规范化。此后的2013年被称为互联网金融元年，各种互联网金融创新风起云涌。2013年11月11日的"双十一"当天，寿险成品的总销售额超过了6亿元，其中国华人寿的一款万能险产品在10分钟内就卖出1亿元，互联网保险业务的市场表现极其突出。

这一阶段的互联网保险通过创新实现了跨越式发展，各保险公司依托官方网站、保险超市、门户网站、离线商务平台、第三方电子商务平台等多种方式，开展互联网保险业务，逐步探索互联网保险业务管理模式。互联网保险已不仅仅是保险产品的互联网化，而是对商业模式的全面颠覆。同时，保险公司应用互联网技术充分挖掘和满足互联网金融时代应运而生的保险需求，更多地为互联网企业、平台、个人提供专业服务，打造优质体验。

（4）爆发期：2014年至今。

2014年8月10日，"新国十条"中明确指出："支持保险公司积极运用网络、云计算、大数据、移动互联网等新技术促进保险业销售渠道和服务模式创新。"这给保险业未来转型升级勾勒了新蓝图，互联网保险的创新和发展拥有了更多可能性。

这个阶段，互联网保险进入跃进阶段，保险业务呈现多元化发展的趋势，各保险企业依托官方网站、保险超市、门户网站、离线商务（O2O）平台、第三方电子商务平台、搭载与合作等多种模式，全面开展互联网保险业务。同时，企业运用云计算、大数据、互联网、移动互联网等技术，实现保险业务全过程的网络化，出现了专业的互联网保险公司。智能移动终端被运用到保险承保、理赔等环节中来，使得保险业务处理更加便捷。

任务二　了解互联网保险的商业模式

【任务情景】

小赵是一个很有创新精神的年轻人，刚刚从某高校毕业，想要寻找一个新型保险机构的工作，得知最近一家新型的互联网保险公司正在招聘，打算去应聘。

互联网保险公司和传统保险公司有何区别？目前，除了传统的保险机构外，还可以通过哪些途径获得保险服务？

【知识平台】

一、官方网站模式

官方网站模式，主要指保险公司自建的官方网站或综合销售平台，目的是展现自身品牌、网络销售产品和提供客户服务等，业务流程中不涉及第三方，属于自营模式。保险公司自营平台需要具备雄厚的资金实力，拥有种类繁多的保险产品，具有较强的后台管理和服务能力，线上线下相结合，实现售前的咨询、价格收益演示，售中的填写投保单、在线支付和售后的保单查询、保全、理赔等服务。通常以传统大中型保险公司为主，例如，中国平安的自建平台已实现了复杂寿险产品的完整网上办理流程。

案例：官方网站模式

官方网站模式具有明显的优势：一是拥有网站主动权，宣传公司品牌形象，实现产品销售。二是方便系统对接。在线销售保险产品需要后台强大的信息系统支撑，保险公司核心业务系统对自己的自建平台完全开放，在系统的对接、流程的衔接上极其便利。三是保险公司通过官方网站可以及时收集客户的需求信息，进而为客户提供更优质的服务，有利于增强客户对企业的认同感。

二、第三方电商平台模式

电子商务平台是指基于互联网平台，为传统经济活动的交易双方提供集中场所的电子商务企业。第三方电商平台模式是指保险机构与电子商务平台合作，为平台客户提供专属销售产品的保险网络销售模式。

第三方电商平台模式最大的特点在于其独立于保险机构和保险客户而存在，在互联网保险业务中只扮演交易平台的角色。在互联网保险中，第三方电商平台具有成熟的电子商务技术与服务，可以为保险公司节省构建和维护平台的巨大费用；具有专业的网络营销经验和信誉，在产品经营方面比传统保险公司更具有专业优势。2012年12月，国华人寿与支付宝首次合作销售万能险，创下"三天破亿"的纪录，引发互联网保险效应。同时，第三方电商平台积累了大量的客户流量，使得保险公司能够节省大量营销费用。此外，第三方电商平台能够同时提供多个保险公司的多种产品，更有利于不同保险公司产品间的充分竞争，给保险客户提供价格低廉、服务优质的保险产品。

三、专业互联网保险公司模式

专业互联网保险公司模式是指专门针对互联网保险需求，不设线下分支机构，从销售到理赔全部交易流程都在网上完成的保险经营模式。其不仅业务流程全程线上化，还通过产品的创新，为互联网的参与者提供一系列保险服务，化解和管理各种风险，并为风险提供完善的解决方案，压缩了保险公司的经营成本，最大地让利于客户。

成立于2013年的众安在线保险公司是我国首家专业互联网保险公司。其不设分支机构、实现全业务流程的网络化。众安保险的定位是"服务互联网"，即服务于互联网生态的保险需求，在开业之初其业务范围主要是与互联网交易相关的责任险和保证险两大财产类险种。与其他互联网保险销售模式相比，众安保险不仅通过互联网销售传统的保险产品，而且通过创新型的保险服务项目帮助互联网在融入各行各业的过程中化解和转移风险，为互联网行业的稳健、高效运行提供风险保障，使互联网生态更加丰富。专业互联网保险公司的运作模式和未来发展方向备受社会关注，但由于其刚刚起步，保费规模比较小，经营管理模式还有待探索和完善。随着互联网金融行业发展环境的不断优化和专业互联网保险公司的不断创新，专业互联网保险公司模式必将进一步发挥其独特的优势，成为互联网保险快速发展的重要动力。

截至2020年年底，我国目前共有四家专业互联网保险公司，其具体情况如表7-3所示。

表7-3 我国专业互联网保险公司基本情况

公司	获批时间	经营范围
众安在线	2013年11月	与互联网交易直接相关的企业/家庭财产保险、货物运输保险、责任保险、信用保证保险、机动车辆保险等；上述业务的再保险分出业务；国家法律、法规允许的保险资金运用业务；保险信息服务业务；经银保监会批准的其他业务。
泰康在线	2015年11月	与互联网交易直接相关的企业/家庭财产保险、货物运输保险、责任保险、信用保证保险；上述业务的再保险分出业务；国家法律、法规允许的保险资金运用业务；经银保监会批准的其他业务。
安心保险	2016年1月	与互联网交易直接相关的企业/家庭财产保险、货物运输保险、责任保险、信用保证保险、工程保险（仅限家庭装修工程保险）、短期意外伤害/健康保险；上述业务的再保险分出业务和再保险分入业务（仅限临时分保分出）；国家法律、法规允许的保险资金运用业务；经银保监会批准的其他业务。
易安财险	2016年2月	与互联网交易直接相关的企业/家庭财产保险、货物运输保险、责任保险、信用保证保险、短期意外伤害/健康保险；上述业务的再保险分出业务和再保险分入业务（仅限临时分保分出）；国家法律、法规允许的保险资金运用业务；经银保监会批准的其他业务。

四、专业保险中介模式

专业保险中介模式是指拥有自营的保险网络平台，作为独立的第三方对多家保险公司的保险产品进行代理销售，向保险消费者提供专业服务，并收取佣金实现盈利的一种模式。专业保险中介平台类网站以专业性为切入点，特色是提供集中产品比对、保险垂直交易、保险专业咨询等综合型保险服务。2012年2月包括慧择保险网、中民保险网在内的5家中介公司的19家网站成为首批原保监会批准进行网销的中介公司，互联网保险公司中介网销的大门就此打开。

专业保险中介模式的优势是既有保险的专业度，又能为消费者提供多家保险产品中立、客观的产品比较，方便消费者比较价格和服务水平，选择空间较大。例如，慧择网旗下的保运通网站，服务对象为中小企业，提供产品主要以货运险为切入点，形成了一个细分的B2B平台。

案例：专业保险中介模式——慧择保险网

延伸阅读：保险中介3.0时代

五、兼业代理模式

兼业代理模式是指非保险企业通过自己的官网代理保险企业销售相关产品、提供服务，所销售的保险产品种类一般与这些代理机构的主业有密切联系。这种模式因其操作简便、对经营主体规模相对宽松的特点，目前已经逐渐发展成为互联网保险中介行业最主要的业务模式之一。

表7-4是我国互联网保险模式的比较。

案例：兼业代理模式——携程网

表7-4　互联网保险模式的比较

模式类型	内涵	特点	典型代表
官方网站模式	险企利用互联网平台建立的自主经营的网站，其目的主要是提供保险信息咨询服务、销售保险产品和宣传自己的品牌	集中展示企业形象，创建品牌	平安、太平洋、泰康、中国人寿
第三方电商平台模式	第三方电商为保险企业提供保险产品销售平台，以此为消费者提供保险服务	提供包括保险产品在内的多种金融产品供客户选择	淘宝平台、京东平台、苏宁平台
专业互联网保险公司模式	传统保险企业、互联网企业或其他的经营主体在互联网上成立的专业的保险企业，经营保险业务	业务流程线上化，业务范围包含家庭财产保险、货物运输保险和责任保险	众安在线、泰康在线、易安财险、安心保险
专业保险中介模式	专业中介机构通过自建网站，并取得网销营业执照，利用其对保险的专业性同险企合作，为消费者提供保险服务	代理多家险企产品，便于客户进行选择	慧择保险网、中民保险网、新一站保险网
兼业代理模式	兼业代理机构在互联网上经营自身业务的同时，接受险企的委托，在一定范围约束下，为险企销售保险产品	门槛低，办理简单，对经营主体规模要求不高，有的与自身业务有一定的联系	中国国际航空公司、工商银行官网、携程网

任务三　解读互联网保险产品

【任务情景】

小张是一个科技达人，喜欢新鲜事物，得知在支付宝、微信等App上可以买保险后，决定要体验一下。了解在这些渠道购买保险的流程后，小张的感觉是如今买保险和买件衣服的感觉差不多，保险产品条款简单易懂，一键下单，合同保单都是电子版的直接发到邮箱，价格极具诱惑力，甚至有的还有各种优惠打折送体检。怎么会有这么好的事呢？

互联网保险的产品有哪些种类？与传统保险产品比较，互联网保险产品有哪些特征？

【知识平台】

一、互联网保险产品的内涵

互联网保险产品是不同场景下，针对不同的碎片化需求，运用互联网技术创造、运营的新型的保险产品。我们可以从以下几个层面来理解：

（一）互联网保险产品应是具有互联网思想的保险产品

互联网保险产品应具有互联网的思想，具备开放、平等、协作、分享的特性。不能将通过互联网销售的所有的保险产品都叫作互联网保险产品，通过互联网销售保险产品只是一种营销方式。互联网保险产品是随着网络技术的发展，顺应时代潮流而产生的一种产品，运用互联网思维进行的产品风险管理和产品创新才是互联网保险产品的核心。

（二）互联网保险产品的创新涉及多个主体

互联网保险产品的创新不应只局限于互联网保险公司，作为拥有诸多经验和大量数据的传统保险公司更应积极主动参与其中。传统保险公司不但可以对现有的产品进行升级改造，还可以通过跨界合作，与第三方平台合作，深度挖掘客户数据，开发满足互联网生态的风险所产生的保险需求；多方主体利用优势取长补短，能更好地促进互联网保险产品的创新，推动整个保险行业的发展。

（三）互联网保险的发展离不开互联网技术的助推

互联网保险产品的产生与发展离不开互联网技术的发展。以互联网为基础而产生的互联网保险产品并不是简单地将传统保险产品放到互联网平台上来销售，它是真正地融入了互联网基因，在符合保险原则基础上创造出的创新保险产品，所以互联网技术的发展有效地推动了互联网保险产品的发展。

二、互联网保险产品的特点

（一）以客户体验为中心

传统的保险产品一般是由保险企业的产品部门在市场调研的基础上通过分析推测客户的保险需求意向来设计和开发的，客户没有参与其中，客户只能被动地在保险企业推介的产品中选择。这种方式是从企业自身的角度和利益出发，是以产品为中心，通过这种方式开发出来的保险产品不一定适合网上销售。在互联网保险新业态下，保险产品选择的主动权掌握在客户手里，主要靠客户在网上自助完成保险产品的识别与购买。因此，互联网保险产品的开发要以客户体验为中心，从客户的角度和利益出发来开发产品。

（二）成本低廉

互联网保险产品采用互联网销售渠道，直接接触用户，节省了中间环节和渠道费用。相比于传统的保险产品，互联网保险产品的成本大大降低。

（三）开发周期短

互联网保险产品的开发基于互联网和大数据技术，保险公司通过对数据的深层挖掘，可以根据年龄、消费偏好等信息对不同的用户进行细分，在短时间内开发出更多满足用户需求的产品。

（四）服务质量优

随着互联网技术的发展，互联网保险产品大大突破了时间和空间的限制。无论任何时间、任何地点，只要有互联网，用户就可以实现相关产品的咨询、购买、售后等服务。相比于传统的保险产品，互联网保险产品的服务质量大大提高。

（五）小额、高频

传统保险产品的保障期限一般长达几年甚至几十年，互联网保险产品的保障期限一般都比较短。如大众比较熟知的"退货运费险""外卖保""买贵管赔险"等，这些产品的保障期限，少则一天，多则两个月。另一方面，这些产品的单价都比较低，从不到一元到几十元不等。这两方面因素让用户对于产品价格不大敏感，购买频次比较高。

三、互联网保险产品的创新

保险公司在互联网环境下创新的最重要的体现为产品创新，主要有以下几种创新途径。

（一）传统保险产品的改造升级

保险公司可以依托互联网下的大数据优势，深入挖掘客户的需求，优化传统保险产品的定价和保障内容。例如，泰康保险旗下的互联网保险公司泰康在线发布的首款"Ai（癌）情预报险"，即是借助互联网技术升级传统的防癌保险，通过在产品责任中增加与产品相关的医疗服务，改变人们对待癌症的方式和态度，帮助客户及早发现癌症，从而获得更好的治疗效果。

（二）碎片化保险产品创新

根据长尾理论，保险公司"20%的产品"对保险企业利润贡献最大，这

案例：物联网与保险产品创新

20%的产品往往追求保障多而全,产品条款复杂,致使客户理解困难,保险公司产品开发成本大。而随着互联网技术的发展,大数据、云计算等先进的技术被引入保险产品的开发中,互联网保险产品的碎片化已成为可能。保险公司依托互联网技术进一步细分市场,过去一张保单承保的风险在碎片化的设计思维下可以拆分成多个小的保单,使保险企业的产品可覆盖"长尾市场",满足客户的个性化需求。例如,由互联网保险服务平台大特保联合中国太平保险以及德国慕尼黑再保险公司联合推出国内首款针对糖尿病患者的商业健康险"退糖鼓",该产品即是大特保运用互联网大数据,精准定位用户需求,由重大疾病保险细分出的为满足客户个性化需求量身定制的碎片化健康保险产品。

(三)场景化保险产品创新

场景化是当前互联网发展的特点之一。互联网生态环境下产生的新型风险催生的新的保险需求,也为保险公司产品设计提供了新颖的场景。保险企业可以据此创新互联网保险产品,也可与第三方平台合作,针对平台巨大的客流进行数据挖掘,创设场景,进行场景化保险产品的开发。例如,2015年华泰保险联合淘宝网推出的"退货运费险"正是基于互联网场景中网购双方退货运费纠纷而设计的。该产品和淘宝电商交易牢牢绑定,以其高性价比、高使用率受到消费者喜爱,2015年"双十一"当天淘宝及天猫平台上共计3.08亿个包裹购买了退运险,较同期增长70%。另外,淘宝针对特定人群特定场景的不同需求,有针对性地推出了创新产品,如单身人群、春运、高温等主题产品。

(四)跨界化保险产品创新

随着互联网金融逐渐被消费者认可和熟知,互联网金融各业态之间开始逐步融合,部分保险公司开始向众筹、个体网络借贷(P2P)等行业提供保险服务,衍生出新的保险产品,为投资者权益提供保障。例如,由京东众筹携手京东保险、中国人寿,推出了国内首例众筹跳票险,以规避众筹项目发起方逾期违约风险,增强客户体验,缓解项目方因为逾期而可能承担的赔付压力。

> 案例:淘宝退货运费险的扭亏为盈
>
> 延伸阅读:众安在线网络购物退货运费损失保险条款

延伸阅读

众安保险携手小米运动与乐动力App首推"步步保"

保险科技正在全方位参与到人们的日常生活。其中,个人健康管理领域也正因为保险科技的渗透悄然发生改变。

2015年,众安保险与小米运动、乐动力等平台合作推出了步步保,其特点是将健康险与可穿戴设备、运动大数据结合,以用户的真实运动量作为定价依据,以运动步数抵扣保费,从而实现主动的健康管理。保单生效后,用户完成所设置的每日运动步数目标天数越多,下个月需缴纳的保费就越少甚至会免费。

数据显示,步步保两年内累计授权用户数已达1 000万,合作伙伴遍布智能设备和运动App等领域,如华为和魅族手机、小米运动App、乐心运动App、手机淘宝App、乐动力App、Bong手环、刷刷手环均已上线步步保服务。投保用户数超过130万,覆盖除香港、澳门、台湾以外的所有省、直辖市、自治区。步步保用户以"80后""90后"为主,符合互联网用户属性。2018年8月,步步保还联合众安保险旗下明星产品尊享e生,升级定制尊享e生步步保版(运动版)。

作为健康管理链条上不可或缺的环节,保险正借助人工智能、可穿戴设备等科技,创新性地对投保人生活行为进行预测和引导,以预防为准则,降低发病率,并同时降低投保人和保险公司双方的风险水平。步步保与尊享e生结合仅仅是开始,未来步步保将进行更多维度的用户数据收集,进行更深度地分析,探索新的保障产品输出,例如结合睡眠、心率数据等,推出相应的保险产品。

资料来源:根据沃保网资料编辑整理。

(五)应用互联网技术的保险产品创新

随着保险科技的落地,技术将对产品开发和创新发挥越来越重要的推动作用。与此同时,技术。比如,UBI汽车保险,移动健康管理保险产品(对糖尿病、高血压等慢性病进行管理的保险),就是嵌入了互联网保险技术的保险产品,而这类保险产品技术含量比较高,研发成本比较大,目前还比较少。

延 伸阅读

Fizzy区块链航空延误保险产品

安盛保险是全球范围内最早使用区块链技术开发保险产品服务的大型保险集团之一。其在2017年推出了一款基于以太公有区块链技术的航空延误保险产品Fizzy。作为一款"智能保险"产品,被保险人在乘机出行时,如果遇到航班延误两小时或以上情形的,即可获得赔付。

与传统保险产品不同,Fizzy是一款100%自动化的保险产品,其通过使用区块链上的智能合约来触发自动支付。Fizzy的用户付款和赔偿数据存储在区块链中,并通过以太智能合约与全球空中交通数据库相连接,实时监控航班数据。当客户航班延误超过2个小时时,赔偿机制就会自动执行,将赔款发送到投保人指定账户中。整个过程独立于安盛保险的决定,因而有效缩短了案件的理赔时间，降低了合约执行成本，提升了作业效率。

在此过程中，区块链技术也保证了数据的真实性和传输的高效性，实现了数据的共享，减少了数据不一致等问题。

资料来源：众安金融科技研究院.新保险时代——金融科技重新定义保险新未来.北京：机械工业出版社，2018.

模块练习

一、单选题

1. 互联网保险大大缩短了投保、承保、保费支付和保险金支付等进程的时间，提高了销售、管理和理赔的效率，规模经济更加突出。这说明了互联网保险具有（　　）的特点。

  A. 虚拟性   B. 交互性

  C. 时效性   D. 风险性

2. 2013年，国内首家专业互联网保险公司（　　）公司设立。

  A. 安心保险   B. 易安财险

  C. 泰康在线   D. 众安保险

3. "你需要什么，我生产什么"是指互联网保险产品具有（　　）的特点。

  A. 以客户体验为中心   B. 以营利为中心

  C. 以产品为中心   D. 以机构为中心

4. "退货运费险"是一款（　　）互联网保险产品。

  A. 碎片化   B. 场景化

  C. 跨界化   D. 改造升级版

5.（　　）是指专门针对互联网保险需求，不设线下分支机构，从销售到理赔全部交易流程都在网上完成的保险经营模式。

  A. 官方网站模式   B. 专业互联网保险公司模式

  C. 专业保险中介模式   D. 第三方电商平台模式

二、判断题

1. 互联网保险就是在线销售保险产品。　　　　　　　　　　　　（　　）

2. 互联网保险产品创新的主体是传统保险公司。　　　　　　　　（　　）

3. 专业中介平台最大的特点就是为客户提供保险产品比较，网站销售类

似于保险超市，提供多家保险企业的产品和服务。　　　　　　　（　　）

4. 专业互联网保险公司的运营和传统保险公司运营是一样的。　（　　）

5. 互联网保险产品的保障期限一般长达几年甚至几十年。　　　（　　）

模块二　互联网环境下保险公司的运营

任务一　互联网环境下的保险产品定价

【任务情景】

张先生和刘先生是好友，一同购买了同款家用小轿车，并向某保险公司投保机动车辆保险。第二年续保时，保险公司给出的车险报价也相同。

张先生感到有点郁闷，自己经常出差，车辆常年停在车库很少使用，而刘先生天天驾车上下班，自己车辆出险的概率显然要小很多，为何要支付相同的保险费？

目前我国机动车辆保险基本采用的是从车定价，这种定价方式有什么弊端？在互联网背景下，保险科技的发展是否可以改变这一状况？

【知识平台】

微课：你的车险价格由什么决定——机动车辆保险定价

一、传统保险产品定价中面临的痛点

（一）信息不对称对保险定价产生不良的影响

保险市场是典型的信息不对称市场。信息不对称一方面增加了保险人定价的难度，另一方面与信息不对称相伴而生的是投保人的道德风险和逆向选择。投保人为了以最小的保费获得保险人的最大的保险保障，会尽量隐瞒或回避危害事实，从而迫使保险人不得不加大调查取证的力度，增加调查取证的费用，保费厘定的结果往往使得保险费较高。

（二）保险产品定价欠科学，有失公平

费率厘定问题一直是我国保险市场改革致力于优化的对象。一方面，由于受经营理念、技术限制、信息获取能力等多方面因素的制约，保险公司没有足够的能力对保险标的进行全面、科学、动态的考察，保险费率厘定模型也停留在基于静态参数得到保险价格阶段；另一方面，各家保险产品同质化依然严重，核心竞争力尚未形成，低价倾销路线往往会成为保险公司获取更多市场份额的首选，保险产品的定价因此产生扭曲。以现阶段车险主流定价模式为例，虽然2015年由原保监会公布的《深化商业车险条款费率管理制度改革试点工作方案》将车险费率定价的市场化进程往前推进了一大步，但是各家保险公司车险费率的厘定模式仍然缺乏科学性。从国内外车险费率定价方式来看，主要分为保额定价和车型定价，然而上述两种定价方式都是"从车"和"从人"因素出发，车险定价因子主要考虑车主的年龄、性别、车型、行驶区域等静态参数，而车主驾驶习惯、车辆行驶行径、车主使用车辆频率等这些与风险事故相关性极强的动态因子并没有被考虑到定价模型当中，一位驾驶习惯合规、安全意识较强、使用车辆频率较低的车主和一位频繁超速、频繁刹车、频繁用车的车主去购买同一保额的汽车保险，在现有定价模式下，二者将会面临同样的保费价格，保费收取的公平性和科学性明显缺失。

二、互联网环境下保险产品定价的变化

（一）保险精算定价水平提升

传统保险产品定价是依据大数法则和精算技术进行预测的，如损失发生率、疾病发生率、死亡率等。在互联网时代，随着云计算、搜索引擎、人工智能等技术的实现，大大提升了保险行业有关风险数据的收集获取与深度挖掘的能力，大数据带来的数据从子样本到全样本，帮助保险公司从"样本精算"升级到"全量精算"。保险公司通过分析海量的样本数据甚至是全样本数据，定价能力将大幅提升，保险精算则进入了全数据时代，动摇了传统保险精算技术的理论基础，提升了保险公司精准定价的水平。

（二）实现个性化的精准定价

传统的保险产品定价依赖于客户投保时的信息披露和历史性的静态数据。而依托移动互联、云计算平台和大数据技术支持，保险产品定价模式将更多地基于客户动态行为数据的收集和分析，通过获取、整合与挖掘各个维度场景的关系型、非关系型数据，识别客户风险，保险公司可以真正以客户为中心，对每个客户都有个性化的解决方案。这样，保险公司的经营完全可以实现差别费率，对风险降低的客户敢于大胆降低费率，对风险高的客户提高费率甚至拒绝承保，保险公司之间亦可以实现真正差异化竞争。例如，随着汽车数字化的发展，汽车已成为能够移动的互联网计算机，实现自动驾驶、自我状态监测、自动导航等功能。汽车的维修、驾驶路线、事故录像、关键部件的状态，甚至司机的驾驶习惯，如刹车和加速，都将记录储蓄，以便进行数字化分析和利用。保险公司通过数据分析，可以掌握客户车辆的主要用途、基本行车路线、路途的风险程度、驾驶习惯、事故发生频率等信息，还可以掌握客户车辆的使用状况，例

微课：千人千面——UBI车险

如是否定期保养、胎压是否正常、刹车是否符合标准等信息，从而测评客户车辆的风险指数，实现对该客户车险费率的"私人定制"，改变原有的依靠车型和车价的定价模式。在人身险领域，随着可穿戴设备和移动设备的普及，保险公司可以借助这些工具，跟踪和记录客户锻炼、饮食、心率及血压等生活习惯和身体状况，据此为客户设计和提供养老险、重疾险等险种的差异化费率。

（三）减少经营成本，降低附加保费

互联网环境下，保险科技在保险经营的每个环节都产生重要影响。如在大数据背景下，多维度挖掘和分析用户的行为特征，准确预测潜在需求，使保险客户定位更准确，减少了保险营销环节客户信息收集的时间与成本，提高了营销效率，降低了营销成本。此外，互联网保险承保、理赔业务流程的自动化，缩短了各环节业务处理的时间，降低了保险公司的运营成本。因此，体现保险经营成本的附加保费的降低使得保险产品费率也会相应降低。

任务二　互联网环境下的保险承保

【任务情景】

客户刘先生，因为年纪较大，身体有许多小毛病，在向某保险公司投保重大疾病保险的时候被要求体检，而且体检的项目不少。半个月后，该保险公司核保客户最终下达延期半年后复查的结论，并反馈说半年后肾功能正常了才能投保。

刘先生感到很纳闷，为何核保这么复杂，难道就没有一种简单方便的途径吗？

【知识平台】

一、传统保险承保业务的痛点

（一）存在逆向选择和道德风险

1. 逆向选择

保险市场是一个典型的信息不对称市场。所谓的信息不对称，是指交易中的各人拥有的信息不同。掌握信息比较充分的一方，往往处于比较有利的地位，而信息贫乏的一方，则处于不利的地位。在保险交易双方中一方对于交易可能出现的风险状况比另一方知道的更多时，便会产生逆向选择的问题。

保险中的逆向选择是指在保险市场上，想要为某一特定损失投保的人实

微课：信息不对称与保险中的逆向选择

际上是最有可能受到损失的人。逆向选择的出现，给保险公司的经营带来了很多负面影响：

（1）使优良的客户逐渐被排挤出市场。假设市场上只存在两类投保人：一类遭受损失的可能性较大，属于高危险者；另一类遭受损失的可能性较小，属于低危险者。如果保险人清楚每一类投保人的状况，他将对两类投保人收取不同的保费。但实际上保险人很难清楚地了解每一个投保人面临的风险情况，无法区分高危险者与低危险者，只能将按平均风险水平收取保费，这一保费水平介于应向高危险者收取的高额保费和应向低危险者收取的不足额保费之间，实际是低危险者补贴了高危险者。显然，高危险者乐于接受这一水平的保费而低危险者将拒绝。于是市场上将只剩下高危险者与保险公司进行交易，导致市场上的平均风险增加，保险公司只能继续提高保费来适应新的风险程度，形成一个恶性循环。原本可保的风险变成了不可保风险，优良的客户不断地被排挤出市场之外，保险市场不断萎缩，甚至使一些业务无法开展。

（2）使保费的确定变为难题。保险公司在厘定费率时要遵循公平合理原则、充分保障原则、相对稳定原则和促进防损原则。其中，公平合理原则要求保险人收取的保费应与其承担的危险相当。但在信息不对称的情况下，难以达到绝对的公平。保险人可能因为追求超额利润而制定高费率，被保险人也有可能为了付出较低的保费，获得较高的赔偿而隐瞒自身的危险情况，因而给保费的确定增加了难度。

（3）增加保险公司的经营费用。虽然在保险经营中保险人和被保险人都有义务遵守最大诚信原则，即保险合同当事人订立保险合同及在合同的有效期内，应依法向对方提供影响对方做出是否缔约及缔约条件的全部实质性重要事实，同时绝对信守合同订立的约定与承诺。但由于逆向选择的存在，被保险人作为一个理性的人，为了支付较少的保费而获得较高的保险金保障，会尽量隐瞒自己的危险事实。保险公司针对这种情况，必然会对投保人进行更加细致的调查，增加保险公司的营运成本，减少了利润。

2. 道德风险

在保险交易中，被保险人的行为不被保险人察觉，会产生道德风险。道德风险是指被保险人的行为由于受到保险保障而发生变化的倾向。保险中道德风险一般发生在投保以后，分为事前道德风险和事后道德风险。事前道德风险是指投保人投保后，放松了对保险标的的防范。如投保机动车辆保险的人，可能比未投保的人开车更莽撞一些，因为他知道任何由于事故引起的损失都可以获得赔偿。而事后道德风险是指发生损失后，投保人不及时采取措施以减少损失。如房屋发生火灾以后，不及时施救，造成损失进一步扩大。

（二）承保效率低

承保中的核保在保险公司的风险控制中占有重要地位。通过保险核保，及时甄别出高风险客户，从而提前采取措施。因此，核保的本质就是对即将承保的风险进行预判，选择保险公司能够承受的风险，使承保条件与所选风险相适配的过程。传统保险公司采用机器核保为主，人工核保为辅的方式，在机器核保不能通过的情况下进行人工核保，而目前的机器核保更多地停留在比对保单信息与公司规定的核保政策，如不相符，则转入人工核保，承保手续复杂。

此外，由于保险公司与投保人存在信息不对称的情况比较突出，传统的保险经营模式是通过要求投保人履行告知义务来解决信息不对称的问题。同时，为了维护保险消费者利益，根据监管规定，即使投保人没有很好地履行告知义务，在保单生效两年后保险公司也不得以此为由拒绝承担赔偿责任。在这种背景下，保险公司通常会要求投保人填写内容繁多的投保单，很大程度上影响了客户的投保意愿，也增加了保险公司的经营成本。

二、互联网环境下保险承保业务的变化与发展

（一）突破了传统可保与不可保风险的界限，扩大了保险承保范围

传统保险由于缺乏丰富的数据支持，只能根据可保风险与不可保风险进行产品开发和承保。在互联网环境下，大数据技术广泛应用，完全可以消除可保风险与不可保风险的界限，使原来不能承保的风险变为可保风险，扩大了保险公司的承保范围。例如，在传统寿险业务的核保中，根据被保险人的情况不同，通常将被保险人分为完美体、标准体、次标准体和拒保体四个不同的风险等级。其中，标准体的人代表了平均死亡风险并按标准费率支付保险费。次标准体的人一般死亡风险高于平均值，拒保体的人其死亡率高到保险公司不能对其承保。在传统生命表的编制中，由于受到样本数据和传统技术方法的限制，通常对样本数据相对有限的群体的死亡率会采取保守的估计，从而使一些原本可以划入次标准体的人被划入了拒保体，原本可以被划入标准体的人被划入了次标准体，降低了被保险人的潜在群体。在互联网环境下，随着数据获取、累积、分析与处理能力的提升，以及精算技术的提高，死亡率估测将更加精确，对于被保险人风险等级的划分将更加科学和细化，扩大了保险人的承保范围。

（二）简化承保手续，提高了承保效率

在互联网的大数据时代，保险公司可以利用社会数据资源，分析掌握客户的相关信息，如个人基本信息、职业信息、医疗记录和健康资料等数据，通过对这些数据的挖掘和利用，减少投保单填写的内容，简化投保手续。此外，

案例：平安智能保险云

保险公司可以在互联网技术的支持下，利用用户在互联网平台上产生的行为数据与大量历史赔付数据相结合的方式，使用统计模型进行高风险客户的甄别工作，如果客户的风险概率过高，则采取转入人工核保、直接拒保、提高保费及限制投保金额等策略，实现自动核保。核保系统的自动化缩短了核保时间，提高了核保精确度和保险承保的效率。以人工智能为核心的无纸化系统可以减少重复性的人工工作，降低运营成本，加快环节流转，提高正确率，减少保险欺诈。

延伸阅读

互联网+保险　科技让核保更简单

2019年5月，阳光保险正式上线"阳光人寿智能核保大脑"系统，以新科技赋能传统核保风控，驱动保险核保转型升级，将数据挖掘和AI技术应用于两核（核保、核赔）领域。

为解决传统核保业务中的痛点、难点，阳光人寿积极探索核保模式转型，以"科技赋能，智慧风控"为核心，让风控更加精准、核保更加高效、流程更加顺畅、客户体验更加优质，多维度、全方面地提升核保效能，优化流程体验，强化风控能力，逐步打造"阳光人寿智能核保大脑"。主要包括以下内容：

（1）7×24小时智能交互自助核保。"阳光人寿智能核保大脑"项目打造、推出的"智能核保机器人"，实现了线上7×24小时智能交互自助核保服务。通过互动问答的形式，客户可享受到全天候、高精度AI核保服务，从而大幅提升客户体验。此外，部分健康告知出现异常的客户，其核保时效也由原先的1～3天缩短到实时。

（2）理赔客户智能化核保。通过对理赔记录的结构化和疾病类型的归一处理，"阳光人寿智能核保大脑"实现了有理赔史客户的线上智能核保。有效降低因既往理赔史造成自核无法通过、不可承保的概率，帮助客户获取更多的优质保障。

（3）精准识别高风险客户。"阳光人寿智能核保大脑"通过搭建"高风险客户识别模型"，基于高风险客户画像和特征，挖掘公司的海量客户及业务数据，采用"逻辑回归算法"实现高风险客户的精准识别。模型通过对被保人整体风险程度进行量化与预测，将传统的定性决策转变为定量决策，在行业率先实现了"核保数据风控"。

（4）"阳光人寿智能核保大脑"可关联客户全生命周期数据，并将医疗数据应用到核保核赔全流程中，以行业级数据替代企业级数据，进一步提升阳光人寿的精准风控能力，有效降低患病客户投保的逆向选择风险。

（5）"智能核保引擎"精准识病。"阳光人寿智能核保大脑"通过"智能核保引擎"自动识别体检报告中的异常检查结果，并输出核保结论，减少人工烦冗的文档查询与检索，有助于核保人员统一评估和做出结论，提升核保效率和品质，进一步释放核保人员生产力，积极响应客户需求。

此外，"阳光人寿智能核保大脑"还将不断通过丰富数据、迭代模型和自我学习，像人脑一样变得越来越"聪明"，在发展进程中逐步实现由"机器辅助人"到"人辅助机器"，最终实现人机一体，完美结合。

"阳光人寿智能核保大脑"将颠覆传统核保模式，作为智能核保的中枢实现全渠道业务支持，通过电子化服务、数据化风控、智能化流程，助力业务发展，在保险风控领域发挥更大的价值，为客户带来全新、优质的保险保障体验。

资料来源：根据搜狐网资料编辑整理。

任务三　互联网环境下的保险理赔

【任务情景】

近日邓先生在倒车时，不小心碰到停车场的柱子，随后他打电话报了保险。保险公司查勘人员来到现场，快速处理完现场后告诉邓先生，以后车主单方事故可以走快速报案的流程，用手机现场拍照，通过微信公众号上传相关照片，几分钟处理完报险流程，系统会自动审核通过。

互联网环境下，保险科技提升了保险理赔的效率。除此之外，保险理赔还有哪些新的变化？

【知识平台】

一、传统保险理赔业务中的痛点

（一）理赔程序复杂，客户体验差

为核实保险责任，明确保险公司的责任范围，在传统保险理赔中保险企业需要设置复杂的程序，依靠人员操作来完成理赔相关事项。例如，在不涉及人伤的案件中，车险理赔大致经过"客户报案—保险公司调度查勘、调度定损—协商明确定损数额—客户修理车辆并提交资料—保险公司缮制赔款计算书、核赔—客户获得理赔"等一系列流程。在保险事故发生后，客户应该先向保险公司报案，保险公司可以根据报案的内容和信息预判该事故是否属于保险公司理赔的范畴。然后进入保险公司内部的调度程序，根据需要派出现场查勘人员查勘现场；如果车辆已经挪离现场或者不需现场查勘的事故，调度人员会联系定损人员和客户进行沟通，或者向客户推荐保险公司的定损中心、理赔中心或者由保险公司理赔人员派驻的修理厂进行车辆损失确定，或者协商提供上门定损服务。查勘定损人员经拍照后初步估算损失，包括车辆部件更换或修理方式与客户进行沟通。协商同意后，定损人员录入数据提交保险公司后台进行审核并告知客户具体的定损金额。客户即可到保险公司推荐修理厂或者自选修理厂修车。客户修车后，可以通过多种途径将维修车辆的单证提交给保险公司，保险公司经过赔款计算和审核，将赔付款项划至客户账户，整个案件结束。因此，保险理赔需要耗费一定的时间和精力，投保容易理赔难，客户体验差成为保险理赔在行业中的主要痛点。

（二）存在严重的保险欺诈

保险是一种风险补偿机制，其以广大投保人分散的、小额的支出换来集中的、大额的风险保障。对个别投保人或被保险人而言，其交付的保险费是很小一部分，而一旦发生保险事故则可获得众人的帮助，最终可获取巨大数额的保险金。即保险具有射幸性，但保险制度的这一运行机制特点不可避免地会被不良用心的投保人恶意利用，谋骗保险金。虽然在保险合同关系中，要求当事人遵循最大诚信原则，但在高额利益的诱惑下仍会产生保险欺诈。国际保险监督官协会（IAIS）的经验数据显示，全世界的保险欺诈占保险赔付总额的10%~20%，个别业务领域占比甚至高达50%。

保险欺诈行为一方面直接损害了消费者权益，造成了保险服务资源的浪费。另一方面增加了保险公司运营管控的成本，降低了保险理赔的服务效率，甚至危及保险行业的健康发展。在保险市场竞争日益激烈，利润空间逐步压缩，如何有效地控制保险欺诈已成为保险行业的共识。2012年和2013年原中国保监会分别下发了《关于加强反保险欺诈工作的指导意见》和《关于进一步做好车险反欺诈工作的通知》，明确提出提升技术、推动车险欺诈信息的共享，为我国保险反欺诈工作的制度化和规范化奠定了基础。

传统的保险公司主要依靠一些固定标准和理赔人员的经验来判断是否存在保险欺诈。由于缺乏行业内协作机制和共享的信息平台，调查的质量取决于理赔人员的个人素质以及与公安机关的合作情况。在面对大量新型保险欺诈时，保险公司及理赔部门往往捉襟见肘、疲于应付。此外，在传统的反欺诈风险控制体系中，保险公司大多通过程序化固定的风险模型来排查可能存在的欺诈风险。由于风险维度简单，样本数量有限，与实际的欺诈风险场景匹配较差，在实践操作中费时、费力、效率不高。

二、互联网环境下保险理赔业务的变化与发展

（一）简化理赔流程、提高理赔效率和精准度

案例：平安保险闪赔

传统的保险理赔需要经过接报案、立案审核、查勘定损等几个环节，且主要是通过人工操作，极度依赖操作人员的经验，保险公司往往需要在此环节投入相当的人力资源。随着互联网在各行各业的渗透及发展，越来越多的保险企业开始将服务与互联网结合，开展网上自助理赔服务模式。通过提供操作便捷的网络平台或App，客户可在发生保险事故后自行受理案件并将理赔材料拍照上传，再由集中作业中心进行理赔处理，免去了客户往返保险公司交接材料的烦琐程序，在缩短理赔时间的同时也提升了客户满意度。

近年来，伴随着以互联网为代表的新科技的不断研发和应用，科技与保险最核心的内容——理赔端的融合也在逐步深化。保险新科技利用人工智能技术处理海量数据，利用移动终端的快速便捷性、移动网络的自由开放性，实现理赔业务的智能化运作，提高理赔时效、改善客户体验、降低理赔成本，对于解决传统保险理赔中的痛点和难点问题能够起到很大的助力作用。例如，无人机内无驾驶员的特点使其可以代替人类进行一些危险的、复杂的、费时的工作，其在保险领域的应用主要集中于农业保险、大型事故和火灾现场等。无人机的空中优势使得当查勘现场面积广阔、状况危险复杂或人员难以进入时不再需要查勘人员亲临现场，这不仅能够保护查勘人员的安全、降低人工成本，而且由于无人机空中拍摄的测绘及地面影像能够实时传回地面，也确保了灾害查勘定损的精准、快速和高效。

延伸阅读

泰国Claim Di公司——基于LBS技术和Uber模式的移动端理赔

基于定位的服务（location based services，LBS）主要有两层含义：第一是确定移动设备或用户所在的地理位置；第二是提供与位置相关的各类信息。泰国Claim Di公司开发的移动端理赔App通过LBS技术，能够实现以下功能。

第一，小额案件快速理赔。对于小额案件，各当事方通过拍照并上传至Claim Di App，同时通过手机的"摇一摇"功能即可启动索赔处理流程，无须等待查勘员到场，平台将自动通知案件中各个事故方的保险公司，实现快速处理。

第二，基于Uber模式的查勘任务分派。当发生事故时，车主可以利用App报案，并通过App定位距离最近的查勘员，获取其查勘服务。Claim Di App运用类似于Uber的模式来分配这些查勘任务。查勘员主要是经过Claim Di公司培训的社会人员。此类培训分为两种，简单任务培训1天即可，复杂任务培训期可能长达2~3个月。这使Claim Di公司本质上更类似于一家车险查勘服务外包公司。

第三，非交通事故索赔。当机动车受到并非交通事故造成的损害时，车主可以通过App上传照片并索赔，然后预约修理厂进行车辆维修。

（二）提升识别和防范保险欺诈的能力

近年来，大数据与机器学习分析方法在理赔中得到应用，极大地提高了欺诈识别、监控以及决策的能力。传统反欺诈通常基于已知的欺诈模式而设置相应的规则与策略，这种方式在缺乏数据或者冷启动阶段比较有效。随着理赔数据的积累，基于机器学习与大数据的量化决策模型通常能够更有效地识别欺诈风险，优化理赔流程。与基于策略的审核相比，机器学习算法可以同时定位多种欺诈行为，减少不合理的赔付，降低行为成本。例如，在车险理赔中，利用维修项目及配件的内在关系，可以通过机器学习模型计算出各项指标的出险概率，从而能够定位相应的理赔案件，并通过监控提示保险公司关注相关联的服务商、查勘员和定损员。

此外，图像识别等人工智能技术的发展，可以有效破解传统方式下的鉴伪难题，为在保险业的反欺诈应用开辟了广阔的空间。例如，保险公司承保网上生鲜产品，如到货时生鲜死亡，用户以生鲜死亡照片作为主要的理赔依据，而部分用户会通过搜索并上传网络的生鲜死亡照片骗取赔款，靠肉眼很难识别。在图像识别和人工智能鉴别技术的作用下，可以快速有效地判别虚假照片，准确率高达95.7%，适应了在电商新业态下的理赔需求。

在车险理赔领域，综合运用大数据、物联网、区块链等技术，可有效防范理赔欺诈。运用大数据技术监测、分析零配件的异常采购，可以锁定可疑客户和修理厂。而物联网、区块链技术相结合，可以有效跟踪汽车的实时操控数据、驾驶记录、行驶轨迹等，保险公司能真正实时感知汽车这个唯一性"保险标的物"。当发生事故时，区块链技术可以忠实地记录事故时间与地点、事故后的处理时间等，成为保险公司防范骗赔的重要依据。

模块练习

一、单选题

1. 以下关于传统保险产品定价痛点说法正确的是（　　）。

   ① 信息不对称对保险产品定价产生了不利的影响

   ② 受信息获取能力的制约，保险产品定价欠科学，有失公平

   ③ 各家保险产品同质化依然严重，核心竞争力尚未形成，低价倾销路线往往会成为保险公司获取更多市场份额的首选，保险产品的定价因此产生扭曲

   ④ 目前我国车险采用车型定价，有失公平

   A. ①③　　　　　　　　B. ②④
   C. ①③④　　　　　　　D. ①②③④

2. 以下关于互联网及保险科技对保险产品定价产生影响说法正确的有（　　）。

   ① 提升了保险精算定价的水平

   ② 实现了个性化精准定价

   ③ 提高了保险精算定价的精度

   ④ 减少了经营成本，降低了附加保费

   A. ①③　　　　　　　　B. ②④
   C. ①②④　　　　　　　D. ①②③④

3. 传统承保业务中，主要的业务痛点有（　　）。

   ①存在道德风险　②存在逆向选择　③核保效率低　④难以有效识别风险

   A. ①②③　　　　　　　B. ②④
   C. ①②④　　　　　　　D. ①②③④

4. 以下关于互联网环境下保险公司承保业务效率提高说法正确的是（　　）。

   ① 保险公司可以利用社会数据资源，分析掌握客户的相关信息，减少投保单填写的内容，简化投保手续

   ② 可以实现自动核保

   ③ 提高了核保的效率，降低了经营成本

   ④ 有效地防范道德风险和逆向选择

   A. ①③　　　　　　　　B. ①②③
   C. ①②④　　　　　　　D. ①②③④

5. 2018年年初，原保监会印发了（　　），旨在构建保险行业欺诈风险管理规范和反欺诈技术标准，进一步防范和化解保险欺诈风险。

A.《关于加强反保险欺诈工作的指导意见》

B.《关于进一步做好车险反欺诈工作的通知》

C.《反保险欺诈指引》

D.《中国保监会关于进一步规范保险理赔服务有关事项的通知》

二、判断题

1. 依托移动互联网、云计算平台和大数据技术支持，保险产品定价模式将更多地基于客户动态行为数据的收集和分析，保险公司的经营完全可以实现差别费率。（　　）

2. 目前，我国传统保险产品定价模型处于依赖于静态数据阶段。（　　）

3. 在互联网环境下，保险公司应用先进的科技，可以完全规避逆向选择行为。（　　）

4. 大数据与机器学习分析方法在理赔中得到应用，极大地提高了欺诈识别、监控以及决策的能力。（　　）

5. 随着互联网在各行各业的渗透及发展，越来越多的保险企业开始将服务与互联网结合，开展网上自助理赔服务模式。（　　）

专业能力训练

思考讨论

1. 请以UBI车险为例分析传统保险产品定价存在的问题及互联网环境下保险产品定价发生的变化。

2. 请以众安在线互联网保险公司为例，说明专业互联网保险公司模式的优势。

案例分析

如今互联网保险种类繁多，愈加古怪，早前竟有"雾霾险""赏月险""高温险"等奇葩保险的出现，而这些奇葩保险大多数都是带有博彩性质的保险。日前，银保监会颁布规定，明确指出停止开发一切具有博彩性质的保险产品。如"雾霾险"全称"空气污染健康损害保险"，最先由中国人保财险发售。其主要针对雾霾天气而设，只要空气污染指数连续5天高于监控范围，保险公司将会赔付1 800元的补贴。而"赏月险"全称是"中秋赏月险"，由淘宝保险与安联财险共同推出发售。主要针对中秋佳节能否看到月亮而进行

351

投保，并根据不同的投保情况进行赔付，最高可达10万元。除以上例子之外，近年来各类奇葩险层出不穷，包括"BOSS莫怪险""人在囧途险"等。

以上奇葩的各类创新型保险，与其说是金融改革下的产品创新，不如说是打擦边球的产品。一旦不加控制，任由这类奇葩保险发展下去，未来保险行业会涌去设计这类能够赚足消费者眼球的保险，真正能够做到符合消费者需求的产品可能寥寥无几。本次保监会出手叫停各类奇葩保险，受到广大业内人士的欢迎。互联网金融创新应建立于行业原则与初衷之上，任由"创新"下去，最终只能让投机分子从中获利，而对社会需求的满足和金融行业的健康发展毫无意义。

请根据背景资料分析"雾霾险"等奇葩险为何被保监委叫停，以及互联网保险产品的特点。

参考文献

［1］乔治·E.瑞达（George E. Rejda）.风险管理与保险原理［M］.10版.北京：中国人民大学出版社，2010.

［2］马克·S.道弗曼（Mark S. Dorfman）.风险管理与保险［M］.9版.北京：清华大学出版社，2009.

［3］付荣辉，李丞北.保险原理与实务［M］.北京：清华大学出版社，2010.

［4］李杰.保险实务［M］.北京：经济科学出版社，2010.

［5］林瑞全，林全德.财产保险实务［M］.4版.北京：中国人民大学出版社，2017.

［6］王绪瑾.财产保险［M］.2版.北京：北京大学出版社，2017.

［7］黄素.人身保险实务［M］.北京：中国金融出版社，2018.

［8］蒋虹.人身保险实务［M］.2版.北京：对外经济贸易大学出版社，2018.

［9］马丽华.人身保险实务［M］.北京：高等教育出版社，2014.

［10］杨则文.个人理财业务［M］.北京：经济科学出版社，2010.

［11］魏晓琴.保险公司经营管理［M］.上海：上海财经大学出版社，2010.

［12］林秀清.保险经营管理［M］.南京：南京大学出版社，2019.

［13］赵占波.互联网保险［M］.2版.北京：首都经济贸易大学出版社，2017.

［14］王和.大数据时代保险变革研究［M］.北京：中国金融出版社，2014.

［15］朱进元，刘勇.保险科技［M］.北京：中信出版集团，2018.

作者简介

马丽华，经济学副教授，金融学（保险）硕士，中国人寿保险（集团）公司巾帼建功能手。具有北美寿险管理师资格。主持或主要参与完成国家和省部级教科研项目20余项，发表论文16篇，主编或副主编教材12部，其中2部为"十二五"职业教育国家规划教材。主要研究领域为职业教育与改革、社会保险、风险管理、保险应用研究等。

黄素，经济学教授，湖南省普通高校青年骨干教师，保险职业学院教学名师，保险专业带头人，湖南省健康养老职教集团常务理事，湖南省中小学教师资格考试面试考官，中国人寿保险（集团）公司巾帼建功标兵。主持完成国家和省部级科研项目15项，发表论文25篇，出版学术专著1部，主编教材7部，其中2部为"十二五"职业教育国家规划教材。主要研究领域为职业教育与改革、保险应用研究等。

郑重声明

高等教育出版社依法对本书享有专有出版权。任何未经许可的复制、销售行为均违反《中华人民共和国著作权法》，其行为人将承担相应的民事责任和行政责任；构成犯罪的，将被依法追究刑事责任。为了维护市场秩序，保护读者的合法权益，避免读者误用盗版书造成不良后果，我社将配合行政执法部门和司法机关对违法犯罪的单位和个人进行严厉打击。社会各界人士如发现上述侵权行为，希望及时举报，本社将奖励举报有功人员。

反盗版举报电话　（010）58581999　58582371　58582488
反盗版举报传真　（010）82086060
反盗版举报邮箱　dd@hep.com.cn
通信地址　北京市西城区德外大街4号
　　　　　高等教育出版社法律事务与版权管理部
邮政编码　100120

防伪查询说明

用户购书后刮开封底防伪涂层，利用手机微信等软件扫描二维码，会跳转至防伪查询网页，获得所购图书详细信息。用户也可将防伪二维码下的20位密码按从左到右、从上到下的顺序发送短信至106695881280，免费查询所购图书真伪。

反盗版短信举报

编辑短信"JB，图书名称，出版社，购买地点"发送至10669588128

防伪客服电话

（010）58582300

资源服务提示

方式一：在线开放课程

欢迎访问职业教育数字化学习中心——"智慧职教"（http://www.icve.com.cn），以前未在本网站注册的用户，请先注册。用户登录后，在首页或"课程"频道搜索本书对应课程"保险实务"，进行在线学习。

也可访问智慧职教MOOC学院（https://mooc.icve.com.cn/），以前未在本网站注册的用户，请先注册。用户登录后，在首页搜索本书同名课程"保险实务"，进行在线学习。

方式二：教辅资源

授课教师如需获取本书配套教辅资源，请登录"高等教育出版社产品信息检索系统"（http://xuanshu.hep.com.cn/）搜索本书并下载资源，首次使用本系统的用户，请先注册并完成教师资格认证。

资源服务支持邮箱：songchen@hep.com.cn
欢迎加入高教社高职金融交流QQ群：424666478